百年中國記憶
BAINIAN ZHONGGUO JIYI

我所知道的蒋经国

全国政协文化文史和学习委员会　编

中国文史出版社

图书在版编目（CIP）数据

我所知道的蒋经国 / 全国政协文化文史和学习委员会编. -- 北京 : 中国文史出版社, 2020.6
（百年中国记忆）
ISBN 978-7-5205-2053-9

Ⅰ. ①我… Ⅱ. ①全… Ⅲ. ①蒋经国（1910-1988）—生平事迹 Ⅳ. ①K827=7

中国版本图书馆CID数据核字(2020)第097055号

责任编辑：窦忠如　秦千里

出版发行：中国文史出版社
社　　址：北京市海淀区西八里庄69号院　邮编：100142
电　　话：010- 81136606　81136602　81136603(发行部)
传　　真：010-81136655
印　　装：北京朝阳印刷厂有限责任公司
经　　销：全国新华书店
开　　本：700×1000　1/16
印　　张：25
字　　数：360千字
版　　次：2020年 8月北京第 1 版
印　　次：2020年 8月第 1 次印刷
定　　价：78.00元

CONTENTS 目 录

第 1 编 初登仕途：从溪口到南昌

第 2 编 主政赣南：一个人的社会实验

第1编|初登仕途：从溪口到南昌

蒋经国与家乡溪口镇

章微寒*

溪口镇位于奉化县的北乡，距城十五公里，离宁波三十六公里，共有八百三十户、一千一百多人口，以蒋、周、毛、任四姓为多，占全镇居民80%以上。溪口是千年古镇，背靠四明山麓，面临剡溪，旧名锦溪，为剡溪第九曲，山清水秀，风景优美。溪口街长三华里，沿剡江而筑，道路平坦，由东而西，贯穿全镇，市井繁荣。中街南向，正对笔架山。溪南长堤，桑树成林，竹园翠绿，云雾烟村，景色如画。

武岭是一座平地崛起的小山，北麓高耸，南端渐平，临近剡溪突然隆起，为武岭头，树木葱翠，景色秀丽。武岭门虎踞溪口镇之东，飞檐斗翘，雄伟壮观，前门有“武岭”二字，出自于右任手笔，题于1930年，背面亦有“武岭”二字，系蒋介石题，镌石嵌于门楼。文昌阁在武岭头南端，原系孔圣祠改建，面向剡溪。剡江至此转弯，激涡成潭，名曰“碧潭观鱼”。文昌阁旁边为八阁亭，又名乐亭，西侧为乐桥，是蒋经国临溪垂钓之所；东侧原为蒋介石随从人员住宅，蒋经国和方良也曾住过，现已修缮一新，壁柜台灯一律恢复原样。屋前溪边有门，方良经常从此门出入，划船游览。文昌阁在日机轰炸溪口时被炸毁。

---

* 作者曾任国民党国防部保密局浙江站站长。

武岭学校，坐落于武岭西麓、武岭门西首、武岭庵旁。张明镐留学日本高师回国，蒋介石命筹建学校，校舍落成后，由他任校长。八一三淞沪抗战爆发，1940年溪口沦陷前，学校迁到相量岗山上，抗战结束迁回溪口，张明镐调省立九中任校长后，由蒋介石自兼武岭学校校长。学校大门内为二层楼礼堂，蒋介石在溪口时，作为开会的地点，两侧厢房作为接待文武官员的住宿之处。二层楼教室两栋，附设有医院和图书馆、马鞍山脚体育场。蒋经国和他的表弟竺培风经常在这里打网球。武岭学校附设有武岭农场、武岭电厂，占地共一百一十亩。武岭学校现为溪口肝病防治所。

摩诃殿在武岭学校西侧，原系武岭小学，现为溪口中学。其地原名养松园，栽植古松和香樟。毛氏认为是蒋家的发祥地，于是建摩诃殿，供奉蒋氏第一代祖先蒋摩诃像，旁立关公塑像。摩诃殿既是祠堂，又是庙宇。毛氏失欢后在此和蒋介石之妹蒋瑞莲吃素念佛。

武岭公园在锦屏山脚，1934年蒋介石拨款兴建，面积数十亩，有龟山、蛇山、鱼山，东西相峙。鱼山山麓有南宋魏杞墓，以后改为中山公园，现为溪口微型电机厂。丰镐房系蒋氏故居，原称“素居”。它坐北朝南，面对笔架山，面向溪口街。正屋五间，系旧式楼房，楼上是经堂。北伐后，蒋介石在正屋房添造了一些房屋，中西合璧，中堂板壁全用银杏木嵌镶，连老屋一起共有四十九间。中间是家庙，称“报本堂”，供立蒋家祖宗牌位，中间悬挂蒋介石手题“浩气长存”横额，室内恭录孟子“天将降大任于斯人也”的一段文章，中堂悬挂吴敬恒题的“民国第一代子”的横匾。

距溪口镇之北三华里的白岩山，蒋母王氏坟在山顶，山麓建有水泥牌坊，墓前石碑，是孙中山题的“蒋母之墓”。从溪口镇顺公路西行十里，为宋御书亭，建于宋神宗年代。亭内有碑，刻有“应梦名山”。由北上山，则为平地，树木葳蕤，雪窦寺建在这片平地上。山门有蒋介石手题的“四明第一山”直额。千丈岩上三华里为妙高台，有屋三间，门顶为蒋介石手题“妙高台”横额，筑有平台和亭子，凭栏远眺，山峦重叠，深谷幽壑，风景绝佳。

蒋姓为溪口大族，分新三房和老三房，蒋介石系属新三房。蒋姓原从奉化山岭迁到溪口，第一代祖名蒋摩诃，到蒋介石是第四代。蒋氏一系，以“其、斯、肇、周、国、孝、友、德、成、昌”十字辈分排列，蒋介石属周字辈，蒋经国属国字辈。蒋介石的父亲蒋明火，字肃庵，在溪口镇开设玉泰盐号兼营米酒、石灰、草纸等杂货，店设在溪口上街，后为溪口第三招待所。蒋明火元配徐氏，生子周康，又名锡侯，号介卿，别号甬安。介卿靠蒋介石当过广东英德县长和浙江省政府委员，兼浙江海关监督。徐氏生女瑞春，嫁给宋周运为妻。

徐氏早殁，明火续娶奉化肖王庙孙氏为继室，孙氏不久病亡。玉泰盐号伙计王贤东（奉化金葛竹村人）的堂妹王氏年轻守寡，在金葛竹庵带发修行，经王贤东介绍，将王氏许配明火续弦。王氏生子瑞元，小名周泰，又名介石，字中正；又生小儿子瑞青，六岁夭折；生女瑞莲，嫁给竺芝珊为妻。瑞元（介石）十六岁时，聘岩头毛福梅为妻。毛福梅大蒋五岁，系蒋经国生母。明火临死前，把家产分给两个儿子，周康（介卿）分得玉泰盐号店铺，立名夏房。周泰（介石）分得丰镐房。

“西安事变”中，蒋介卿正在溪口武山庙看戏，消息传来，介卿惊愕中风跌倒，不省人事，抬回家中不到两天就死了，草草入殓。

“西安事变”和平解决，蒋介石回南京，不久回溪口养伤，嘱暂不出殡，直到1937年4月22日（农历三月十二日），蒋伤势恢复，才举其兄丧事。国民党要人林森、阎锡山、冯玉祥、何应钦、朱家骅、居正、俞飞鹏、许绍棣均亲临溪口吊唁，杜月笙、王晓籁、金廷荪也来溪口，由林森主祭。蒋介卿生一子一女，大伦和支伦系双胞胎。大伦又名国宾，日本士官学校毕业，妻子孙微美，后居台湾，国宾已精神失常。

宋周运是蒋介石的姐夫、瑞春的丈夫，原系丰镐房的账房，1938年跟蒋经国到赣南工作，1946年病死。他离开溪口，由他的儿子宋涨生接任丰镐房账房，1938年在溪口被日本飞机炸死。唐瑞福继任账房。唐原在溪口开设源泰咸货店。丰镐房祖产田地二十余亩，经毛氏经营，买进一些田地，共有水稻田五十余亩，山地三十余亩，每年收租谷。蒋姓子孙中生活有困难的，取得蒋经国同意，可领取稻谷一百斤。毛氏每年腊月二十八谢年送岁，均办几桌酒席，请左邻右舍吃年夜饭。

每逢清明节，蒋介石都回溪口扫墓。每到溪口，毛氏婢女蒋聪玲就到镇上请来临时工役打扫住宅，厨师蒋小品大妇也来帮忙收拾，下厨做菜。蒋虽不住丰镐房，总是先到老家看看，带着随从站在大门口，面向笔架山，看了一回，再进屋巡视一周，最喜爱欣赏走廊上挂的宫灯。

除元配毛氏外，蒋介石曾与陈洁如结婚。1937年蒋经国由苏联到溪口，陈洁如也由苏州回到溪口见经国和方良。蒋介石与宋美龄结婚后回溪口，照例送礼物给毛氏。毛氏也送蒋平时爱吃的芋艿头、菠菜烧毛蟹、泥螺、海菜烧慈菇、冬笋咸菜汤，送到文昌阁、妙高台给蒋吃。

竺芝珊是蒋介石的妹夫、瑞莲的丈夫，曾任中国农民银行董事兼上海农民银行分行行长。蒋瑞莲解放前已死，竺带小老婆到香港九龙，1950年去台湾，1971年8月21日死于台湾。竺芝珊的哥哥竺培基，黄埔军校四期毕业，当过蒋介石的侍卫官，“西安事变”中，因保护蒋介石左手中弹受伤，与蒋一同被抓，后获释放。他曾任浙江内河水上警察局局长，1970年3月28日死于台湾。竺芝珊的儿子竺培风，是蒋经国的表兄弟，英国皇家空军学校毕业，回国后在民航局任第一大队队长，在河南飞机失事殒命，他的妻子是杨森的女儿。

毛懋卿是蒋介石元配毛福梅的哥哥，蒋经国的娘舅，当过黄埔军校总务，慈溪、宁波等县公安局局长。解放后，曾任浙江省政协委员。

孙琴凤是蒋介石的娘舅，住奉化肖王庙，原在上海开设孙余生营造厂，武岭学校和文昌阁工程都是他经手承造的。蒋介石到日本留学，孙琴凤资送旅费。蒋每次回奉化，都要到肖王庙看望娘舅，执礼甚恭敬。孙琴凤的堂侄孙星寰以后跟随蒋介石担任过宪兵团长、镇海要塞司令和浙江省政府委员等职。孙琴凤早已病故。他的孙子孙义宣曾跟蒋经国到赣州担任过赣州专署秘书、交通银行总经理、中央银行经理、中华开发信托公司常务董事，在台湾是蒋经国身边最亲信的人。

蒋经国出生于1910年，幼年在奉化锦溪小学读书，后在苏州东吴大学附中读书，1926年去苏联，曾在莫斯科中山大学读书。1937年蒋经国由海参崴乘轮回国到了上海，4月28日到了溪口，刚巧是蒋介卿出殡后第六天。丰镐房把丧事办完，又为少爷归国举办喜事。蒋经国带了俄国老婆蒋方娘（原叫俄娘，以后改称方娘，按中国习惯，叫娘是长辈，又改称方良）和儿子爱伦（孝文）、女儿爱明（孝章），到丰镐房拜见生母毛氏夫人，跪拜膝下。毛氏悲喜交集，连日为经国赶制长袍马褂，方良穿戴凤冠霞帔，在丰镐房大厅为经国夫妇补办了旧式婚礼，宴请同族长幼。当时经国住在丰镐房老屋，以后迁到文昌阁东侧小洋房，由唐瑞福陪同祭祖，先到陶坑山上祖坟（蒋明火墓），又到石鳝黍熘干蚷上伯父蒋介卿墓，而后上白岩山祖母王氏墓。

蒋经国住溪口时，蒋介石特地请国民党元老张继教蒋经国读《四书五经》、《曾胡语录》和《王阳明全集》。张继回南京后，由蒋介石的秘书徐道邻教他读书，蒋的随从秘书汪日章也教他读《史记》，以后又由武岭学校国文教师黄寄慈继续教他读书。汪日章现住浙江奉化，系县人民代表、浙江文史研究馆馆员。黄寄慈又名宝钺，浙江萧山人，浙江省立一师毕业，曾任宁波中学教师、武岭中学国文教员，擅长篆刻书画，是弘一法师（李叔同）的学生，后跟蒋经国到赣南担任蒋的私人秘书。当时方良不懂中国话，也聘请一位慈溪女教员，在文昌阁教她读中文，学讲中国话。

蒋经国在溪口可以走动的地方是武岭学校，闲来无事，就是到学校打打球、散散步，和教师聊聊天，和武岭学校的老师们混得比较好。这时方良经常带领爱伦、爱明在溪边划船，爱伦也喜欢玩龙灯、打猎。有一天，一只老鹰从空中掠过，爱伦举枪打中，应声坠地。

我给蒋经国开车

毛宁邵*

我是一个普通的汽车司机，从1937年9月起，至1945年1月底，在蒋经国先生身边为他开车七八年。现就自己所知蒋经国先生的情况，回忆追述于后。

在溪口的日子里

我原籍浙江省奉化县溪口区岩头石门长龙头，和蒋经国先生的生母毛夫人是同族的两个村庄。论辈分，我称毛夫人为姑母。我家里祖辈是种田的，而我在二十二岁学会了开汽车。次年，便到蒋经国先生的舅舅毛懋卿开办的鄞奉长途汽车公司开车。因为我同蒋经国的舅舅是同族关系，叫毛懋卿为叔公，所以才有幸在这家公司捞个开车的工作。

1937年的3月间，蒋经国由苏联回国了，经上海到杭州，见了蒋介石和宋美龄之后，便回到溪口老家。开初给他开车的是他的堂兄蒋瑞祥。由于蒋瑞祥开车不慎，在一次送蒋方良和蒋介石的侍卫长王世和的老婆到宁波时，

---

* 毛宁邵，蒋经国的汽车司机。

不慎把车子撞到坟墓上出了事故，蒋方良把牙齿碰掉了，王世和的老婆当时有孕，把胎撞伤了，结果小孩未生下来。因为这个原因，蒋瑞祥被辞退了。

1937年9月间，公司车务主任毛文亨要我到溪口去给蒋经国开小车。我出于同族关系，也为了感谢他们对我的信任，便欣然从命，带着毛文亨给我的介绍信，回到了溪口。

到溪口后，我连自己的家门也没进，先到蒋家去，第一个要见的自然是毛夫人。过去，我并不认识毛夫人，只听说她信佛，逢初一、十五吃斋，为人还和气。这次见她，确有对人三分喜色的感觉。我说明来意并交了介绍信给她之后，她发话了，问我是哪里人、以前干什么。当她一听我是石门长龙头人，在宁波鄞奉长途汽车公司开车时，很高兴地说："哦！那很好，你就留在我这里给经国开车吧！"从此，我便在蒋经国先生身边，开始替他开小车。

那时，蒋经国住在溪口文昌阁的小洋房里。这个地方山水相连，环境优美、清静，是蒋介石回溪口时常下榻的地方。蒋经国住在这里的主要任务是读书。我还记得，当时教他念书的先生叫徐道麟，是个德国留学生，为人敦厚，也很负责，他的老婆是德国人，两夫妇只有一个女儿。据说是专为教蒋经国念书特地从外地请来的。蒋经国每天读的书全是中国古文。像《孟子》、《曾文正公家书》等等，都是必读之书，要么就是练习写大、小楷毛笔字。

在溪口的那些日子，蒋经国除老婆、儿女和他在一块儿生活外，还有老师、家人陪伴，又有武装和便衣卫士保护他。我记得当时有八名全副武装的卫士，还有三个便衣卫士。这三个便衣卫士，直到后来还一直跟着他，可以说是他的心腹，一个叫曹崧，一个叫聂兆元，一个叫徐文贵，这三人都是南京侍从室侍卫长派来的。我开的"皮而克"小汽车，也是侍卫长王世和从上海买来的。由于蒋经国的回来，小小的溪口镇子上一时增添了热闹。

在我的印象里，年轻的蒋经国的性格是活泼、贪玩的。蒋家门前有一条水面很宽、很浅的小溪，蒋经国做完功课之后经常在那里玩，有时光着脚下溪捉鱼。同时，他家的后面有山，蒋经国有时也去爬山，有时我开车送他到宁波、奉化走走，到四明山脚下的鄞江桥看看。虽然不是居住在大城市，但他的生活还是丰富多彩的。蒋经国对母亲很孝顺，对母言唯命是听。我记得一次蒋方良提出去普陀山游玩，因为要过海，毛夫人生怕“凶星天降”，坚决不让蒋经国去。结果，只有蒋方良和其他人去了。南京的老头子（指蒋介石）望子成龙心切，蒋经国在溪口住下不久，就派了邵力子到溪口来看他，其实主要是了解蒋经国的学习和生活情况，临走时把蒋经国自习的大、小楷毛笔字带了一些回南京去。此外，上海有名的大亨、三北公司的经理（董事长）、宁波同乡会会长虞洽卿也来看过他，还有一些其他的官员……弄得蒋经国既要应付学习，又要迎奉各方来客，实在是忙啊！

随同蒋经国到南昌

蒋经国在溪口大概住了半年，抗战的风声越来越紧了，特别是上海沦陷以后，杭州开始遭敌机轰炸，此时的溪口也不平静，虽然老百姓蒙在鼓里，可蒋经国他们消息是灵通的。南京的老头子决定要蒋经国离开溪口，到后方去避险。而作为内地来说，那时江西还是比较安全的，于是老头子便决定让蒋经国去江西。

重阳过后，我们一行在蒋介石的外甥竺培风（蒋介石妹妹之子）武装警卫，以及南京侍从室派的第一组组长袁广陛等的保护下，浩浩荡荡朝江西进发。同来的有蒋方良和儿子爱伦，还带了两个保姆、一个专门烧饭做菜的张妈（张小品）。在南昌，我们开始住在赣江边下沙窝的“励志社”，这个地方里面是个大院子，有礼堂，有小洋楼，是个清静所在。因为励志社毕竟不便住家，蒋经国不久搬到当时的财政厅厅长文群的屋子里住。大概又过了三四个月，又搬到二纬路的寓所。

到南昌不久，大概是1938年初，熊式辉为了讨好蒋介石，安排蒋经国担任江西省保安处副处长，不久又派蒋经国兼新兵督练处处长。但是，我很少看到年轻的蒋经国待在办公室坐着，他的行动使人难以捉摸，他喜欢一个人出去，往往使保卫人员头痛。记得有一天晚上，夜已经很深了，我们都以为他早已睡熟了，便结伴到外面走走，等我们回来时，大门已经关上了。我们这些人又不敢大声叫门，也不敢按电铃，在门外急得团团转，后来还是我爬墙进去开门，想不到大门一打开，站在门口的是蒋经国。还有一次是那一年的元宵，他突然提出要到景德镇去看看，不料被那里的伤兵知道了，伤兵都来向蒋经国借钱买烟抽，说打日本鬼子挂了彩，在后方连抽烟的钱都没有，都说找到蒋太子就有办法。当时，恰好我在门口，不然的话，那些伤兵真不好对付。我对伤兵们说，蒋副处长开会去了，明天来。晚上我和蒋经国商量，第二天一大早就开车走了。一天，蒋经国和侍卫人员在街上溜达，正好走到豫章路的“六扒馆”门口，他突然提出去品尝一下南昌的口味，于是便朝馆子里走。刚踏进店门，就听到隔壁房间里传来一阵辱骂声和摔碗甩筷的叮当声。原来是在房间里吃饭的一位军官，因招待员上饭稍慢了一点，大发雷霆，将端上来的一碗饭朝服务员迎面泼过去，十分盛气凌人，旁边的人谁也不敢上前劝阻。蒋经国本来就喜欢管闲事，见此场面，起身走过去指责那军官的粗野行径。大概是因为蒋经国全身穿的是便服，那军官根本不把他放在眼里，还说什么少管闲事之类的活。站在身旁的侍卫本想发作，被蒋经国拦住了，但那军官还在神气十足。最后，蒋经国只好出示自己的名片。那军官一见名片，就像泄了气的皮球，那股耀武扬威的凶相，顿时被名片征服了，显出了一副狼狈的样子。三街两市观热闹的则拍手叫好。蒋经国当时批评了他几句，又把那位军官的姓名、番号记了下来，饭也没吃就走了。后来一次在九江，蒋经国告诉我说：“我把六扒馆的情况告诉阿爹以后，关了那个军官六个月的班房。”记得当时因为这“六扒馆”事件，蒋经国还赢得了“私行察防，体恤民情”的美誉。还有一次，我们到大余视察回南昌，途经吉水县的三曲滩渡口，正碰上伤兵闹事，拦截来往车辆。当我开车离开渡口时，突然一个伤兵站在跳板上强行要搭车，由于我们没有理会，冷不防伤兵一铁棍打过来，正好打在车顶上，车内的蒋经国也给吓了一跳，随从侍卫想开枪，但被蒋经国制止了。这件事当时也博得人们赞扬。

由于蒋经国的行动没一定规律，说行就行，说止就止，使我常感到不知所措，更为他的安全担心。再说，他经常自己开车出去，就是由我开车外出时，也总是喜欢坐在前排，从不坐在后面。因此，我感到责任重大，渐渐起了回家的念头，不想为他开车了。大概是1938年的下半年，我们到抚州温泉督练处，见那里有一部开往宁波的汽车，我向蒋经国请假，回家去了一趟，心里打算再不回江西了。谁知二十多天过去了，蒋经国亲自打电报要我速归，毛夫人知道我回浙江老家了，也再三说好话，要我回江西，好好伺候经国，并表示对我爱人很关心。这样，我只好又回到南昌，又跟他一同去赣南。

出任专员

1938年秋末冬初，重阳过后有一阵了。温泉的新兵督练处因抗日战争形势所迫，已经待不下去，便决定迁往赣州的赤珠岭和五云桥两个地方。我和蒋经国一行则暂住赣州公园（即现在的赣州市中山公园），过了些时候，蒋方良也由南昌迁来了。

蒋经国出现在赣州，不能不惊动当地官员的大驾。赣州行政督察专员兼保安司令刘己达知道蒋经国到了赣州，哪怕是皮笑肉不笑，表面上也是很客气的。我想，这一来是因为蒋经国是蒋介石的大公子，只能赔小心，而不可有丝毫的小视。二来刘己达本人是熊式辉一个派系的人，熊式辉能如此器重蒋经国，难道刘某敢不仿效，更何况日后还用得着他。再说，蒋经国又不是到赣州吃闲饭，大小是个新兵督练处处长。所以，刘己达恭维蒋经国是不无道理的。

蒋经国一到赣州，真是马不停蹄，不是去赤珠岭，便是到五云桥。要么就穿小巷走大街。那时的赣州，交通远不如现在方便，无论是渡章河还是过贡水，都必须人走浮桥，车过渡船，很不方便。蒋经国有时开摩托车去，有时骑自行车去，也有时干脆走路去。所以在短期内，就很快熟悉了赣州的一些情况。

在赣州时，有一件事情我至今没有忘记，就是出面调解赣州的行政督察专员兼保安司令刘己达与驻赣南境内的江西省保安团的纠纷。事情的经过是：由于驻南康、大余、上犹三县的保安团官兵，违法乱纪，扰乱社会治安，专员公署和保安司令部为此十分恼火，将查获抽鸦片的保安团一大队长报省批准后进行关押。保安团团长赖天球（此人是当时国民党军官学校三分校校长沈发藻的舅舅，该校设在江西瑞金）要求释放，其他两个团长刘卓夫（大余人）和王廷骥（信丰人）亦对刘己达施加压力。刘己达以为有熊式辉做后盾，为维护治安起见，坚持依法惩处。这样一来，双方关系闹僵了，来往断绝了，专员公署的官员不敢随便出赣州城，保安团官兵也不进城，简直到了水火不容的地步。此事后来传到熊式辉耳朵里，他感到必须安抚双方，否则赣南局势难稳，于是，便抬出蒋经国去做调解人。蒋经国先要我开车到南康县的潭口去接赖天球到赣州督练处商谈，有时自己也去潭口走走。经过一段时间的周旋，双方存在的紧张气氛缓和一些。事隔几个月后，我记得是1939年的重阳节前后，为了消除双方隔阂，蒋经国邀刘己达一道亲自到保安团驻地进行视察和慰问。开始刘己达本不想亲自去，最后他却不过蒋经国的再三说服，只好一同前往。他们到潭口保安团驻地的祠堂门口时，为了表示慰问，蒋经国首先站在台阶上发表讲话，听的人多是当官的。大概讲话不到一刻钟，突然有一个人叫口号，扯开喉咙喊："打倒刘己达，保护蒋副处长！"话音刚落，便冲上几个人朝刘己达劈头打来。当时，刘己达吓得面如土色，紧紧躲在蒋经国后面，死劲地抱着他。冲上来的人意欲把刘己达拉出来打，便七手八脚来扒刘的手，谁知扒来扒去把小蒋的手扒脱了臼，痛得蒋经国直冒冷汗，他大发脾气地叫喊："你们不要打刘专员，要打就打我好啦！"到了这个地步，当团长的怕惹出大祸难以交代，当即喝退部下，平息了乱纷纷的场面。大家都进到祠堂里，一边谈其他问题，一边请医生来为蒋经国接上手腕关节。经过一番周折，我们连晚饭也未吃，都饿着肚子回去，到得城内，已是晚上八九点钟了。这件事情的发生，很快传遍了赣州城内外。刘已达深感受了一次莫大侮辱，威信大大下降，忧闷成疾，过了个把月，便以养病为由，向熊式辉提出辞职。而蒋经国却以调解有功，有魄力，由一个副处长一跃而被熊式辉任命为江西第四区专员兼保安司令，开始了他飞黄腾达的政治生涯。

奔丧溪口

蒋经国对于生母毛夫人是非常孝敬的。1937年从苏联回国后，他不跟老蒋住大城市过豪华的生活，宁愿偕同妻小和母亲一起度日。为了庆祝儿子平安返里，当年毛夫人曾带着小蒋、媳妇到庙里烧香还愿。小蒋来江西以后，对老母也倍加怀念。在南昌时，有一天他想起了母亲，晚饭后还要我开车去溪口。足见其孝敬毛夫人的情感远远胜过对老蒋的尊敬。

可是，天有不测风云，人有旦夕祸福。1939年农历十一月初二，正当蒋经国踌躇满志，大谈建设新赣南的时候，突然收到从溪口打来的急电，“家里房子被炸，母亲下落不明”。这突如其来的噩耗，有如晴天霹雳，使这位孝子顿时呆若木鸡，沉浸在极度的痛苦之中。左右人等的劝慰丝毫减轻不了他一分悲痛。当时的蒋经国，恨不得长翅飞回老家，他立即告诉我说，明天就走，还要我事先通知渡口，免得耽误行程。同时，他把专署秘书周灵钧和司令部副司令赖某找来，交代了一下工作。第二天，我们一早就赶到了抚州温泉督练处，晚上继续开车赶路，上弦的月夜，寒星寥落，然而汽车的速度有如风驰电掣，像闪电般地前进。我们一路上飞过了河口、上浇、衢县、龙游、金华五个渡口，烧掉了十一瓶汽油，仅一天多一点时间，行程一千多公里，很快就到了溪口镇。

汽车一停，蒋经国连招呼也来不及，就直奔母亲住处，见母亲尸体，当时几次晕了过去。原来，毛夫人并非被炸弹炸死，而是走出家门去躲飞机时在别家的屋边被震倒的墙活活压死。据在场的人说，有一个炸弹从他家屋顶上落到厅堂，但未爆炸。如果她不出去躲避，待在家里倒还不至丧命。

毛夫人的丧事是异常隆重的。操里忙外的人，有男有女，也有老有少，凡是沾得上边的人，都少不了要来献殷勤，谁也说不清有多少人操劳，总之，里里外外一片繁忙。在开吊的日子，不但远近的溪口人来悼念，南京侍从室还专门派来人，据说老头子还汇了一万元到家，棺木是舅舅毛懋卿花了五百元买的。家里人考虑到蒋经国过于悲痛，需要一个安静住处，所以被安排在中山公园住下，我们这些随员也跟他住在那里。天气冷就在地板上铺上厚厚的稻草。

办完丧事之后，蒋经国并没有稍事休息即回赣州的打算，他几乎天天要上坟去看看，此外便是应付来客，只有夜深人静了，他才能休息。为了不使他过于悲痛，不少人劝他到别处去走走，如宁波的舅舅劝他去宁波住几天，或到别处看看，希望他早日忘却伤心事。在溪口，我们住了一个多月，陪他在毛夫人灵堂前度过了春节。后因日寇骚扰，宁波吃紧，由溪口到金华的公路眼看就要破坏，因形势所迫，他才不得不带着妻儿及随从人等回到赣州。

到了1945年初，日本侵略军差不多快要并吞整个江西，赣州开始动荡，人心浮动。有钱人纷纷疏散，没钱的老百姓只好干着急。我们可以看得出，当时蒋经国的心情并不平静。但是，他对于我和牛艳云的婚礼，还是热情地当我们的主婚人。在酒席上，还向我们祝酒三杯。酒席是在蒋经国的公馆里办的，张学良的侍卫长刘多荃也应邀参加。他当时是十八军副军长。元月27日，宋美龄来电，并派来了飞机，要蒋经国从速撤离赣州直飞重庆。那时战事越来越紧，敌军已由遂川直逼赣州。大概蒋经国知道此行再不回赣州了，临行时特意对我说："宁邵，你今后要钱用找黄寄慈（蒋经国的私人秘书）。"从那以后，我就和他分开了。

蒋经国在故乡的日子

毛炳岳*

蒋经国的故乡溪口，山川秀丽，为奉化县的一大古镇，位于“游胜最诸山”的雪窦之麓、“剡沅九曲”溪水出口之处。邓牧《雪窦游志》称“溪口市”，为自古以来无数显宦名士游踪所至。南宋时抗金不辱使命的丞相魏杞与“南渡以来诗祖”张良臣墓，俱在溪口山。蒋经国在此度过了童年以后，长期旅异域他乡，归来的次数无多，住的日子也不长。笔者根据家乡父老往常所谈，加之自己亲历所见，加以整理，记述蒋经国在故乡的一些往事。

出生和童年

蒋经国出生于清宣统庚戌（1910）年三月十八日。那时，他祖母王氏四十七岁，父蒋介石二十四岁，母毛氏二十九岁（属马，比蒋大五岁，有说她大四岁，失实）。蒋十五岁时与二十岁的毛氏结婚，至此已将十年。蒋暑假由日本归来住上海时，王氏亲自送媳妇前去上海与儿子团聚。毛氏就在沪留住了一段时间，再次怀孕。王氏得知赶往，携之回乡，所生就是

---

* 作者系奉化岩头界岭人，曾任国民党第三战区司令长官部幕僚。

经国。婆媳喜甚，爱如掌珠。蒋介石奔走在外，难得归来。毛氏常怀抱襁褓中的经国到岩头娘家居住。其父毛鼎和家殷实，开有南货店，经国从断奶到独立行走的一段时间，留在外婆家抚养，店中的一切糕果食品，由他任意取啖。这是今尚健在的经国大舅母（续弦）张定根据她舅姑、丈夫生前所谈。毛氏的同学、义妹陈志坚（1983年1月逝世，时九十一岁）生前常乐道她是目睹经国长大的。1913年，蒋邀陈志坚去教新纳的侧室姚冶诚学习文化。陈与蒋家婆媳共同生活，亲若家人。当时蒋家只有数间老屋，姚住蒋母同房后半间，陈与毛氏同房住宿。她俩在县城是新女校同学，感情甚佳，后又与蒋的大姐瑞春（前母徐氏所出）、胞妹瑞莲等结拜为异姓六姊妹，毛氏为老二，陈氏为老五。陈志坚说："我到蒋家那年，经国刚四岁，朝夕相处，他喊我姨娘，非常亲热。他的仪表、性情都像娘，稳重文雅，懂事听话，尊敬长辈。"

蒋家故居后不远处的摩诃殿，与经国从小结下了不解之缘。这是蒋姓奉祀始祖蒋宗霸而建的家庙。后梁时，蒋宗霸由鄞县迁居奉化三岭（距县城东北四五华里），他信佛，与附近岳林寺的布袋和尚相交三年余，平时口诵摩诃，人称蒋摩诃，与布袋先后无病而化，事载《县志》和《蒋氏宗谱》。当年，亲若母女的王氏、毛氏婆媳，常到摩诃殿礼佛诵经，以消磨寂寥岁月。这里和周围的几棵古樟树下，也就成了朝夕不离慈亲的经国小时嬉玩和后来葬母之地。

蒋介石有了姚冶诚和陈洁如，与毛氏感情更为疏淡，但对亲生的独子还是钟爱关心的。经国八岁入武山小学（在后来的武岭学校内）启蒙，蒋亲自往托校长顾清濂（也是蒋介石自己十八岁时的业师）。上学放学，毛氏送接。到了十一岁，蒋又聘王欧声在家课读，并写信归来训勉："在家当听祖母汝母之命，说话走路，皆要稳重，不可轻浮，读书总以娴熟为度。"大约十三四岁时，又送到县城锦溪小学就读，寄住在芦荻弄的陈志坚家，生活上得到陈母的照料。独子离开膝前，毛氏甚不放心，也曾到陈家暂住。据说，此时经国已颇彬彬有礼，每次上学放学，都要说："外婆、母亲，我去了！"或"我回来了！"他喜吃奉化芋艿头，陈母常蒸些给他吃。其后，人们只知道蒋介石把经国带到外面去了，十六岁送往苏联学习。据陈志坚说，初去的三四年，时常有信寄家，向她诉离情、报平安。她还代毛氏写过回信（毛氏结婚后才到女校读书，年大怕羞，一二学期就辍学）。后来就没有信息了。

苏联归来和以后

经国去苏联以后，特别是不通音讯以后，毛氏每于蒋介石回乡时，哭吵着讨儿子。蒋无可奈何，只有加以劝慰。“西安事变”后，蒋回乡养伤，由毛氏护理。一天，蒋和悦地对她说：“你这多年来的委屈、痛苦，我也知道。现在你有哪些事要办，需要些什么东西，我一定替你办到。”

毛氏不假思索地回答：“我什么都不要，只要你还我经国！”蒋颔首默许。

不久，邵力子出任驻苏联大使，经过交涉，还有孙夫人宋庆龄的努力，去苏已达十三年之久的经国，于1937年春节同已有小孩的苏联妻子回国了。到溪口那天，正值经国二十八岁生日。

如今母亲突然得到儿子回来这一喜报，又心起猜疑，以为这是蒋动出来的脑筋，物色了一个年貌与经国相似的人，冒充经国归来，作为向她的交代和安慰。于是，她与家中的几位女眷商定和安排，在经国来到时，先接到东厢房楼上，然后由经国的大姑母瑞春等在前，自己在后，鱼贯前去与经国相会，试看分离十三年之久的儿子，是否还能认识亲娘，以别真伪。

经国看到诸位亲眷过来，站在一旁招呼笑迎，一见走在最后的母亲，就抢步上去，口喊“姆妈”。母子悲喜交集，相抱痛哭。这时，抱着儿子爱伦的洋媳妇也拜见婆婆，毛氏接过孙子，破涕为笑。此情此景，当时在场的张定根多次谈及。

经国归来，是蒋家继“西安事变”蒋介石被扣归来后的又一桩大喜事。毛氏兴高采烈，当即决定按家乡习俗，择日为儿媳补办婚事，吩咐家人制办新郎新娘穿戴的长袍马褂、大红旗袍等礼服物品，准备酒席宴请族人亲友。婚礼之时，举行了拜堂、献茶等仪式，还命新娘扎上“围身布襕”，入厨房炒“谷花胖”，用预先准备的青松毛烧火、铁叉掀锅，使浓烟上冒，熏得新娘闭目难忍，亲友在旁拍手欢笑。来自异国的新娘领略了中国人结婚做新娘的滋味。

当时，初来中国的苏联新妇不会讲中国话，毛氏就聘了一位姓董（慈溪人）的女教师，教她学国语和当地方言。其初，洋媳妇取中国名为蒋方娘，后来毛氏把“娘”改为“良”。她说：“这一名字，岂不是我们做长辈的都喊她娘了，还是把它去掉女旁吧！”亲友都赞成，经国当然从命。

在此期间，经国携同方良祭扫祖墓，四处探亲做客，到过葛竹太外公、岩头外公坟头祭奠，并探望舅公、母舅等亲人。在岩头时还去拜谒了他父亲的老师、监察委员毛思诚和他自已的老师毛颂南（曾在武山小学任教），各送皮料、人参、燕窝等贵重礼物。萧王庙姓孙舅公（另一前祖母兄弟）家、下跸驻姓宋姨父家以及任宋、前葛姑母家等都一一去过。在忙了一些日子以后，就开始在家读书了。

经国少年离国，其父知道他的国学基础浅，于是决定让他居家进修一段时间，先后邀请徐道邻、黄季慈等人教他读《曾文正公家书》等古籍和练习书法，并以文昌阁（蒋介石回乡时所住，武岭头临溪处）下面的三间小洋房为他专心攻读的别墅，也曾到雪窦寺去住读。在小洋房时，经国常骑马或摩托车到武岭学校体育场环绕驱奔，有时在“碧潭观鱼”的拱桥上垂钓，暑天，常从小洋房侧的平台上跳入清澈的深渊游泳。在雪窦山上。他的游踪遍于千丈岩、妙高台、三隐潭、徐凫岩等名胜古迹。据云，当时其父对他的读书要求甚严，不容懈怠，按时要把作业寄去审阅。直到在赣南当专员时还是如此。曾在经国身边工作、朝夕与共的表侄毛彭初说：“一次，多天没有写字，到时补足寄往重庆，被其父看出不是逐日完成，来信训斥了他一顿。”

经国是在回国的当年冬或次年（1938）初，经其父安排，由江西省主席熊式辉派他担任省保安处副处长兼新兵督练处处长①，不久调任第四区（赣州）行政督察专员兼保安司令。在此期间，他多次回乡探亲。1938年暑期，全县小学校长、教师五六百人在武岭学校集训，笔者也参与。正值他回乡，县长兼班主任王崇熙请他前来讲话。那年他二十九岁，风华正茂，结实的中等身材，整齐的中山装，由县长王崇熙陪同进入大礼堂登上讲台。他站着讲话，县长陪站一旁，讲话内容多不复记，唯在讲到惩办贪官污吏时，拳击讲桌，情词激昂，全体学员凝神静听，精神为之振奋。其情景今犹历历在目。

据当年武岭学校高农班学生毛昭本回忆：1939年间，经国回乡，也来学校讲话。其中讲到“当今中国有三个敌人”。哪三个敌人呢？学生翘首以待。他频频举拳大声说：“第一个是日本帝国主义！”“第二个是日本帝国主义！”“第三个还是日本帝国主义！”他为了加深学生对敌人的仇恨，唤起民众，故重复其词。

同年农历十一月，是蒋经国回来最悲伤的一次。初二那天，他母亲毛氏被日机炸死，接电后于初四日乘专车奔丧。

这次敌机轰炸以蒋家故居丰镐房和武岭头文昌阁别墅为主要目标。在蒋家担任账房的外甥宋涨生、教方良国语的董老师和其他没有逃出的被炸死六人，伤数人。董老师的大腿被炸断飞上了邻家的屋顶。敌机去后，逃出在外的人回来，唯独不见毛氏，四处寻找无着。县长何扬烈、县党部书记长汪坚心由县城赶来。何发现后门不远处炸倒的屋墙有隆起处，雇了民工点起灯火挖掘，其中果有尸体，一看正是毛氏。原来，她从后门出，炸弹掷下，不幸墙被炸倒人被压入其内。尸体上身完好，下部大腿裂断，肠外流。经过商量，由武岭学校校务主任（蒋介石自任校长）张凯的岳父梁

---

① 蒋经国于1938年1月任江西省保安处少将副处长，5月兼江西省保安司部新兵督练处少将处长。

祖光（学医）为之整理、包扎、化装，停放摩诃殿。经国赶到，只告知墙倒压死，隐瞒炸伤惨状。

经国俯伏母尸哀恸，见面部手足无伤，衣着整齐，也就没有检查细问。入殓后，就将灵柩暂厝摩诃殿，雇了一个姓李的每日上香献茶，以待清平之时举行丧葬大礼。

稍后，鉴于战局动荡，还是入土为安，经与其父函电商定，由毛懋卿（经国小娘舅）、宋周运（大姑丈）、竺芝珊（小姑丈）等组成治丧委员会，从简丧葬。一时找不到所谓“风水好”的地方，经国就决定葬母于摩诃殿前侧。他说：“母亲生前最喜爱这个地方，九泉有知，也必乐意。”“显妣毛太君之墓”的墓碑字，是请国民党元老吴稚晖补写来的。经国自书“以血洗血”四字刻石立于其母罹难的屋弄，以示报仇雪恨。

经国为母“满七”（奉化习俗：人死七天为头七，再过七天为二七，到了七七为满七，满七要祭奠，仪式最隆重，亲人都到）归来祭奠的时候（有的说是“百日”，推算日子不符），为了幽静安全，住宿在镇首中山公园内的中国旅行社。不料被潜伏在溪口的日谍侦悉，密报特务机关。日军以为经国必在家乡过年，到农历正月初二出动大批飞机，以中山公园为主要目标，再次来狂炸。附近的上街、隔溪的上山村，建筑物破坏之多、居民死伤之惨，为溪口历次被轰炸最严重的一次。但出乎敌人的预料之外，经国由于年关在即，有要务待理，已于年前赶回赣州。否则，他至少也要经受一次惊险。

抗日胜利到去台前夕

1941年后，奉化沦陷，蒋经国四年不曾回乡。1945年秋，日本投降。政府还都南京后，经国才陪同其父和家小回乡。蒋家自毛氏死后，蒋介石就命经国当家，经国邀唐瑞福为账房。溪口沦陷期间，蒋家故居被敌伪机关占用，唐去经营咸货生意。经国派人回来要唐继续担任账房，邀集原有的工役人等清理扫除故居。

这次蒋氏父子回乡，饱经日军侵占灾祸的全镇人民欢腾若狂，祠堂庙宇、武岭学校大礼堂等演唱京戏、越剧多天，行灯会、舞龙灯，蒋家还宴请族人亲友共庆胜利，颇为热闹。经国是丰镐房接班当家人，安排家事，接待客人，祭扫祖坟，四出探亲，侍父起居、游览，里里外外要管要问，很是忙碌。

此后，经国又数次回乡。1947年，国民党召开国民代表大会，各地都进行国大代表的选举活动。蒋经国为了其父的国大代表要在奉化产生，遵父命来到故乡。抗日胜利后的奉化县县长周灵钧，中央政治学校毕业，曾任蒋经国当赣州专员时的主任秘书，也是他推荐为奉化县县长的，选举蒋介石为奉化县的国大代表，自然全力支持。唯当时县党部书记长毛翼虎（经国母族侄），正准备在本县竞选国大代表。经国听说，就去访毛翼虎商议，毛只得相让，以后毛竞选为立法委员。

1948年10月29日，溪口蒋姓举行宗谱进祠庆祝活动，蒋氏父子全家回来参加。重修《蒋氏宗谱》，是蒋介石前次回乡时倡议、助资的。当时，蒋因发妻毛氏名义上已离婚，打算不再入谱，要把经国、纬国的红线吊在宋氏名下，经国意殊不愿，怎奈父命难违，自知领养的纬国当然无所不可。但这是宗谱，世俗所重，非自家可以决定。蒋请族长到家商议，哪知族长反对，认为毛氏生有儿子，离婚也应列入宗谱，加以注明，经国吊在她的名下，事有前例。族长还对蒋介石说："若要照你这样办，明日就'开祠堂门'（奉化习俗语，意由合族讨论决定）好了。"族长的态度出乎蒋的意外，一时默不作声，不知如何向宋氏交代，心里未免着急。后经托人周旋，几番磋商，把毛氏作为蒋母王氏义女列入宗谱，其余仍照蒋的原意办了。

庆祝进谱的日子里，溪口蒋姓人家的数代姻亲毕集，丰镐房更为热闹，许多要人也来祝贺，送来的礼多如山积。宴请客人的菜肴丰盛，席以百计。当家的经国，又是内内外外的主角。据说，蒋介石对此次进谱极为重视，亲自审定姻亲名单，命经国发帖邀请；到时又逐一过问，是否来齐。榆林陈姓，是蒋姑表亲，其子孙以为代数已远，没有赴邀。他听说未到，立即派专人赶往邀请，客人回去时又命经国一一送行。

1949年初，蒋介石被迫下野，由经国陪同退居家园，约有三四个月。他大多时间住宿在雪窦山上妙高台别墅或母氏坟庄，以在野之身，仍遥控军国大事，许多党政军要人前来谒见请示，甚为频繁。在此期间，诸如接待来客、宴请族人、祭扫祖坟、探访亲友、游览名胜、观赏戏剧，都是经国和侍卫长俞济时随从照料。他先后游览了宁波天一阁、天童寺、育王寺；祭扫了小盘山摩诃太公坟；到过葛竹外公坟头祭奠和探亲；登上了四明山巅重游胜境；经国还到了岩头外公坟头祭奠和探望舅母。农历三月十八日是经国四十生辰，不少要人、亲友和经国的同事部属前来庆贺，在丰镐房设盛宴招待。蒋介石亲书“寓理帅气”四字和跋言的横匾，悬于报本堂前，对经国勖勉有加，寄予希望。那时国共和平谈判破裂，接着长江天堑被突破，蒋氏父子恋恋不舍地向故居、祖陵、乡亲告别，与俞济时等一行到县城巡看一周，登上城北锦屏山（其上有中正图书馆和蒋住过的别墅）巅观望，又到楼隘同宗的祠堂祭奠、金紫庙瞻仰，亲题“世德清芬”四字的大匾，悬于庙堂。最后，过下陈，从狮子口出海到金塘岛，远涉去台湾了。

丰镐房和其他

蒋家故居丰镐房，是蒋介石在广东得志后扩建的。“丰镐”二字取义于周文王建都丰邑、武王迁建镐京这一僻典。当年，蒋介石之父肇聪逝世后，已成年的前妻所出子介卿（锡侯），常与后母王氏龃龉。不久，王氏为之分家，介卿分得玉泰盐铺全部房屋产业，出继于伯父名下，另立房名；王氏所出瑞元（介石）、瑞青两子分得下街老屋，因俱在幼年，母子

我所认识的蒋经国

覃异之

本文关于蒋经国在赣南部分，主要是根据李以劻先生所提供的亲身见闻及曹云霞女士的赣南回忆录；关于蒋经国和青年军部分，以笔者亲身见闻为主；关于抗战胜利后蒋经国在上海、南京的情况，以笔者当时直接间接所了解到的为主；关于蒋经国的早年和在苏联的情况，是根据所搜集到的资料写成的。本文中错误和遗漏之处，希望知者予以指正和补充。

蒋经国的早年经历

蒋经国于1910年3月18日出生于浙江奉化溪口镇。六岁时入溪口镇武岭学校从塾师顾清廉、王欧声受启蒙教育，读了六年的四书五经。据顾清廉的评价，他“天资虽不甚高，然颇好诵读”。（见毛思诚《民国十五年前的蒋介石先生》）1921年夏，蒋介石把经国接到上海，托塾师王欧东、姑丈竺芝珊监护，王还在课外为经国补习国文。1922年，先入万竹小学高年级，后转入浦东中学。1925年5月30日，上海发生了“五卅”惨案，反帝怒潮高涨，蒋经国曾因积极投入这个运动而被学校当局以“行为越轨”的罪名开除学籍。当时进步学生都以赴苏联留学为荣，蒋经国征得他父亲的同意，赴北平入吴稚晖所办的“海外补习学校”学习俄文（见《吴稚晖年谱》）。蒋经国到北平才数月，又因参加反对北洋政府的示威游行，被北平警察局关押两周，获释后便于1925年8月到广州黄埔探亲。（见毛思诚《民国十五年前的蒋介石先生》）当时黄埔军校正派一批学生赴苏留学，蒋经国参加这批留苏学生的行列，于1925年10月由广州乘苏联轮船经海参崴转西伯利亚铁路前往莫斯科。

蒋经国进入莫斯科孙逸仙大学不久，于1925年12月加入共产党。1927年秋，进入列宁格勒托玛卡红军军政学校。毕业后于1930年夏要求回国被拒绝；申请分发红军中工作，又遭到否决。后来苏联把蒋经国的安排交给第三国际中共代表团处理。中共代表团派他到列宁大学（即原来的孙逸仙大学）担任中国学生的辅导员，曾奉命率领学生到外高加索、乌克兰等地参观旅行。回到莫斯科后因重病入院治疗。据《蒋经国在苏联》记载，蒋经国因受家庭出身及当时左倾路线的影响，1931年2月被派到“狄拿马”电汽工厂做学徒，后又被下放到莫斯科附近的石可夫农村劳动，因表现较好，曾被选为村苏维埃副主席。1933年1月调到埃尔他金矿场主编《工人日报》。同年10月调到斯夫洛斯克“乌拉重型机械厂”任副厂长。1934年与铁路工人的女儿（孤儿）乌拉厂的女工费纳结婚。1936年1月，共产国际中共负责人召蒋经国到莫斯科，要他发表谴责蒋介石的公开信。该信发表于《真理报》，《纽约时报》曾于1936年4月29日刊其摘要（原文收入波多野乾一著《中国共产党史》）。

1936年“西安事变”后，蒋介石被迫接受中共提出的“停止内战、一致抗日”的主张，国共两党开始第二次合作。蒋介石一再向苏联提出要蒋经国回国，终于得到苏方的同意。1937年3月，蒋经国携妻及一子一女回到上海。

蒋经国回国后即到杭州谒见蒋介石，蒋介石给他的俄国媳妇取名“蒋方良”，给孙女取名孝章，孙儿取名孝文。这时张学良以“读书”名义被软禁在奉化溪口镇的雪窦寺，蒋介石让蒋经国与张学良一道在雪窦寺读书，政学系少壮分子徐道邻为他们的老师。蒋经国谈到这段读书生活时曾共同生活。后来瑞青夭折，王氏甚为哀伤，给他阴配了妻子，产业仍为两子所有，以待兼祧。取房名时，瑞元为“丰”、瑞青为“镐”，因实际未分，就合称“丰镐房”了。经国、纬国童年时，蒋介石分别为他们兄弟取字曰“建丰”、“建镐”（后来未见用过），寓意显然。

当年的蒋家故居，其内住的族人有十五家，祀祖的中堂（即扩建后的报本堂）为共有，蒋介石是西边的三间老楼房和几间小屋（厨房、柴屋）。在准备扩建前，他与族人商量，在上街新造相应数量的楼房，以两间换一间老屋的条件，请族人迁让。不料住在东南角（即进门右手）的几家不愿迁让，还说：“今后你家时常有大官要人往来，车水马龙，也可让我们就近看看热闹，开开眼界。”蒋也就作罢。以后这里有一家人的儿子，他还带往侍从室当会计，颇为信任。

蒋家自蒋肇聪死后，王氏当家；王氏死后，蒋介石在外，毛氏当家。蒋娶宋美龄时，毛氏名义上与蒋离婚，实际上仍是蒋家主妇。她为人贤淑，性情温和，乐于慈善事业，好行方便，不念旧恶，如国共合作的北伐时期，家乡成立农民协会，打倒土豪劣绅，她父亲毛鼎和受到族人青年的人身污辱（浸粪缸）。农会被取缔后，她劝阻父兄不要报复。诸如此类，颇得族人乡亲的敬重。扩建后的故居，住屋宽舒，常有至亲来寓居做客，如蒋的姐夫、姊妹、妹夫、母舅、妻舅、内侄等。长期寓居者各自兴炊。蒋家族人生活困难者，每月每人支付谷一百斤，至亲中如两个王姓母舅，没有职业，按时支给生活费。毛氏死后，经国受父命当家，但因在外，委托住在他家的姑丈宋周运代管；原来的账房宋涨生已炸死，邀唐瑞福担任。唐原是开设咸货店的，曾为蒋家数次协办婚丧事宜，颇得力，为经国所信任。此后，一切收支和其他事宜，仍照毛氏生前办理，唯平时不再开伙，除了蒋氏父子回乡和祖先忌辰、节日外，账房、工役人等都各自回家吃饭。还有经国特别关照，如葛竹舅公来做客，必须开伙招待。

经国每次回乡，喜到处走走、看看、问问。一次，他与唐瑞福一起散步，看到一个衣衫褴褛的儿童，走去一问，也是蒋家族人，他就命唐按月支付其家每人食谷一百斤。

经国好饮酒，量很大。蒋家在过年逢节时，要办酒肴招待上下人等，如经国在家，必来敬酒慰劳，与之猜拳。他自己豪爽痛饮，也喜劝灌别人。一年除夕，他敬席后走入厨房，拉着已经食饱酒足的唐瑞福猜拳饮酒，随便拉来一条长凳，两人骑马对坐，置酒于中。他拳好量大，唐饮得大醉。他问唐：溪口可有能与他较酒量的人。唐介绍了商会会长江翊民。此后，他两次邀江来同饮，江醉倒，派人扶归。据说，在与同僚聚餐时，每到酒酣，有时则袒胸豪饮。

经国喜用鸡头、鸡脚佐酒。在赣州时，一次到表侄毛彭初家做客。饮酒时，他手持鸡脚追述往事说：“小时祖母、母亲不让我吃鸡头、鸡脚，说是吃了鸡头、鸡脚爪，要抓书本，不会读书。这真是哄哄小孩，哪有此事。”

说：“张学良专攻《明史》。我读朱子《纲目》《阳明全书》《曾文正公家书》。”抗日战争爆发后，他和张学良便结束了这一段读书生活同机飞到重庆。

蒋经国在赣南

蒋经国到重庆不久，政学系头目、江西省政府主席熊式辉迎合蒋介石的心意，于1938年1月任蒋经国为江西省保安处少将副处长，兼江西省政治讲习学院专为训练一批流亡青年而设，以后改编为“江西省青年服务团”总队长。同年5月，兼任江西省新兵督练处处长。新兵督练处设在临川（抚州）温泉，集中训练江西省新征来的壮丁，编成几个新兵团，归他督练，实际上是为野战部队训练补充团。这是蒋经国回国后初露头角，第一次独当一面的职务，自然希望一显身手，有所作为。他首先提出，要连队做到经济公开，赏罚公开，不准打骂士兵，不准克扣士兵伙食，注意改善士兵生活。其次，他积极采取措施开展“康乐活动”，以活跃官兵精神，造成朝气蓬勃的气象。对于军官教育，则反复宣传王阳明学说。他还遵照他父亲的一贯做法，把《增补曾胡治兵语录》、戚继光《纪效新书（练兵实纪）》等列为军官必读的书。他接近干部，有时也深入连队与官兵一道活动。他把这一段督练新兵的过程，编了一本《温泉练兵实纪》，借以宣传他练兵的成绩，同时也是向他父亲第一次交的考试答卷。为了替蒋经国制造舆论，蒋介石曾指示一些部队派人到新兵督练处参观。

新兵督练处于1939年迁到赣州。赣州地方的恶霸势力很大，省府的政令向来不能贯彻执行；这个地区的专员县长，如不与地方恶霸集团勾结，就站不住脚。当时赣州的行政督察专员是康泽系统的复兴社分子刘己达，他自恃有康泽做后台，对地方恶霸不放在眼里，结果在一次出巡中竟遭到恶霸爪牙的围殴，并被软禁，后由蒋经国亲自出面警告恶霸刘甲第才获释放。刘己达为此引咎辞职，熊式辉便借此机会，派蒋经国接任赣州行政督察专员兼赣县县长（县长由杨明代理），冀图利用这位“太子”的权威来整顿赣南的混乱局面。

1939年6月，蒋经国就任赣州行政督察专员兼区保安司令。当时他面临的问题，是如何压制地方势力，树立自己的威信。这时蒋经国年方三十，由苏联回来才两年，革命教育的影响还未完全消失，尚未染上旧官僚的习气。他首先提出“除暴安良”的口号，打击地方恶霸、流氓、地痞的气焰，恢复地方秩序；强调严惩贪污，整饬吏治，提倡“公仆”精神，常常微服出访，搞一些“亲民”的小动作；厉行禁烟、禁赌、禁娼，改良社会风气。他还提出“建设新赣南”的口号，要在赣南树立一个“三民主义模范区”，“开创赣南新时代”，“建设‘五有’（人人有工做，人人有饭吃，人人有衣穿，人人有屋住，人人有书读）的新天地”。由于他敢于采取严厉手段对付一切与他作对的人，赣州的恶霸流氓一时有所收敛，政令基本上得以通行，从而使他在赣南博得了“蒋青天”的称号。但是，他虽然摆出一副激进的姿态，宣称“要打倒封建势力”，事实上他对封建恶霸势力根本没有触动，也不可能触动。以刘甲第而言，他仍然是赣南的大地主，在赣州城内拥有不少地产，还兼营七八家商店，照样妻妾婢仆成群，只是不像以往那样耀武扬威、招摇过市罢了。许多所谓公益事业，蒋经国还得请当地刘甲第等有名士绅挂上委员的头衔，群众大会的主席台上也有他们的座位。逢年过节，蒋经国还亲到那些大绅士家走访，以表现“敬老尊贤”的传统作风。

1940年夏，蒋经国在“新赣南三年建设计划”的讲演中，曾提出了发展钢铁、机器、电力等重工业，促进农业机械化，兴修水利工程，把各城镇建成现代化的城镇等等一系列的计划，但是对于农民迫切要求解决的土地问题、苛捐杂税问题，却只字不提。由此可见，所谓“建设新赣南”是多么不切实际的幻想，结果除了一些装饰门面的建筑物外，给人留下的只是一些形形色色的标语、口号、宣传画而已。

蒋经国上任初期，对抗日战争的态度表现很积极，公开赞扬抗日民族统一战线，因此赣州一度呈现开明进步的气象。如1939年江西吉安等地的生活书店都被查封，而赣州的生活书店却照常营业。江西各地禁止《新华日报》发行，而赣州直到1940年初还是公开出售。因此，当时在江西省政府所在地泰和曾一度有“蒋经国在赣州搞共产了”的传说。很显然，这与蒋介石的“消极抗日、积极反共”的政策是背道而驰的。很可能是在他父亲“庭训”指示下，蒋经国终于在1940年3月开始反共了。特务根据《新华日报》的订户和生活书店的顾客姓名开出黑名单，采取突然袭击的手段实行秘密大逮捕。蒋经国对中共地下党员的处理，也完全是秘密进行，其手段是不一般的。这是蒋经国反共的第一次表态。为了积极反共，他还大力加强地方保甲制度。自蒋经国本人以下，所有专区和县级的主要干部，都兼任保甲指导员。对老百姓的日常生活、行动，订了种种规约以加强控制。从下面一首民歌可以看出赣南人民的态度：“蒋大专员开了口，赣南百姓齐遵守。黎明集合上早操，立正稍息开步走。每天大事第一桩，总裁像前三叩首。保长传令开会多，天天高唱搞五有。结婚必定集团办，太阳节日（蒋经国把他父亲捧为太阳，把老蒋生日定为太阳节）大喝酒。下地赶墟背家训，叫人急得直发抖。我的天啦蒋专员，哪年哪月你撒手？”

1940年6月以前，蒋经国还不是国民党党员和三青团员。这年6月，他带职到重庆中央训练团党政班第三期受训一个月，才取得党团员的资格，从此他在三青团的地位便迅速上升，7月便被指定为三青团临时中央干事，8月又被指定为三青团江西支团筹备主任。但是三青团头目康泽却不识时务，利用三青团组织处处长的职权，未征求蒋经国的同意，竟把江西支团部的主要干部都派定了，几乎都是康泽的学生和复兴社分子，使蒋经国成了空头主任。久在苏联受过共产党的组织斗争锻炼的蒋经国，现在又有父亲做后台，当然不接受康泽的控制。他决定从培养自己的干部着手，发展自己的力量，便在赣州赤珠岭创办“三民主义青年团江西支团干部训练班”，自己当班主任。他把从苏联学来的一套群众运动的形式，与青红帮江湖义气的精神糅合起来，在生活和训练中强调“效忠团长（指蒋介石）”，“做团长耳目”，“彼此要建立兄弟般的团结”“同心同德，患难与共”，不分男女，都以“大哥”“小弟”相称，造成一种“兄弟热”

的气氛。这就是他大肆宣传的“赤珠岭精神”，实际上完全是变相的青红帮集团。这个干部训练班共办了五期，每期一个半月，共训练干部五百多人。蒋经国以这批干部为骨干，逐步把康泽在江西的三青团干部挤走。这些干部后来成了蒋经国“嫡系中的嫡系”。不久，他又开办“新赣南经济建设干部训练班”，自兼主任，由专员公署科长范魁书负实际责任，先后训练了数百人。1943年7月，他在赣州虎岗办了一个青年夏令营，调训中专学生近千人，由他亲自主持，又倡导一个所谓“虎岗精神”。此外他还兼任“中正中学”的校长。

1943年12月，蒋经国被调到重庆担任三青团中央干部学校教育长。（校长是蒋介石）兼三青团组训处处长，名义上仍兼赣州专员（由杨明代理）。这是蒋介石准备让蒋经国接管三青团大权的一个重要步骤。

蒋经国这个专员与一般专员不同：他有蒋介石侍从室派出的警卫小组随身保护；财政部盐务署为了照顾蒋经国的财政收入，特为他设置“浙、皖、闽、赣四省盐务督运处”，由他兼任处长，使他除了征收赣南的钨矿附加税外，又从盐税方面得到补助。此外，第四专区的征兵征粮也与其他专区不同，蒋经国可以用征来的壮丁充实专区的“自卫大队”及各县的“自卫队”；可以用征来的粮开办“交易公司”。赣南实际上成了他的独立王国。

1945年1月底，日军入侵赣南，代理专员杨明急电蒋经国请示对策。蒋复电指示说：“应紧急动员群众，誓死保卫新赣南。”他随即回到赣州，召开了一连串紧急会议，并召开群众大会，声称：“决心和赣南父老兄弟姐妹一道，誓死保卫新赣南。”但是实际上只是徒然喊一阵口号，除了做了一些疏散民众的工作之外，并无准备作战的实际行动。正在赣州危急时刻，蒋介石拍来急电，以“政工班开办伊始，政治部组织未臻完备，诸待积极进行，以免误青年远征军政治工作”为由，要蒋经国立即飞回重庆，同时派专机到遂川飞机场等候。蒋经国离开赣州之次日，赣州即告沦陷。

蒋经国和青年军

青年军是蒋家王朝在抗战末期所建立的一支政治性很强的军队。早在1943年，在大规模号召知识青年从军之前，为了补充驻印军的特种兵（如汽车团、炮兵团等技术性要求较高的兵种），曾由个别新兵补训处招收一些知识青年，成立了几个团，陆续空运到印度去。1944年，日军由湖南长驱直入，经广西到达贵州边境，重庆震动。为应付当时的局势，蒋介石提出“一寸河山一寸血，十万青年十万军”的口号，号召知识青年从军，并成立“知识青年从军征集委员会”，亲自担任主任委员，党、团、军、政各方面负责人及各大学校长、社会名流等担任委员，蒋经国也是委员之一。为了鼓励知识青年从军，还提出各种优待条件，如：复员后可以免考免费升学；愿意就业的可以优先就业；大学生可以公费留学；等等。这样，在很短时间内先后成立了青年军九个师。蒋介石成立青年军的用意，不仅是为了扩充抗战力量，其更重要的目的，首先是在政治上与中共争夺青年，因当时许多爱国青年都认为到延安去是“抗日救亡”之道；其次是要把青年军办成一个训练干部的大学校，重建“黄埔精神”，创立新军，为大规模扩军、反共打内战做准备。因此，蒋介石对青年军的人事安排很重视，师长由他亲自挑选（实际上多半是陈诚、胡宗南推荐），团长由嫡系部队挑选少将级干部担任。团以下干部则由各部队择优保送到青年军训练总监部所属的干部训练团受短期训练后，选派到各师任用。青年军成立初期的各师师长是：二〇一师戴之奇，二〇二师罗泽闿，二〇三师钟彬，二〇四师覃异之，二〇五师刘安祺，二〇六师杨彬，二〇七师罗又伦，二〇八师黄珍吾，二〇九师温鸣剑。

青年军训练总监罗卓英是陈诚的重要助手，副监兼东南分监黄维是陈诚的亲信干部。各师的主要官佐不少是陈系的人，以二〇四师为例：副师长吴啸亚是陈的小同乡。参谋长唐肇谟、参谋处长卢庆善、六一〇团团长胡一、六一一团团长黄绶绅、六一二团团长蓝啸声及山炮营、野炮营、工兵营的营长等，都是十八军（陈的基本部队）系统的人。政工人员则以蒋经国领导的三青团中央干校学员为骨干，把大专学校从军的青年集中起来，成立“青年军政工干部训练班”，蒋经国任班主任，训练为期一个月。第一期1945年12月开学，1946年1月结业，约一千人。训练班设在三青团中央干校内，工作干部完全由干校人员兼任。干训班的教育，基本上搬用赣南“江西青干班”那一套。蒋经国常常与青年一道活动，特别令人注目的是，他往往在寒冷的早晨，光着膀子带青年们跑步。他这种作风，当时曾博得青年人的好感。政工班名义上虽属总监部领导，实际上除经费补给由总监部转发外，一切都是自搞一套。青年军成立政治部时，由蒋经国任中将主任。各师政治部主任，除余纪忠、范魁书（蒋经国的亲信）有实权外，大多数都是挂名的，实际工作由他的亲信副主任负责，如二〇四师政治部主任刘炳黎（复兴社分子）是教授，除到各团作政治讲演外，一切具体工作都由副主任洪长铭掌握。各团督导员及师政治部组训科长、总干事等主要干部，均由三青团中央干校研究部学员担任。一般连级政工干部，则由政工班结业学员担任。从青年军的人事安排，已经初步看出“蒋介石——陈诚——蒋经国”的布局。有人说青年军是蒋经国登上政治舞台、准备接班的一股政治力量，这种说法不无道理。

蒋经国在青年军的政治工作，主要抓以下几点：一、通过康乐活动（文体活动）使政工干部与士兵打成一片（团有俱乐部、连有康尔室）；二、通过小组活动，了解士兵的思想情况；三、逐步在士兵中培养爪牙。具体做法是：从每班士兵中各选出一二名，组成全团“小组长训练班”，由团督导员亲自负责，在师政治部协助下，经过一个月的训练后，回到各连任学习小组长；师政治部从每排士兵中各选出一名或二名，组成师“康乐干部训练班”，经过一个月的训练，回连协助连训导员搞康乐活动。以上这些经过短期训练的士兵，后来大多数成了蒋经国在青年军士兵中的骨干分子。

1945年9月日本投降后，蒋介石最初决定把二〇八师、二〇九师合编为三十一军，由黄维任军长，开到杭州集中；二〇四师、二〇五师合编第六军，由刘安祺任军长，开到粤汉路护路；二〇二师、二〇三师合编为第九军，开到沪宁路护路。不久又把第三十一军整编为二〇八师，由吴啸亚任师长；第六军整编为二〇五师，由覃异之任师长；钟彬军整编为二〇二师，由罗泽闿任师长。

蒋介石最初并未考虑到第一批青年军很快就复员，因而未做复员的准备。约在1946年初，各师都有一部分青年要求复员升学、就业。蒋经国怀疑有共产党分子从中鼓动，乃密令政工干部在各连队组织"防奸小组"。同时为了安定军心，宣布复员前必须进行三个月的预备军官教育，期满后发给预备军官证书。在这三个月期间，一方面加强反共宣传，派一些反共教师到各师巡回讲演，如反共专家叶青曾到二〇四师作过两星期的宣传。一方面集体参加三青团。青年军的师长刘安祺、覃异之，师政治部主任余纪忠、范魁书等成了三青团的中央干事，有些师长和政治部主任成了中央监事。有人认为这是蒋经国用青年军来吞并三青团，曾提出过反对意见。至此，蒋经国实际上已控制了三青团。

1946年秋在庐山召开三青团代表大会时，听说蒋介石曾企图以三青团为骨干去改组国民党，因元老派及CC系反对，结果用"党团合并"来解这个矛盾，三青团的中央干事成了党的中央委员，团的中央监事成了党的中央监察委员，蒋经国的亲信郑彦棻成了中央委员会的副秘书长。从此，蒋经国在国民党中央委员会中也有了自己的一派。

青年军的复员管理工作，实际上是控制复员青年军的工作。"复员管理处"名义上由陈诚任处长，实际上由副处长蒋经国负责。管理处后来改为国防部预备干部局，由蒋经国任局长。1946年6月3日，正式宣布第一批青年军复员，并规定这一天是"复员节"。蒋经国控制复员青年军的做法是：一、复员前夕，以地区为单位成立"通讯小组"（如武汉通讯小组、郑州通讯小组等等），并创办《曙光报》作为通讯联络的刊物。各小组负责人是复员青年中拥蒋的骨干分子，直接与预干局联系，在各地上学和就业的复员青年军，既受当地三青团组织的领导，又参加当地的通讯小组。二、1947年改为"青年军联谊会"。三、每年夏季在各地组织夏令营活动，把各地的复员青年军集中起来，受一次短期训练。

第一批青年军大部分复员，其中一部分志愿留营的，由各师根据留营的人数，编成教导团或教导营（二〇五师编成教导团），准备担任第二批青年军的班长或副排长，一律以预备军官待遇，以后根据工作成绩，分批送中央军校受训。复员的青年军分为“升学”“就业”两部分。就业的送入新成立的就业训练班，在训练中陆续分配到各机关团体工作。升学部分中，上大专院校的，送入各地成立的补习班或直接进入各院校；上中学的，除介绍到各地中学外，可进入三青团在各地成立的“青年中学”。各校的复员青年军不少人成了破坏学生运动的打手。重庆的青年中学在解放战争中扩充成反共的武装部队。许多复员的青年军后来成了蒋经国“青年戡乱建国大队”的骨干分子，也是他建立自己特务系统的基本力量。

1947年7月，蒋介石在庐山亲自主持召开青年军干部会议，决定征集第二批知识青年。新整编的二〇五师（我任师长）于1947年初分别由万县、贵阳开往粤汉铁路沿线，一面护路，一面招募第二批知识青年。各地方的三青团组织虽大力动员，但志愿从军的知识青年仍不踊跃，到8月才勉强招足。这时蒋介石电召我到南京，要我准备开往台湾接受美械装备。我便和孙立人（已内定为台湾训练司令）以及美国驻华武官苏洛一同飞往台湾查看训练场地。行前，我曾去见蒋经国，他正忙于到上海负责管制经济的工作。从他简短的谈话中，知道这次青年军接受美械装备是费了一番交涉的（因美国最初不同意装备青年军），用孙立人做台湾训练司令，是为了便于与美国打交道。看来蒋介石对孙立人，既讨厌他依靠美国人以自重（他到英国去接受勋章后，未经蒋介石的许可径自访美，加强与美国的关系），又不得不利用孙以争取更多的美械装备。

二〇五师于8月底开始由粤汉铁路陆续向广州黄埔港集结，运往台湾。因船只少，运输速度很慢，师部及直属部队10月初才到达台南高雄凤山营房，后续部队仍在运输中。正在这时，蒋介石电召我到南京，告诉我说，东北行辕主任陈诚要调我到东北去担任第八兵团副司令兼五十二军军长，要我准备到东北去。当时东北战局对蒋军不利，熊式辉、杜聿明已相继离开，我当然不愿去做替死鬼，便找蒋经国想办法。他这时正在负责上海的经济管制工作，刚从上海回来，一两天又要回上海去，看来很忙碌。他答应向蒋介石转达我希望免调东北的想法。第二天他给我打电话说："已电陈主任商量，可能免调。"过了两天，蒋介石召见我，仍要我去东北。我又去找蒋经国，他已到上海去了。第二天晚上蒋介石又召见我，限我在10月16日以前到沈阳行辕报到，我这才不得不去东北。蒋经国此时名义上虽已不负责青年军的政治工作（政治部已改为新闻处），但是青年军的重要问题，他还是过问的。他的政工干部也常向他汇报青年军的情况，对青年军的重要人事还得征求他的意见。如二〇五师师长的继任人选，孙立人曾保荐唐守治，蒋经国却坚决主张提升副师长刘树勋。又如二〇五师处理地下共产党员伍瑞云等案，也是请示蒋经国处理的。

东北外交特派员和上海"打虎"

日本投降后，为了接收东北失地，对苏联的外交成了当时的重要问题。蒋经国曾作为他父亲的私人代表，协助宋子文到莫斯科签订《中苏友好条约》，并曾受到斯大林的接见。他回国后担任外交部东北特派员，和熊式辉、张嘉璈同赴长春。为了工作方便，他把原任衡阳市市长的赵君迈（与他有密切关系）调任长春市市长，这也是一般外交特派员所办不到的。蒋经国虽然精通俄语，也有苏联的朋友和同学，但在蒋介石反共反苏的顽固政策指导下，任何外交能手也不可能争取苏联的支持，何况初上外交战场的蒋经国。他在东北期间，非但无所建树，还受种种奚落，所谓交涉，只不过是一场空话。后来蒋经国谈到这次外交时，他难过得流泪，说："军事行动不能配合外交，使外交工作出丑。"他也责怪当时在东北负总责的熊式辉没有很好地支持他的工作，责怪熊式辉倚老卖老，有问题不直接和他商量，却向蒋介石报告，"以我父亲来压我"。

蒋经国回南京后，郁郁不乐。蒋介石曾打算派他任国立政治大学的教育长，因CC系从中作梗，学生游行示威反对而没有能实现。蒋经国为此精神上受很大打击，心情更加苦闷。据接近他的人说，他变得喜怒无常，动辄挥拳拍桌，斥责部下，有时借酒浇愁，往往喝得酩酊大醉。不久他又被任为全国军队政治工作的总督导，老蒋妄想通过政治工作来挽回日益低落的士气。接着反共战争的形势如江河日下，蒋经国又召集骨干分子及部分复员青年军，创办“戡乱建国训练班”（又名“戡乱建国学会”），成立若干“戡乱建国大队”，派往各省担任组训群众的工作，不过他只起个头，以后就不闻不问了。

1947年，由于反共战争带来生产萎缩，货币贬值，物价飞涨。商人投机倒把、官吏贪污勒索，成了普遍现象。蒋介石避开经济动荡的根本原因，认为只要打击贪污和投机倒把，便能转危为安，并把发行金圆券看成挽救经济的灵丹妙药。他在孝陵卫对军官训练团讲话时居然说“共产党最怕我们发行金圆券”，真是令人啼笑皆非。蒋经国在戡乱建国训练班讲话时也说：“共产党、投机奸商，是革命的两大敌人。肃清奸商，稳定物价，就能消灭共党。”

1947年8月19日，行政院院长翁文灏宣布成立“经济管制委员会”，发表俞鸿钧（中央银行总裁）为上海经济督导员，蒋经国为副督导员（负实际责任），妄图以行政铁腕解决经济危机。经济管制方案的主要内容是：一、8月19日起，以金圆券为本位币，十足准备发行金圆券；二、限期收兑人民持有的黄金、白银、银币与外汇，于9月30日前兑换金圆券（后来延至10月30日），逾期任何人不得持有，违者严办；三、限期登记管理本国人民存放外国的外汇资产，违者制裁；四、整理财政并加强经济管制，以稳定物价、平衡国家总预算及国际开支。蒋经国接受任务后表示：“只要对国家有利，我个人甘冒一切危险，什么都可以牺牲的。”并说，“问题在于能否认真执行既定的方案。”为了了解蒋经国这段时间的工作情况，下面择录他的《沪滨日记》数则：

8月20日

早晨抵申后，即开始研究上海的政治和经济环境。上午到中央银行访问俞鸿钧先生，商谈经济管制各事。午后在寓所清理文件。

8月21日

今天上午同崇镛兄谈金融管制问题。中午参加俞总裁所召集的经济会报。上海方面负重要责任的人都出席发言，各人有各自不同的意见。下午会客，并商量戡乱建国大队在上海的工作计划。

8月22日

自新经济方案公布之后，一般市民对币制的改革以及经济的管制，多抱乐观心理，而政府人员则多抱怀疑态度。两天来日用品的价格涨得很厉害，扰乱金融市场的并不是小商人，而是大资本家和大商人。所以要开刀就要从“大头”开始。今天我正式被任命为经济管制委员会委员，并派在上海协助俞鸿钧先生督导经济管制诸事。这件工作是非常困难，但是十分重要，无论如何必须尽心力干下去。今天是星期日，天下雨，气候甚闷。上午在寓所拟订经济督导的工作计划。

8月26日

上午召开统一检查会议。这批出席人员中有许多都是官僚，而且是想弄钱的人。对于他们必须严格地加以管理与监督。下午照常在中行办公，处理事务。以今天的情形看，目前工作是相当吃力的。但已经骑在虎背上，则不可不干到底了。

蒋经国在题为《上海何处去》的讲演中，唱出很高的调子，胡乱说什么："天下没有什么力量比人民的力量更大，再没有谁的话比人民的话更正确。""人民的事情，只有用人民自己的手可以解决，靠人家是靠不住的。要想将社会翻过身来，非用最大的代价不能成功。"在行动上，他采用杀鸡儆猴的手段，把泄漏经济机密的财政部秘书陶启明判刑；把上海警备司令部科长张尼亚、大队长戚再玉等人枪决；把囤积居奇的商人王春哲判处死刑，又把包括一部分巨商大户在内的商人六十四名关进监狱。但是，蒋经国这种举动尽管锋芒逼人，却经不起以扬子公司为代表的孔、宋势力的反击。解放后傅作义将军谈及此事时曾说："当时蒋介石正在北平开会，为了处理蒋经国在上海'打虎'所引起的严重影响，临时决定回南京去。"结果蒋经国只得发表一篇"告上海人民书"而草草收兵。

蒋经国自1937年从苏联回国到1949年离开大陆以前的重要活动，据笔者所知，略为上述。至于蒋经国去台湾以后三十年来的政治经历，笔者虽陆续从有关资料中有所了解，但究非亲见亲闻，根据文史资料的撰稿要求，在这里就略而不谈了。

初登仕途

储子润*

初登仕途

1937年3月，蒋经国从苏联留学归来，当时蒋介石对他抱有很大的希望，认为他虽是留苏学生，但还年轻，缺少社会实际经验。如果要担当国家重任，还是很不够的，必须继续好好学习，在工作中锻炼才干。他考虑了多时，才看中当时国民党江西省主席熊式辉堪以重托，要他在实际工作中，像师傅带徒弟般带经国去历练。因此在1937年冬日寇进逼南京，国民党政府将要撤离之前，蒋经国和妻儿一家三口来到了江西南昌。

在熊式辉的心目中，受到蒋委员长的托付是引以为荣的。但他还摸不透蒋介石的真实意图，对蒋经国的出处，怎么安排，请他干什么？心中无数。他向省政府诸委员征求意见；有的建议建设厅厅长龚学遂当了南昌市市长，这个遗缺可请蒋经国来补。保安处处长廖士翘自动建议说："我的处长让他来当，我可调到江西省保安司令部去，这样对于省保安工作不受影响。"其余还有种种意见，众说纷纭。结果熊式辉采用廖士翘的意见，向蒋介石请示。复电不准，说："经国年轻，缺少经验，不宜独当一面，

---

* 储子润，曾任江西地方政治讲习院教务处课务股股长等职。现居南京。

可当副手，以资历练。”熊领会其意，即拟任他为保安处副处长，再电请示，被批准了。

副处长本来不在编制中，是为蒋设置的虚额，不料蒋经国倒很认真地干起来了。

为了解所属保安团队的实际情况，蒋经国到任之初，不顾寒冬腊月，认真工作。有一天清晨六时，他单独一人到驻防在南昌市区内的保安第一团去视察。他身穿便服，也不说明身份，到团部说要见团长，第一团的值勤官兵对这位新上任的副处长都不认识，就声斥说：“时间这么早，团长还没起床，不会客。”蒋见来势不妙，仍耐心地问：“团长何时会客。”“七点钟之后。”蒋说：“我在会客室等一等好吗？”卫士见他不走，只好开了会客室的门让他进去，既不为客人倒茶，也不去报告团长，蒋在会客室里等着等着，七点钟过去了，七点半过去了，直到八点多钟，第一团的王团长（名字作者记不得了）才来会客。一见面认得是蒋经国副处长，已经在此空等了二小时之久了，怎么对得起他呢？急得他面红耳赤，坐立不安，无以自容。

这位保安第一团的王团长，是熊式辉主席的外甥女婿，日本士官学校毕业，平时他有恃无恐，谁也不怕，处长廖士翘也要让他三分。但是这一次碰上了蒋经国，蒋当时对他并未加责备，说话客客气气，越是这样，王团长内心越是难为情，越过意不去。从此他有所警觉，自动整饬团务，加强防卫，不敢稍懈。其他在南昌的保安团队，如第二团团长曾戛初等，听到这个消息也自动准备迎接副处长在任何时候来视察，从而起到了整顿团队，加强治安的作用。这个消息一传出去，街头巷尾传为佳话。

蒋经国初到江西，经常步行外出，不坐汽车，不带随从，穿着朴素，与普通老百姓一样，谁也看不出他是来头不小的人物。他经常到广大群众中去活动，在街道和农村、在工厂和商店、在部队和学校，常有他的行踪。见到这位生龙活虎、朝气蓬勃的年轻的副处长的人，对他都表示赞赏。

记得江西省府委员萧纯锦曾经向我谈起他亲眼看到的一件事：有一天傍晚，他公毕回家，路过蒋经国住所，见到他家门前路上停了几十辆人力车。他猜想是蒋经国在家设宴请客。但又怀疑他请的客人中竟无一个乘汽车的人吗？后又发现所有停在他门口的人力车，都是空车，没有车夫，车夫到哪里去了呢？最后才了解到蒋经国这次所请的客，不是别人，完全是人力车夫。

一个当今颇有声望的“千金公子”，竟邀请中国旧社会处于最底层的苦力、人力车夫做客，交朋友，萧纯锦看在眼里，心里作了很高的评价。

半工半读

1938年2月，熊式辉又接到蒋介石来信，托他延聘名师，教子读经。熊式辉当然不敢怠慢，唯老师难请，谁能当这“太子太傅”呢？就请教育厅厅长程时煃多方慎重物色。由程厅长推荐当时的中央大学中文系主任王易教授担任。因这时南京已沦陷，中央大学不得开学，王易暂赋闲在家。当即由熊式辉电请乃父核定，送上聘书。并商得程时煃同意，借用其住宅楼下书室为馆址，规定他半天读书半天工作。教材除蒋经国阅读经史子集提出疑难由王易随时析疑解答以外，为适应抗战军事需要，还以讲授我国古代兵书为主，攻读《孙子兵法》《太公六韬》《黄石公三略》。这本教材叫《兵书集成》，是用连史纸、宋体字精印的线装书，非常讲究，似非南昌市场坊间所能购到的。后来他送我弟储法坤一本，才知是他父亲蒋介石从外地寄来，供他及其伴读者共同学习之用的。

他遵从父命，尊敬老师，勤奋课读，未尝稍懈。他从不迟到或托故请假，一定在老师未到馆之前，到馆洒扫内外。王易老师一到，他就迎上前去，倒茶敬烟，执弟子之礼甚恭。毫无时下公子少爷习气，深得老师欢心。我们关心他课读情况的人，常常向王老师打听消息，王总是很满意地回答："小蒋尊师重道，熟读兵书，毫不松懈，殊属难得。"有时他得意扬扬地说："孺子可教也。"

1938年5月，江西省开办地方政治讲习院，蒋经国任该院军训总队长、训育处副主任。他无法继续读书了，从此中断。他虽然只读了三个月，但心得不少。1939年他到赣南后，仍不忘读经书。他曾经说："姜尚在三千年前就有民主政治思想，抗战建国的最后胜利，必须依靠天下人共同奋斗。"

言传身教

江西省地方政治讲习院设在南昌市西郊梅岭，离城约二十余里。由省主席熊式辉兼院长，省府委员萧纯锦兼教育长。另聘王造时为教务处主任，许德珩为训育处主任，罗隆基为研究处主任，杨绰庵为总务处主任，蒋经国为军训总队长兼训育处副主任。军训总队附为喻松。雷洁琼为妇女连生活指导员。教师中多系民主知名之士、学者名流，如孙晓村、潘大逵、彭文应、程希孟、许鹏飞、陈忠经、罗时实、熊芷、沈兹九、刘清扬等。中共党员夏征农同志亦参加，任教务处出版股股长，主编院报。该院第一期招收和调训区、乡、镇人员共一千二百余人，训练期为三个月。参加受训者，一部分是沪宁沦陷区流亡的大中学校青年学生，另一部分是江西省本地人中志愿担任地方各级行政干部的人员。入学前均须经过甄审和考试。

军训总队把学员分成十二个连，三连为一营，实行军事编制生活。训练科目，由教务处规定，以政治科目为主，军事训练为副。蒋经国兼训育处副主任，协同训育处主任许德珩进行学员思想教育，深入连队，备极辛劳。尤其是每到星期六下午，利用课余时间，他亲自带队到附近农村，进行农家访问，了解农民疾苦。

星期日上午，他带领学员下田参加义务劳动。他身穿工作服，赤脚穿草鞋，带头下水稻田帮农民拔草。当地农民耘田完全靠双手双脚，弯着腰用手拔，双足蹈，劳动强度大。在炎日如火、泥水蒸人、稻叶如刀、苗茂不透风等条件下，就是从小做惯的农民，也视耘田为畏途。俗话说："读书人怕考，种田人怕拔草。"但是蒋经国却率领学员一下田就是半天。不怕炎日晒，不怕溽暑蒸，不怕田里污泥脏，不怕苗里不透风。学员见到总队长以身作则，也就拼命去干。农民见到他这样不怕苦，为他们义务劳动，无不感谢。

政治讲习院是高级知识分子成堆的地方，有些人不把小蒋放在眼里，对蒋总队长从苏联列宁格勒政治军事大学学来的军训这一套，不加欣赏。但是每当小蒋率领学员义务劳动、收工归来的时候，看到他们浑身大汗，半身黄泥半身水，整着队伍高唱着《义勇军进行曲》《大刀向鬼子们的头上砍去》等抗战歌曲走进院大门的时候，许多教师、职员也就心悦诚服、自愧不如了。

训育处主任许德珩是一贯支持蒋经国的。他常在留学欧美的教师面前说："小蒋能带头赤脚下田劳动，这种不怕苦的精神，是我们之间办不到的。我们应该认输，承认不如他。"

蒋经国对这些老人，也以父辈视之，以晚辈自居，谦虚谨慎，恭而敬之。

江西地方政治讲习院第一期区乡镇人员训练班自1938年5月开学，到7月训练期满，正当办理结业分配、计划筹办第二期之际，日军沿长江进犯，赣北湖口、马当失陷，九江告急。讲习院连遭敌机空袭，部分房屋被炸毁，不得不暂告停办。王、许、罗等参政员赴重庆，蒋经国回江西保安处，下半年任新兵督练处处长，地点在临川县温泉。

笔者当时在讲习院工作，任教务处的课务股股长，还担任《战时民众组训》一课的教师。蒋经国知道我过去担任过南京国民革命军遗族学校教务主任，承他一见如故，时相接近。当时情况，记忆犹新。

赣南三事

1939年春，蒋经国出任江西第四区行政督察专员。有关他“建设赣南”的情况，这里不打算一一赘述，只想就几件不为一般人注意的事实，加以记述如下：

（一）二十一个老婆

蒋经国的个性是坐不惯衙门内的冷板凳。上任不久，就把一切例行公事交给主任秘书代行，自己即走出机关出巡各县，察访民情。有一天，他偕同上犹县县长王继春在该县的西南乡发现有一户姓张的大地主，家有好几百亩土地，他的剥削方法很巧妙，田不租给农民种，而是自己家里人种。赣南农村有的地方有个老习惯，妇女下地种田，男人反而在家抱孩子。这个地主就把雇来的女雇农，选择能干活的收为妻室。他想雇农有雇佣观点，不会像自己人那样尽心出力。如若收为妻子，成为一家人，她就会积极劳动。既可供他荒淫无度地玩乐，又可以得到比雇农更可靠的劳动力。因此这个地主就用这种无耻野蛮的方法：多收妻子。蒋对我们说：“当我与上犹王县长到达他家调查时，他已有二十一个老婆了。这种一夫多妻的骇人听闻的怪现象，我还是第一次听到和见到。在这穷乡僻壤为什么有这种怪现象呢？一是天高皇帝远，旧政府很少有人到这些地方来，这种怪现象得不到及时纠正和禁止，逐渐滋长，以至此极。一是农村妇女为穷困生活所迫，成了农奴主的生产工具而不知反抗。什么叫文明、道德、法纪、男女平等，这些都谈不上，简直成了政治上的空白点。”

蒋经国对此加以评论说：“这种做法，与帝国主义国家里胡说的‘人民资本主义’差不多。工人要反抗资本家的剥削，要罢工，要闹事，资本家很头痛，于是想出办法，鼓励工人节约开支把余钱购买本厂的股票，如若工厂赚了钱，工人可以按股分红，欺骗工人为自己的利益而努力，不是为厂主资本家而做工，用这种欺骗手法来调和劳资之间的矛盾，美其名曰人民资本主义。不料在赣南内地上犹县，在封建社会的农业经营里也会出现类似这种手法的怪现象，这是今日负责县政建设推行新政者的耻辱，一定要彻底消灭它。”

（二）双胞怪胎

这对双胞胎兄弟生下来，腰间就有一根骨头连皮带骨地连在一起，永远不能分割单独行动。他们是孪生的兄弟二人，而不是一个人。1939年时，他们已有五十多岁，都结了婚，各有各的儿女。在年幼的时候，他们为德国马戏班所雇佣，到世界各国各大城市去展出，替马戏班老板赚了很多钱。到他们长大了，走遍了全世界，失去观众吸引力的时候，在他们身上无法再赚钱，老板就把他们送回原籍南康县，在他们赚到的钱中提出极少的一部分作为他们的安家生活费。他们置了农田五六十亩，成了小康之家。他们对于马戏班老板的小恩小惠，还表示感激，还说他好！帝国主义资产者的欺骗手段的毒辣，可以想见。

蒋经国调查到这件事非常气愤，把这一对受害者从南康接到赣州，借此说明帝国主义的伪善面目。那时江西省地方政治讲习院已在赣州近郊梅林开办，他把这两位受害的兄弟送到讲习院，并召集全体学员讲话，说明他对这件事的看法：一是提醒大家，帝国主义侵略势力无孔不入，其魔爪已经到我们赣南的穷乡僻壤；二是马戏班把他们如同狮子、老虎等动物一样展出，供人玩弄，在他们身上剥削了很多钱，所谓的生活费，不过是资产者在他们身上赚得的利润中提出的百分之一、千分之一，以小恩小惠，宣传他们的人道主义，进行欺骗，手段是隐蔽、毒辣的。我们决不可上当受骗，现在日本帝国主义同样用小恩小惠收买中国人当汉奸，不可不提防。

他利用这个具体事实，说明帝国主义的丑恶面目，侵略本质，加深学员对帝国主义的仇恨，上了一堂反帝反侵略的政治课。

（三）重用张恺报母恩

蒋经国孝顺母亲。他在赣南主政时，一直打算迎奉生母毛氏到任所孝养。但蒋母不肯远离故里，于1939年12月25日在奉化县溪口镇蒋家故宅，因日本飞机轰炸丧生。蒋经国得噩耗后，星夜自赣州奔丧溪口，痛不欲生。

原来抗战开始以后，蒋氏父子在奉化溪口的家务，靠武岭学校教师张恺就近照顾。张恺平日侍奉蒋母毛氏，犹如侍奉自己母亲一般。蒋母不幸被炸身亡，所有善后丧事，均由张恺一手料理。他对蒋家做到了忠心耿耿，蒋经国由此感激在心。认为他胜似母亲亲生儿子，应该以亲兄弟相待。丧事完毕返赣以后，即一再电请张恺结束武岭学校校务，离开溪口，前来赣州。张到后，蒋即以自己所兼的赣县县长一职，让位给张恺承担，以加官晋爵，作为报答母恩之德。

1945年春，蒋奉父命内调重庆，以遗赣南第四区行政督察专员、区保安司令一缺，先由杨明继任，不久蒋仍保荐张恺担任。至此蒋经国在江西的政治生活遂告结束。

与蒋经国相处共事的日子

喻　松*

蒋经国是1937年底来到江西南昌的。随同蒋经国来的，有他的苏联籍妻子，他的两岁多的儿子，他的一位姓毛的表兄弟即他的汽车司机毛宁邵。熊式辉安排他们住在二纬路一栋单独的小楼房内，不久便任命他担任江西省政府保安处副处长。

那时，我也刚随上海抗日前线张治中的集团军总部撤到南昌，不几天，即被当时的江西政训处处长、后来背叛祖国沦为汉奸的肖淑宇强留下来，协助他创办培训连队政治工作人员的训练大队。肖淑宇兼任大队长，我任专职大队附。那时，有不少从平、津、京、沪各地流亡来的大专学生云集南昌，正好作为政工人员的培训对象，随即借用罗家塘原私立匡庐中学办理招生，不到一周，便录取学员一百六十余名。

由于江西政训处尚未组建起来，政训干部人员训练大队的工作人员，多半由保安处调来，所需经费、服装、武器等等，也大都向保安处借用，并于1938年1月正式开课。

开课不久，中队里有人告诉我："蒋经国副处长不声不响地来过好几

---

* 作者时任国民党江西政训处政治人员训练大队专职大队附、江西地方政治讲习院军训总队附。

次，还参加了一次学员们的小组讨论会。”没过几天，蒋经国便到大队部来找我。他首先自我介绍：“我就是蒋经国，你们工作很辛苦，今天特地来看望你们。”态度热情又随和，同在座的人都一一握手，给人以很好的印象，一点也不像我想象中的蒋太子。坐下之后，他饶有趣味地说：“你们这里很暖和（当时正是四九寒天），比外边的温度高多了。”我没有理会到他的语意，忙说：“门窗都关严实了，冷风吹不进来。”“我指的不是这个，而是抗战气氛的冷暖。”从这里打开了话题，一直谈到如何动员广大青年加强抗战工作，以及如何使当前沉寂的局面变得热腾起来等等问题。我说：“对此，我们也深有同感。我们这里开课才半个多月，政训处才建立起来，也准备联合各方面的力量搞一次大规模的宣传活动。”这是我同蒋经国的第一次直接接触。

就在蒋经国这次来谈后不久，1938年2月中旬，以我们政训班的学员为主，加上政训处的宣传队伍，在南昌市搞了一个抗日宣传周。大幅漫画悬挂通衢大道，抗战标语贴满街头巷尾，各种形式的小演唱、活报剧等通俗化的小节目出现在街头，一时把整个南昌市搞得热火朝天。最后两天，还借用公安局礼堂演出了话剧如《放下你的鞭子》和相声等节目，在群众中引起了热烈的反响。当时，设在高升巷的新四军文工人员，也积极支持并参与了活动。

从这以后，蒋经国经常会来谈谈，有时还邀我上街走走，询问些有关南昌市的历史情况和现状；有时也会去看看难民收容所和小手工业工厂。他多次表示愿意和青年人接触，希望我能介绍一些青年朋友谈谈。有一次，我去保安处联系工作，蒋经国正坐在自己的办公室里。他见我去了，招手要我进房坐坐，劈头一句便说：“我就是坐不惯这样的办公室，房间大，桌子也大，却没多少事情要做。”接着，他突然问我，“你没有手枪吗？听说你的手枪打得很准。”他一面说，一面按铃把经理科的黄科长请来，对黄说：“上次你给我看的那种左轮手枪，可让给大队附同志一支。”

1938年2月底，政训干部人员训练大队的第一期学员已告结业，绝大多数学员都分派到江西保安团充当中队政治指导员。由于我前一段的工作不符合保安处的参谋长熊滨（熊式辉之侄）的口味，有意把我调到曾戛初的保安第二团担任团指导员，并指派陈洪时（中共叛徒）继任政训大队的专职大队附。

我到职之前，曾陪同蒋经国去过江西省抗敌后援会、江西青年服务团和江西政训处等单位，并先后介绍他认识了许多朋友，其中有刘九峰、何序东、夏征农、何士德、丘倜、笪移今、孙席珍、包煊敏等。当时，保二团驻南昌北郊瀛上。我到职以后，蒋经国也经常来到瀛上玩玩，有位姓周的年轻副官常随他来。瀛上是郊区，丘陵较多，他有时练习打靶，有时也去各中队看看士兵的政治学习。于是，蒋经国同曾戛初也很熟悉了。

3月中旬，蒋经国打电话给我，约我晚饭后去他家里谈谈。我按时前往，进门一看，围着两张大餐桌坐了二三十人，还摆了茶点。蒋经国告诉我："今天特地请大家来开个座谈会，谈谈如何动员青年参加抗战的问题。"应邀到会的，除了上面提到的那些人以外，其余大多是青年服务团、抗敌后援会和政训处的工作人员，彼此都是熟悉的。座谈开始时，蒋经国首先发言，大意是：敌人已经打到我们江西门口来了，如果我们不能积极动员一切力量，狠狠地打敌人，进行有效的战斗，敌人就会一步一步进逼，南昌也难保住；今天邀请大家来，就是希望在这个问题上各抒己见，毫无保留地畅所欲言，供政府参考。接着，参与座谈的都踊跃发言，主要的论点大都集中在抗战与民主的关系问题上，一致认为："要坚持抗战，必须发扬民主，没有民主，就不能坚持抗战。"座谈会开到十点钟才结束。

在这段时期，蒋经国还常和我谈到他所认为的"四害"问题，即鸦片烟、赌博、娼妓、贪官污吏。有一次，他突然问我："你们江西的草鞋怎么这样贵？听说一双两元钱。"我听了愣愣不解，稍后才悟到：原来他是幽默地讽刺各县那些下乡催税催粮的法警对老百姓敲诈勒索的草鞋费。蒋经国还问过我："听说坐牢的人，进牢、出牢都要花钱，真是这样吗？"我说："确有其事。"还有一次（这已是后来我们同在江西地方政治讲习院共事时期的事），以反共起家的浮梁区专员鄷景福前来拜访蒋经国。我轻声对他说："这家伙原是我们高安的县长，是个刮地皮的能手。"蒋经国出来指着酆景福的肚皮说："你这么大的肚皮，里边可有不少老百姓的东西啊！"酆窘得脸红一阵白一阵。在讲习院要结束时，我发现第三营营长在学员伙食上有贪污行为，便据实转报了蒋经国。他把这位营长找来，大动肝火，当众厉声斥责："你还要不要做人，你这么搞，就离太阳远离土近了。"蒋经国这样大发脾气，厉声斥人，乃我见到和听到的仅有一次。我还同蒋经国去看过好几处难民收容所。有一次，我们到石头街难民营，吃了一餐饭，办得还好。一问难民，都说："只有这一餐好。"蒋经国便批评了所长。蒋经国不只是看难民的住、吃情况，而且还深入难民之中去询问温饱，并调查难民中能为抗战出力的人才，一经发现，随即登记。例如：韦安仁是小学教员，蒋经国把他从难民收容所调到讲习院军训总队搞文书工作。韦后来跟蒋经国到赣南，当了定南县县长。如遇到难民控诉管理人员克扣伙食，轻则当众斥责，重则转知有关部门撤换。可见，蒋经国对于他所认为的"四害"，确实是深恶痛绝的。

记得是1938年4月初的一天早上，蒋经国打电话给我，语气很兴奋地说："告诉你一个好消息，《抗战建国纲领》发表了，下午见面再谈。"在一同参加刘副官（保安二团副官）的婚礼时，蒋经国拿着报纸对我说："这是一件大好事，有了这样一个纲领，大家共同遵行，以后的事情就好办多了。"他说这话时，轻松乐观的情绪溢于言表。正是《抗战建国纲领》颁布的前两周，我向武汉订购了七百多本宣传抗战的小册子，经再三向邮局查询，得知被邮电检查所扣住了，在无可奈何中，我只有求助于蒋经国。他知道后，立即驱车偕我前去交涉，不但把书全部取来了，而且教训了那位所长一顿。

1938年春夏之交，赣北战事稍见平静，熊式辉决定创办集训区、乡两级行政骨干的"江西地方政治讲习院"，选定坐落郊区梅岭原用来集训学生的夏令营作为院址，并邀约蒋经国参与这一工作。蒋经国曾把初次拟订的方案给了我一份，要我加以研究提出意见。我看后，得知该方案把政治教育和军事训练都集权于总队，设总队长和总队政治指导员统揽其事。我认为：总队的职责过重，似应设置相应的机构以补不足。他便恳切地要我去和他共事，并希望我能出任总队政治指导员之职。我表示："保安团的工作怕离不开。"他说："这个你不用去管，完全由我去办。"

几天之后，地方政治讲习院的组织方案和主要负责人选都决定下来了：熊式辉兼院长，省政府委员肖纯锦兼教育长。下设三处和军训总队，教务处处长王造时，教育厅厅长程时姬兼副处长；训导处处长许德珩、民政厅厅长王次甫兼副处长，建设厅代厅长杨绰庵兼总务处处长；蒋经国任军训总队队长，原保安二团团长曾戛初兼副总队长（因筹建预五师未到职），我任总队附。我是4月中旬去地方政治讲习院工作的。一开始，蒋经国、曾戛初和我便把军训总队的工作全盘规划出来了，计划将千余名学员分别不同班次编成三个营、十二个连，以便实施军事训练和生活管理。可是，大批的军事干部来自四面八方，行动难期划一。为了使他们对学员的生活管理有个明确的认识，对军事训练有统一的规范，于是赶在5月1日开学之前，对军事干部进行了一次统一步调的短期教育。

当时，正处于国共合作、统一战线的高潮时期，熊式辉为了迎合这一历史潮流，有意把讲习院办成江西的"民主橱窗"。因此，延聘来的导师，如许德珩、王造时、罗隆基（未到职）、雷洁琼、潘大逵等人，都是较为知名的人士，而且把现任厅长列为副职。熊举办讲习院的主要目的，是那套所谓能从根本上巩固政权的"新县制"，说什么"中国的行政制度是个倒宝塔，头重脚轻，应该把它颠倒过来，才能稳如泰山。所以，当务之急就是充实基层，加强区、乡两级的力量，政权基础才能巩固"等等。

蒋经国对于熊的这套"理论"，始终不予表态。有一次，熊刚上过大课之后，蒋经国和我同站在总队部办公室门前，我故意对他说："刚才说的这些（指熊的讲课），全是自欺欺人之谈，还是换汤不换药的老一套。"蒋经国听后，只是一笑置之。

蒋经国在讲习院，对工作是非常认真的。他每天早上六时率全体学员举行半小时朝会，在朝会时，多半由许德珩或蒋自己作简短的讲话，其内容，大都是有关抗战的胜利消息，以及日军的残暴行为，间或也讲些国际形势。他们都很会讲话，讲得具体生动，鼓动性大，常常使听者深受感动，因而每天早上的朝会讲话，竟成了颇受大家欢迎的一节短课。

江西地方政治学院开学不久，“四友实业社”（江西地方官僚资本经营的企业）在院内设置了一个贩卖部，给学员们供应香烟、糕点及其他日用品。我也同总务处打了招呼（但没有通过蒋经国），让漆裕元在贩卖部的隔壁增设了一个书刊贩卖部，给学员供应宣传抗战的进步书刊。蒋经国也去看过，并没有提出异议；多数人也认为有此必要。可是不多几天，有位什么秘书，得知书刊贩卖部是我设的，便去问蒋经国。蒋经国半开玩笑地对这位秘书说：“设置这个贩卖部，事先我都不知道，但觉得有好处，给人方便。吃的能充饥，看的也同样充饥。”这样一来，弄得这位秘书哭笑不得，只好灰溜溜地走了。这段过程，是蒋经国事后告诉我的。

在军训总队部，我同蒋经国住对面房，可以说是朝夕相处，无话不谈。苏联是第一个社会主义国家，我向他询问有关苏联的情况也比较多。总的说来，他对于苏联没有特别的好感，也没有不满的谈吐，总的评论还是好的。他比较赞扬托洛茨基，但也不贬低斯大林。他说：“托洛茨基有过人的记忆力。比如，用一百个人单行横排着。每人报一个两位数字，依次报下去，直到最后一个人报完后的两三分钟内，这一百人所报数字的总和便正确无误地得出来了。”他还说过，托洛茨基的军事指挥才能，也素为苏联红军所称道。他颇称赞苏联红军的纪律性和苏联人民的警惕性。他说：“苏联红军执行命令十分严格，凡是规定不能越过的警戒线，任何人也休想前进一步。警戒人员的态度很好，也能耐心委婉地向你解释，也会很有礼貌地和你说明道理，但原则是决不会放弃的。不论在城市或乡村，只要发现一个陌生人，大家都会警觉起来，会自动地严加监视，一定要把陌生人的来踪去迹查得一清二楚，否则决不会轻易放过的。这一切，都值得我们好好学习。”蒋经国还告诉我：“苏联的军事力量是相当强大的，尤其是空军，已大大超过美国。苏联现正派出大批空军支援我们抗击日军，南昌将成为苏联红军的驻扎基地。”不久，苏联空军飞机果真不断地飞来南昌，而且越来越多，南昌和武汉两地经常驻有一百几十架各种类型的战斗机。

接待苏联志愿空军人员的任务，由江西励志社负责办理。因蒋经国在苏联多年，并一度学过空军，对苏联志愿空军人员的生活习惯和饮食要求了如指掌。由于他参与此事，使接待工作做得更为周到；加之蒋经国还常组织联欢节目，就更激发了苏联空军人员的战斗意志。抗战初期武汉空战大捷，苏联飞行员一举歼灭敌机二十余架，也多少得力于蒋的接待有方。

蒋经国是位闲不住的人。他常说："不怕工作忙，就怕没事做。"在讲习院工作时，蒋经国身体健壮，热爱劳动。夏收期间，他曾几次率领全体学员帮助附近农民抢收抢种。他对插秧割禾样样在行。休息时，他对我说："在苏联常有劳动，种过地，打过铁，还扫过厕所。回来后，很长一段时间没劳动，现在手指也显得细了。"

1938年夏，蒋经国还抽空去西北做过一次考察。他回来后对我说："西北地区矿产丰富，牧草繁茂，潜力很大，是发展畜牧和矿产的良好基地，大有可为。"当时，讲习院预定8月份停办，我顺便问蒋经国："下一步做何打算？"他答得干脆："两个打算，一个是去西北开垦；另一个是在江西选个县来做实验。"

1938年的7月上中旬之间，正在讲习院临近结束阶段，蒋经国匆匆忙忙跑来对我说："老头子来了电报，要我火速回去，这里的事请你照应。"我说："目前没有什么，不过在结束前你得赶回来，那时可能有许多事要处理。"他连说了几声好，便匆匆走了。这一去就是半个多月，直到了月底才回来。蒋经国一回来便急着询问工作情况，是否有什么遗留问题得解决。我告诉他："结束工作基本解决。各县保送来的学员已悉数回县，只剩下招考的七十名区指导员尚留在院里等候分配工作。"他立即拉我同去民政厅找王次甫厅长。他说明来意后，王次甫一面表示设法解决，一面又诉苦说："我是老牛拉破车，分下去的人县里不一定接受。"蒋经国一听很不高兴，用严峻的口吻几乎是命令式地对王说："这个事情你要负全责，务必在最短时间内全部分下去。"用这种语气对人说话，蒋经国是极少有的。

我发现，这次蒋经国一回来就变得表情深沉，往日特有的那种蓬勃朝气也消失了。第二天晚上，我去他的卧室，他正坐在桌边思索什么。我先发问：“这次何以去了这么久？究竟有什么重要的事情？”他咳了一声说：“一言难尽！”我又追问：“到底是为什么事？”他低声说：“挨了老头子的训。”停了一会，他又稍稍提高嗓门说：“不知道什么人捣鬼，把我在江西的情况，添油加醋、捕风捉影地编造了厚厚一册‘情报’，送到老头子那里去了。老头子见面，话还没说，便气愤地将那册‘情报’往地下一掷，说了声‘你在江西做的好事，你自己看去’，便起身走了。”我又问：“那册材料编造了些什么呢？”他说：“总括起来一句话，无非是指责我在江西包庇共产党。”我再问：“后来怎样呢？”他说：“打这以后，每天有党国元老来对我进行教育，戴季陶、于右任、居正、陈果夫等都来过，要我明确认识党的光荣历史和伟大业绩，要体会创业的艰难之类的话。稍后，陈果夫和陈立夫来了，一来便开门见山，要我参加国民党，并说这是老头子的意思，如不办好参加党的手续，就不能回江西去。”我进一步问：“你办了参加手续没有？”他说：“办了，不办不行。回来前，老头子再三叮嘱要以党的意志为本，三民主义是永远不能动摇的。”蒋经国回来后的头几天，郁郁寡欢，言行上也明显地收敛了，既少找人，也少说话。

蒋经国回来后不久，蒋介石派了四十名武装卫士来到南昌。当时，蒋经国还住在讲习院，他要我安排这批武装卫士的食宿。约一周之后，这四十名武装卫士便随蒋经国去了抚州温泉新兵督练处。从此，我就再没有和蒋经国共事了，但还常有接触。

蒋经国年少去苏联留学，极少使用汉语，也不习惯使用毛笔写字。起初，他每当要写点什么，总是虚心坦率地来问我。后来，他经过几个月的勤学苦练，不但能够比较熟练地用毛笔写字，而且三五千字的文章也写得相当通顺。我记得，他写过一份有关苏联空军情况的参考资料给其父蒋介石，他曾给我看过，写得简明扼要、有条有理。在生活方面，他在江西地方政治讲习院期间，勤俭朴素，穿与学员一样的布军装，吃与学员同样的伙食，严守作息制度，不搞特殊。他很少回家，办公室兼寝室，一张木板床、一张两斗桌、两把木椅和一只脸盆架，陈设非常简单。

还有一点印象感受较深，即蒋经国对父亲蒋介石的命令是坚决服从的。

在讲习院这段时期，蒋介石每月都给他写信，而且是用毛笔正楷书写，内容多半是嘱他认真学习《曾文正公家书》，并领会其修身治国之道，以及尊重上级、爱护部属之类的话。同时，也要蒋经国同样用毛笔正楷书复。在当时，这对于他确实是个难题，可是他认真对待，常一遍又一遍地书写，总要写到自己认为可以时才封发。他小条桌上摆着的唯一东西，就是蒋介石派专人为他送来的四大本《曾文正公家书》，据说是蒋介石亲手用硃笔批点过的。有一次，我故意指着《曾文正公家书》问他："你对这个感兴趣吗？"他只稍稍摇晃了一下脑袋，并没有吱声，可是，他还是每天按时阅读，很少间断。

在南昌这段时期，蒋经国为人随和是人所共知的。不论在什么场合，他都能适应。对爱唱歌跳舞的，他能随同合唱或参加表演；对好讲笑话的，他也能说些引人哄堂大笑的故事；对商讨问题的，他常能接受别人的意见和建议，对于作出决定的安排，他也从不变更。他接近群众，乐于助人。在接近群众方面，蒋确有过人之处，大家都喜欢和他接近。举凡他认为合理的、应该做的事情，只要找到他或者被他知道，他都会尽力帮人解决。例如，在江西青年服务团工作的夏征农，由于中统特务在江西的头目冯琦对这个服务团的总干事王枕心施加压力，使夏征农在该团站不住脚。以后，夏征农调到讲习院任出版股股长，这固然有多方面的因素促成，但蒋也出了一臂之力。

蒋经国出任专员前后

黄贤度*

1937年7月7日，日本侵略军在卢沟桥蛮横地发动进攻，中国军民被逼奋起战斗。不久，日军又进攻上海，经过三个月激战，上海、南京、杭州等地相继沦陷，东南半壁在腥风血雨中颤抖。正在奉化溪口闲居的蒋经国，感到形势岌岌可危，乃携妻儿由溪口来到南昌，意欲何往行程未定。

蒋经国一行到了南昌，省政府主席熊式辉当即打电报到武汉向蒋介石报告，电文大意是小蒋夫妇到了南昌（因宋美龄的关系，不便提及毛夫人）。蒋介石接到电报后，即复电熊式辉，大意是说：经国回国不久，要熊式辉加以教训。熊式辉接到蒋介石复电后，认为有把经国留在江西之意。熊式辉早听说过蒋经国留学苏联的一些传闻，如对他委以重任，深恐控制不住。当时省里合适的官位均已告满，考虑再三，最后决定任蒋经国为省政府保安处少将副处长。其实保安处原已有了副处长，为了安排蒋经国，熊式辉只得将原任副处长的侄子熊滨改任保安处参谋长。在名义上好像蒋经国是在熊滨之上，但实权还是操在熊滨手中。

---

* 作者又名王道平，时任国民党江西省保安处科长，后任青年军某师政治部主任。

蒋经国到保安处后，无事可做，因为日常工作都由处长、参谋长处理，所以他甚感无聊。他生来性情好动、精力充沛，于是就经常出现在南昌街头，跟沦陷区流亡来的青年交往频繁。有时他身着工人服装和青年们一起大唱抗日歌曲；有时还在一起讨论天下大事；同时还指责当时的江西省政府民主作风欠佳。他的这些言行，严重地损伤了国民党达官贵人的利益，引起许多人私下议论和不满。在此情况下，熊式辉一时也没有什么办法，只有寻找机会把蒋经国调出南昌市。

1938年初，江西省政府成立“江西地方政治讲习院”，便派蒋经国兼学员总队长，具体负责军训和生活管理。蒋经国干劲很足，与学员同吃、同住、同上课，表现出一股朝气。每逢星期天，还带领学生打着赤膊和赤脚，清扫讲习院内的厕所，挑大粪送到农民的地里。可是这个讲习院只办了一期便因故停办。这样，蒋经国又只有仍当那个虚设的保安处副处长了。

蒋经国因在保安处无所事事，曾要求熊式辉让他出任永丰县县长，但因永丰县是江西一个比较大的县，熊认为蒋经国太年轻，怕稳不住阵脚出乱子，没有同意，只允许安排他到赣南的偏远小县——安远县当县长。据说蒋经国曾到安远县去看了看，很不满意，就没有去。他仍然无事可干，又在外面批评这、指责那，熊式辉对此感到头痛。就在这时，熊滨出了主意，成立一个新兵督练处，让蒋经国去管，看看他有什么办法来管壮丁。熊式辉立予批准，在临川县温泉成立了新兵督练处，拨了四个团的壮丁交给他去训练，任命蒋经国为处长，柳昕为副处长。柳昕是熊滨日本士官学校的同学，属熊式辉的亲信，派柳昕到新兵训练处，完全是为了暗中监视蒋经国的行动。

蒋经国到了新兵训练处，确有一套办法。他陆续制定了禁止对新兵体罚、开展文体活动、改善士兵生活等办法，并切实执行，基本上解决了士兵的逃跑问题，使得一些新兵都安心接受训练。新兵督练处成立一两个月后，日军攻陷九江、德安，南昌也告急，熊式辉命令新兵督练处迁至南康县唐江镇。

蒋经国在新兵督练处的工作有了一些成绩，得到了一部分军人的信任。赣南曾是苏区，在内战期间，这一地区的土豪劣绅组织了不少的地主武装，红军北上抗日之后，这些反动武装成为地方一大祸害。当年在几次“围剿”红军的过程中，蒋介石曾调集广东军阀陈济棠部余汉谋的一个军进驻赣南。余汉谋到赣南后，乘机把这一带的地方政府（国民党的县政府、税务机构等）纳入了自己的势力范围，使江西省政府只是名义上的上级，如当时赣南钨矿的税收，全部装进了广东军阀的腰包。抗日战争爆发后，熊式辉将赣南原有的地方武装整编成四个保安团，但这几个保安团仍然不服从省政府的指挥，而且他们的一些军官，有不少出身于黄埔军校和复兴社，熊式辉更是奈何他不得。为了缓和这种矛盾，熊式辉便选派刘己达担任赣南专员。刘己达是复兴社的骨干，与康泽关系好，任过别动总队的秘书和军法官。熊认为刘和赣南势力都是复兴社系统的人，总好说话。哪知刘己达做了赣南专员以后，同这四个团的矛盾不仅没有缓和，反而进一步尖锐起来了。有一天，蒋经国邀刘己达去南康潭口慰问保安团，刘己达应邀前往。不料这四个团中有一个团长首先发难，带领一部分军官将刘己达围住，对刘拳打脚踢。蒋经国见状，立即用自己的身体挡住，刘己达这才死里逃生。刘跑到泰和向熊式辉告状，再也没有回赣南。大约有几个月的时间，赣南没有专员。

这时，江西省政府民政厅厅长王次甫和保安处处长廖士翘两人商量，认为要稳住赣南，须先解决当地几个保安团的问题，于是向熊式辉推荐政训处长肖淑宇去韶关，找第四战区司令长官张发奎商量，想利用肖淑宇与张发奎过去是国民党改组派的关系，请张发奎将这四个保安团改编为国民党军，并调出赣南。当时王次甫、廖士翘又以我同广东省政府主席李汉魂兄弟熟悉，希望我同肖淑宇一同去韶关，被我借故辞谢了。肖仍同范觉郪到韶关。经过与张发奎商量，决定将驻在广东南雄一带的吴奇伟任赣湘粤闽四省边区司令，以便收编保安团，经电请桂林行营主任白崇禧核准，四个保安团编成一个新编师，开往广东东江一带。但是熊式辉觉得这是前门拒狼，后门进虎，过去广东余汉谋在赣南为所欲为，现在赣南这块肥肉又要落入吴奇伟之手，必须立即想一个应付的办法。赣南是江西的南大门，抗日的大后方，又是当时江西经济的中心地带。刘己达空下来的位置，许多人早就垂涎欲滴。在这关键的时刻，熊式辉猛然想起了蒋经国，认为任命蒋经国当赣南专员，以他的太子身份去对抗遏止吴奇伟，不失为一着好棋，赣南的财政和税收可望归省。熊式辉决定派蒋经国去赣南做专员。这完全是出于当时赣南形势的需要，是熊式辉为保全自己在赣南的权力，打出太子这张王牌的。

（喻民昆　整理）

第2编 | 主政赣南：一个人的社会实验

蒋经国在赣南

胡越一

从1939年至1949年，蒋经国在其父蒋介石扶植下，以一名专员的名义在赣南发号施令，乃至名传遐迩。在这十余年中，前六年是由蒋经国亲自统治。自日本投降后，他在重庆另有任用，把专员交给杨明代理，表面上不过问赣南政治，实际上重要事务仍是他在背后策划指使。后来杨明调任江西省政府秘书长，改由蒋的心腹张恺（四川人）接任。所以在解放前，赣州专署人事方面虽有变动，而赣南的整个统治，自始至终，都是“蒋太子”的一天下，现就个人记忆所及，将有关蒋经国在赣南的政治活动片断记述如下。

从“建设新赣南”说起

蒋经国初到赣南，便提出了一个“建设新赣南”的口号，高喊建设五大目标：人人有饭吃，人人有衣穿，人人有屋住，人人有书读，人人有工做。1940年夏，在专员公署的一次扩大行政会议上，他提出了“建设新赣南三年计划”方案。号召大家奋斗三年、牺牲三年、吃苦三年，以“吃苦、冒险、创造”的精神建设新赣南。三年过去以后，接着又搬出一个五年计划（1944—1948）来，旋因日军窜犯赣南而宣告完结。从形式上看，这些计划也还定得颇为“系统完整”，诸如农林、工商、交通运输、文教、卫生、采矿（钨、锡）都作了具体的计划和安排。甚至每家居民若干年后拥有多少辆土车、能吃到多少斤猪肉，都列入了计划，有人称之为“丰富多样的菜单子”。

同时，蒋经国在“经济建设”之外，又提出了所谓“精神建设”计划。用他自己的话来解释，就是要“推翻旧的习惯，创造新的生活，彻底改变人民的落后精神面貌”。所谓精神建设的五大目标是“人人要劳动做事，人人要读书识字，人人要健康快乐……（后两条不记得了）”。他还规定赣南人一律要佩戴符号；规定人民作息时间表；禁农历一律改为公历；改变旧的婚丧嫁娶仪式，提倡“集团结婚”。又规定废除茶楼、酒馆、旅社服务人员的“茶房”称呼，而改称为工友；禁止呼公务人员为职员而统称公仆。又把中秋节改称官民同乐节。在那一天，曾在赣市“阳明堂”亲自主持“敬老大会”，把一些高龄老人找来吃喝一顿。因此敬老会在赣南也风行了一个短的时期。特别值得一提的是，某君根据《朱子格言》代蒋编写了一首《新赣南家训》，他得之如获至宝，迅即下令在民间广泛推行，并强迫一定要达到家喻户晓，大人、小孩每个人都能背诵如流。“家训”开头的几句，我还记得是：“东方发白，大家起床。洗脸刷牙，打扫厅房。内外清洁，整齐大方。天天运动，身体健康……青菜豆腐，最富营养。山珍海味，吃坏肚肠。”他当时还是三十几岁的青年，早年又到苏联待过一个相当长的时期，特别是他有一张“太子”王牌，可以不怕别人戴上任何色彩的帽子，所以敢于喊出一些“社会革命”口号。因此，曾一度迷惑了一部分失意的知识分子，替他摇旗呐喊。在一个时期，赣南竟成了一个货色齐备的杂货摊子，包括一些画家、歌唱家、作家、教育家等纷纷来投。我也在家庭生活所迫下，随蒋经国干了五年多时间。

蒋经国用人处事的权术和部属的派别

赣南是具有光荣革命传统的老苏区。1934年红军北上转移抗日后，反革命势力复辟，对革命群众施行了残酷报复和血腥统治，但也不断遭到革命群众的英勇反抗。另一方面，土豪劣绅、地主恶霸为了争权夺利，互相倾轧，各自购置枪支，网罗地方势力，形成割据争雄的局面。由于这些地头蛇、土皇帝掌握了地方政治、经济的实权。以致地方政府也奈何他们不得。据说蒋经国的前任专员，就是他们用枪口顶住了胸膛硬逼下台的。蒋经国毕竟不同于常人，他有“太子”这一块招牌，上任不几天，就把赣州的一个大名鼎鼎的绅士刘甲第（地方团队头目，掌握全城武力）搞下来了。接着便搬出“除暴安良”“打倒贪污土劣”的口号来，同时借口清乡，收缴了部分枪支武器。蒋经国打开了统治赣南的局面后，又在专署内设置所谓“民众问事处”，每逢星期四，他亲自接见，调处一些琐碎问题。表面上是为了“俯察民情”，实际上是一种政治手腕，企图笼络民心。记得赣州羊判巷有一家私人经堂，按当时政府律条规定，本应当没收归公，但由于业主钟湛民跑到民众问事处向蒋磕了一个响头，问题也就迎刃而解，没有公布没收，由此可见一斑。

蒋经国一贯重视用人的问题，他在多次演讲和言论中，一再提到“干部决定一切”、“谁能用人，谁就成功”，以及“要成就伟大事业，第一要有能干的人，第二要有能干的人，第三还是要有能干的人”，等等。他在培植干部方面，也有具体计划，曾先后开办过为数不少的讲习会、训练班，诸如所谓行政人员讲习会、商人讲习会、保甲长训练班、模范壮丁训练班、公仆训练班、夏令营、冬令营……五花八门，不一而足。更重要的，他还从他父亲蒋介石那里继承了一套所谓“精神感召”的招术衣钵，颇能愚弄一些人为其驱使。部属中有两个县长，一个是南康县县长王后安，一个是上犹县县长王继春，先后病故在任所，蒋为纪念这两个忠实信徒，一面为其大办丧事，一面为其设立“正气牌坊”，并发表悼念文章，在追悼大会上，蒋还大哭一场。这样，确使一些人为之“感召”。他在考核干部方面，也颇认真。大庾县县长廖声涛贪污被他察觉后，立即撤职。但他毕竟年少气盛，常依仗“太子”之势，独断专行，有时还打人、骂人，对个别僚属当众打耳光。是以畏之如虎、恨之入骨者，也大有人在。

蒋经国的部属大体可分为三派：

一、政大派（即政治大学派）。以专署主任秘书周灵均为首，黄密、洪仪、阮愚公、周守璜、李守廉等属之。他们都是南京政治大学的毕业生，主要靠山是陈果夫、陈立夫。因此，二陈对赣南政情了如指掌。蒋经国始终没有跳出二陈的手心。政大派不仅掌握了赣南政权，后来还夺取新赣南国民经济建设公司，又掌握了经济权。他们包揽一切，气焰万丈，是赣南小朝廷中的实权派。

二、留俄派。以四省盐务局经理黄中美（也曾一度担任过专署主任秘书）为首，周百皆、高理文、徐季元、尤策等人属之。他们都是留俄学生，大本营是广慈博爱院（四省盐务局当时也在一起办公）。他们在赣南掌握了全部文化教育宣传机器（如正气出版社、正气日报等）和四省盐务局的经济支配权。这些人由于和蒋经国都是留俄同学，彼此思想性格接近，在蒋左右可以无拘无束，蒋对他们颇为信任。

三、武岭派。以黄寄慈为首，他们都与浙江奉化武岭小学（后改为中学）有些渊源。黄寄慈是蒋经国幼年塾师，得到蒋本人和专署部分同人的尊敬。他和蒋善初（军法官，浙江人）都是蒋的亲信，同时担任蒋的机要秘书。蒋和各方来往重要文电稿件多出自其手。一般江浙同乡如杨明、孙平等以及不属于以上二派的人物多归此派。

以上三派，在许多问题上勾心斗角，形同水火，这已成为公开秘密。蒋经国对此看得很清楚。他对派系矛盾也有一套手段，就是使各派实力保持均衡，表面维持团结，然后利用矛盾，独揽大权于一身。

所谓禁烟、禁赌运动和其他措施

蒋经国在统治赣南初期，曾一度大刀阔斧、雷厉风行地展开禁烟、禁赌运动。令行之初，有些背景较硬的官僚豪绅，置之不理，有些权势机关甚至持枪放哨，包揽赌场。蒋经国断然采取措施，当时在赣州随时可以听到“某某太太打牌被蒋捉住在公园罚跪示众”“某某长官的老太爷抽大烟被罚当街做苦工”等一类新闻。特别蒋经国本人经常“出巡”，破获几件烟、赌案例之后，赣南地区更增添不少新鲜传闻，其中有个故事，几乎无人不知、无人不晓。

赣州利民百货公司，为广东军阀余孽季镇球独资开设，是当地数一数二之巨富。在蒋开展禁赌之际，他们虽不敢公开抗拒，暗中却聚赌如常。他们有个办法，夜间赌博，把大门紧紧锁起来，稍有动静，即收拾牌局，伪装盘货、算账，致使查禁人员三番五次扑空而归。蒋闻讯后，立即亲自化装为卖清汤元宵的小贩，深夜至该店叫卖，趁着赌徒开门出来买吃之际，率众一拥而入，卒将赌案破获。

这样行之年余，赣南烟、赌之风暂为收敛。加之蒋时常轻装简从到外县一些偏僻农村去跑跑，帮助调处过若干年未能解决的地方家族械斗案件，因而博得了当事人的“感激涕零”。蒋经国似乎真成了刚直耿介的神奇人物。

以下谈谈蒋经国在赣南采取的几项重要措施。

（一）开办新赣南交易商店

这是蒋经国三年计划中的一项重要措施，原由蒋之得力助手、留俄同学之一徐季元所创办。在成立这个机构前，蒋经国为了实行平抑物价政策，曾专门设立过一个平价委员会，规定商人只能谋取合理利润，不得有非分掠夺，否则按军法惩办。但投机商人还是想方设法进行破坏。为了解决这个矛盾，有人向蒋建议，首先发起组织新赣南交易公司，包括一个总店、两个分店，公卖粮食、食油、食盐、煤油、白糖、肥皂等日常生活用品，借以抵制投机垄断。政大派眼看肥肉落在留俄派口里，不禁垂涎三尺，千方百计想夺过去。两派相持不下，蒋经国乃在一次会议中借故改组交易公司为国民经济建设公司，改派黄密为经理，洪义为副经理。黄等接手后，扩充业务范围，在赣南各县都设置分公司，一面办理百货购销，一面经营土产运销，操纵了整个赣南经济。这些喽啰们大舞其弊，大饱私囊，结果弄得公司事业摇摇欲坠。直到1945年秋日本投降，公司扯下很大亏空，这个赣南国民经济建设公司才寿终正寝，而政大派老爷们却从中大捞了一把油水。

（二）设立广慈博爱院

这是蒋经国为了纪念他的生母毛氏而创设的。在该院管辖下，曾开办贫儿教养院、儿童教养院、保育院（后改办新中国儿童学校一、二、三校各一所），专事收容教养贫苦失学儿童及从沦陷区逃出来的流浪儿童。另又设强民工厂、新人学校各一所，专门搜罗无业游民及“自新”罪犯，授以印刷、水泥、制革技术。又开设妇女工厂及牙刷、肥皂工厂，前者收容贫苦无业妇女，从事纺织、缝纫、制鞋等项手工业，后者则专为残废军人开设。同时，蒋经国又通令各县普遍扩充救济院，收容鳏寡孤独，建立平民村，把房子廉价租给贫民居住。这项工作雷声大而雨点小，仅在个别地方试办了一下，没有也不可能搞出什么名堂。但蒋经国曾对广慈博爱院相当重视，除支付一笔专款外，还指派得力助手周百皆为总干事，并由尤策（也是留俄的）襄助。但除新中国儿童学校及牙刷工厂办得有些声色外，其余都不过是徒有虚名的空架子。

还有附设于该院的正气出版社和该社派生出来的《正气日报》，这是蒋经国去赣南搞文化工作的集中点，若干文化人和没落的知识分子如高理文、王克让等都曾在此干过。他们受蒋指使，编印了大批刊物，替蒋宣传吹嘘，不遗余力。

（三）创办虎岗中华儿童新村

赣州虎岗儿童新村，原名长岗岭，在赣州东北隅，距城约六七里。这里原是与老苏区接近的游击区，抗战初期蒋经国在此创办儿童新村，乃易名虎岗。新村有托儿所、幼儿园、正气小学、正气中学，还曾准备办正气大学，形成了一个完整独特的教育系统。开办之初，蒋一方面指派徐昌铸负责小学部分，吴寄萍负责中学部分；同时还动用巨大经费建立校舍。每幢校舍分别冠以自由、平等、博爱、阳明、中正等名称。此外还有虎啸楼、科学馆、图书馆、天文台、大礼堂以及儿童宾馆等设施，规模相当庞大。所有建筑都是新式结构，竹筋水泥墙。表面很像样子，实际并不经久耐用。

新村初开学时，收容了粤、闽、浙等省孤苦无靠儿童千余名，部分贫苦公教人员子女也被吸收入学。儿童入村后，衣、食、住、行全部由新村安排，开始一段时间生活还好。新村教育方式和教学内容，与一般中、小学校大体相同，只是“政治空气”显得浓厚点。蒋经国采用了陈鹤琴的所谓“活教育”方法，利用小先生教导小学生，注意在儿童脑子里灌输为国家服务的观点。又提出“到天空去”“到海洋去”“到矿山去”“到农村去”“到工厂去”等等口号，作为学生努力奋斗目标。所有学生，不论年纪大小、班级高低，普遍都要受到严格的军事训练和童子军训练。学生们都经常打着赤膊、赤脚在赣市中心大街列队游行，口唱蒋经国写的一首歌谣：“太阳出来照虎岗，岗上儿童脸发光。齐声作长啸，好像老虎叫。一叫再叫，魔鬼影全消，新的时代来到了。”这首歌传播的范围很广，几乎全赣南各个学校的学生都会唱。蒋经国本人时常对学生演说讲话，鼓励大家努力学习。他在赣州有相当一部分时间是在这里消磨掉的。每逢寒暑假，他还亲自在虎岗搞些冬令营、夏令营之类的活动，利用这个机会扩大他的影响。

赣南若干次重要行政会议以及赣南多次县长会议都在虎岗举行。国民党若干“要员”到赣南来，都在新村作过“训示”“嘉奖”。1945年夏，蒋介石到赣，蒋经国亦陪同巡视了两个多小时。在后一阶段中，新村一面遭到日军极大的破坏，一面由于蒋经国离开，承办人员大肆作弊，整个事业摇摇欲坠。孩子们缺衣少粮，挨冻受饿，有时还要遭到个别教员的残酷虐待，身心受到极大摧残。传说中有新村儿童啃死人骨头的怪闻。

解放前，正气中学有不少高中毕业生投靠蒋经国，被他安插在他的政治圈子里工作。还有一些活泼可爱的小学生，被他安排到台湾当青年军去了。

（四）所谓义务劳动

1942年春我到赣南，时值专署正在筹备成立义务劳动管理机构，蒋经国自兼该处处长，李守兼（东北热河人，CC分子）任副处长，蒋派我为该处视察。后又要我改任第二科科长，我在此工作近半年，从未见蒋来此办过一次公。

义务劳动处的主要工作，一是修建赣州飞机场；二是修浚赣江十八滩。在开始发动修赣州飞机场时，专署及所属机关全体工作人员都曾编组分期、分批参加过义务劳动。蒋只是口头上唱唱，自己从没有参加过一次实际劳动。至于疏凿赣江十八滩，本来也是当务之急。大家都知道江中岩石林立，行舟靠滩师指点，否则船只随时都有触礁的危险。修凿十八滩，本为一件利民工作。但蒋经国不过提过一个头，并未认真执行，以致完全落空。义务劳动管理处成立不到半年，后归并到专署，随着机构裁并，义务劳动也就烟消云散了。

不战而走

蒋经国的生母毛氏，是在故乡浙江奉化被日本飞机炸死的，将为此去赣州举行过追悼大会。会上蒋捶胸顿足，痛哭流涕，一面将赣州北门新桥命名为“忠孝桥”；一面咬牙切齿，发誓和日军不共戴天。在赣南一次县长会议上，蒋还亲自主持通过了所谓“保卫大赣南”的决议，号召大家团结一致为死难同胞报仇雪恨，并一再宣称：我们绝不逃亡，假若敌人踏入赣南境内，我们将以破釜沉舟的决心和日军拼到底！但是，当1945年日军从南昌、吉安引兵南犯之际，大家认为赣州天险易守难攻，蒋经国至少可以搬兵抵挡一阵。谁知就在日军迫近赣南的关头，他却乘专机溜之大吉了。消息传开后，赣州顿时人心慌乱，专署一些要员感到措手不及，仓皇间一把火烧毁赣州东门大桥，各自逃命去了。

新赣南专署大院

袁朋世

蒋经国在赣南出任专员、区保安司令、赣县县长时，为了提高工作效率，将专署、司令部和县政府三个机关合署办公。办公地址在专署，即赣州新赣南路一号（新赣南路原是一条狭巷，经蒋氏扩修，可通行单向汽车，路名亦为蒋氏所定）。因此，新赣南路一号专署大院，成了当时赣南的政治军事中枢。1941年，我曾在这个大院工作过，对当时大院的面貌和工作情况尚能记忆，谨在此作一简要介绍。

专署大院占地颇宽。大门以内，一条笔直的甬道直通礼堂。礼堂空阔有柱，占地三大间，无座椅，约可容两百人排队站立。礼堂正中靠北墙设一讲台，台后壁上挂孙中山先生遗像。礼堂专供做“总理纪念周”和临时集会之用，大门内甬道两侧，东西相对，各为一排单列式平房，每侧五间，为赣县县政府各科室办公处所。甬道两侧有长方形花圃，有树有花，四周围有冬青，修剪整齐。礼堂正面两侧各有小门，通向后进。后进是一间相当大的会议室，室内挂着中山先生手书的对联，联语是“安危他日终须仗，甘苦来时要共尝”，上款“介石吾弟嘱书”，下款“孙文”二字。这副对联是蒋先生从他父亲那里拿来的。中山先生书法超逸，古朴宽厚，笔力雄迈，令人深为仰慕。蒋先生常在此召开小型会议及会见一般客人。会议室西侧，曲径通幽，另有平房数间，为蒋氏办公和设榻之处。他的办公室，宽敞明亮，室外树影婆娑，环境幽静。室内靠北墙设一大办公桌，两侧有木制沙发，墙角有木架面盆，壁有字画。办公室外为会客室，设长桌及木靠背椅。蒋先生常在此召开小型会议及会见来访者。

从蒋氏办公室走出去，在大会议室后面有一栋三合式的平房，约十余间，为专署及司令部办公地址。会议室东侧，为保安司令部政治指导室，是赣南自卫总队的政治部。自卫队是经蒋氏整编的地方部队，总队以下设四个大队、十三个中队，分驻在赣南所属各县，负责维护地方治安。当时由刘德藩任总队长，范魁书任总指导员，王升任第四大队政治指导员。

在专署、保安司令部后面，是一带空地，有大榕树一株，枝叶繁茂，荫蔽颇宽。树侧有土丘，下挖防空洞一个，可容数十人。空地四周有墙，西北角有小门。大院东侧又有空坪一片，辟有篮球场，设有旗杆，供升旗之用。专署大门西侧为机关图书室，东侧为县政府会议室。

新赣南路一号的门面装璜了一番，大门口两侧竖了两方石碑，分书“大公无私”“除暴安良”八个银色大字。沿甬道进大院，在礼堂外面的花园尽头又竖了两碑，分书“日新月异”“自强不息”八个字。大门东侧政府会议室的白粉墙上，用红纸剪贴了两条大字标语，一边是“我们要为老百姓解除痛苦！”，一边是“我们要为老百姓谋取幸福！”

当时，国民党的官衙多是暮气沉沉，“日高三丈不起床，一日只当半日算”，饱食终日，无所用心。而蒋氏所在的专署大院，却有所不同。各机关设有考勤签到簿和签退簿，公务人员一般都能按时上下班。各办公室秩序井然，职员处理公务比较认真，没有喝茶聊天的。大家都喝白开水，客人来访，亦以白开水相待。各机关紧相毗连，各科室都在左右隔壁，因此，联系工作十分方便。公文处理较迅速及时。公文签署送审，以红色卷宗示“紧急”“重要”，绿色为一般。重要文件均送蒋氏亲自审批。公文一般能当日处理发出，很少积压。蒋氏有一段时间还曾每周定时亲自接待来访群众。

国民党政府统一规定，各机关单位逢星期一上午要做“总理纪念周”。一般来说，这仅是一种形式，不过是念念《总理遗嘱》和“静默三分钟”了事，很少有实质内容。而蒋氏对此活动却颇为重视，他以纪念周为讲坛，每周一次向他的部属宣讲他的政策方针，批评或者表彰一些人和事，用以统一三大机关公务人员的思想行动。蒋氏讲一口带有浓重的宁波口音的普通话，听惯了也并不难懂。他颇善于言辞，讲话爽快、泼辣，还有一点幽默感，常能引人发笑，但严肃时也很令人震慑：辛辣的批评和挖苦，使人难堪。

1642年，专署机关大院公务人员所佩带的新的铜质证章，以“公仆”二字为标志，职员的工作证封皮上也印有“公仆证”三字。这些证章证件都是蒋氏授意设计的，他自己也佩带这种证章证件。把政府公职人员比作民众的“公仆”，虽然不是蒋氏所首创，但在二十世纪四十年代的国民党统治区，却使人感到新鲜别致。

有一年中秋节，蒋先生作出表示，亲自发出请帖，邀请赣州鳏寡孤独残疾老人到专署大院作客，由蒋氏亲自主持接待，表示他“与民同乐”、“关心民间疾苦”的心意，也曾使一些人深受感动。

1942年“1·15”大轰炸，是日寇飞机对赣州城的一次毁灭性的大破坏。这次大轰炸，使赣州居民、商户受到惨重的损失。在这件悲惨的事件中，笔者曾目睹蒋先生亲自指挥和参与了灾后的抢救工作。

1942年1月15日，天晴。上午，敌机分批多架次轮番狂炸赣州。敌机投掷燃烧弹多枚，全城多处中弹起火。因整天在警报中，抢救受阻，大火蔓延，烧毁了几条街道。现在的解放路，当时是赣州的主要商业区，街道两侧，原来都是骑楼，在这次浩劫中，被炸被烧成一片废圩，未及出城躲避的市民，死伤甚众。傍晚，空袭警报方才解除。蒋先生指派专人处理灾区善后工作，派人在中山路一带救济灾民，安排食宿，监视火场，扑灭余火，维护治安。另外，他亲自组织和率领专署大院公务人员，分头配合防护团灭火和搜救死伤。当时因电灯线路破坏，解放路一带一片漆黑，只见被焚店房余烬火光。在解放路中段两侧，被炸倒塌的房屋后面，有一座较大的防空洞被震倒塌，有几十人在洞内窒息而死。在这里，一盏明亮的汽灯悬挂在用三根直木扎成的支架上，蒋先生正在那里指挥人们挖掘泥土瓦砾，搜寻被憋死在洞中的遇难者。

第二天一上班，蒋先生就召集专署大院全体人员开会。他在会上痛斥日寇暴行，心情沉重，声泪俱下。他布置人员分头清理被炸毁的街道，重点是现在的解放路。我们赶赴现场时，但见断壁残垣、碎砖破瓦，危楼孤柱，摇摇欲坠。蒋先生亲自掘锄执帚，和其他人员一道，推倒危墙孤柱，打扫街道。全体人员，无不全力以赴。

国民党地方政府腐败的积习由来已久，当然不是蒋先生一人之力便可以改变的。但在蒋先生心中，有时还能想到老百姓，能认识到政府官吏应当做民众的公仆，并且在一定程度上为赣南人民做过一些好事。

蒋经国在赣南二三事

刘正材*

1939年，蒋经国任江西省第四行政区专员，兼任第四区保安司令、赣州防空司令等职。专署设赣州，辖赣县、南康、大余、安远、信丰、寻邬、上犹、崇义、定南、全南、龙南等十一个县。赣南师管区成立后，除四行政区的十一个县外，辖区还包括第八行政区的于都、瑞金、会昌三个县。蒋经国以少将衔兼任师管区副司令。

师管区辖三个团，司令部驻潭口镇，距赣州城约十公里。柏辉章（中将）任司令，李嵘任主任部员（相当于参谋长），补充一团团长桂超、二团团长谭仁安、三团团长陈启虞（后由柏新民接任）。

柏辉章原是第四军副军长兼一〇二师师长，在长沙第三次会战后，师长职务交由副师长陈伟光接任，即调任赣南师管区司令，主要接送新兵补充第四军兵员。我在一〇二师参加江西宜黄战役后，调赣南师管区司令部任副官主任职务。

我到赣州时，首先看到南门城墙上用白粉写有约两米见方一个字的“除暴安良”四个醒目宋体大字。在蒋经国新赣南建设计划中提出的“人人有衣穿，人人有饭吃，人人有房住，人人有工做，人人有书读”的标

* 作者时任国民党军赣南师管区司令部副官主任。

语，街道墙壁时有所见。当时的赣州，城市秩序较好，各行各业亦甚热闹，没有其他城市流氓、地痞、豪绅的猖獗，及地方黑社会恶势力的泛滥。蒋经国在赣南禁赌、禁烟、禁娼的逸事到处相传。

1943年秋，师管区的营长刘绍义由寻邬去安远，查看该营第九连的接兵情况，拜访县长时正遇上吃饭。适蒋经国副司令视察该县，时在座。经王县长介绍后，蒋经国热情致意，首先提议：迟来罚三杯，坚持一杯也不能少。刘绍义不太会喝酒，可上司盛情难却，真是苦了他。而后，蒋经国询问了一些接兵情况，还关心地问刘来赣南后生活是否习惯等。蒋对部属平等相待，关怀备至之情溢于言表。

还有一次，师管区王学书连在赣州接兵，晚点名时，蒋经国混在壮丁队伍中。点名时是对的，报数时总多出一名，王学书反复点了几次，总是多一人。蒋后来悄悄退了出来，边点头边自语地说“还不错”。一个班长发觉了，赶紧去报告连长，但蒋经国已走远了。

蒋经国兼师管区副司令，因此赣南的征兵工作比较正常。记得连长吴超受贿，私自放走一名壮丁。这名壮丁是恶霸地主罚充兵役的，事发后吴连长被押送到司令部。柏辉章中将司令将其交军法官张海渔审理后，拟判死刑。后来，专署与司令部共同研究，改为无期徒刑，送南康县服刑。柏、蒋执法宽严相济，因此，赣南师管区在兵役方面，与其他师管区相比是比较好的。

蒋经国较少到潭口司令部来，柏辉章司令则常去专署。有关兵役方面的文件，须分送专署一份。记得有一次，我随司令乘车去赣州会晤蒋经国。到专署后，蒋亲出笑迎柏到他的办公室，两人晤谈一时许，我在秘书室等候。我看见蒋送柏出来时，替柏拍拍肩上灰尘，还为柏整理衣领，礼貌有加。柏司令上车时，蒋经国立正相送，说“柏先生慢走”（蒋在某些场合下称司令，一般都称柏先生）。

柏辉章在潭口曾患过一次病，病情严重，司令部医务人员焦急万分，一筹莫展。蒋经国听说后，立即遣人看望，说有一位老中医蒋以庄，是由南昌迁来赣州的，医技甚佳。听到介绍，我们喜出望外，立即派人请蒋以庄来潭口。我和军需郭鹤扬每天开车接送。不久，司令的病果然好转。一次，我在药店门前遇见赣县县长张楷。他向我关心地探询柏司令的病况，说是专座（蒋经国）嘱我探视问候。

1944年底赣州吃紧，蒋去重庆，专员一职由杨明代理。赣州即将沦陷时，司令部迁会昌县，抗日胜利后，迁返赣州城里，副司令一职由吴呆林（黄埔一期生）接任。抗战胜利后，兵役减少。1946年，赣南师管区缩编为一个团，柏辉章调为国防部中将部员离赣赴宁，一些官佐都编余送南昌第六军官总队（总队长陈沛），我也在其中。

回忆昔时"新赣南"

吴剑真*

抗日战争开始后，蒋经国怀抱满腔热情，从苏联回到祖国。他曾对我们说过，当他将回国时，斯大林元帅召见他，谆谆嘱咐他做一个马克思列宁主义者，回国后的首要任务，就是完成团结抗日来消灭法西斯，要把中国革命作为世界革命的一部分，紧密地与苏联无产阶级革命连结起来，早日完成中国民主革命，从而过渡到社会主义革命。他又说，他是永远不会忘记伟大革命导师斯大林的教诲的。

蒋经国回国不久，由熊式辉邀到江西，担任省保安处副处长，后又兼任江西地方政治讲习院的总队长兼训导处副主任（主任许德珩），负责训练基层政治干部，并常年川驻院（对保安处未负实际责任）。

我当时受聘为政治讲习院讲师，兼文化教育区队的训导，故与蒋交好。他当时常穿一身朴素的蓝布工装服，爱与工人学生交谈，比较深入群众。每日早晨的朝会，除规定轮流由训导教师讲话半小时外，前后总是由他训话。他说话简单有力，总是勉励大家搞好学习，做一个革命干部，要大家动员人民团结抗日，争取胜利，故很受学生的欢迎。

他不爱与上层人士打交道，出席校务会议时总少发言。任保安处副处

---

* 吴剑真，曾任赣县县长。

长时，常当面严厉批评高级职员的官僚臭架子和不负责任，引起当时省里高级职员的恐惧，而得到一般人的同情。

1939年，蒋经国任新兵督练处处长，负责分期召集保安团整训。不久，该处迁赣州，首先，将名义上编为江西省保安团而实际上是盘踞赣南原赣军第五师赖世璜部的赖天球等三个团（一向仇视熊式辉），调集赣县归蒋经国督练。这时，徐君虎应蒋经国之邀，来此负政治训练的责任。

蒋定期轮番召集各团讲话。他每次总是提前到达操场，趁各连排还没有到齐之际，便到连排队间找士兵谈话，问及生活情况，便士兵都爱接近他。他又常深入营连驻地调查士兵生活与居民关系，做了一些改善士兵生活的工作。蒋与三个团长的关系也搞得很好，因此这三个团的面貌有所改变。后来，蒋的随从和三个团长企图将三个团改编为中央的整编师，拥戴蒋为师长，由赖天球团长等一再申请国民党中央，但未获得蒋介石的批准。

蒋到赣州时，曾从政治讲习院带去好几个干部和学生作他的骨干。这时，我也由政治讲习院调任赣县县长，为熊式辉搞新县制的试点，与蒋经国、徐君虎、赖天球等彼此来往，故得知一些情况。

赣州专员刘已达是熊式辉用来钳制赣南的反熊势力的。前赣县王县长被反熊势力赶走，刘已达任专员后，又因曾派队围捕赣县的省议员刘某，于是，赖天球等又谋驱逐刘已达。问题经过月余的纠缠，始由熊式辉向中央保荐蒋经国为赣州专员，得到批准。

蒋经国转任赣州专员，下车伊始，耳目一新，改弦更张，轰动赣南。兹记述几件于后——

禁赌。赣州赌风不亚于广州，蒋一上台，宣布禁赌。于是赌由公开而变为秘密。蒋要把赌禁绝。一日深夜，蒋化装跟随一贩卖馄饨担子，另一警士化装尾随后面。馄饨担子到达一个大赌窟门前摇铃呼卖馄饨，赌窟内开门出来一人（门禁很严），买了许多份馄饨，蒋即帮他提送进去。等蒋进赌窟，尾随的警士迅即集合军警，将赌窟围住。蒋进入赌窟，混杂在赌徒中，听得军警到达的暗号，向前抓住赌具，大呼一声专员在此，赌徒吓得抱头鼠窜，企图夺门而去。门开时军警蜂涌而入，前后门均被军警堵住，一个也跑不掉。蒋经国亲自讯问赌徒，凡是机关职员（当时驻赣州的机关很多），带押专署，由各机关主管亲来具保，本人写具悔过书才释放。凡是商家，视其资产厚薄来定罚金的多少，没有钱就罚劳役，无一从轻发落。

又有一次，有湖南汝城人何某，其祖父前清做过赣州军门，故在赣州落籍。何某一妻一妾，过着富豪生活。一日来一客，何与妻妾陪客打纸牌。蒋得报，派员化装溜进去抓住，连人带回专署。何要求罚款，蒋不允。次日在公园举行赣州各机关联合纪念周，蒋在会上要何跪在讲台前，宣布何违禁聚赌，罚修葺公园。一时赌风为之稍戢。但是，赌徒并未收手，从此戒备更周，组织更密，赌是无法根绝的。有人问蒋怎么办，蒋亦只得自我解嘲地说：禁比不禁的好。

禁毒。抗战前，赣州规定为绝对禁毒区，不准开设土膏行和不准运土膏过境。南昌沦陷后，督禁处暂移吉安，部分土膏移藏赣州。时值刘、蒋两专员新旧交替，土膏行来向县府交涉。县府表示须请示专署，而土膏行自以为不成问题，竟先将土膏运来一部分，租房封藏。这时，正值蒋专员宣布禁毒。有人密告某处藏土膏几万两。蒋即派军警查封，并宣布将开群众大会焚毁。土膏行着了急，四出奔走，急电告省府和重庆军委会督禁处，两处来电责成专署启封发还。蒋也着了急，找我去问。我把存在档案中有关赣州为禁毒区的规定和以前办理禁毒案件的卷宗交蒋查阅，主张据理严究，并指出事前未得指示和通知，定系偷运私贩。土膏行托商会求情，甘认罚款，请启封运回吉安。军委会与省又连电专署县府发还具报。蒋既怕不毁烟会失面子，又觉得不好与上级硬拚下去，此时，主任秘书徐君虎宪献计，罚一大笔款以作建设新赣南的费用。蒋遂责成徐去处理此案。土膏行也不敢难为“太子”，恳求罚款了事。由五万元谈到一万元，徐与土膏行谈妥后即告知蒋。蒋忽坚持再加五千元，徐以不便反口，一气走桂林，离开了赣州。后经赣州商会刘会长和我从中接洽，土膏行交款一万五千元，才将土膏全部运走，结束了此案。

又一次，蒋派警员在乡下捕到一个年近八十的吸毒犯谢某，其子为赣州一有名的律师，两个孙子在重庆当高官。经商会会长和几个巨绅向蒋担保，谢某获准送医院督戒。蒋当时总感到每事遇到上司和巨绅的干涉，不能从心所欲，甚恶之。

设立控诉室。蒋在专员公署设立人民控诉室，大门口张贴大字布告：凡人民有被欺压或有冤情者可来专署控诉，不能用书面者可口头控诉。一进专署大门便看见控诉室，控诉室没有专人主持，由三四名青年男女干部接待，详询情节，作出记录，或代写状纸，或当面作答，或即派警员拘捕被告，有状即理，原告常胜。一时告状者门庭若市，法警捕人不绝于途，有人大呼蒋青天。狡猾奸险之徒摸透蒋专员有先入为主、偏听原告的偏见，乃先发制人，争做原告，弄得是非颠倒，冤上加冤，大损青天的威望，使蒋感到头痛。又原来许多冤案是法院受理的，人被羁押在法院，专署重新受理，涉及干涉司法之嫌，常与法院发生争执。蒋为无辜之民申冤的热情受到阻碍，不得不把一些难处理的案件移送法院或县府查明办理。于是热闹一时的专署又一变而为门庭冷落。

参加防空救护。1939年，日机常来轰炸，赣县和专署都组织有防空救护队，蒋亲自参加，以为表率。有一次寇机投弹，城内两处着火，造成死伤。我在一处抢救，蒋在另一处抢救。一老妇被炸死，暂置于街旁。解除警报后，市民来观看的很多。粤赣闽边区绥靖司令部的某副官处长路过赣州，也赶到被炸地点观看，身边跟着一卫士。蒋正帮同挑水，清理现场，看到那个军官站在尸旁，即走向前，对军官说，请帮忙把尸抬进屋里去，以备收敛。那军官不认识蒋，反唇相讥说："你们是干什么的？"蒋说："难道你没有一点同仇敌忾的心吗？你是来吊灾还是来看险的？你要知道你是一个军官，还是一个将字号军官（带有领章）。"那军官骂一声："你胡说！"蒋即扯住他，强令抬担架。军官的勤务兵拔枪拦住，蒋的卫士齐向前声斥不得在蒋专员面前无礼，把那个勤务兵的手枪夺下，仍责令军官和他的卫士把尸抬进屋里。而后，蒋把那个军官带至专署，罚跪在孙总理像前悔过后，才还枪释放。

蒋经国接任专员时，一般人认为专署秘书黄中美、赣州动员委员会秘书周某和专署秘书孙某都是共产党员。因此，青年和一般人就不以旧官吏来看待他，看到蒋新来时的一些改革，对他就更抱一些希望。

有一次，蒋去重庆时，国民党中央委员江西赣县人王某特来赣州，邀同赣县党部书记长刘宜之来县政府找我。王、刘对我说，赣州公园路一个新书店是共产党机关，要我立刻派警员去搜捕。我答应负责去慎重办理，但不同意即派警员。王、刘挟国民党的势力以压人，王更以中委及特派指导赣省党务的名义要县府调十名警士交他带去，我也未答应。两人不欢而去，回到县党部，他们亲自带领职员十几人，冲入书店，直登楼上，正值有十余人在楼上开会，王、刘搜获开会记录等。王据此飞重庆报告。后来查封了书店，那些有共产党嫌疑的人也都走了。

自赣州书店案发生后，周某等离赣。蒋经国逐渐向右转，一步一步撕开假面具，露出其反共的真实面目。

（1963年5月22日）

“五有”和“十多”

曹云霞*

蒋经国接任专员，提出实现“五有”

“人人有工做，人人有饭吃，人人有衣穿，人人有屋住，人人有书读。”——这个“五有”，就是蒋经国先生当年担任“江西省第四区行政督察专员”时提出来的“建设新赣南”的五大目标。

1939年3月，蒋经国正式接任江西第四区行政督察专员，因人设事的“新兵督练处”随即撤销。

专员公署设在赣州城西西津路的米汁巷口，是清代府台衙门的旧址，正门早已封闭荒芜了，当时是用原来后花园的侧门作为大门，进去拐弯向右转，才到正厅。我第一次到四区专署去参观，晋见蒋主任（我们称蒋经国为蒋主任），就是进入这所旧衙门。虽然新近经过修缮，但仍然显得陈旧、阴森、落寞。翌年秋，专署便搬到新修的大厦中去了。

蒋氏接任专员时，除了从刘己达手里接过来一颗官印，专署几乎什么东西也没有。但是，有一点还是值得提起来的，前任内的两位科长和一些职员，蒋专员还是留用了。例如：日前在台湾担任司法行政部政务次长

---

* 曹云霞，三青团江西青干班一期毕业，曾在三青团江西支团部筹备处工作。后居香港。

的范魁书，就是刘已达任内的科长，又是复兴社分子。由于他表示效忠蒋氏，以后确也兢兢业业，到今天还得到重用。据我所知，赣南派的第一批老人，现在台湾身居高官者，也唯有范魁书一人了。蒋氏从原督练处带去一批人。听说也有些督练处的旧部随蒋氏去了台湾，但是名字不见经传。王升和我一样，都是“三青团”成立后，于1939年底到赣州的，并非老赣南派。王升到四区专署干委任视察时，范魁书已经是荐任科长了。

1939年，蒋氏正好三十岁，这位年轻的专员，确是表现出一派朝气，有一股干劲和闯劲，要在赣南开始一番新事业。当然，他贵为蒋委员长的公子，也给了他特殊的条件和威力。

在蒋经国未任专员时的赣南，本来是粤系军阀的势力范围。这里有不少粤军卸职的军官和依附粤系的财主，他们拥有枪支人马，据地称雄，包赌、包烟（鸦片）、包娼，为非作歹，横行霸道。省政府的政令，一向进不了赣南。他接任专员以后，为当局收拾赣南这块烂摊子，确实大有贡献。他提出实现“五有”，本身也从中取得了为政的经验。

蒋专员当政的三阶段

蒋氏在赣南，实际不到五年，即从1939年春到1943年冬去重庆。1944年春，他担任了中央干部学校教育长，专员一职由赣县县长杨明代理。同年冬，赣州陷敌前，他匆匆回赣一行，这时，他已经无心顾及赣南了。

纵观蒋氏专员任内全部历程，可以分为三个阶段：

一、收拾“烂局”阶段（1939年3月就职，到1940年3月第一次反共大逮捕）。

二、宣称建设阶段（1940年春，召开“第四区扩大行政会议”，正式制订“新赣南三年建设计划”，提出“五有”的目标，以后改为“五年计划”）。

三、离职挂名阶段（1944年至1945年。1944年冬赣州沦陷，1945年他正式辞职）。

从专员本身的任务来说，蒋经国任内，收拾烂局，对省方以及对中央都有相当的贡献。他这时的中心口号是“除暴安良”。他打击了地方军阀、土霸、流氓、地痞的势力，恢复了统治秩序，大力控制支离破碎的农村。他千方百计地宣传对他父亲蒋委员长和中央的向心力，使赣南成为东南地区的一个施政中心。更切实的，是他这位专员，稳当地坐镇了赣南，政令基本上得以通行，没有再发生官员被绑架、被赶走的事了。

蒋经国何以能做到这些呢？当年透过宣传机构，颇有一些传奇的故事，对蒋氏个人的作为，渲染得神乎其神。蒋专员自己则把调门提得更高，大肆宣称他在赣南“是坚决打倒封建势力”，开创“赣南的新时代”，建设“五有的新天地”。

事实究竟怎样呢？封建土霸的发号施令，确是让位给了专员，他们的横行霸道稍有收敛，他们的巧取豪夺受到抑制。但是他们的根基，占有农村的大量土地，则极少变动。他们长期支配地方的绅权威望，仍然保持。就以刘甲弟而言，他仍然是赣南的大地主，在赣州城拥有许多地产，并兼营七八家商店，一直安居在红门大院的宅第中，过着逍遥自在的寓公生活，照样三妻四妾，婢仆成群，所差者只是不能像以往一样招摇过市。赣州许多的“公益”事业，刘甲弟还是挂过头衔。例如：赣州的中正公园，蒋专员派蔡省三为管理委员会常委，负实责，但是，刘甲弟和另外几个绅士还是委员，蒋专员还指示蔡省三遇事要和刘等联系商量。我和蔡省三都和刘甲弟有过交往。特别是刘甲弟写得一手大字，赣州的许多商店招牌都是找刘题书，有些公务员也欣赏刘题赠的字轴，不少人登门求书。刘甲弟始终是赣南的头面人物。同样的，赣南的一些地主仍占有土地总面积的百分之七十以上，他们除了不能公开聚赌抽鸦片以外，照样逍遥无羁，作威作福。总的来说，蒋专员收拾烂局，只是恢复了旧的统治秩序。

蒋专员开始时为了打击胡作非为的土霸流氓，摆出了激进的姿态，采取了严厉的手段，高唱革命口号，公开赞许“抗日民族统一战线”，给青年人很大的吸引，不少热情青年远道投奔赣南。赣州一度出现了浓厚的左倾气氛，群众性的抗敌宣慰工作做得有声有色。蒋专员曾率领“赣县宣慰团”，跑遍了赣南各县。土霸流氓盗匪，吓得销声匿迹。到1940年春，烂局基本上得到收拾。就在这时刻，赣州发动了第一次反共大逮捕。接着，蒋氏召开第四区行政会议，宣布有计划建设新赣南的开始。蒋氏把反共和建设联系而来，这显然不是巧合，个中的因缘和相互的关联是颇耐人寻味的。

1940年夏，蒋专员召开“第四区扩大行政会议”。会议地点在赣州乐群大戏院。到会者将近二百人，包括专员公署和保安司令部的科长以上人员、各附属单位主要人员、各县县长秘书、主要科长，以及特邀民众代表等。请了省政府代表到会指导，还请了党团代表列席。是为赣南一次大规模的行政会议。

会上主要是听取蒋专员“新赣南建设三年计划”的报告，讨论通过了这一计划，随后又改为“五年计划”。

蒋专员在报告中，着重提出了“实现五有”，把赣南建设成为“人人幸福的乐园”，成为“三民主义的模范区”。计划中列举了发展钢铁、机器、电力等重工业，农业实现机械化，兴建水利工程，赣南各县城镇都将建设成为现代化的城市。人民都享有充分的物质和文化生活。

当时有人就评论说，蒋专员这套计划不过是脱离实际的“空谈”。

赣南没有一座高压电线塔，没有一处成型的水库，没有一部拖拉机，没有一所科学实验室，没有一所大学，专员公署没有一个曾经从事实际业务的工程技术人员（最有代表性的，如赣县建设科科长吴善梁，是干警察出身的）。在这许多“没有”的基础上，要建设现代化的“五有”，谈何容易。

“五年计划”的“五有”最终都“落了空”。

就在计划制订的五年之后，蒋专员远去重庆了，日寇的铁蹄蹂躏了赣南，“新赣南的五有”影子也没有了。

蒋专员治下的“十多”

“新赣南”的“五有”虽然落了空，可是，蒋专员治下的赣南，和当年国府统辖的各个政区比较起来，却仍然有其显著的特点，试把蒋专员在赣南采取的主要策略措施及其政绩，加以回忆追索，笼统概括一下，主要的有“十多”。

一、赣南的保安团和自卫队的兵多。熊式辉（江西省主席）毕业于日本士官学校，和蒋老先生是先后同学，原来是国民革命军第五师师长，他是带兵开进江西剿共，因而当上江西省主席的。熊式辉和蒋老先生一样，都深深懂得枪杆子的重要，他承包下来的蒋太子，被安排进入乱糟糟的赣南，没有枪杆子行吗？所以随同蒋经国开进赣南的，有一个保安旅、两个保安团。旅长是熊的留日同学黄新富，黄以有胆识、有魄力见称，当时也不过三十多岁。他率领两个经过整训的保安团三千多士兵，驻防赣南（江西当时有十个专区，全省共有十个保安团，可见赣南占了多数）。这支武力成了蒋专员的有力后盾。只是黄某有一股骠劲，为蒋专员保安自是尽忠职守；要事事驯服蒋专员，却办不到。所以黄和蒋常常发生龃龉，黄旅的兵，同赣州的警察，多次在闹市大打出手。因而蒋专员到职后，就扩编专署的直属自卫大队，枪新，兵足，有一营以上的兵力，归他直接掌握做专署的警卫。还有蒋老先生又派了侍从室的一个警卫班十多个人到赣州为蒋专员做贴身侍卫。他们穿便衣，随时随地紧护蒋专员左右。有一彪形大汉曹松，长于双手用枪，百发百中。我曾经和蒋专员、曹松等一起打过靶，见到曹等确是好射手。蒋专员还布置各县加紧扩编自卫队。正因为有如此雄厚的枪杆子听候调遣，护卫蒋专员，有力有威厉行镇压，所以蒋先生才得以放手收拾赣南的烂摊子。否则，怎能使得土皇帝放下武器，甘心就范呢。

二、赣南的宪兵警察多。当年一个县通常不过驻有宪兵团派出的一个班，号称宪兵队。而赣南则驻有一营宪兵，营部驻在赣州，可见宪兵特多。还有江西省警察总队又派了警察第二大队驻扎赣州，警察也比一般专区多。大队长张寿椿，日后成了蒋专员的得力干部，蒋曾派他兼办粮食征购统销，以后发展成为交易公店。

三、赣南的专业特务多。军统、中统的特务到处都有。而赣南是中统特务的重点。赣南设有“江西省第四区党务办事处”，那里集结了反共的老手。而且还有以反共宣传见长的党特兼文特，他们公开发行机关杂志《东南评论》，主编为赣县县党部书记黄问白。又江西中统负责人冯琦（前中共人员），常驻赣州作案。更特别的是专员公署设有特务处，主任是蒋专员留俄同学黄中美，负责侦缉的是蒋专员的旧部蔡百里。又三青团支团部还有特工组，负责人是胡重义。赣南一度是各派特务竞相称能、各显特技的大校场。由此可见，说是蒋专员在赣南单枪匹马唱独角戏，实是无稽之谈。

四、赣南的额外公务员多、保指导员多。一般专署官员编制不到二十人，四区专署及所属工作队，有一百人以上，有时专署的秘书有七八个之多，蒋专员有一批留俄同学担任秘书，例如：徐君虎、黄中美、高素明、周百皆、徐季元、刘汉清、彭健华等。特别是各保除保长而外，又设保指导员，都由高级官员兼任，直接大力控制保甲，这是其他行政区所没有的。

五、赣南特务秘密逮捕的人多。赣南一度显示的开明进步，和蒋专员提的革命口号，曾经吸引了不少青年人。彼时在泰和的江西省当局一度风传“蒋经国在赣南搞共产了”。但是，事情的变化却是那么诡谲急剧。1940年3月，赣州发动了反共秘密大逮捕，这是江西范围内动手最早的，那时泰和马家洲的集中营都还没有开张。那次反共逮捕，也算是为全国性的反共高潮打了先锋。赣州逮捕，可能比之其他地方少费侦察的周折，特务查一下《新华日报》的订户和“生活书店”的雇主，应捕者的名单就有了。以后又陆续逮捕了不少人，事关机密，我就不清楚了。总之，蒋专员治下的赣南，当年反共秘密逮捕的做法和“成果”都是很突出的。

六、赣南印刷的法币多。当时，国府治下的物价，天天以至时时刻刻都在猛涨，法币则无时无刻不在狂跌，因而需要大量法币。彼时当局好歹不管，就是赶印法币应市。那时，赣州城郊，有从上海迁来的太东书局印刷厂，有全套比较完备的制版印刷，有技工上百人，该厂就专门为“中央银行”印刷法币。这里印刷的法币供给东南地区近十个省的需要，每天大箱大箱遣装汽车往外运。若非蒋专员在赣南坐镇，并且对印刷厂严密护卫，那是不堪设想的。

七、赣南对东南地区的征税、募捐以及其他施政的贡献多。财政部税务署在赣州设置“东南税务局”，又设“东南直接税局”，统辖东南各省的税收。还在赣州办“东南税务人员训练班”，多数税务人员又被蒋主任领导的“三青团”支团部吸收为团员。还有中央发动的临时性的捐献，赣南也做得很出色，例如1941年春扩大“全国出钱劳军运动”，蒋主任亲自领着我们一起上街，义卖日报。蒋主任拿着一叠报纸，登上大商店富户之门，一瞬之间就卖光了，他个人就募到上万元。赣南常举行义演募捐。总之，在财力上对中央作了有力的支援。又“中央文化驿站”也在赣州设东南分站。对省方来说，贡献也多，例如“省训团”就设在赣州梅岭，以后省军管区，也用“赤珠岭”为“军官增进训练班”，全省各县军政人员大部分都来赣州受过洗礼。省主席熊式辉1939年春以前当了九年主席，未曾涉足赣南一步。蒋专员收拾烂局后，熊某常到赣州，有时在梅岭小住近月。省方的其他机关，也都在赣州设办事处，省建设厅把赣州作为工作重点，有一位叫何勇仁的为该厅在赣州筹办“工商陈列馆”。我忆及有一个青年人叫马兵（马汉章）给何当助手。我到香港后，赣南旧友告诉我：此处有位马先生（笔名南宫博）即当年赣州的马兵也。

八、赣南“交易公店”对生活必需品的控制多。蒋专员在赣南先开“粮食公店”，集中征购并销售粮食，以后发展创设“交易公店”，除粮食外，还经销其他生活必需品：食油、盐、布匹、火油、糖等等。先在赣州试办，以后推广到各县。这是蒋专员一个创举，由他的留俄同学徐季元做总经理。交易公店为蒋氏在经济方面加强统制起到一定的作用。

九、赣南对老百姓的日常生活行动规约多。一一叙述，实在够写一篇长文章，我忆起赣南流行一首民谣——

蒋大专员开了口，赣南百姓齐遵守。
黎明集合上早操，立正稍息开步走。
每天大事第一桩，总裁像前三叩首。
保长传令开会多，天天高唱搞五有。
结婚必定集团办，太阳节日大喝酒。
下地赶墟背家训，叫人急得直发抖。
我的天啦蒋专员！哪年哪月你撒手？

这个民谣生动通俗，反映了一些典型情况。但外界看来，可能相当隔膜，且略加注释：赣南规定老百姓一早要出操，天天要向蒋总裁致敬，宣传“建设新赣南”的大小会开个没完，不许个人私自结婚，一定要参加集团结婚；规定蒋总裁生日为“太阳日”，一定要祝寿喝寿酒，新赣南制定了“新家训”，人人得背熟，有时赶墟下地，保长或其他官员得随时点省你，叫你背家训。总之，名目繁多的种种规定，从早到晚缚着老百姓的手脚。

十、赣南的新奇计划标语口号多。高唱“五有”就是一个典型例子，各式各样的计划办法一个接一个。满墙满壁的大小标语、宣传画。你一进到赣州东门外，就可以看到大字标语：“建设新赣南”“人人有饭吃”！并且以醒目的大字写在城门入口处：“欢迎指导”！又在城门出口一边写着“祝你一路平安”。进出赣南的人都不能不有所感触，可见费煞心思。

以上，不过是就我个人所见，举出当年蒋专员治下的赣南所独特的荦荦大者，其他自难细列。由此，亦可概见蒋专员在赣南的“创举”，不亦大哉！

（高士振　供稿）

我所知道的蒋经国

李中奇

1935年，我在南京参加励志社工作，历任成都、贵阳、赣州、北平、天津、沈阳分社主任（其中长期在蒋介石警卫部队分社工作）。1940年，我在赣州与蒋经国相处一个阶段，胜利后任沈阳分社主任（即蒋介石官邸），故对蒋家父子见闻较多。

蒋介石自兼励志社社长，该社一切开支由蒋的机密费中支出，南昌励志社有蒋经国特住单元。南昌励志社是由熊式辉等筹款建造的宫殿式建筑。二楼社长单有一套房子（有寝室、办公室、浴室、会客室兼小餐厅，内部沙发、地毯、桌椅用具都非常考究），蒋经国穿了他父亲给的一件棉袍，他父亲还给他派来了小汽车及侍卫官。励志社的西面紧靠赣江，风景优美，正如滕王阁序中所说："落霞与孤鹜齐飞，秋水共长天一色。"蒋经国夫妇来到江边远眺，心头喜悦。

蒋纬国不把宋美龄放在眼里，对宋子文、子安、子良更不认舅，对宋蔼龄一家也不例外。蒋经国不同于纬国，他接受了陈布雷的忠告，了解宋美龄在父亲身边起着很重要作用。宋美龄任航空委员会秘书长，以空军中将掌握空军，兼新生活运动促进总会秘书长，兼妇女会主任、革命遗族学校校长等职。蒋经国从人情上说对宋美龄很尊敬，使宋美龄在蒋介石面前挑剔不出什么问题。初见公婆，夫妇俩都行了三鞠躬礼，蒋方良用中国话叫“阿伯！阿姆！”宋美龄心里虽喜欢，却不好形之于外，为送顺水人情，让侍从室从溪口亲属中雇请了两个佣人看孩子、洗衣等。

中日战争爆发后，日本对中国蚕食鲸吞，扬言三个月结束支那事变。日本企图独霸亚洲，斯大林元帅毅然援助中国抗日，派出了苏联空军志愿队。1937年10月的一天下午，南京打来长途电话通知南昌励志社，苏联空军志愿队队员一百名由南京飞南昌住励志社。南昌方面闻讯后，马上买来一百张床，又从抗敌后援会借来了一百床新棉被，在楼下大礼堂摆上铺位做招待所。这时中国空军不到一百一十架飞机，经过京沪空战所剩无几。苏空军志愿队的来到，大大加强了我方的制空权。

蒋介石电谕其子

赣南民风强悍，练拳习武成风，教师爷受人崇敬，熊式辉主赣多年，势力难以涉足赣南。熊式辉发表蒋经国任江西省第四区行政督察专员兼保安司令。蒋经国于是紧锣密鼓，成立了一个筹划小组，将往日在莫斯科的同学周灵钧、范魁书等以函电邀聘，组成秘书班子智囊团。蒋介石也派来了老有经验的人来当顾问，CC立刻加强赣南地区的国民党组织人员，戴笠增派了特工组，等待拉幕开场。蒋介石为了教子成材，特电谕示：乱世要用重典，要恩威并用，不可急躁；凡遇到财政不好开支时，可向赣县农民银行开条子支取，数字不限；人情上要大方，不惜重金，不该用的要节约；工作要有计划、有步骤、有调查、有总结，每天要写工作日记，检查自己；规定今后记日记写家书一律要用毛笔写，每隔十天半月将日记寄父亲自审阅批改；生活要朴素，工作要以身作则，做官要得民心，不可乱发脾气，乱了章法……你在苏联受的是俄国式的教育，在中国要实现三民主义，你建设新赣南，不许搞有共产主义色彩的政治成分。在政治建设上可以独树一帜，不要搞得不伦不类；苏联社会主义不适合中国的国情，“只有三民主义才能救中国”；等等。

山区激战　有惊无险

蒋经国专员公署全体职员一律穿平布中山装，圆形证章上有“公仆”两个字，表明他们是老百姓的公仆，不是当官做老爷，不欺压百姓。蒋经国的军服、马靴，只有国庆节典礼阅兵时穿，平时穿的多是工装、便服。他经常步行下乡视察，不多带警卫，平时上街不要随从。蒋经国走山区、串乡村视察，有一次与一支地方武装狭路相逢，双方开了火。蒋经国只带四五个随员，他和随行人员均未受伤。回赣县后，保安司令部参谋长向熊式辉电话汇报枪战经过。适蒋介石来桂林巡视，侍从室侍卫长请示后连忙派来卫士队一个排，到赣县加强保卫大公子。过了两天，蒋经国将派来的排长留下，在专员公署当侍卫，留二名卫士换上便衣担任警卫，其余卫士队人员全部返还桂林。一场虚惊过去，蒋经国亲赴桂林向他父亲作了汇报。熊式辉打来长途电话慰问，立即增派得力干部，赴赣南专区充实力量，来了一次清乡，以防不测。

寒夜抓赌　严惩不贷

赣南长期以来赌风盛行，一时不易根除，特别是春节期间，家家聚赌，出了正月也刹不住风。蒋经国来后，一再出告示：“在抗战期间，前方将士浴血苦战，后方百姓聚赌不务正业，不符合全民抗战的精神，通告严令禁止，如敢故违，严惩不贷。”春节过后，赣县城内老百姓胆小怕事，多已收敛，但还有少数人目无法纪，仍暗中偷偷聚赌。蒋经国从告密箱得到的情报，“某银行里，职员夜晚锁上大门，躲到保险库房聚赌，银行都有行警站岗值勤，有恃无恐”。蒋专员便亲身去抓赌，天黑后穿了工人装，戴顶工人帽，悄悄来到银行附近蹲下来。严冬深夜，人们已入梦乡，赌徒们赌注越下越大，豪赌方兴未艾，赌到后半夜，肚子饿了，正好卖夜宵馄饨，敲着梆儿响。蒋专员肚子也饿了，走过来蹲在银行铁栅栏门卖馄饨挑子前吃了两碗，吃完蹲在门旁。行里工友出来买馄饨，因赌徒人多，工友一次端不了四碗。这时，这位专员将帽往下拉了拉，低着头说："我吃完了，让我来帮你们端。"他端起两碗随着工友混了进去，一直走进赌场，在场的赌徒谁也没注意。蒋经国看桌子上放着牌九，留神赌徒的人数及面孔，突然被其中聚赌的一人发觉了，情不自禁说："蒋专员来啦！请坐！请坐！"赌徒们大吃一惊，怎么半夜赌窟里窜进了蒋专员？赌徒们大惊失色。冷场片刻，蒋经国说了话："后半夜啦，吃好夜宵快休息去吧。再见！"赌徒们丧魂落魄，勉强把专员送到门口，回来后一个劲地埋怨工友不留神，将专员领进来了。他们个个心神不安，商定明早请襄理出面找蒋专员谈谈认个错、听听口风再说。

第二天早晨，银行上班，赌徒推出了代表向襄理汇报了昨夜被蒋专员抓赌的情况，恳请襄理辛苦一趟到专署找蒋专员探口风。襄理无奈，强打精神硬着头皮去见专员。数小时后襄理回到行内，传达蒋专员的两个条件，由你们自报：头一条是穿红背心（背心前后有赌徒两字），领上插小旗写上赌棍的姓名，头戴纸糊高帽，由警察押解扫马路三天，还要贴布告；第二条是每人自认罚款三千元，捐款购买飞机抗战，并具保证书永不再犯。赌徒们都认为"人要脸、树要皮"，如果穿红背心扫马路，丢面子丢不起。于是赌徒一致表示受罚。当天下午，襄理拿了赌徒的保证书及罚款，亲自面交蒋专员。蒋专员化装半夜抓赌一时成为奇谈。

赣县有五家银行，国营有"中央、交通、中国、农民"，江西省是"裕民"。银行铁门一关是独立王国。银行职员有枪、有钱，大门上锁，又有行警站岗放哨，自备晚点，躲入保险库聚赌。蒋经国从密告箱又得到了有人在银行金库聚赌的情报。上次化装抓赌，再用这个方法不灵了。夜晚，他换了便衣，带上枪，让人扛着梯子，他越墙刚跳下，就被行警发觉。行警拔出枪对准跳墙处大声问："谁？什么人？"蒋经国答："我是蒋专员，来查夜的，你把枪收起不许动。"行警听是蒋专员，将枪收起。

蒋经国走近他继续发话：“我命令你不许大声讲话，领我到保险库去看看！”行警乖乖地在前面带路，带至库门，里面插好门进不去，蒋经国向行警说：“就说经理亲自来查夜，现正在门外，快开门，不许耽误。”里面听说经理来查夜连忙开门，赌棍一看，怎么蒋专员找上门来？四座震惊，又被专员逮了个正着。蒋经国点过了人数后说：“不早啦，大家明天还要上班，再见！”第二天，传讯银行赌徒，由警察押解，一律穿红背心，胸前背后有“赌棍”两字，脖领插着小旗，上面写着赌棍的姓名，头戴高帽，每人一把竹扫帚，由专署门前大马路开始，往中山公园马路扫过去。警察鸣锣告知，县政府出布告，贴大路口及中山公园大门，宣布赌徒嗜赌如命，着即罚扫马路三天，以儆效尤。锣声一响，看热闹的人越来越多，人们议论纷纷，赌徒们愧无容身之地。有人说这批银行赌棍在金库里聚赌，昨晚被蒋专员翻墙，跳进院里抓了；也有人说夜晚翻墙跳进银行，若被行警误打一枪，岂不因小而失大。

登门拜访刘甲第

在赣县的士绅中，最有地位的是刘甲第。他豪富且写一手好字，赣县各大商家的铺面招牌，大都是请刘甲第写。由此可见，他在地方上名气很大。刘甲第上街坐自备人力车，高高在上，车两旁跟着四个手提匣枪的保镖跟车保护，一路跑得满头大汗。有一次，蒋经国在大街上与其“威风凛凛”的人力车碰了个对面，刘甲第没停车，只是点点头，蒋经国也点头回礼，人力车与保镖一跑而过。

蒋经国刚到任不久，头次遇着这类事。第二天上午，蒋经国步行，往刘甲第府上登门拜访，两人见面寒暄，来到客厅。蒋经国开门见山：“刘先生上街怎么带四个持枪护卫，是什么原因？”刘甲第煞有介事地回答说：“蒋专员，你初来赣南，你不知道，这里的土匪、强盗横行，我为了身家性命的安全，不得不出门带保镖，以防意外。”蒋经国听了后说：“刘先生，今后上街，请你不要再带保镖，倘若你的性命遇到危险，由我蒋经国负责偿命，你看好不好？不但希望刘先生如此，就是我当专员的，也不带护卫，因为这样出门过市，实在对赣南来说太不雅观，传说起来不好。”蒋经国说罢告辞。从这以后，刘甲第出门再也不明目张胆带保镖了，也安全无事。

为蒋太子全家照相

励志社有专门为蒋介石、宋美龄照相的摄影师。抗战前期为卓世杰，抗战后期及胜利后为胡崇贤。1940年夏，卓世杰由重庆专程来赣州，拍摄蒋经国建设新赣南的各种照片。

卓世杰到赣县后，即着手拍摄工厂、农村、干训班、保育院等题材的照片。一天中饭后，我（时任赣县励志社分社主任）和干事谭克鹏，陪同卓世杰去蒋经国家，拍摄蒋经国全家生活照片。

蒋方良已得知重庆有人来家照相，和两个孩子都换了衣服，盛装以待。午后一时半，我们到了蒋宅。蒋方良忙着倒茶水、拿糖果，殷勤招待我们。卓世杰先给方良母子三人照了几张。过了好一会儿，蒋经国才回到家里。他见到客人，寒暄几句，卓世杰马上向他说明来意，想再拍几张家庭照，带回重庆给他父亲看看。说着，卓世杰将过去已拍好冲印的大照片相册递给蒋经国看。蒋经国随意翻了翻，很客气地说：“上午你在农场已为我照了不少，家里就不必再照了。”蒋经国说完，走进卧室去看报，把我们晾在客厅里坐冷板凳。蒋方良看到我们难堪的样子，以为这样对客人不礼貌，就走进卧室与蒋经国用俄语交谈，传出来的语气好像是责备丈夫。两口子争吵起来，蒋方良也不再出来，待在卧室生闷气。蒋经国明白这也不是办法，只好走出来，到客厅与我们敷衍几句。他还是那句老话，上午照了不少，下午就不必再照了，语气似乎不可改变。

卓世杰不甘虚此行，一再请求照一张全家合影，蒋经国不说不照的话，只是站着，手里拿着一张报纸。卓世杰还是再三要求。蒋经国看了也觉得不是办法，只好说，到屋外走廊给我照一张吧。于是，蒋经国放下报纸，随意地穿着短袖衬衫，双手抱着胳膊，单独在屋外照了一张上半身的照片，算是今天摄影的结束。我们一行告辞，蒋经国勉强送我们到门口，蒋方良依然待在卧室生闷气而没有出来送客人。

蒋经国为什么不让我们为其拍摄全家合影呢？我私下认为，很明显，他的妻子是俄国人，儿女是混血儿。蒋经国不愿拍成照片而扩大影响，甚至让报纸杂志上发表其全家照片，以至世人皆知。

蒋经国家有两个女佣，均是溪口老家的亲戚。她们说一口的奉化溪口土话，孝文、孝章也跟着学土话。蒋方良很少参加社交活动，专署举行文艺晚会或蒋经国主持一些社会活动，蒋方良一般是默默地坐在丈夫身边，不太张扬。1940年夏，苏联亚洲影片公司经理来赣县，向蒋方良作礼节性的拜访，特送了一只大花篮。对此，蒋经国夫妇并没有出面回访及答谢，只是指示励志社出面设宴款待。赣州励志社在中山公园内，宴请是在励志社餐厅，席间谈话用英语。蒋方良中国话讲不好，英语也不行。

蒋经国回家吃饭经常是时间不定，回去晚了，常常是开水泡饭就冷菜。蒋方良这期间，不会体贴丈夫，也不太会过日子，难获她丈夫的欢心。蒋经国在苏留学期间，平时吃不到热饭，饿了就吃面包果酱、饼干，习以为常。

嫁堂妹

蒋经国在赣州当官，所以蒋家的亲朋多迁来赣州，一方面托庇安全，另一方面可予多方照顾。赣县有蒋经国的亲娘舅毛懋卿一家，蒋介石的侧室姚冶诚，蒋经国的表弟蒋秉国（日本士官学校毕业，回国后任税警团中校参谋主任，因患有遗传性的神经病在赣县闲居养病）。此外，蒋经国的堂妹蒋秀华（蒋介石同父异母兄蒋锡侯之女）在之江大学毕业后，也住在赣县。蒋秀华时年二十五岁，品貌端庄、文雅大方。蒋方良时常与她到励志社洗淋浴。蒋秀华在之江大学有两位同窗好友（夫妇），时任职安徽省民政厅秘书。民政厅厅长韦永成，广西永福人，在莫斯科中山大学与蒋经国同学，经蒋秀华的同窗夫妇介绍，蒋秀华与韦永成相识，双方情投意合订终身。蒋秀华与韦永成联名直接拍电向蒋介石请求结婚。

抗战时期，安徽省属李宗仁第五战区所辖，省主席由战区司令官李宗仁兼任。韦永成是李宗仁的外甥，年过三十，尚无妻室。蒋秀华品貌双全，又是蒋介石的侄女，门当户对。

蒋介石在重庆接到韦永成及蒋秀华的求婚电报，心有不悦，将电报往桌上一扔说："也不是没有门庭的人家，又不是没有家长做主，怎么好当事人直接出面提婚呢，这成什么体统。"后来宋美龄说："男大当婚，女大当嫁，这是人情之常，秀华又不是你的亲女儿，你从中阻拦不合适，我看你这桩事情推给经国去主持，你也省份心思岂不好吗？"于是，蒋介石把求婚电报转到赣州蒋经国手里。蒋经国与韦永成在莫斯科是老同学、旧相识，对韦印象并不佳，瞧不起他。但是今日荣任厅长，官职比自己高，又是李宗仁的关系，是有前途的。既然秀华自己本人愿意，他也只有顺水推舟。1940年夏，韦永成在手下两位秘书（夫妇）陪同下亲自来赣求婚。韦永成比蒋经国高一头，品貌一般。蒋经国情面难却，婚事乃订，决定1942年夏在桂林举行婚礼。

抗战的大后方是蒋家天下，李宗仁素有"广西王"之称。"蒋李联姻"哄传一时，婚礼选择在桂林市中心区乐群社举行。乐群社是市娱乐中心，有球场、影院、礼堂、餐厅，蒋、李两家是当时的权贵，礼堂挂满了喜幛、花篮，车水马龙、高朋满座，盛况空前。蒋经国代表家长主婚，宾客抬来的礼盒，全用红纸打上封条，礼盒多叠为四五层，高约一米。达官显贵前来祝贺，礼物之丰堪称金山银海，珠宝、衣料更不知其数。据程思远谈，蒋秀华、韦永成去台后，夫妇俩得到蒋经国的照顾，生活过得很富裕，自不待言。

会 议

1941年，蒋经国建设新赣南已进入第三个年头。这年夏天，蒋经国召开赣南专署会议，提出提前完成三年计划方案。省政府派财政厅厅长代表省府来赣县出席会议。与此同时，江西省主席熊式辉主赣十周年，省府要在省府所在地泰和大张旗鼓热烈祝贺熊式辉主赣十周年，歌功颂德，大肆宣扬。这时的赣南，蒋经国在《新赣南日报》连篇累牍地发表题为“新赣南真面目”，揭露旧赣南政治腐朽，民不聊生，盗匪猖獗，烟、娼、赌流毒甚广，土豪劣绅四处皆是，将旧赣州弊政攻击得体无完肤。文章还举例说：“过去公园南马路中心长着几棵大树，妨碍交通，旧县长打算将其砍去，以利交通。话刚出口，还未实现，当地士绅公然反对，说全赣州的风水就全在这几棵树上，倘若砍去岂不破坏了风水？旧县长闻讯，知难而退，不敢捅马蜂窝，政令不出县城……”自蒋经国到任建设新赣南以来，实行三年计划五大目标，励精图治，奋发图强，向黑暗的旧社会猛烈开火，大刀阔斧，披荆斩棘，排除万难，不畏艰险，大力治理赣南，扫去了残云，洗涤了污泥浊水，始取得新赣南今日之成就。蒋经国为自己树碑立传，和泰和省政府熊式辉唱对台戏。蒋经国以革命者自居，没把熊式辉放在眼里，省府人看了赣南的报纸，都认为是给熊式辉脸上抹黑。

1944年，日军气势汹汹长驱直入，赣南、粤北、湘、桂大片国土沦陷，赣南告急。熊式辉怕担风险，亲自打长途电话，叮嘱蒋经国早日搭飞机撤退。于是，蒋经国带了妻子儿女搭乘美军运输机直飞重庆，建设新赣南计划宣告流产。

抗战时期在赣南

伍攀桂

笔者长期生活在赣南，幼时在蒋经国办的夏令营学习过，曾多次亲聆他的教导和得过他对我这个贫苦儿童的关怀照顾。虽事隔数十载，至今仍然历历在目，根据抗战时期在赣南的所见所闻，回忆所及，如实写出。

严肃紧张在抗战中进行建设

当时赣州的专署设在赣州米汁巷一号，赣县县政府设在章贡路现地委家属宿舍处。后因房舍狭小不利于工作，两个单位同时迁入新赣南路一号，原江西省立第四中学的老校舍内，经修缮整理，规模很大。大门顶上画有一枚圆形的青天白日国徽帜，下面横标着“江西省第四行政区督察专员公署”“江西省第四行政区保安司令部”和“赣县县政府”三个单位的全衔。左右两侧装着手型电壁灯，两边墙脚竖埋着两块大石，分别刻着“大公无私”“除暴安良”八个大字。进去是两排平整整的冬青生篱，在十字路口有两块扁扇形木架，标画着青天白日满地红的图案，两块分别写着：“抬起头来”“挺起胸来”八个字。在礼堂上，挂有国旗、党旗，中央有孙中山、蒋介石、林森的肖像，下摆有一小木料讲台，其中摆了一张六角形分半有青天白日图案的讲桌，中间有国民公约，党员守则各十二条。礼堂大柱上挂着的值日牌上分别写着总值日官、值日官、值日员、值日警卫和值日工友的姓名。礼堂对门设置露天墙屏，中间一幅蒋介石的巨幅画像。两旁分别写着“忠党爱国”四个立体美术大字。工作人员胸前全都佩戴“公仆”两字的圆形小徽章，早晚举行升、降旗典礼，上下班吹军号，上班签到，下班签退。每星期一上午举行国父纪念周。机关内部，气氛严肃，工作紧张。

民国卅年（公元1941年）是蒋先生提出建设新赣南的头一年，其目标是：“人人有工做，人人有饭吃，人人有衣穿，人人有屋住，人人有书读”。其方针是：“大公无私”“除暴安良”。其政策是：“保护好人，打倒坏人”。其精神是：“发扬正气，压倒邪气”。其指南是：“国父遗教为理论中心，总裁训示为行动中心”。其口号是：“奋斗、牺牲，打倒小日本；吃苦、冒险，建设新赣南”。其志向是：“要做顶天立地的英雄，继往开来的好汉”。其最低纲领是：“建设三民主义的新赣南”。其最高纲领是：“建设三民主义的新中国”。其准则是：“忠党爱国。”

同仇敌忾激发爱国热情

民国廿九年春，蒋先生来赣近年，正当抗日战争紧张，日寇铁蹄将蹂躏半个江西之际。汪逆精卫卖国求荣，已在南京成立了投降日寇的伪政府，与重庆的国民党中央政府分庭抗礼，针锋相对。为了提高军民抗日士气，激发军民爱国热情，赣州于当年春隆重地举行了“赣县各界纪念五四青年节暨讨伐汪逆动员大会”。很早就筹备资金，在赣州公园中心兴建了一座“抗日阵亡将士纪念碑”，由蒋经国题字。碑基用青石刻文，由县长吴剑真撰书曰：民国廿六年七月七日，日寇犯我卢沟桥，我中央当局，为求国家生存，民族独立，领土完整及维护东亚与世界和平计，乃号召全国军民奋起抵抗，我中华男儿前仆后继，英勇杀敌，血肉横飞勿顾也，肝脑涂地勿惜也。盖其鼓舞士气。奋扬国威，诚惊天地、泣鬼神。数年来的浴血奋战，我军愈战愈强，敌人竟陷于水火不拔之地，最后胜利，指日可待。……兹当纪念五四青年运动之际，缅怀先烈，并致以词曰："崆峒巍巍，章贡汤汤，亿万斯年，蔚为国光。"纪念碑前，雕塑汪精卫之跪像，侧有指牌书曰："这是万恶滔天、遗臭万年的汉奸、卖国贼汪逆精卫。"5月4日，大会暨纪念碑落成典礼在赣州公园同时举行。街头巷尾到处张贴标语、壁报，隆重纪念五四青年节。夜晚火炬游行，高唱青年进行曲及用《打倒列强》曲谱配词的歌曲："打杀汉奸，打杀汉奸，汪精卫，汪精卫，他是日本走狗，他是日本走狗，砍他的头，砍他的头！"

气势磅礴的万人大示威，给人们留下了极其深刻的印象。从此，赣南各县抗敌后援会相继建立。家家订立国民公约（爱国公约），共十二条。并同时开展群众性的锄奸运动，如清查户口，注意警报时期，追查谣言，注意一切形迹可疑之人等。于是一个声势浩大的杀敌锄奸运动在赣南各地蓬勃掀起。

公元1944年3月（民国卅三年春），前方战事非常紧张，湘北的战火蔓延到湘中，为了协调军事布局，保卫赣南，白崇禧、张治中、顾祝同等国民党高级将领特来赣南视察。当时在虎岗举行了青年大检阅，阅毕，几位高级将领相继发表演说，最后由蒋经国致答词。他说："今天，几位首长亲临赣南视察工作，深表欢迎。惭愧的是我们的工作尚未做好。老百姓穷苦的还很多。今后只有遵循首长们的教导，发挥群众的智慧和力量，把新赣南建设得更好，为赣南人民打开一条生路……"最后，他阐明日寇企图打通粤汉铁路的猖狂野心，将直接威胁着赣南人民的安全，我们必须学习和继承黄花岗七十二烈士的革命精神，参军参战，随时准备给敢于来犯之敌以迎头痛击。保卫我们的家乡，保卫我们的领土……通过他这次的号召和动员，为后来的"一寸山河一寸血，十万青年十万军"的青年从军运动奠定了坚实基础。当年秋，蒋经国号召赣南青年"男的个个学祖逖，女的都学花木兰"，使知识青年从军运动如火如荼地掀起了高潮，增加了抗战建国的有生力量。

雷厉风行确保社会治安

当时赣南，特别是赣州的社会秩序相当混乱，社会风气不好。赌博场、鸦片馆、妓院林立，街头巷尾殴斗行凶者屡见不鲜。蒋经国视事后，经常微服私访，深入了解情况。一经查出，则以雷厉风行、大刀阔斧之势予以取缔。记得当时东门外马婆岭设立了一所“军政部第廿四后方医院”，由洪子华（即洪泽）任院长。专门接收抗战负伤患病官兵。这些人认为自己参加抗日战争致伤，为国为民作了巨大贡献，居功自傲，竟发展到目无法纪，成群结伙，到处扰乱社会治安。有一次蒋经国获悉后，毫不迁就姑息，立即下令其直辖地方部队——区人民自卫队（后改称保安警察总队），宣布戒严。将城门关上，张贴告示，宣布：“如敢再闯进城里来肇事者，即以军法惩办。”这样一来，他们才不敢再聚众闹事。以后这所医院于同年5月遭敌机炸毁，便分为两部分，一在赣州郊区七鲤镇万寿宫，另一在南康县唐江镇。并安排伤兵们搞手工业如编织草鞋等，才比较安分守己地过活。

大刀阔斧严惩刑事罪犯

信丰县正平乡有个旅游胜地——二仙岩（又名芙蓉岩）。该岩原来的和尚法号果明，是个十三岁就杀了人的通缉犯。后来，混入部队又持枪潜逃，化装隐蔽来此当和尚。他以出家拜佛为名，行奸淫妇女之实。久而久之，经地方发觉后将他赶走，另派老和尚果瑞带一徒弟来接替。果明因失去继续为非作歹的“防空洞”，竟怀恨在心，狠下毒手。有一天的深夜，他率领土匪、流氓、暴徒到仙岩行劫。先将小和尚杀死，把庵内粮食、食油及所有值钱的物资洗劫一空，并将老和尚绳绑吊起，然后纵火烧庵。老和尚奄奄一息，挣扎爬下山村，断断续续地说：“果明这个恶贼，杀我徒弟，烧我庵房。请你们报告政府，惩治凶犯，为我申冤……”说完就断了气。经当地乡公所逐级上报专署和保安司令部，蒋先生获悉，勃然大怒，亲自下令各地张开天罗地网，尽速缉拿凶犯。在广大人民的协助下，终于在广东省南雄县乌径乡将该犯捉拿归案，验明正身，予以正法。

崇义县一个偏僻的山区有一户户主叫肖流熹的人家，其祖父有一妻一妾，妻生一子即流熹之父。妾生四子均长大成人，为了独占家业，早将正房之子即流熹之父杀害。冤案一直石沉海底，无人知道。但这几个凶手仍不满足，视正房之后裔肖流熹为眼中钉、肉中刺，又丧尽天良投毒企图将他毒死。幸及时抢救，未遭毒害。他们阴谋未逞，又设毒计。在一天深夜将流熹之母杀死。为逃脱罪责，嫁祸于人，多方作案，行贿收买了一个无知牧童作伪证，说是肖流熹患了精神病杀死了亲生母亲。企图借政府之刀，置肖流熹于死地（犯法处决），进而彻底灭绝正房，达到独占家业的罪恶目的。就这样，孤儿肖流熹含冤入狱了。幸而这时恰巧有专署工作组沈传蕃等在该地，经仔细调查研究、了解情况后，将此案写成书面材料，向上呈报。蒋经国亲阅后，怒不可遏。旋即责成刚从重庆学习回来的廖易长迅速查明此案，将凶手绳之以法。一场骇人听闻的孤儿之冤才算水落石出，真相大白。

蒋先生在赣南时没有检察院和法院，也没有设律师，他处理的一切案件除了听取各地汇报之外，还规定每星期四下午亲自接见群众，了解民情，秉公处理。他相信群众，但从来不做落后群众的尾巴。因此，有些公报私仇，企图打击报复，写匿名信诬告等的阴谋均无法得逞。在他亲自审办的重大案件，经调查核实后，对罪恶虽大，尚能坦白悔改的犯人，仍给予悔过自新的机会，遣送到东门外落木坑囚犯教养所（后改名为“新人学校”）去教育感化。该校半工半读，经常开展各项文体活动。管教人员对犯人训话、谈心都很耐心细致。蒋先生在百忙中还经常到该校去视察，了解情况，解决问题。对罪大恶极、怙恶不悛的罪犯，则以专员公署和保安司令部的名义，在赣州公园大门口张贴布告，罗列罪状，予以处决。在他大公无私和除暴安良的方针影响下，赣南社会风气大大好转。

群策群力积极赈济灾民

1938年春，日寇开始对我赣州狂轰滥炸。蒋先生来赣后，于1939年加强防卫。设立赣县防空指挥部，并将在东门外天竺山原设的防空情报所合并为防空司令部。同时增设防护团。亲自担任司令和团长。

有一次，敌机炸赣后，弹痕累累，尸骨遍地。蒋先生亲自率领防护人员到场处理善后。当时有个军官路过该地，蒋先生动员他也来扛死难同胞尸体，那军官横扫一眼，扬长而去。当他发觉叫他的是蒋经国专员时，连忙赶回参加扛运。蒋先生当即批评他说："你不是老百姓的公仆，而是带势利眼光的投机取巧者。"当即令他跪下，善后处理完毕后，还传他到专员公署狠批了一顿才让他回去。

1941年1月15日上午十时许，敌机十七架侵入赣州上空投掷燃烧弹，城内原中山路、中正路、阳明路、大小华兴街、曾家巷、龙船庙等地，顿成一片火海。两千多家店房转眼变成瓦砾废墟，两千多同胞罹难，另有三千多居民无家可归，惨不忍睹。蒋先生立即下令，城内所有旅社、客栈，一律优先收容遇害者，并免费供给膳宿。所有机关单位和干部全都参加处理善后。其中有担架队、医疗队、宣传队等。在瓦砾断垣中书写了醒目的宣传标语和宣传画："血债要用血来还""誓报此仇，打倒日本强盗""我们要在废墟中建设新赣州"。死难同胞全由政府统一安葬。受了伤的全部送东门外五龙岗江西省卫生处第四行政区中心卫生院公费治疗。

同年5月29日（农历五月初四日）上午九时许，敌机八架，轰炸东门天竺山赣州主站，当时防护团团员梅国顺坚守工作岗位，因公殉职。

蒋先生获悉后，责成防护团马副团长、东郊镇李勋镇长，对梅的丧事优厚办理，发抚恤金，开追悼会，并送挽联张贴在烈士的家乡，东门外梅家坑大厅堂内，书曰：梅国顺同志千古，为国捐躯，蒋经国敬挽。旋即将其三个儿子，梅正球、梅正琳、梅正珊先后分别保送到江西省第二保育院及中华儿童新村念书。

嗣后，广泛发动群众，民建公助，将烧毁房屋全部建好。决定在次年10月31日蒋老先生大寿之日竣工。蒋先生还动员军民力量赶修“黄金飞机场”。请示国民党中央派美国第十四航空队机群驻赣。同时，地面设置高射炮。在茅店洋塘坝击落敌机一架。这样一来，乱机再也不敢在光天化日之下肆无忌惮地来炸赣州了。

1940年，广东省潮州市灾民，逃荒来赣者不少，他们初来时流离失所，生活无着，贫病交加，死者甚多。蒋先生睹此惨景，心神不安，立即撰文号召赣南人民慷慨捐助，解囊相助，并再三强调说：“我们一定要做好救济、抚恤工作。尽量减少他们的困难和死亡，这就是一件最大的功德。”他下令城内所有影剧院义演三天，将所收的票款，为他们在东门外马婆岭和水东两地兴建简易茅棚，使他们有栖息之所；同时，由国家医院免费为他们治病。并派当时的警察局局长杨清瀛在东门外天竺公园内，召集他们开会，动员他们从事社会劳动，组织搬运队，设置摊贩点，使他们能自食其力维持生活。

“爱民如子”大办社会福利

抗日战争时期，物价经常波动。蒋先生为了反对投机倒把，严禁囤积居奇，打击不法分子垄断市场，创办了交易公店，总店设在城内西津路，分店设在赣江路。将一切生活必需品实行平价供应，基本上保证了军需民食，特别是对全体城镇居民的经济情况进行摸底，分类核实。凡人口多而劳力少的，一律凭证按月供应平价粮油，安定了人民生活。

蒋先生为了提倡尊老爱幼，每逢中秋佳节，邀请六十岁以上的老人集合于赣州公园“可憩亭”聚餐同乐，亲自向老人们敬酒祝福。社会上的鳏寡孤独老人，统一安置在养老院（后改名为百寿堂），使他们有吃、有穿、有住，安乐地欢度晚年。

抗战期间流浪到赣州来的灾民难胞甚多，当初在街头巷尾行乞讨钱的不少。鉴此，蒋先生就设立了游民教养所加以收容。其中有谋生能力的就介绍工作，其余的则根据各自不同情况，安排做一些力所能及的劳动，使他们不但有立足之地，安身之所，而且能逐步学会一些谋生技能，为今后自食其力创造了有利条件。

惨淡经营兴办文教事业

蒋先生一向关注青少年一代的健康成长，对抗日当中失去父母的难童及本地贫困的孤儿尤为关切。当时，江西全省只创办了两所保育院，第一所设在永新县，第二所则设在赣州，地址在赣县西门外黎芜背村。委任他的夫人蒋方良女士亲任院长，陆采莲女士任副院长。在赣州市南门外现赣南师院校址还创办了一所中正义童教养院。又在现米汁巷一号办了一所贫儿教养院，这两院均由蒋先生兼任院长。一年之后，这三所学校全部迁到虎岗，合并改名为正气小学，行政称号是“中华儿童新村”。委派徐昌麟为校长暨儿童新村管理局局长。总共有两百多名教职员工，其中不少教师是从各地物色、抽调来的优秀教师。学生共有一千五百余人。内设幼稚园、天才学校、感化院、儿童艺术馆、儿童警察所、儿童银行、儿童俱乐部等。其规模之大、设备之全、教学质量之好闻名于全国。因此，当时国内外知名人士前来参观者络绎不绝。

在创办中华儿童新村的同时，1942年，江西省第四行政区联立正气中学在虎岗同时诞生。当时只招高初中新生各一班计二百余名，蒋先生亲任校长。委吴寄萍为校务主任，杨寅初为教务主任，招聘赣南各地优秀教师任教，无论教学质量、文体活动、师生精神面貌和校风、学风均为全区之冠。其校训是：“到天空去，到海洋去，到农村去，到工厂去，到矿山去。”其目标是：“拿起铁锤是工人，拿起锄头是农民，拿起枪是军人，拿起笔是学生。”该校创建七年来，培养了大批人才，他们服务在祖国各地的各条战线上，甚至世界各地。

1941年（民国卅年）暑假，专署为了更好地培养教育少年儿童一代，在西门外黎芜背江西省第二保育院内举办了第一届赣县儿童夏令营，我符合学习优、体格弱、家庭穷的条件，被遴选入营。蒋先生亲任营长，社会科长彭志明兼任副营长。另有廖梅先、陈素云等老师会同保育院陆采莲副院长及罗教导主任艾萍老师等热心辅导。记得在院礼堂举行开学典礼那天，蒋先生陪同吴骥副司令等专署与保安司令部首长和三一小学校长李宗由省民教馆长蔡智传等，亲临指导。营部推荐我代表一百名同学，在开学典礼上献词，因而获得蒋先生之青睐。营里上午上课，内容有政治常识，由陆副院长讲些通俗易懂的国父遗教、总裁训示，科学常识由罗教导主任主讲，日本帝国主义侵略中国史由廖梅先老师主讲。下午是体育和童子军课，有时进行爬山、游泳活动，晚上讨论。因大部分同学是高小毕业生，为了照顾升学，提前五天（只历时廿五天）结业。结业典礼在省民教馆礼堂举行，开学和结业典礼蒋先生均和我们一起合拍团体照留念。

次年，改在梅林省赣女中校舍举办第二届儿童夏令营和第一届青年夏令营，由蒋纬国先生领导。

1943年，蒋先生在虎岗创办了第三届儿童夏令营和第二届青年夏令营（主要集训全省应届高中毕业生）。该营结束后，由蒋纬国先生率领举行了一次声势浩大的青年大示威。蒋先生发表了一篇题为《虎岗送别》的文章。开头写道：“我们中国有句格言：‘同船过渡，三世姻缘。’这次大家能在虎岗集合，那就是多世姻缘了。”文章末了还说：“你们走了，这里还留下一千多个小朋友，他（她）们是在战火弥漫中失去父母亲的孤儿，他们将会时常想念你们。希望你们今后无论在什么时候、什么地方都要关怀他们。……崆峒之麓，章贡之滨，都成了我们相思的地方。……”蒋先生对青少年一代的关怀溢于言表。

抗战时期，全国有名的音乐家程懋筠、张咏真、李中和、胡江非等汇集在赣州。在虎岗办了一所音教会，培训专门人才，并创作了一些优秀抗日救亡歌曲，大大鼓舞了抗战士气，激发了人们的爱国热情。蒋自己写了《虎岗谣》（程懋筠曲），词曰："太阳出来照虎岗，岗上青年脸发光。齐声作长啸，好像老虎叫。一啸，再啸，魔鬼影全消，新的时代来到了！"此外，还不定期地举行音乐演奏会，活跃人民的文化生活。

在赣州公园设立了江西青年美术馆。当时在赣的名画家有：荒烟、张乐平、杨隆生、余白墅、赵聪、江钧、徐廷敏、凌健、蒋承作、海风会同各中学有名望的美术教师钟炳麟、钟炳芳、潘君武、万巧孙等，大搞抗日及建设新赣南的宣传。此外，还设立了话剧团，演出了《大雷雨》、《天国春秋》《李秀成之死》等名剧。

蒋先生很注意体育活动，1941年5月1日至10日，在赣州体育场举行了第一届新赣南运动大会。参加比赛的有十一个县的群众代表、工厂、机关干部和青少年中小学生。气氛紧张热烈，项目广泛繁多。由江西省第四行政区中心卫生院院长王之瑞担任医疗救护队队长。司令台上，蒋先生身穿白帆布西装，精神抖擞。他在开幕式上致辞，号召大家学习岳飞、关羽的英雄气魄，苏武、文天祥的坚贞志节，总理、总裁的革命精神……第二、三届区运动会在虎岗举行，又每年元宵举行闹花灯、踩高跷竞赛，端午节，在章、贡二水汇合处举办划龙船和游泳比赛。重阳节则举行爬山比赛。元旦在东门外举行单车比赛。其夫人蒋方良女士每次游泳和单车比赛均荣获冠军。

蒋先生为了提高人们的文化素质，下最大决心扫除文盲。张贴布告说，新赣南三年和五年建设成功后，不识字的人，一律驱逐出境，意即要求尽快扫除文盲。在全区范围内的小学，一律改为国民学校，增设民教部，委派主任一名专抓扫盲工作，并在赣县东郊镇（今东郊天竺山马婆岭）搞试点。各保、各甲普设扫盲网，培训大批民校义务教师，很快在群众中掀起了一个上夜校读书的高潮。

苦心孤诣大兴社会建设

当时，敌机常来狂轰滥炸，所毁之房屋，在蒋先生苦心倡导和亲切关怀下，很快得到恢复或重建。在章、贡两水各建大桥，便利城乡人民。章水桥命名为“阳明桥”，贡水桥命名为“中正桥”。在北门设了一座人行木浮桥，曰：“忠孝桥”（为纪念其被炸死的亲母毛福梅而命名）。东西两城门老城墙则拆建为两旁碉堡式三座城门，进门书曰：“欢迎来宾驾临。”出门书曰：“再会，一路平安。”东、西城门口大墙上都写了建设新赣南五大目标。东门临河的城墙上写着“除暴安良”四个特大字，西门写的是“大公无私”四个特大字，一到赣州就映入眼帘，给人留下极其深刻的印象。在至圣路口，兴建了一座青年精神堡垒，作为五四青年运动的象征。每逢大检阅，就在对面搭设司令台。还兴建了新赣南博物馆、图书馆和大礼堂。旁边建了一座花岗石古式记功牌坊，两边石柱上刻着：“以吾人数十年必死之生命，立国家亿万代不拔之根基（总理训示）。生活的目的在增进人类全体之生活；生命的意义在创造宇宙继起之生命（总裁训示）。”上端碑上铭刻着的烈士姓名有：葛接福、温世勋、王后安、王继春等四位。

蒋先生对赣南各地的名胜古迹和旅游区均下令予以保护和修缮，并一再三令五申严禁破坏。违者严惩不贷。因此赣州的中山公园、慈云塔、八境台、郁孤台、光孝寺、寿量寺、通天岩、马祖岩、狮子岩、燕子岩、崆峒山、九华山、杨仙岭等，均保存完好无恙。

回忆蒋先生在赣，虽建树良多，但也有美中不足之处。据个人回忆所及，主要有：

声势浩大庆祝父亲寿辰

10月31日是蒋老先生（总裁）的寿辰。从蒋先生来赣的那一年起定为太阳节，每年都要大张旗鼓地庆祝。很早就召开筹备会，计划和布置祝寿工作。前好几天，赣州到处都张灯结彩，五彩缤纷的宣传标语琳琅满目，呈现一派节日气氛。赣州公园大门，沿墙有各机关、学校的墙报林立。公园大门扎成万寿阁。现赣州市公安局系原孔庙前殿则扎成万寿楼。用好几百盏电灯组成“总裁万岁”四个大字，门前的青年精神堡垒改扎万寿塔，西津路、章贡路、建国路十字路口，扎成万寿堡垒，中山路、中正路扎成万寿门，阳明路、和平路扎成万寿坊，南京路口扎成万寿牌，市体育场司令台扎成万寿台，两侧一对用几百斤油制成的特大红烛，上面写着“普天同庆、万寿无疆”八个金色大字，大门、天空用五彩布扎“瞒天过海”。体育场内竖立着用霓虹灯围炽着的蒋总裁巨像。各机关单位、街道都分设寿堂，进行华丽美观竞赛。记得当年是赣县商会（现政协地址）评为全县之冠。30日凌晨，就举行单车比赛，中午展览会、游园会、文体活动会分别同时进行。下午到新赣南大礼堂总寿堂去祝寿，晚上由各学校的文艺队到街头宣传。大肆歌颂其父（总裁）的寿辰。31日凌晨，举行大检阅，下午开庆祝大会，数以万计的人群在体育场集中。蒋先生神采奕奕地站在司令台上，发表祝寿词，之后各种龙灯、花灯、高跷、彩船、彩车参加游行。整个赣州市沉浸在狂欢之中。

时值抗日军兴，形势危迫，万恶的日本帝国主义，侵占我土地，屠杀我同胞，国家正处于危亡，人民沦于水火之际，蒋先生为了歌功颂德，不惜耗费偌大人力、物力和财力来庆寿，免不了在客观上影响和削弱抗战建国的力量。

兼职过多无暇照顾新兵

蒋先生在赣兼职很多，从赣县县长吴剑真、方正鹄调走后，一直兼任赣县县长至1944年3月底止。后由张恺接任。又兼新赣南广慈博爱院（救济委员会）院长，又兼防空司令部司令、防护团团长、赣县县立中学和正气中学校长。中华儿童新村开办前，还兼任义童教养院和贫儿教养院院长，连新赣南出版社和正气日报的发行人，也由蒋先生兼任。

蒋先生的主观愿望是要有足够的兵源不断增强抗战力量，因此，赣南的征兵工作是全国抓得最紧的地区。专署设立了师管区，各县设立团管区，负责征兵接收工作。新兵入伍后，不但吃不饱、穿不暖，管理新兵的老兵，动辄用步枪头狠击新兵的胸膛和腰部，有的被打得半死，就拉去活埋，老兵就能从中捞取一笔埋葬费，据为自己挥霍滥用。故新兵入伍后，不少被折磨致死，惨不忍睹。所以当时谁都怕去当兵。要征兵都是由乡公所会同保甲长，用武装去抓壮丁。被抓的家属如大难临头，号啕大哭，痛不欲生。新兵虽入伍，为了活命千方百计逃跑。一经抓获，即行正法。像这样抓壮丁的军队，怎么能巩固地方治安？怎么能勇赴前线抗御敌人？

蒋先生由于兼职过多，一时赴重庆，一时去泰和（战时省府所在地），又经常下到各县去视察，公务繁忙，对新兵无暇照顾。

有一次蒋先生同上犹县县长王继春步行去虎岗，刚走到建春门浮桥就遇到一个女人在眼泪汪汪地哭诉，大骂蒋经国。一问才知道她的丈夫刚被抓去当兵，所以哭得这么伤心，骂得这么厉害。但蒋先生并未加以计较。一到虎岗后，就无精打采、唉声叹气地躺在休息室，对王继春说："如果是土豪劣绅骂我，是因为我惩办了他们，为人民除害，那是我做得好，做得对，我并不介意。而今天却是一个普通妇女骂我，说明我还没有为老百姓办好事情，也就是说我的工作还没有做好……"后经王继春县长多方劝慰，蒋先生才比较宽心。但他当时却未想到，这是由于国民党政府征兵单位虐待和残害新兵，招致老百姓强烈谴责和反抗的恶果。这才是根本的原因和症结之所在。

读书会和同志审判会

汪振煌*

蒋经国在赣南时，赣州在每一个保里面，普遍设立指导员一人，由专署和三青团江西支团部的工作人员兼任，实质上是专署的驻保人员。保的最高权力掌握在指导员手中，我当时也兼任保指导员。每个保设有民众读书会，由保指导员负责，每天晚上讲课两小时，学习的主要内容是识字扫盲，讲解建设新赣南的方针、计划和办法。通过读书会这个形式，去了解民情，解决居民纠纷。保民的冤苦和困难问题，一律在读书会时提交指导员转请解决，有的也可以马上就地予以解决。读书会活动与群众切身利益对上了号，所以参加读书会的人很踊跃。有的为识字，有的为了解新赣南的建设方针和措施，有的为要求解决自己的困难问题，有的是为了申冤泄愤。总之，各有各的目的，各有各的打算，保甲长对这个读书会表面上是积极拥护的。

专署的工作人员，要求以公仆自居，人人都佩戴有“公仆”二字的证章。专署的各种组织，都冠以“公仆”字样，如公仆球队、公仆俱乐部、公仆运动会等，以灰布中山服作为工作人员制服。蒋经国兼任行政区保安司令，是少将军衔，有十分漂亮气派的将军服，但他有时穿着一身工

* 作者时在赣州专署工作。

人工作服，有时穿着赣南老百姓的衣服。他东串西访，老乡们多喊他“老表”，他也很乐意接受“老表”这个称呼。

在蒋经国领导下，机关工作人员犯了法，不通过法院审讯处理，而是由他创造出来的所谓“同志审判会”来审理。他对贪污分子惩处得特别重。三青团江西支团部有一个会计，账目不清，有贪污嫌疑，但为数不多，被判有期徒刑三年，永不任用。还有一个贪污的被判处死刑，其判处没有法律依据，只是“同志审判会”的定罪，蒋经国说了算。法院的官员们亦只有伏首叹气，没奈“太子”何而已。

蒋经国与基督教青年会

蔡智传*

解放前，我是南昌中华基督教青年会总干事。1937年，日军侵略我国，南昌多次遭到残酷的轰炸。南昌青年会的电影院院址被炸倒；设在牛行车站的南昌青年会军人服务部茶水站也被炸倒，看来南昌有失守沦陷的可能。青年会同人不愿在日本铁蹄下工作，于1938年内迁到吉安，成立了南昌青年会吉安分会，除留下了一半的人员外，我领另一部分人员去赣州。赣州是后方的重镇。那时，蒋经国任专员，他提出建设新赣南计划。我觉得青年会在那里会大有可为。

青年会在南昌的设备是相当齐全的，内迁赣州，就几乎是一无所有。青年会除了它的宗教性活动外，还是一个文化、教育、福利的社会团体。它采取横向联系和利用义工进行工作。

当时青年会的董事长是张福良，在赣州任经济部农村服务管理处处长。他认识蒋经国，他的妻子许海丽教蒋妻方良学英语。一天下午，张福良与我一道到米汁巷专员公署拜会蒋经国，受到热情接待。蒋首先决定把章贡路年久失修的庙宇拨给青年会作会所，限于经费，当时只能简单地修理。在第二次去见蒋的时候，就提到青年会经济困难，难于开展活动，拟

---

* 作者时为南昌中华基督教青年会总干事。

举行一次募捐和征求会友大会，请他登高一呼，并出面担任征友大会的名誉会长。出乎我意料之外，他接受了这个请求，结果就用他的名义印了三百份聘书，聘书内容如下：

△△先生：

基督教青年会是一个文化、教育、福利团体，它将为新赣南社会和群众作出有益的贡献。按该会传统拟举办征友大会和募捐。久仰先生热心公益事业，聘请先生担任征友大会××大队长，随附入会书××份，盼在一个月内广为征求，并将结果送交章贡路赣州基督教青年会为荷。

赣州青年会征友大会名誉会长蒋经国（印）

1940年×月×日

这一聘书发到赣州各主要机关团体和驻赣的省级单位，如中央银行、中国银行、交通银行、农民银行，不到一个月就募集捐款和会费五千余元。这一举动轰动了全市。本会对成绩优良的大队长用名誉会长的名义，赠送名人字画，以资奖励。例如当时著名绅士刘甲第就写了好多幅中堂。他们是乐于接受这一名贵纪念品的。

通过这一活动，不但奠定了青年会的经济基础，也扩大了它的社会影响。此款用于进一步修缮会所，增加设备，开支薪金和日常费用，这样青年会就在新赣南站住了。青年会开展各项活动与蒋经国建设新赣南相适应，主要做了以下事情：

省教育厅在全省每个专员公署所在地设一所省立民众教育馆。程时炬厅长与我熟悉（自1934年至1936年，教育厅在庐山办理庐山暑期补习学校，主要是为避暑的要人子弟学习，他任名誉校长，我任教务主任。冯玉祥将军等的孩子就在此入学）。程厅长对我说："你搞青年会有很大社会影响，你就照青年会的作风和方式把它办成青年会式的民众教育馆。"1940年4月开馆，馆址就在章贡路，紧接青年会会所。这馆址也是专员公署拨给的。蒋专员在开馆那天来馆祝贺。馆内办了战时服务团和幼儿园，聘请省里较有名望的教师如夏宗秀、林淑贞、梅淑贞等任教师。蒋经国的儿女孝文和爱明就在幼儿园学习，有位侍从每日接送。

为配合蒋经国移风易俗的计划，青年会做了一些工作，特别是以我任馆长的民众教育馆做了一件较为突出的事。蒋经国有次对我说："新赣南应有新面貌，要多搞一些移风易俗的活动。"他厉行禁赌、禁烟、禁娼，并采取了一些有力的措施。1941年初夏，以省民教馆名义举办集团婚礼，也是在他大力支持和协助下进行的。城镇和附近郊区民众踊跃响应，有一百五十对新娘新郎在章贡路新赣南大礼堂举行集团结婚典礼。大礼堂也就在民教馆隔壁，大礼堂里喜气洋洋，每对新夫妇都穿上了新装，上身挂上了红色缎子的徽号。在主席台上，蒋经国作为总证婚人，向新郎新娘致辞，讲述为什么要举行集团婚礼。婚礼既隆重又严肃，既节省钱又节省时间。我任总介绍人，鼓励他们互敬、互爱、互助、互谦，百年偕老。在婚礼之前，蒋经国曾风趣地说："这么多对结婚，在排队时，可不要排错了队。"我们都笑了，于是每对夫妻都编了号码。有些农村来的，未经过恋爱，彼此不熟悉，站错了队那的确是笑话，而且会造成麻烦。民教馆的男女小学生做傧相，大礼堂前面十二排坐的是新郎新娘，后面坐的是家长和来宾，座无虚席，场面热闹非常，在新赣南一直传为佳话。

省民教馆办了一支十五名少年儿童组成的社会童子军团。他们是由湖南长沙来的，浙湘赣青年会军人服务部把他们带来吉安，后来因经费困难要解散，我把他们吸收到省民教馆。他们平均年龄十三岁，大都是孤儿，在民教馆半天学习文化，半天演话剧，为社会服务。赣州开体育运动会或群众性大会时，他们就去维持秩序，以后他们都进了基督教联合中学初中一年级。

省民教馆办理战时服务团，类似小学性质，办理群众识字班以及为新赣南建设做宣传工作。

1940年，赣州常遭到轰炸，城内公办的学校几乎都迁往郊区，但还是有青少年随父母在城里不能往郊外学习，所以青年会在秋季就创办起江西私立青年中学，正吻合新赣南建设计划“人人有书读”的口号。这所学校与省三青团有矛盾，他们告状说：“基督教青年会不能用青年中学这个名称，只有三青团能用。”他们不但没有告成，并且引起舆论：“三青团的社会公益事业就是不如青年会。”这所学校由我任校长，豫章中学英语教师喻梦龄任教导主任，省民教馆各部主任等兼课，这是青年会智育部主要的工作。

1941年，上海基督教联合中学由上海迁来。它是以浙江嘉兴秀州中学为基础的，校长顾惠人，校务主任俞沧泉。当时他们的情况是相当困难的，发不出教师薪水，学生缺乏衣服。经过有关方面的协商，决定与青年中学合并，由赣县县政府拨出城北法院的旧址为校舍，定名为赣县基督教联合中学，成立了董事会，张福良任董事长，我在董事会，推顾惠人、俞沧泉主持校务。在蒋经国的支持和江西国际救济委员会的协助下，学校逐渐地扩大，适应了地方的需要。蒋经国也常来视察。这个学校在1944年年底因赣州有沦陷可能，又内迁到寻邬县，抗战胜利后迁回到嘉兴，后恢复秀州中学。

蒋经国也办了一些教育事业，如正气中学、儿童新村，加上省立第四中学和地方办的小学等，仍远远不能满足学龄儿童和青少年的入学需要。所以，民教馆、青年中学、基督教联合中学都受到他的支持。

赣州是江西后方重镇，难民来自湖南、浙江等地。因此，1940年在赣州的基督教领袖们与重庆中国国际救济委员会联系，在此设立江西分会。该会派秘书密希尔（MfMitcher）来指导成立，推选张福良任董事长，刘平庚任副董事长，我任总干事，张仁济任书记，齐同瑞任医药委员会执行干事，其他主要成员还有顾惠人、潘作琴等。办事处先后设在青年会和基督教圣公会内。以后逐渐在江西成立二十多个分会，对路过难民发给旅费，并经蒋经国同意拨给西郊一个大祠为难民收容所，可以容纳难民一百五十名，供应免费住宿、伙食、棉大衣，并发给路费。一天，江西分会的负责人陪同蒋经国去难民收容所慰问难民，发给衣服和食品。当难民发现蒋经国来慰问时，感到非常高兴和感谢，有一位青年难民说：“这真是雪里送炭。”江西分会还分送医药器材给各个医院。齐同瑞还在天主堂医院为难民治病。也还有少数无家可归的难民留在赣州工作。

江西分会还对赣县基督教联合中学拨给经费、衣被并安排医疗服务。

中华基督教青年会全国协会成立了全国学生救济委员会。于是，在赣州青年会成立江西学生救济委员会，由我任会长，青年会学生部干事戚光宇兼学救会执行干事；除了给予联合中学救济外，还在中正大学分校等处设立豆浆营养站，每天供给免费豆浆；组织暑期学生服务团，协助青年会工作，担任扫盲等文教活动，由学生救委会发给他们生活费。在抗战胜利后，1947年南昌青年会扩大了这一学生救济工作，由学生部干事赵少华兼任执行干事。

蒋经国重视青年的体育锻炼，每年都举办夏令营，组织青年每天早晨进行越野赛跑。有些人脚底跑得皮破血流还坚持锻炼。青年会的会徽是三角形的，代表德、智、体三育。体育活动是中心工作之一。当时，广州基督教青年会体育干事石振达携眷内迁到赣州。他是一位突出的体育人才，青年会聘请他任体育部干事，负责一切体育活动。他是游泳健将，在夏季组织游泳。他带领和培训了很多青年，不少人成为游泳能手。在赣州，影响最大的是篮球活动。蒋经国示意县政府拨给青年会一个宽敞的篮球场地，地址在西津路，紧接着青年会所在地的章贡路，每个周末即星期六和星期日举行篮球比赛。在石振达干事的提倡和推动下，不少机关、团体、学校成立篮球队来青年会篮球场活动。

一项体育活动就是乒乓球。青年会置备有标准的球桌供学生和各界青年来玩球，且经常举行比赛，青年会成了乒乓球运动的中心。抗战胜利后，石振达一家去香港开展体育活动，担任港九排球协会会长、东亚排球协会副会长。

另一项体育活动是网球，青年会开展这一活动有两个有利条件：一个是担任青年会总干事的我是网球能手。当年我在金陵大学肄业时是校队的球员，常参加八所大学之间的友谊赛。1934年夏，我在庐山国际网球赛中获得亚军，曾在国际网球场上和少帅张学良势均力敌，成为网球朋友。第二个有利条件是在赣州公园内励志社开辟了网球场，欢迎青年会去开展网球运动。不少医师、工程师、教师，银行、工厂企业人士来打球，每天下午应接不暇，间或举行友谊比赛。蒋经国常来参观，对青年会开展篮球、乒乓、网球、游泳等体育活动加以称赞。

1944年9月，大批盟军空军来到赣州，他们住在西郊空军招待所。初来时，他们有些不文明的举动。他们中有少数人喝醉了酒，驾着吉普车来到市区街上，把点着的爆竹抛到行人的身上。有一次，有辆吉普车的美国士兵，在西津门口好玩似的开手枪，打死一个站在商店门口的店员。此后，蒋经国、县长张恺和我谈起如何对待盟军的问题。我建议采取正面积极的办法，成立组织，从事为盟军服务工作。于是成立了赣县盟军服务委员会，下设盟军服务处，机构设在青年会内，推定张县长任会长，我任总干事，经费由县政府拨给。除青年会工作人员参加服务工作外，还增聘一位妇女干事戴安娜任翻译。在公园设立小吃部，陪伴他们购买物品，定期举行招待会，在蒋介石生日、美国罗斯福总统生日举行招待会，大家在一起唱英文歌、玩游戏，每次送每人一份礼物，如烟酒、水果、点心之类，但没有举行过交际舞会，主要原因是青年会不能提倡跳舞。当年圣诞节，在新赣南大礼堂举行圣诞晚会，把所有盟军都邀请来了，组织了一些有关圣诞节的节目。儿童教育专家陈鹤琴任校长的幼稚师范学校师生表演了英文话剧《卖火柴的姑娘》，深受盟军欢迎。盟军在会上讲了话，也表演了节目。盟军没有飞行任务时，常常来到盟军服务处。我们陪同他们去游玩、小吃和采购。特别是其中一位叫保罗的，他告诫盟军士兵进城要讲规矩、礼貌。自从成立了这一服务组织，就再也没有发生盟军闹事的问题。蒋经国在1944年底曾两次在花园塘家里宴请盟军和在遂川修建飞机场的美国专家，我也参加作陪，并任翻译。1945年1月，所有盟军都撤离了赣州。蒋经国于1945年1月31日飞往重庆。不久赣州就沦陷了，青年会撤到宁都。当年8月，日本投降。9月，青年会迁回南昌法院后街旧址。

蒋经国在梅林举办夏令营

舒诗辉

蒋经国任赣南专员兼赣县县长时，年富力强，为当时颇有风趣的政治人物。“建设新赣南”的美好理想和施政方针，曾经吸引不少青年。他一到赣南就先后办了两期青干班，接着又分别在梅林和虎岗办了两期青年夏令营，从中培养和选拔干部。我当年是梅林夏令营中的一员，仅就回忆所及，介绍一些情况。

学习环境

1941年夏天，三青团江西支团在赣县梅林举办第一期夏令营，营址在前江西政治讲习院所在地。该处地势平坦，面向贡江，与杨仙岭遥遥相对峙，沿河从观音阁至凤凰山，景色宜人，旁依公路，与桃源洞相隔不远，从头排至滩下一带，皆为讲习院的范围。这里有宽阔的广场、高大的礼堂、整齐的校舍，林荫夹道，纵横交错，柳塘萦绕，风卷涟漪，还有商店、照相馆、诊所和俱乐部，环境十分幽静而美丽。这里离城七公里，水陆交通很便利。

学员踏入营门，举头便可看见正中“江西青年夏令营”和两旁的“顶天立地，继往开来”“自强不息、日新月异”醒目的大字。在寝室和公共场所的墙上，到处可见“国家至上，民族至上”“意志集中，力量集中”“军事第一，胜利第一”等粉白大字标语，还有当中绘有国民党党徽和“精诚团结”的大字。

学员入营后，每人发给全副武装，实行严格的军事训练。在营房里设有枪架、贮藏室、双人床。公共卫生由学员每天轮流打扫，内务要求整齐清洁，一尘不染。起居生活作息时间，一律听军号指挥，做到敏捷、无声、丝毫不乱。公共卫生场所和寝室内务，由值星官每天检查，发现问题当众批评教育和责令补课。

课程及军训

夏令营的学员是来自各中学高中应届毕业生或大专院校的团员学生以及社会区分队的团员骨干，共一千余人。这些人大多能歌善舞或爱好体育活动，从四面八方来到梅林，利用暑假集中训练四十天，所谓“大时代的洪炉里，经受革命的洗礼”。

蒋经国任夏令营营长。夏令营下设组训、总务两个组，一个军训大队、一个女子直属区队。王升任组训组组长，负责教务和教育；张寿春任总务组组长，负责膳宿和后勤；刘德藩任军训大队长，负责整个军事训练；胡香棣任女子直属区队队长，负责女学员的管理。王再芗和胡香棣等担任体育教官和篮球裁判。区队下设指导员，负责批改学员日记，组织刊物稿件和各种文娱活动。蒋经国除参加开学结业典礼与一些大型活动，和陪同中央委员刘纪文、将领罗卓英前来与学员演讲外，平时则甚少来营，主要由王升等人负责主持夏令营的工作。政治课大部分是王升讲授，其他部分由省支团部主要干部或社会名流、学者、报社主笔讲授。曹聚仁等都曾到营讲课。军事训练课程，主要由保安司令部、防空司令部、赣南师管区抽调干部担任区分队长或军事教官。由于战时的赣南是东南重镇、前方的后方，人才荟萃，有些课程和文艺活动，还聘请他们讲课和指导。

我们每天天麻麻亮起床，跑步到广场集合参加升旗仪式，接着做早操，时而在广场，时而在公路、在河边、在山冈，去领略大自然的美丽，陶冶学员情操，以期增强训练的效果。有时，夜间突然吹起军号紧急集合，要求五分钟内全副武装跑到广场集合检阅，发现未戴军帽、没扎好绑腿或没扣好风纪扣者，要出列示众挨批评，以使学员养成机智敏捷、能紧急应变的作风。野营拉练更加紧张艰苦，爬高山、越溪涧、过独木桥……过了一关又一关，以训练学员坚强的意志和不怕困难、不怕牺牲的精神。

实弹射击，每人给三发子弹，立射、跪射或卧射，由学员各人自由选择，但不论男女都要接受这种训练；而军事教官和队长同样参加，当场讲述和示范动作。

为了检阅军事训练的成果，除举行阅兵外，在夏令营结束之前还举行一次军事演习，成立了总指挥部，组织了救护担架队。赣州城里的军警和国民兵团配合参加这次演习，为主攻部队。夏令营学员军训大队担任了防守任务，沿河、公路、交通要道，进行封锁或设置障碍。午夜，主攻部队派侦察兵出击摸哨，即被守军发觉，顿时阻击枪声四起，主攻部队分四路进攻梅林。真枪声夹杂竹筒的敲击声、煤油瓶里燃放的爆竹声，与冲锋的军号、士兵的呼喊声交织在一起，划破静寂的夜空，至五更时分，即已突破四道防线，拂晓收兵结束战斗。据说事后还总评了这次演习的成果。

娱乐生活

根据蒋经国的指示：“在抓好军事训练的同时，又要注意关心学员的生活。”后勤人员和指导员忙得够戗，对学员的吃、住、玩三个方面作了精心的研究和安排：一是吃得好，每天四菜一汤，半月加餐一次；二是住得好，保证学员睡眠充足，无蚊子、臭虫叮咬；三是玩得好，阅览室和俱乐部每天开放，每两星期举行一次文娱晚会，表演各种节目。每天都有篮球、足球、水球、排球和乒乓球等活动。体育健儿一到下午五时后，竞相活跃在各个球场上，其中尤以女子篮球队表演精彩，最有吸引力，迷住了许多观众。

夏令营的每一项活动，几乎都冠以竞赛，鼓励学员超群拔类、努力拼搏。除开展各种球类、棋类、划船、赛马、游泳、爬山等比赛外，还有论文、演讲和辩论比赛，凡优胜者均分别给予奖励。在各种比赛中，尤以水塘里游泳抢抓鸭子比赛最精彩，塘边上围满了观看的人群。比赛者跳入水中，争相追逐捕捉鸭子，鸭子嘎嘎地叫，慌作一团到处乱窜，时而潜入水里，时而飞过水面，很不容易抓到手。这是一种凭机智和毅力取胜的有趣的水上运动。登山和游泳是王升感兴趣的比赛项目，他亲自率领参加。在登山比赛那天，他身着背心短裤，扬手指挥学员从四面八方攀登前进，并鼓励学员说："谁先登上顶峰，就是胜利者。"霎时间，学员们一窝蜂似的冲了上去，捷足先登者举起红旗摇晃了几下，把红旗插在山顶。一会儿又上去了一伙学员，高兴得把胜利者举了起来，满山的人群不禁鼓掌欢呼为先登者祝贺。这样的竞赛声势浩大，激励人坚决勇敢向上攀登。在贡江游泳时，面向滔滔江水，王升对学员们讲话："要像流水一样，有它这么一股钻劲，无缝不钻，无孔不入；有它这么一种精神，长流不息，勇往直前。"他对事严肃认真、勤学苦练的精神，在学员中留下了深刻的印象。

虎岗夏令营

刘子暎

那已是四十年前的旧事了。当时我还是一个刚刚二十岁的青年学生，政治头脑简单，在学校只是一个读死书、死读书的书呆子，有机会到蒋经国举办的夏令营充当一名小小的队职官，也算是机缘凑巧。现在把那一段往事记录如下。

记得是1943年6月底、7月初的炎夏季节，那时我刚在原国立中正大学工学院土木系读完一年级（当时中正大学本校在泰和杏岭，一年级在分校赣州龙岭），快放暑假，多数学生准备同家或串亲消夏度假，我这个家在赣北沦陷区的穷学生，正苦于走投无路，打算留校继续清苦生活，挨过暑假。忽然有一天，分校主任罗容梓在一次纪念周上宣布："蒋专员要办一个暑期青年学生夏令营，想在中正大学招请一些同学去充当基层队职人员，愿去者可报名。"我当时听说夏令营生活很好，吃的是六菜一汤，还发衣服鞋袜等等，经常有电影、话剧、京剧等晚会，就很高兴地和几十个同学报名参加了。当然，当时可能某些同学是想在政治上接近蒋经国、投靠新太子系（孙科是老太子系），而我当时则只是图个吃穿，还不懂得政治上那一套。

一、夏令营的缘起和宗旨

夏令营设在赣州虎岗（赣州市东郊，也叫儿童新村）。全称是“中国三民主义青年团赣州青年学生夏令营”，营主任蒋经国。招收学生对象是江西全省应届高中毕业生，暑期集训两个月，时间是1943年7月至8月。

本来在抗日战争期间，规定高中学生要受军事训练，男生学会射击、打靶；女生学会看护、救护。为此目的，学校设有军训教官，高中三年级，每周二小时军训。在高中毕业时，还要集训两个月才算毕业。这个项目历来是各省军管区和“复兴社”举办的。

蒋经国是三青团江西支团的干事长（与国民党省党部主任委员平级），又是蒋介石的“太子”，所以他想另搞一套，也只有他才能另搞一套，因为他可不按常规直接找蒋介石批准给钱、给权办事。

蒋经国举办夏令营的目的，主要是想网罗江西青年学生参加三青团组织，拥护蒋介石，听命蒋经国（蒋介石是三青团总团长，蒋经国是江西支团干事长）。并为他本人结党营私，将来以团代党，继承蒋介石位置，多捞政治资本。

二、夏令营的组织概况

夏令营设营主任一人，由蒋经国自任。下设三个副主任，即詹纯[钅监]（三青团汁两支团书记）、程时煃（江西省教育厅厅长）、罗容梓（中正大学赣州分校主任）。主任秘书为胡轨（三青团江西支团副书记），实际上是由詹纯鑑、胡轨协助和代表蒋经国处理日常工作。程时煃和罗容梓不过是挂挂名，因为他二人一个代表全省高中毕业学生，一个代表中正大学学生，起个号召作用。营本部设三个组，教务组组长胡昌骐（江西省教育厅的科长），训育组、总务组的组长忘其名，都是三青团骨干。教务组主管学生功课复习、升学就业指导，及代办帮办全国大学联合统一招生等业务；训育组主管学员思想考核教育，并主办学生参加三青团组织等业务；总务组主管后勤、生活、文娱等。

营本部下辖三个大队和一个女生直属中队。大队下辖三个中队，中队下辖三个区队，区队下辖三个分队。每个分队约十五至二十人，全营学生约二千人，大队和中队的队职官，大多是三青团的骨干分子和蒋经国的得力亲信。他们秉承蒋经国的意旨办事，力图把学生的思想行动纳入蒋家父子的轨道。区队的队职官几乎全是中正大学学生。这是蒋经国精心安排的，也正是他手段高明之处。因为他深知他的三青团干部对他虽然忠心有余，但和刚刚毕业的高中学生打交道，则显得知识不足，很容易被学生瞧不起，而中正大学学生则正是这些应届高中毕业生的先后同学，不仅年级比他们高，而且文化知识也比他们强。因为抗战时期大学少，高中毕业能考上大学的不到百分之五。他们既是高中毕业生的老大哥，又是他们的小老师，所以让中正大学的学生担任直接与学生打交道的区队干部最为合适，能起个桥梁作用。蒋经国每周要召集这些中正大学学生到他的会议室开茶话会，蒋总是巧言令色，装出亲切关心的样子。问这问那，夸奖一番，像哄小孩子似的把他们玩得团团转，甘心乐意替蒋经国管好这些心高气傲而又盲目无知的高中毕业生。大队和中队的队职官住在大队部和中队部，区队干部则和学生住在一起，睡双人床，排头第一个铺。所以区队干部实际上是介乎干部与学生之间的。

从大队到区队的队职官都是双重制，各级均分设队长和训育干事各一人，分管生活行政管理和学习思想教育。我现在只能记起少数几个主要队职官的姓名：第一大队长王升（当时三青团江西文团组长，现在台湾），第二大队长孙国光（当时赣州警备司令），第三大队长蒋纬国（当时在西安胡宗南部任营长），第八中队长徐贵庠（当时三青团泰和区团主，后任青年军201师政治部科长），女生直属中队长许素玉（当时是三青团妇女干部，后任团中央干事）。我当时在夏令营第二大队五中队，先后担任过区队长和训育干事。

三、夏令营的日常活动

夏令营的生活待遇是比较好的，吃的是雪白大米，六菜一汤。这对于在抗战期间吃砂子米、无油少菜营养不良的学生来说，简直是大打牙祭，改善生活。入营时，每人发一套营制服（包括一顶船形蓝色布帽，绿短袖衬衣，衬衣左上口袋印有三青团团徽，蓝色短裤，力士鞋，青短袜）。此外还发了些生活日用品和笔记本、铅笔之类的东西。

每天起床到大操场朝会升旗早操时，都要穿上全套营制服。队职官和全营所有干部连同蒋经国本人都穿上同样的营制服，参加朝会升旗和早操。

夏令营的每日活动安排是：除全营早起集合朝会升旗早操外，上午下午和晚间基本上都是以中队为单位安排活动。上午四节课，以政治课为主，还有业务技术辅导。政治课是《精神讲话》《总裁言行》《三民主义》等，教官是叶青（国民党中央委员、中正大学教授、托派分子）、张太风（中正大学教授）等，蒋经国担任《精神讲话》，业务技术辅导课有《新闻知识》《桥梁公路》《电力机械》等。教官有曹聚仁（大学教授、《正气日报》总经理）、郭维新（江西省公路局机务段段长）等。下午则多是游泳、田径、球类、歌咏等室外集体活动。有时以大队为单位，或队与队间开展比赛，指挥唱歌的是程懋筠（音乐界权威，大学教授，国民党党歌是他谱的曲）。记得他那时已是白发苍苍，也和学生一样穿着营制服，瘦骨嶙峋，滑稽可笑。蒋经国还作了一首夏令营营歌，歌词是："太阳出来照虎岗，照得岗上青年脸发光，齐声长欢啸，好像老虎叫，一啸、再啸，新的时代来到了。"由程懋筠谱曲，并指挥领唱。蒋经国也经常手舞足蹈、神气十足地指挥领唱他那首得意杰作《营歌》。

晚间活动，或是分组（区队或分队）举行座谈，或中型月光晚会（中队为单位）。每周至少有二三次电影或戏剧晚会（全营不分队，自由参加）。记得当时江西颇有名气的话剧演员工光乃、陈静等，几次到夏令营演出《天国春秋》《李秀成之死》《大雷雨》等。还有童秋芳，李雅琴、牛艳云、刘奎英、真麟童等京剧演员多次到夏令营演出。有一次晚会演京剧，曾发生蒋纬国打人的事件。事情是有个区队长名刘秋元的（中正大学电机系学生）坐在前排看戏，戴着帽子，蒋纬国总值星官，负责剧场秩序，他喊刘秋元脱去帽子，以免妨碍别人看戏。其时剧场锣鼓喧天，热闹非凡，刘秋元正看得入神，蒋喊了几声，刘没听见。蒋就怒气大发，把刘喊出座位，大声呵斥质问刘为什么不脱帽，刘说没听见。两人你一言我一语，争执起来。蒋纬国骄横气盛，一怒之下，对刘秋元拳打脚踢，刘也同其对打，蒋纬国个头高、力气大，将刘打翻在地，还继续用脚踢。当时全剧场秩序哗然，台上停演。所有学生都对蒋纬国不满，群情愤激，特别是中正大学学生（都是区队干部）几乎个都跑出座位，把蒋纬国团团围住，质问辩理，几乎要动手打蒋纬国。这时所有大、中队职官都赶到劝解，把蒋纬国护领出场。第二天下午，蒋经国专门邀请在营的中正大学学生开了个会，友示赔礼道歉。结果蒋纬国和刘秋元都在夏令营还未结束时，提前离开了事。

四、几项重要活动

在为期约两个月的夏令营众多活动项目中，有几项特别重要，足以体现夏令营的宗旨、目的和影响的活动，这里着重叙述一下：

首先，入营的第一件事是填表。每个人填表有五六大张，包括自传在内的，几乎什么都向你问到：如志愿、信仰、崇拜何人等等，各人填的也是五花八门，古今中外无奇不有。填完表互相询问才略知一二。如志愿包括士农工商、各行各业；信仰包括二教九流；崇拜何人，则更是上至孔夫子，下全孙中山，各个朝代都有，如关公、岳飞、秦始皇、唐太宗、外国的英雄、科学家等等。就是没听说有填信仰共产主义和崇拜马克思的，纵使有也不敢填。填信仰三民主义和崇拜蒋介石的，要算最时髦、最多的了。填表中的重要一栏“是否入团”（指三青团），因当时学校没有号召入团，填者少。

第二件事，就是蒋经国公开宣布号召参加三青团组织，由他作集体入团的总介绍人。这本是他举办夏令营的宗旨目的。在蒋经国亲自动员之下，几乎所有的学生都填表申请参加三青团，我就是那次在夏令营参加三青团的。大约在7月下旬，由中央团部从重庆特派秘书长郑彦棻到赣州虎岗夏令营，在集体宣誓参加三青团的大会上监誓并讲话。会上每人发了一张有团徽和蒋介石全身武装像的红硬卡的“团证”，上有“团长蒋中正”字样。

第三件事，是教育部部长陈立夫到夏令营视察，时间约在8月初。随同来的有教育部和江两省教育厅的好些人员。我只认得出江西省教育厅厅长程时煃。他们都穿上了夏令营的制服，陈立夫还专门对全营学生作了“训话”。大意是“拥护领袖、读书救国”。他们并和全营干部和学生在大操场席地会餐，用大脸盆盛鸡、鱼、肉等，还合影留念。他逗留了两天才走。

第四件事，是帮同代办全国大学联合统一招考事宜。它是全营学生所最关心的大事和最盼望的一天。没有参加夏令营的前两届高中毕业高考落选的学生，也要来夏令营报考，所以连同在营学生，报考的有四五千人。除了江西省教育厅派来专门办理统考招生的工作人员而外，大部分监考帮办人员是夏令营的工作人员和队职干部。所有在营的中正大学学生，理所当然地成为监考人员中的主力，每个试场都得派上一名中正大学学生监考，因为只有他们才是最适宜解答考生所提出的关于试题中的疑询。正由于这样，恰好给中正大学学生为他们的中学低班同学舞弊开了方便之门。我就曾利用监考的机会，临时匆忙做好几个主要难题，传到当时报考中央政治学校的胞兄刘子暄手中，使他很容易考上了中央政治学校法政系。

除了大学联合统一招生而外，江西省有关部门还分别到赣州招考盐务、税务、邮务等人员（因为当时该省高中毕业生都集中在赣州）。有些自感考大学没把握或没指望的学生，不少报考了各该项专业，经过短期训练，得以就业。

大学联合统考之后，也快到8月底了，夏令营准备结束。

最后一件事，就是结业典礼，足足忙了二十四个小时，倒也热闹非凡。那天，大操场上高搭一台，张灯结彩，上午在广场开大会，举行结业典礼。蒋经国当然要在会上训话一番，还有其他来宾讲演，无非都是欢送致词，好话多说。最后是学生代表讲话，记得有个同立十九中学的女生（十九中学当时在赣州西郊梨园背），讲得感情激动，几乎要哭；惜别之意，不胜依依。

下午全营学生着制服到赣州市区举行大游行。沿途欢唱《营歌》，高呼口号。当然免不了会餐加菜，大打牙祭。

晚间举行通宵达旦的文娱晚会，号称所谓《不夜天》。大操场、大礼堂、几个大教室，到处灯火通明、彩旗缤纷；电影、话剧、京剧几处同时演出，集中江西和赣州的名演员，轮番更换节目。学生们如醉如痴，似疯似狂，这儿串串，那儿逛逛，既不想睡觉，也不真看节目，足足折腾了一个通宵，大有“今宵离别后，何日君再来”之慨。

第二天，大家打点行装，各自奔赴前程。

“青干班”琐忆

康定源

二十世纪三十年代末、四十年代初，蒋经国在我们赣南这块不小的土地上，有过一段颇具传奇色彩的历史，赣南成为他政治起家的基地，三青团成为他政治上升的阶梯，当时传说纷纷，轰动遐迩。蒋经国自己也曾说过：赣南地地道道是他的故乡，一草一木都给了他深切的留念。如今，虽已时过境迁，成了历史的陈迹，但在我们这些老年人的心目中，不时还会泛起一些难忘的印象，何况笔者曾与蒋经国有过师生之谊。随着岁月的流逝，当年的一些记忆逐渐模糊了。现仅就我亲身经历过的在蒋经国主政赣南时举办的“江西青干班”一事，作点琐碎的回忆。

1939年春，蒋经国在赣南任江西省第四行政区督察专员不久，又被任命为三青团中央临时干事会干事，并派为三青团江西支团部筹备处主任，因他个人的关系，三青团江西支团部便设在赣州。为了控制全省三青团的团务工作，培训一批三青团干部，分派到全省三青团各级组织中去，蒋经国委派江西文团部的彭朝钰、黄谟熙、江海东、沈志方等人积极进行筹备，于1939年12月中旬在赣州城西郊的赤株岭举办了三民主义青年团干部培训班。班主任由蒋经国兼，副主任为刘恺钟（国民党江西省党部委员），胡轨（黄埔四期生。中央军校三分校政治部主任、三青团江西支团部的书记）。

“青干班要与黄埔媲美”

1939年11月初，江西青干班在赣州招生，报考条件要求很高，一般都必须具有大专以上文化水平，同等学历则应取得省党部委员两人介绍始能报考。当时，赣州处于战时后方，外地一些大专院校纷纷迁来赣州，沪杭等地许多流亡知识青年蜂涌来赣，报考江西青干班的竟达五百余人，但仅录取了五十余名。我就是这次被录取的学员之一。我原以为这期青干班就是这批学员，12月初当我们到班部报到后一个礼拜，中央军校三分校政训总队十六期三千名毕业生中又选送来了七十多学员。12月底又从赣州各中等以上学校和赣南各县抽调了二十余名干部，插在原有各班学习，全班学员前后共有一百五十余人。青干班按军训编队，班为大队，下设三个中队，每个中队下设三个班。一、二中队为男学员，中队长为伏国正和彭趋；三中队为女学员，中队长为夏镜秋。蒋经国对举办江西青干班寄予了很大的希望，在开学时，他向全班同学提出了一个共同目标：一定要把青干班办成“政治的黄埔军校”，要与黄埔媲美。他借鉴了一些在苏联学到的方法，还别出心裁地提倡推行“爱、美、笑、力”的训练方针，把训练和生活搞得紧张、活泼、生动、愉快。在教学上，以总理遗训和团长言行、三青团的业务知识以及一般军事训练作为主要学习内容，由蒋经国和班干部负责讲授。为了把青干班办成赣南政治的“民主窗口”，他还请了当时的一些学者名流来讲授课程，如请了中正大学校长胡先骕教授生物科学知识，马博丁教授讲授社会科学知识，国民党当时的政要张治中讲授三青团的性质和历史使命，李宗黄、熊式辉亦先后来班讲演过。蒋经国自己则布衣草鞋，与学员在一起学习、生活，很少离开，对每个学员的情况，都非常热悉了解。

别开生面的训练生活

集训期间，蒋经国提出要发扬所谓“赤株岭精神”，即精诚团结、效忠团长、朝气蓬勃的精神。班里每周照例举行周末晚会一次，节目都是由同学临时拼凑编排，蒋亦与学员一起尽兴表演。记得一次大家一定要他表演节目，啦啦队逼得他下不了台，最后他只好说：“我为大家唱个歌吧！”于是，一曲“老虎歌”就在他的带动下唱开了。歌词是：“两只老虎，两只老虎，跑得快，跑得快，一只没有脑袋，一只没有尾巴，真奇怪，真奇怪！”这支歌从此便一直流行开来，后来不仅在赣南各县流行，甚至重庆的中央干部学校、青年军总政，每有集会都会唱起这首儿歌形式的老虎歌来，以助余兴。

在集训中，蒋经国有时故弄玄虚搞一些别开生面的训练。如有一次，大家经过一天紧张的训练，身体已很疲倦，气候又冷，学员们已甜蜜地进入梦乡。在黎明之前，却惊闻急促的号音，人人从梦中惊醒，只听得一片紧急集合声，又不像是演习，人人都以为出了什么事，慌乱中衣服亦来不及穿，只好穿着背心短裤，随大家一起奔跑。这时见蒋跑在队伍的前面，大家一直跟他跑到赣江河边，在沙滩上停下来，如坠入五里雾中。蒋在一片寂静中开始询问每个人看见了什么、有什么感想。这时天已甫甫的黎明了。有的同学说，看见农民一早就下田了；有的说，看见河边的船夫拖纤一直拖不上去；有的则说，看见老百姓的生活还很艰苦。各人所见都不尽相同，但都已冻得全身发抖，牙齿咯咯作响。蒋即开始发表他的一通即兴的精神演讲，这篇讲话后来刊载在“青年周刊”上，并在《青年日报》上发表。他首先说明，为什么要大家挨冻受冷？这就是要使大家深深了解穷苦人民，他们是如何在饥寒交迫中挣扎，这种痛苦，大家是不会想到、尝到的！各人所见所闻，虽然各不相同，但充分说明了我们苦难的国家和人民的痛苦，问题实在太多，这些问题就有待于我们这一代的青年人去解决了。……这时天已渐渐亮了，太阳已从东方冉冉升起，末了，蒋还要求大家回去后写出自己的感想来。

“青干班”原计划在1940年2月提前毕业，因当时抗日战争形势日紧，江西全省三青团的团队组织工作急待展开，正当准备结束训练时，蒋经国突然接到急电，敌机轰炸溪口，蒋母毛太夫人下落不明。蒋接此凶讯，当场几欲昏厥，随即连夜奔回溪口，惊悉蒋母已惨遭不幸，被敌机炸毁房屋，院墙倒塌所压死。旋在蒋母罹难处，写下了“以血洗血”四个大字，以示对敌切齿仇恨。月余后回到赣州，“青干班”也只有等他回来才举行毕业典礼，在江西支团部及专署有关人员筹划下，于江西青年招待所礼堂内，为蒋母举行了一次盛大的追悼会，参加人员有三青团江西支团部“青工班”大部分学员、青年招待所、青训队、赣州当时党政军各界代表、党团员等共千余人。会场沉痛致哀，同仇敌忾。同时，蒋经国还将赣州市的八境路改名为忠孝路，以资纪念。

“十兄弟”与“师生之恋”

青干班同学毕业后，除了约一半左右的人分发到全省各地先后成立了十二个分团部开展团务组织活动外，其余大部分都在赣州支团部、青年招待所、宣传大队、赣县分团、青年服务社、青年报社、青年书店等机构。1940年春，日寇大举进犯粤北，遭到粤北守军的迎头痛击。在前线将士的浴血抗战下，终于击溃了敌人的疯狂进攻，已经沦陷了的英德、清远、河源、揭阳、普宁等县，相继收复。粤北大捷，当时确给了全国人民极大鼓舞。为了表示赣南人民的敬意，江西支团部特组织了一个规模庞大的粤北战地江西青年前线慰问团，由支放部宣传组组长江海东、宣传大队队长蔡希曾（即蔡省三）负责率领，一行人马五六十人，分乘三辆卡车，携带大批慰问品，奔赴前线战地进行慰问和演出。赣州各新闻单位、报社等均派有记者参加，宣传大队准备了好几个话剧如《凤凰城》《塞上风云》等赴战地演出。当时青干班正处于毕业分发之际，亦有多人参加，历时近三个月才归来。同学分发后只留下十余人，这些人也就是所谓“特殊关系”的人物了，其中有王升、肖昌乐、王蕴、唐诗、章亚若、刘晓风、肖春溥、徐贵庠、楼锡源、刘慕笨、徐荣等，他们都暂安排在四区专署。本来对学员调到专署工作并没有什么值得奇怪的，这里需要一提的有关于“十兄弟”和发生一段所谓“师生之恋”的关系内幕。虽然是事隔四十余年，现在已成了不属于新鲜的旧闻，但亦可说明蒋家的一斑。章亚若是我们的女同学，在全班女同学中，长得秀丽文静，行止大方，外语流畅，文学基础较好，还写得一手漂亮的字。蒋经国对她很钟情，于是一场“师生之恋”发生了。那时，青干班快结束了，当时因双方都碍于声誉，不敢公开表露，很多同学都不知道，仅有“十兄弟”中王升、刘晓风、肖昌乐、王蕴、肖春溥以及较接近的少数同学倪豪、杨汗瑛、曹云霞（蔡省三之妻）、俞洁红（美籍华人宇航员王赣骏博士之母）、陈亚米等知悉内情而心照不宣，从而亦就给王升以可乘之机，利用章的内线圈子策划结拜了“十兄弟”。待蒋经国的俄国夫人蒋方良获悉蒋经国与章亚若的关系后，妒火万丈，一面杀气腾腾，欲置章于死地，一面名正言顺地向公公告状请求作主。蒋介石得悉此事遂大发雷霆，又未见过章，认为章是个来历不明、心术不正，有意勾搭，拖蒋经国下水的坏女人，一怒之下，便下达了断然处置的决定，指派特务跟踪追杀。这时章因怀孕在身，原准备在赣州分娩，但怕蒋方良迫害，而蒋经国又被召往重庆。王升等人只好电告蒋经国，星夜把章送往重庆，并派刘晓风护送。不料途至桂林，一对孪生兄弟即问世降生了（即现在台湾的章孝严、章孝慈兄弟二人）。不幸的是章亚若分娩后不久，在桂林即惨遭暗害，万里天涯身惨死，斯恨绵绵无尽期！这一惨怨事件发生，青干班同学无限震惊，十分怨痛惋惜。雏儿失母，幸赖王升等设法抚育，才得以生存和成长。发银质“公仆”徽章和帽子给干部佩戴，以标明其“公仆”身份。起初，戴这种徽章和帽子在大街行走，有些干部感到怪不好意思的，往往一出大门即把徽章和帽子卸掉，等回来时再佩戴好。不过，蒋经国还是照戴不误。

夏令营设在赣州鸳鸯桥幼幼中学内（即厚德路，现地区土产公司对面宿舍）。学校因躲避敌机空袭，迁出城外上课，校舍空着，所以用来开办夏令营。夏令营未请外界人帮助，教职员都来自新赣南路一号（专署、县政府所在地），蒋经国亲任营长。此时，他已是专员加县长了。夏令营学员是从署、部、府三单位抽调来的，并且经过圈定，比较年轻的，计有七八十人参加，没有分开编队，由刘德藩（区保安司令部副司令）、欧阳钦（参谋）、林谷村（参谋）等人带队。教务由周灵钧（专署主任秘书）、杨明（县府主任秘书）等人负责。总务由蒋谷中（专署出纳）、江青（县府庶务）等人负责。另配有司号刘汉云（专署司号长），及炊事员、勤杂员等多人。夏令营实行军事化。早晨五时半起床，晚间九时就寝，按吹军号作息。学员睡双层铺，铺铺有印有（干）字的白被单。起床后必须按军队要求整好内务。清晨吃稀粥，午、晚餐一菜一汤，多是素菜，大都为冬瓜、茄子、豆芽、青菜，六人一席，蹲地用饭，限时吃毕。蒋经国常与学员同吃、同住、同学习。开营典礼那天，署、部、府全体人员都参加了，坐满一堂。蒋经国在讲话中阐明了开办夏令营的目的。他说："建设新赣南任务庞大、繁重，必须要求全体干部有一个共同的认识，行动起来有一个共同步调，工作起来有一个共同方法，举办夏令营就是要团结起来，树立信心，完成'建设新赣南'使命。'建设新赣南'是兴新事、行新政、用新人，希望大家革除旧公务员习气，振奋精神工作。"正式开训后，不是听报告，就是召开讨论会，但免除了军训，让更多的时间集中在研讨会上。蒋经国天天要训话，就事论事，很少谈理论。负责教务的周灵钧每天要安排学习项目，内容总离不开"三年计划"的主题。除周灵钧外，还有李守廉（视察）、黄密（科长、新赣南国民经济建设总公司经理）、洪仪（专署财政科科长）等人也都讲过"三年计划"中与他们业务有关的问题。这四人加上来文华（教育科科长）、周守璜（视察、龙南县县长）、刘文渊（视察、上犹县县长）、吴寄萍（正气中学校务主任）、吴光珍（视察），都毕业于国民党中央政治学校，对于行政工作，可谓"科班"出身。"三年计划"的制订，也以他们为主。他们之来赣南工作，据说是由国民党元老、CC头子陈立夫派遣前来协助蒋经国的。

夏令营还研究过《新赣南家训》，起稿人原先是居秉溶（专署科员，后为县府主任秘书），因内容有所争论，经反复修改，最后由蒋经国决定，用通俗易懂的语言，仿效“朱子格言”形式才写成。当时官府强制群众背诵这个“家训”，群众结婚、赶圩场都必须背诵。

夏令营还搞了些课外活动。一天早晨，蒋经国带队跑步，跑到建春门河滩上稍稍休息一下，对大家说：“我今天要与大家一道，赴汤蹈火。大家都脱去长衣裤，排成长队，手拉手，听到前进口令，必须前进，前面有刀山火海，也得闯过去，不能畏惧退缩。”讲完以后，他忽地一声口令，命令前进。最初水浅，大家有说有笑，觉得新鲜，哪知越走越深，就不是滋味了。水渐渐齐及胸部，高个子犹可，矮个子可慌了，口中不停地“啊啊”。蒋经国个子也不算高，看来只有一米六五左右。别人见他向前走，自己怎好站着不动？而且两手已被别人拉住不放，不容你不前进！后来，“火候”实在到了，蒋经国才下达“停止前进”的口令。于是大家赶快退回河滩。其目的大概是为了考验别人的意志和勇敢精神。还有一次活动，叫作什么“自食其力”。他要厨房停止烧饭，并对大家说：“今天放假一天，你们去社会上寻饭吃，不管做什么工作，只要是自食其力寻到饭吃就行，晚间回营汇报。”接着，他约法三章：一、不准私自回家吃饭；二、不准借探亲访友混饭吃；三、自己有钱允许买饭吃，但要做一件有益的工作。我原是在单位寄宿，无家可归，也不便探亲访友，招致议论，只好花钱买饭吃。但是做什么工作呢？考虑结果，我决定作社会调查，了解一下群众生活情况。走出营门，信步来到江东庙，见一栋破烂房子，一位身穿自纳衣的老婆婆正在搬柴。即以这家为对象，进行调查了解。原来他们是丰城人，老夫妇两口子，依靠拉人力车为生。进房间一看，床上被子破败不堪，锅中煮着稀饭，日子过得相当艰苦。我写了一份书面材料向营里汇报。夏令营结束后，这份材料被保安司令部出版的《自卫半月刊》全文登载，题目为“黄包车夫访问记”。

夏令营结束后，各自回到工作岗位，仍任原职。这次训练时间虽短，蒋经国却掌握了干部的思想言行、纪律观念、体质强弱等情况，为“行新政”、“用新人”、选拔干部提供了依据。1942年春节过后，新赣南路一号内干部不断外调，有的被委派为县长，有的被委派为区、乡（锁）长。至于外调任科长、秘书的，为数更多，难以赘述。

经过干部人员大幅度调整，蒋经国指挥裕如。对这些人员的工作成效，他非常关心，常常下去视察，一经发现问题，立即采取措施。如韦安仁被派到定南当县长，因某些问题处理不当，遭到群众反对，甚至被围。于是马上被撤换，改派刘佛舟继任。

江西青年文化服务社与《动员》旬刊

余致浚*

当年，我在赣州的江西省四区行政专署工作。从历史唯物主义出发，我以一个参与者的身份，把当时的亲身经历和亲眼看见的历史叙述如下。

创办进步书店

南昌沦陷之后，江西出现了一股破坏抗战、酝酿投降的逆流，东南五省的进步书店多被国民党反动当局所查封。生活书店在南昌、吉安、上饶等地开设的分店都已关闭，在赣州的分店也面临关闭。分店经理张又新是我的老熟人，他找我向蒋经国疏通，想保留生活书店在江西的最后阵地。我把张又新的意图向蒋经国谈了。蒋面有难色地说，省政府已有密令，查封所有在江西的生活书店，如赣州的生活书店仍在照常营业，我就会被认为公开对抗省府禁令，与熊式辉唱对台戏。我觉得这件事也确实不好办，就从另一角度提出问题：如果老百姓看到你蒋专员管辖下的赣州，进步书店也同样要被查

* 作者时在国民党江西省四区专署工作，并任《动员》旬刊主编，系中共地下工作者。

封，他们会有什么样的反应呢？蒋经国迟疑了一会儿，认为这样政治上影响不好。经反复研究后商定，蒋通知专署会计室，由我出面向专署借款收购生活书店的全部图书，自办书店。这样既不违抗省政府禁令，进步书刊在赣州还能照常公开发售。我把商量的结果告知张又新，并征询他的意见。张又新看到当时江西的政治形势，知道在江西保留生活书店已毫无希望，就积极支持专署自办书店，并把他们的全部图书刊物半送半卖地留了下来。

蒋经国要我全面负责办书店工作。征得蒋的同意，我推荐吴越担任经理，负责筹备书店开张事宜，书店名称定为“江西青年文化服务社”。书店公开营业后，马上面临一个严重问题，就是什么样的书刊可以发售、什么样的书刊不能发售。各地的标准和要求不一，重庆、桂林等地公开出版发行的图书杂志，有的到了内地的城市，常常被视为非法书刊而禁止发售。没有统一的售书标准，将会引起许多不必要的纠纷。

蒋经国和我们一起开了一个专门会议，研究讨论售书标准问题。各级国民党党部在大小城市设有“图书杂志审查委员会”，审查当地出版的书报杂志，经审查通过，发给审查证，便可公开出版发行。当时的政治形势发展不平衡，如重庆、桂林等有国际影响城市，全国瞩目的政治文化中心，有中共代表机关，而且著名的爱国民主人士和进步文化人比较集中，国民党不敢过分压制人民的言论自由，图书杂志等出版物的审查限制相应地放宽一些。重庆、桂林审查通过允许公开发行的图书杂志，到了内地的中小城市，却要被查抄没收的现象经常发生。因此我提出，我们书店发售的书刊，应以图书杂志审查委员会颁发的审查证为标准，有审查证的就发售，没有审查证的就不售；并说明图书杂志审查委员会属国民党各级党部领导，代表党部意见，经它审查通过的图书杂志，全国都应统一而行，不能随便禁止。蒋经国也认为这个标准能避免一些不必要的纠纷。会议确定，凡发售的图书杂志都必须有审查证。

书店开张后，书架上、柜台上陈列的进步书刊都是青年朋友渴望购买而又多时未见的，在社会上引起很大反响。经营方法上，我们也学习桂林进步书店的做法，读者可以自由抽取书架上陈列的图书杂志阅读。有的人拿了一本书，从头到尾读了起来，把书店当做图书馆。这种只看书、不买书的读者，同样受到欢迎。书店从开张的第一天起，门庭若市，青年读者看到这么多的新书，如饥似渴地争相购阅。生活书店留下的存书很快销售一空。

书店经理吴越多次到桂林进货，与生活书店、新知书店、读书生活社建立了购销关系。我们需要的新书，用函电通知，他们立即邮寄。他们有新出版的书刊，也及时寄来。吴越向这几家书店说明购书的原则，所有图书杂志必须要有当地图书杂志审查委员会的审查证，否则一概不要。这个协定，生活书店执行得最好，他们了解中小城市进步书店营业上的甘苦。个别书店则不遵守购书协定，寄来大量没有审查证的书，其中有许多是延安出版的马列主义书籍，给我们销售上造成很大困难。以后书店被查抄时，这些书成了“罪证”。

开设书店，发售进步书刊，是联系广大青年群众的纽带。外地读者辗转托亲友来书店选购，写来热情洋溢的书信，感谢书店为他们提供了丰富的精神食粮，赞扬赣州是东南各省的一个民主窗口。

书店也遭到一些人的仇视。有些不三不四的人来翻阅书刊，横加指责，一味胡搅蛮缠。书店工作人员指出书刊底页上刊印的“图书杂志审查委员会”的审查证对他说，这是国民党党部审查通过的，蒋专员指示过，凡有审查证的都可以卖。他看吓不倒，就灰溜溜地走了。

类似的捣乱事情，十天半月会遇到一次。这些无理取闹的人，主要来自国民党江西省党部第四行政区特派员办事处、国民党赣县县党部和三青团江西支团部。他们知道书店的后台是蒋经国，所以强迫停售、没收书刊、随便抓人等行动，尚未敢公开施展出来。有一个捣乱分子责问书店工作人员：正中书局出版的书，你们为什么没有呢？工作人员顶他一句：蒋专员只规定我们卖的书都要有审查证，可没有规定凡有审查证的书都要卖啊！又一次，三青团江西支团部书记陈宗蓥（1903—1969，江西永新人，早年赴法国留学，研究微生物及卫生学。他回国后，曾任河南大学医学院、江西中正医学院教授，抗战时期还任江西伤兵管理处处长、江西军管区政治部主任。1947年任国民党中央监察委员、中正医学院院长。1949年去台。——编者注）到书店看书，翻了很久，对其中一本桂林生活书店出版的小册子，认为是宣传共产党主张的，不准发售。吴越向他解释说，这本书是桂林图书杂志审查委员会审查通过的，按蒋专员规定的售书原则，有审查证的书都可以公开发售。陈宗蓥硬是不准卖。吴越坚决不同意，并说书店是专员公署所办，我们只能听蒋专员的，你有意见请直接同蒋专员说。听说，陈宗蓥果真找了蒋经国。蒋笑着对陈说，既然桂林审查通过了，我们又何必横加禁止，显得我们党的政策很不统一。陈宗蓥碰了个软钉子，并不死心，要求把书店划归三青团江西支团部（蒋兼任江西支团部主任委员）经办。

蒋经国征求我和吴越对这件事的看法。我们商量后提出意见，名义上可把书店划归三青团，但书店的经营管理、人事调配等仍归专员公署领导，书店工作人员原班不动。当时蒋经国的政治态度是主张团结抗战的，他对特务制造摩擦反共的活动也是不满意的，他愿意使自己保持一个民主开明的好名声。

书店名义上划归三青团，把江西青年文化服务社更名为“青年书店”，实际权力仍掌握在吴越手中。三青团取得对书店的领导名义，但是未取得实权，不能改变书店的经营原则，进步书刊照旧公开发行。找麻烦的事仍不断发生，都给吴越顶住了。

查缴《新华南》及大逮捕

1940年4月初，陈宗蓥跑到书店，在书架上找出一本《新华南》半月刊杂志，指出这是共产党刊物，禁止发售。吴越又据理力争。陈从身上取出了一份三青团广东支团部给三青团江西支团部的公函，内称《新华南》是共产党的机关刊物，在韶关已被查封，近发现该刊物仍在赣南私自印行，请协助查禁……吴越立即把《新华南》半月刊全部收起来。当晚，陈宗蓥穿上少将军服，到驻赣州的宪兵三团，要求宪兵搜查了书店，逮捕了以吴越为首的工作人员。

蒋经国赴重庆时，专员公署的工作，交由主任秘书黄中美全权代理。黄是蒋的留苏同学和同乡，他为人正直，也是主张团结抗战的，对国民党三青团压制民主进步的做法很不满意。所以，陈宗蓥绕过了黄中美，直接带领宪兵去搜查书店。按照国民党的规定，宪兵可以管到上校，少将以上宪兵无权管，而且还可受少将指挥。陈宗蓥正是钻了这个空子，来达到他处心积虑夺取书店的目的。

陈是诡称书店为共产党的地下组织，向宪兵报告的。搜查结果，被认为“罪证”的有：① 数十本《新华南》半月刊；② 几大捆延安出版的马列主义理论书籍；③ 吴越的抗日军政大学第一期毕业证书和抗大证章，如此而已。吴越及书店全体工作人员在赣州被拘留一个多月后，又被解送泰和马家洲集中营。

三青团江西支团部书记处书记陈宗蓥是由重庆方面派到江西的三青团高级干部，名义上是第二把手（第一把手是支团部主任委员蒋经国），实际上他一度具体掌握了三青团江西支团的大权。他早就觊觎青年文化服务社了。他看到书店搞得很红火，可以有所作为，又认为书店发售清一色进步书刊，简直是大逆不道。他多次要求蒋把书店交三青团领导，蒋都未同意，最后总算同意了，但实权仍由专署掌握。陈只推荐了一个普通店员。陈是要这个人起坐探的作用。但事与愿违，此人比较正直，观察多时，觉得并未发现书店工作人员有异常活动，而且书店人员工作认真负责，累活脏活抢着干，相互之间友爱团结，受到了感动，思想上反而倾向于书店同志。这人后来把陈宗蓥派他来书店的任务全部向吴越谈了。陈宗蓥搞不到书店的任何情报，还贼心不死，经常到书店找岔子，都给书店经理顶了回去。

韶关出版的《新华南》半月刊，是中共广东省委一份半公开的机关刊物，内容主要是介绍各大战场和敌后根据地的胜利消息，广东各地人民组织起来与日军进行斗争的情况以及驳斥汉奸言论等等，但在广东被反动当局强令停刊。《新华南》半月刊负责人石辟澜到赣州，在赣州继续出版。

陈宗蓥与三青团广东支团团部多次联系，认为终于找到了根据，就以此为突破口，搜查了书店，并逮捕了书店工作人员，声称是破获了共产党的秘密组织。他们查获的三条“罪证”，难以构成“共产党秘密组织”的罪名。于是，陈宗蓥乘蒋经国在重庆的机会，带领宪兵造成既成事实。蒋经国在黄中美急电催促下回到赣南时，事情已扩大了。黄中美、周百皆、高理文三位秘书对三青团制造的书店事件都表示不满，同情并支持书店的工作。

蒋经国在重庆几个月，态度已不像以前那么坚决；同时，国民党江西省党部也插手，派反共老手、中共叛徒冯琦和叶青出马干预此事，而且还带来一份黑名单，要逮捕一批共产党人。陈宗蓥乘机把查抄到的吴越一本日记交给蒋经国。日记中称蒋为“太子”，并对蒋提出很多尖锐的批评。再加上省党部的压力，蒋最后完全妥协了，书店全部交三青团掌管，区动员委员会解散，同意逮捕黑名单上的一些人，除区动员委员会的雷宁外，其他都不是蒋领导下的人员。书店被拘留的全体人员、三青团支团部宣传组被拘的二名工作人员，以及按黑名单逮捕的其他人员，全被解送泰和马家洲集中营。

书店事件后，赣州笼罩着一片白色恐怖。在区保安司令部政工大队、县抗敌后援会宣慰团和三青团江西支团部宣传队工作的青年共产党员纷纷离赣州转往其他地区。

事件后，蒋经国说过一句比较明白的话：“这明明是借反共产党的名来限制打击我的工作。”从这句话和事后蒋没有逮捕在他的系统下工作的共产党员和进步青年的事实看，蒋经国当时已经认识到书店事件是熊式辉的一个阴谋，打击的矛头是指向他的。

坚持团结抗日的《动员》旬刊

在赣州，蒋经国出版了三个刊物，以出版时间前后分，计有：一、《动员》旬刊（原为三日刊），由区动员委员会领导，我任主编；

二、《新赣南》月刊，由专员公署领导，主编高理文；

三、《江西青年》月刊，由三青团江西支部领导，主编江海东。《动员》旬刊和《新赣南》月刊是两个姊妹刊物，编辑部设在专员公署内，稿件时有交流。《江西青年》属三青团系统。这里只谈些《动员》旬刊的出版情况。

动员委员会是个动员群众参加抗日救亡的机构。《动员》旬刊的宗旨也就是要动员广大群众参加抗日救亡运动，报道正面战场和敌后游击区胜利战报，还经常发表批驳破坏抗战的各种反动言论的文章。

有一天，《新华日报》上发表了一篇驳斥汉奸谬论的文章，批驳得有理有据，说服力很强。类似的汉奸谬论，在江西也有传播。晚饭后，我去找蒋经国，他正在办公室看这张《新华日报》。我说，这篇文章好像是为我们江西报刊写的，讲得那么有力，我们能否登一下。蒋经国说，文章写得不错，不过我们转载《新华日报》的稿子，那可不行。他犹豫了一下，接着说，根据文章的精神，我们自己写一篇不好吗?

这给我们大开了一个方便之门。根据他的指示精神，以后《新中华报》《群众》《新华日报》等报刊上发表的重要文章，我们就以改写的办法把精神及时传达给读者。《动员》旬刊所发表的文章和通讯，一贯地坚持抗战团结的方针。蒋经国对我们的宣传是同意的支持的，实际上也代表了他当时的一些观点。他自己因为生活作风比较艰苦朴素，工作比较积极认真，也被扣上了一顶共产党的帽子，他总是一笑置之。蒋经国在公开演讲或私下谈话中，从来没有骂过共产党，在某些特殊场合，还盛赞毛泽东的《论持久战》分析深刻，见解精辟，使读者对整个战争有一个清晰的认识。

不久后，国民党反动派掀起反共高潮，皖南事变发生，第二次国共合作遭到极大破坏。蒋经国的政治态度也开始发生了变化。

《正气日报》

王克浪

一、《正气日报》的前身《新赣南报》

蒋经国是在抗日战争的第三年——1939年6月，开始担任江西第四区管辖赣南十一县的行政督察专员的。上任不久，1940年初，他提出“建设新赣南”的三年计划，提出人人有工做，人人有书读，人人有饭吃，人人有衣穿，人人有屋住”的五大目标。不久，接收当地一家私营报纸，命名《新赣南报》，作为建设新赣南鸣锣开道的机关报，蒋氏自兼社长，社务则指派专员公署一名科员戴名震负责。

《新赣南报》办了一年多，因规模小，设备差，编辑人员的业务水平不高，负责人的经验、能力不足，报纸平平没有特色，与蒋氏追求的声势气派相比，显然很不相称。

这时，从上海离开讲台，走出书斋，奔赴抗日战场，以中央通讯社战地特派员的身份，辗转大江南北的曹聚仁，随着战局形势的发展，日寇向东南各省窜犯，来往于浙、赣两省之间，于1940~1941年期间，偕同爱人邓珂云定居于赣州，有机会与蒋经国相接触。曹先生是颇有声望的教授，作家、名记者，又是蒋经国的浙江同乡，彼此一见如故，深受蒋氏礼遇，遂被聘为专员公署参议兼报社总经理，蒋氏仍兼社长，全权委托曹先生主持报社一切，并将《新赣南报》改名《正气日报》，于1941年10月正式创刊。

二、曹聚仁的创业与挂冠

早在二十世纪三十年代初，曹聚仁就在上海挂起“乌鸦”招牌，主办《涛声》周刊，以后一直活跃于上海文化、新闻、教育界，既热衷于办报，且有较丰富的报业经验。主办一张报纸，可驾轻就熟。以后，他锐意改进，一开始就采取了几项具体的措施。

1.扩充印刷厂。由原在中央通讯社工作、熟悉印刷业务的徐锡高任厂长，想方设法添置从浇字到排印的成套设备，在当时更新印刷器材十分困难的情况下，使报纸的印刷条件得到优于本省其他报纸的改进。

2. 罗织得力的编辑、记者，加强了编辑力量；精心于报纸栏目、编排的设计，力求版面新颖活泼；邀约知名学者撰稿，多方面开辟稿源；从而使报纸从内容到形式得以不断地提高，加强了对读者的吸引力。

3. 开办新闻、图书馆人员训练班，招收高中以上文化程度的青年，授以新闻学、图书资料管理学以及有关社会科学的基础知识，为该报编辑部、资料室，也为专区所属各县的报社、图书馆培养了一支新闻、图书资料管理工作的新生力量。

在曹先生的辛勤经营下，不到一年时间，《正气日报》的影响迅速扩大，销数遍及东南各省以至云南、四川、贵州等西南大后方，由原来的三四千份增加到一万余份（仅云南一省就达到八百余份）。这在当时大半个国土沦陷敌手，国民党统治区又复交通阻塞的情况下，是颇不容易的。

然而，正当《正气日报》规模初具，蒸蒸日上，曹先生满怀热情要继续大展鸿图的时候，却因笔杆子一次意想不到的失误，弄得他狼狈不堪。

那是1942年10月，曹聚仁在一次宴会席上，听同席客人闲聊，从物价扯到“某要人”的风流韵事。说“某要人”的情妇某小姐因为怀了孕，为了避人耳目，特在桂林租了一幢房子隐藏起来。待到分娩之日，一胎产下两男，不幸产妇产后发热，未及一月溘然去世。一时间，奶母遍请不到，由于物价飞腾，奶粉、代奶粉昂贵得惊人而且奇缺，致使一对孪生婴儿终日嗷嗷待哺，身边照料的人煞费张罗。

宴罢，曹先生回到报社，对故事中的“某要人”究竟姓什名谁，懵然不知就里，只觉得物价坑人，义愤填膺，遂信笔写下一篇短文，以故事梗概为例，对物价问题进行抨击。讵料文章见报后，立即满城风雨，窃窃私议：“曹聚仁是怎么搞的，竟敢当着和尚骂秃头呢？”这才使他大吃一惊，原来“某要人”者竟是近在身边的顶头上司，真不知如何是好。左思右想，他又搜肠索肚，续写一篇“从女佣、奶妈、代奶粉说开去”发表，想转移人们的视听，怎奈“此地无银三百两”式的说开去，反而欲盖弥彰。

事情发生以后，尽管“某要人”置若罔闻，未动声色，曹聚仁还是心情沉重，有如俄国作家契珂夫笔下的小公务员，因打一个喷嚏吓得丧命一样，惴惴不得安宁。加上那时在“某要人”周围也有“红眼病”，明里暗里，飞短流长，曹先生只好自认晦气，怀着无可奈何的难言之隐，悄悄挂冠而去了。

三、曹规高随一仍旧贯

原来，由于蒋经国身份的特殊，他的专员公署的编制、人员、经费，都比一般庞大得多，因而企图夤缘攀附者，趋之若鹜。在他的主要班底中，既有来自国民党的CC派，又有到苏联学习过的所谓留苏派。曹聚仁则是超然于上述两派之外的杂牌军。CC派的人凭借其幕后头头陈果夫、陈立夫的来头大，控制着专员公署的要害部门，不容他人置喙；留苏派无力与之抗衡，只能挂个“参议”空衔，在一些附属的骈枝单位中乘机争夺一席之地。《正气日报》办得有了起色，有人早已把它当作一块肥肉，垂涎欲滴，现在曹聚仁出了纰漏，自然不能漠然置之了。这也是书卷气十足，雅不欲也不善于与人勾心斗角的曹聚仁，只有一走了之的原因之一。

曹聚仁一走，接班的总经理高理文便是原来只有“参议”头衔的留苏派。

高理文（又名高素民，是二十世纪三十年代初从苏联和已故国家副主席乌兰夫同时回国的）曾经充当蒋经国的秘书，在留苏派中是颇为蒋所器重的。由于没有办过报，接手以后，对报社的所有工作人员，以及编辑，经营管理制度、办法，均一仍旧贯，没有更改。还先后延揽了原在北平与成舍我合作，任《世界日报》总编辑的彭芳草、作家王西彦、女记者高汾，以及解放后在河南师范大学任教的黄元起、周守正等人，加强编辑阵容；并特约新闻，文化界的知名人士（包括曹聚仁时期邀约的计有陈望道、李四光、竺可桢、王亚南、郭大力、刘思幕、袁水柏、张乐平等）提供文章或艺术作品给报纸发表，使内容在原有的基础上继续有所提高，销数也有所增加，直至1945年日寇向赣南进犯，报社撤退到赣州为止，《正气日报》可以说是国民党地方报纸中的佼佼者。

还有，这时在《正气日报》的图书资料室里，不但有江西很难看到的毛泽东的《论持久战》，中共在重庆出版的《新华日报》《群众》周刊，还有《资本论》《帝国主义论》及其他哲学、社会科学等方面的进步书刊，这在当时可说是编辑人员开阔视野的至宝！

四、宗旨、内容、态度

1942年10月1日《正气日报》周年纪念日，蒋经国写了一篇题为《论舆论界的职责——勉本报同人》的文章，在报上发表。这是《正气日报》自始至终办报宗旨的具体说明。

首先，作者认为报纸是一种严肃的社会文化事业，反对滥登广告牟利。说他几年前从苏联回来，看了上海的报纸，好像什么都是附属品，只有商业广告才是报纸的重心，甚至有的新闻就是变相的广告。他说："苏联的报纸是没有这类斗奇惊艳、巧出心裁的商品广告的"，"我们的报纸必须从商品化的圈子中脱开；我们要认清新闻事业是社会文化事业的重要部门，要为社会群众的福利而努力"。

其次，文章指出：报纸天天和读者接触，必须扶正祛邪，导人为善，为维护好的社会风气起潜移默化的作用，反对传布黄色新闻，迎合小市民好奇异、好猥亵的畸形心理，毒化社会人心。他说"美国某教育家历证许多社会恶劣分子，其犯罪行为都是从社会新闻及侦探片中学习而来"，"不导人为善而引之为恶，贻害社会，靡有底止"，这是新闻界的憾事。"去莠存良，我们应该担起这个责任，不可带一分轻浮气味，不可存一分玩忽心理。"

第三，文章强调，报纸既是宣传工具，宣传政府政策于民众，又要代表社会舆论，反映民间意见于政府。两者同样的重要，应当并行不悖。"试看苏联《真理报》是一种销行最广的报纸，它的议论常反映党和政府的政策，但它的《民众呼声》一栏，就能直接传达民意于最高当局，不时有所采纳。"作者还指出，"一种报纸，说说风凉话，耸读者视听，快其心意是容易的"，要真的使它成为桥梁，"减少政府民众间的误会、摩擦，使政策顺利迅速遂行起来，那就不容易了"。

按照这个冠冕堂皇的办报宗旨，《正气日报》的特点是为蒋经国的建设"新赣南"作宣传，特别是在以下几方面引人注目。

1. 是有关消除社会隐患，巩固统治秩序的。例如，严厉禁烟、禁赌、禁娼，抓到鸦片烟鬼、赌徒、淫棍，不徇私情，不畏权势，或罚款，或到公园罚跪示众，个别鸦片烟犯甚至断然执行枪决；开办强民工厂，仿照苏联劳改办法，对各种"罪犯"强迫劳动；建立救济机构——"广慈博爱院"，收容无依无靠的鳏、寡、孤儿、无业游民、难民教以生产技术，以免流离失所；等等。

2. 是有关强化基层组织，便于政令贯彻执行的。例如，推行所谓建乡、建保、建家运动，发动群众修筑乡保之间四通八达的大路，乡、保要有整齐清洁的办公处所，各地街道、通衢、公共场所要油漆、粉刷醒目的标语口号，显示壮观气象；推行《新赣南家训》，鼓吹勤俭持家，要求家喻户晓，人人背诵如流；提倡集团结婚，反对坐花轿、摆筵宴、请客送礼，开展群众读书运动，规定统一的识字课本，人人都要争取摘掉文盲帽子。

3. 是有关狂欢热烈，宣扬升平景象的。例如，每星期六举行官民同乐晚会，各机关、团体、学校、企业单位以至街道居民组织派代表参加，蒋经国带头，唱歌、跳舞、谈笑话、耍滑稽，尽情欢乐；每逢元旦、春节、中秋、双十节日，特别是蒋介石的生日，张灯结彩，大搞提灯游行，灯火通明，通宵达旦，大闹所谓“不夜之天”；1942年的中秋节，还举行了千人大聚餐。

4. 是有关吹捧蒋经国的工作作风的。例如，规定每星期四他自己接见民众，听取群众意见，也为群众解决一些问题；他经常不声不响下乡接触群众，了解情况，说他勤求民隐；每当集中干部进行短期训练，不论严寒冬天、赤日炎夏，赤膊赤脚领大家爬山，或上街跑步，进行锻炼；训练期间，有时突然改变伙食质量，没有菜，和大家一起吃糙米白饭，或者菜根煮的稀饭，说是咬得菜根，吃得苦，则百事可为。

除此以外，却很难从报纸上看到有关生产建设的情况。事实上所谓建设“新赣南”并没有建成一个像样的水利设施，或者一个像样的工厂，一项象样的基建工程。

言论方面，《正气日报》很谨慎，很少谈敏感的政治问题，特别是有关国共两党的关系，甚至有意回避，不像一般国民党报纸所常有的嚣张气焰。这在一定程度上模糊了读者的视听。

五、日寇南侵，报纸搬迁、停刊

1945年初，日寇向赣南进犯，赣州一度沦陷，“建设新赣南”从此偃旗息鼓，《正气日报》也随之一蹶不振了。

在赣州频危的紧急日子，蒋经国还在城里，《正气日报》还曾发表他在一次大会上所讲的“誓与赣南共存亡”的豪言壮语，使全市人民深受鼓舞。但是没几天，一个早晨，一架从重庆派来的“美龄号”专机，悄悄地载着他飞走了。

他一走，全城失去了主宰，《正气日报》同样没有了依靠。赣州陷敌后，人员东奔西逃，虽然还有一部分人先后在安远、在广东梅县勉强凑合出了一个短时期的分版，也不过苟延残喘而已。等到日本投降，抗战结束，这部分人也各奔前程，《正气日报》只好成为历史名词了。

笔者执笔至此，回想起当年报社撤退的惨痛情景，犹不寒而栗。

当日寇快要窜进城里的时候，蒋经国一走，他的部下那些CC派的实权人物，掌握财政、经济、交通运输的大权。他们趁火打劫，化公为私，肆无忌惮地干着发国难财的勾当。不但一般老百姓的死活无人理睬，连《正气日报》这么一个堂堂的报社，一百多个员工及其家属的安全，全部印刷器材、图书资料等等，因为负责人不属于实权派，要钱没钱，要车船没车船，一个个陷于惊慌失措。我还清楚记得，副刊编辑王西彦夫妇，还是自己想方设法高价雇到一个农民，用一辆独轮土车，装载着一些丢得不能再丢的衣物，气愤愤地随着吱呀吱呀的车轮声，骂骂咧咧地走的。我和我的爱人（也是报社编辑），请了一个老表，用一担箩筐挑着一个三岁、一个二岁的孩子，偕同六十多岁的老岳母，几乎丢尽所有的衣物，千辛万苦，由赣州而安远，沿着赣粤闽边境的寻乌、会昌、瑞金辗转奔波，最后流落到福建长汀山城，坐待了半年多，直到日本宣告无条件投降，才结束这段颠沛流离的逃难生活，回到南昌。

（1989年3月20日追记）

我在蒋经国手下搞特务活动

刘子洛*

1941年夏，我在重庆磁器口童家桥军统特别政治训练班第一期结业后，因成绩较优，颇受负责人张国焘的赏识。当时班主任挂名是戴笠，实际上由张国焘等中共叛徒负责。

这时，蒋经国在赣南任行政专员，兼三青团江西支团部筹备处主任。他办了“三民主义青年团青年干部训练班”（王升、李德廉等都是该班毕业的），因苦于无特务人才，便来到重庆，向戴笠要人。军统局便选派了我。我原在军统江西站工作，是该站派去带职学习的，理应回到江西。

1941年秋，我由山城重庆来到赣州，觉得一切都很新鲜。“除暴安良”四个特大的字下面写着“人人有工做，人人有饭吃，人人有衣穿，人人有屋住，人人有书读”五行较小的字。后来我才知道，这就是蒋经国任专员时提出的“建设新赣南”的五大目标。当时赣州属于后方，市面安宁中充满着热闹，又逢筹备庆祝蒋介石五五寿辰，因而显得一派繁忙。

蒋经国约我到专员公署见面。息烽三期（军统另一训练班）同学汪云龙也同时被接见。未见面前，我认为蒋经国一定像蒋介石那样，高高瘦瘦，道貌岸然。哪知他是个中等身材的人，胖胖的脸上还长了几颗麻子。

---

* 作者时任国民党军统局江西站赣州组组长、三青团江西支团部机要室秘书。

在会客室等了约五分钟，蒋经国出来了。他先伸出手来和我们握手，又询问了我们的年龄、籍贯、经历等等，连说“来得好，来得好”。他对陪同接见的秘书胡重义说：“把他们两位安排在三青团支团工作吧。”又回头问我们，“你们意见如何？”我们齐声说好。他又向胡重义交代：“把他们两位生活好好安排一下，办好后再告诉我。”大约一刻钟光景，会见便告结束了。第二天，我们来到胡重义的办公室，他是三青团江西支团部机要秘书，我的职务是机要秘书助理，汪是组员。从此，我成为蒋经国特务班子的成员之一。

蒋介石五五寿辰后，蒋经国约我谈话。他讲得很直爽，首先问我在赣州的观感，接着说：“你是张国焘的学生，我们这里缺少你这样的人，想派你到瑞金、宁都、会昌、石城一带去看看，并组织那些地方分团部的情报网工作；这些都是共产党的老根据地，要把他们好好组织起来，有两个月的时间够吗？”我说，行！他又指示，此行主要是调查，其次是组织情报网，回来后要提出书面报告。

我离开赣州，第一站到于都。于都有三青团分团部，我向分团部主任介绍了此行目的。此人是个慢性子，讲起话来慢吞吞的，待人既不热情，也不冷淡。他召集了组训、宣传、总务三个股长来到办公室，我们五人开了会，互相介绍情况，我并做了摘要记录，第二天，去县政府见张县长。他很健谈，介绍情况时也比较系统、周详，下午还请我们吃饭。席间，我和县长约好，派一位秘书陪我去几个乡镇看看。我去了三个乡镇，了解了基层的一些情况，便去了瑞金和会昌，但收获不大。

11月份到宁都。宁都已成立三青团分团部筹备处，主任肖国俊，吉水人，人能干也较热忱。在宁都，我了解到不少有关中共方面的资料，然后，我向肖国俊谈了组织情报网的意见。以后我又去了广昌、石城，回到赣州已是1942年初春了。

我将调查报告整理送到蒋经国手中时，他很是高兴，指定我在三青团支团部专门负责各地三青团分团部的特务情报活动。这样一来，我们接触机会多了，那套登记接见的手续免了。他有时亲自打电话，有时亲来三青团支团部询问情况。我们之间的关系又深入了一步。

我不是蒋经国培训出来的学生，然而，他交给我的任务，我都能圆满完成，因此，他对我另眼相看。

我在赣南的表现，也为军统局所赏识。1942年，我才二十三岁，便被军统局任命为江西站赣州组组长，辖区包括两个行政区、十八个县市，即第四区（赣州）和第八区（宁都）。

这时，我是双重身份，既是军统局江西站赣州组组长，又是蒋经国江西三青团支团部机要室秘书。秘书是块招牌，是公开的身份。我既要对军统局负责，又要对蒋经国负责。我早晚到军统赣州组批阅文件，交代任务，例行的公事是与军统江西站通报（电台）两次，与重庆军统局通报一次，大部分时间在三青团工作。我这个赣州组组长职务，对蒋经国还是保密的。

军统局的赣州组分公开和半公开两部分。一些机关负责人都有向赣州组秘密汇报工作的义务。它的权力很大，可利用公开组织为它服务，如要逮捕人，便指示警察局出面。

记得当时在赣南的军统机构有：

一、财政部税警第二总团，总团长伍光宗中将，湖南人，驻赣州西门外。

二、财政部税警第十五团，团长娄剑如少将（黄埔六期），湖南人，驻南康潭口（距赣州四十里）。

三、军委会特检处江西邮电检查所，所长吴诚文上校，驻赣州，负责检查江西邮电。

四、军委会运输统制局赣州检查站，站长汤山中校，江西修水人，驻赣州东门外，负责检查车辆、交通工具。

五、军委会特种工作队（即军统局派驻东南的侦察电台），站长竺烈民上校（后为花克强），驻赣州西门杨梅渡。

六、空军总司令部第十二总站，站长郭汉庭，空军中校，广东乐昌人，驻西门飞机场。

七、空军总司令部第十二总站情报电台，台长黄泳佑，空军中校，江苏无锡人。

八、财政部缉私署江西缉私处赣州查缉所，所长严滋，浙江绍兴人，驻赣州东门外。

九、军统局江西站赣州组，组长刘子洛，因在战时，未定军衔，同中校待遇。

赣州当时是军统特务的聚集点，那些公开的特务，都有配合秘密组工作的责任。

1943年农历正月初二，电台台长胡敬章请我全家看电影《董小宛》。我全家三口排队买票时，胡敬章排在一位军官（后来才知道是蒋介石侍从室副侍从官，派到蒋经国处当科长）后面。他们男男女女，打打闹闹，不守秩序，踩到我儿子脚上，小孩哭了。胡敬章骂了一句，那家伙打了胡一记耳光，胡用手电筒回了一棒，双方便大打出手。我上前劝阻，那家伙竟掏手枪，但被我夺下。我大动肝火，狠狠揍了他一下，那家伙便灰溜溜地跑了。不一会儿，保安司令部总队长刘德藩（现在台湾）带领数十名武装人员赶到，方知是我所为。刘说事情闹大了，专员责问我为什么夺枪、打人。我说明经过，刘感到为难，要我亲去向蒋经国说明。

第二天，我去见蒋经国。他先骂了我几句，又说："想不到雨农（戴笠）兄派你来破坏了我新赣南秩序。"我先承认了错，然后再讲明原委，心里以为这场纠纷总算了了。可那位侍从官向侍从室告状，说我有共党嫌疑，破坏新赣南秩序。侍从室把电报交给戴笠，戴笠便不问青红皂白，于7月间来电："着将刘子洛解渝法办。"我到渝后，先蹲禁闭室。后来，蒋经国到了重庆，我的问题才算弄清楚，我就这样冤枉坐了八十天的禁闭。

以后，军统局调我任南昌前线战地工作队队长，我从此结束了与蒋经国的关系。抗战胜利后，我到南京，在国防部预备干部局（蒋经国任局长）见到了蒋经国，他还热情地与我握手话旧哩！

蒋经国创办第四行政区中心卫生院

伍攀桂

赣南的首邑赣州城，城内仅有一所简陋的公办红十字会医院和一所外国天主堂刘爱德为院长的仁爱医院以及几所私人开办的诊所。蒋经国主政赣南，实行“祛病如祛敌”“卫国先卫生”的方针，考虑到赣南一百六十万民众及广大沦陷区逃难来赣者，得有所公立医院就诊，决定创办一所区中心卫生院，命名为江西全省卫生处第四行政区中心卫生院。

时值抗日军兴，物资奇缺，筹建医院十分困难。蒋经国责成院长兼筹建主任王之瑞（河北省人）担负此责。厚德路塔下寺的省赣小校已迁七里乡桃源洞下角坪开课，就择定该校一幢教舍为门诊部（今市防疫站），设置了十几张简易病床。当时，东南沿海一带及南昌等大城市相继沦陷，各方面人才及知名学者聚集赣州者甚多，第四区中心卫生院聘请姜均溪、古德纪（古可庄）、徐化民、杨瑞琨等高级医师为骨干，对军属、贫民及鳏寡孤独者，给予全部免费治疗。当时，蒋正在查封妓院，责成院方通知妓女们到门诊部来，填表列册，贴好相片，全部进行体格检查。对健康者，动员其择偶从良或劳动就业；凡有性病者，一律隔离禁淫，免费治疗。

赣县私立章贡小学（今市红旗二校）右侧的教工楼，原租赁给国立同济大学德国教授做宿舍，该校于民国二十七年秋迁昆明后，卫生院就暂借该楼为临时院址兼住院部。该楼上下两层，共二十多个房间，每个房间约二十平方米，办公室、药房、病房、宿舍全部挤在该幢房内，病床还不到一百张。在这样艰苦的条件下，院领导及医务人员和职工，克服重重困难，精心治疗来自各方面的疑难病患者。特别是杨瑞琨女大夫，医术精湛，使前来就诊的难产产妇平安分娩，其他患者，皆痛苦而来，愉快而归。医务人员这种为民众服务的美德，成为当时赣州广大民众的佳话。在王之瑞院长及全院职工的努力下，花了近一年时间，坐落在东门外五龙岗（今钴冶炼厂地址）一所规模较大、设备基本齐全的医院，于1940年秋顺利建成。为了方便患者，有利工作，有利防空，将城内的门诊部也迁入院部附近。

为解决医院的药品供应及医疗器械的维修，经蒋经国提议，省卫生处批准，在赣州新建了江西省立卫生试验所，委任李某为所长，地址设医院附近。

医院大门用砖砌成两方形高墩，用灰色水波花纹装饰，墩的顶端构置横大木板，标着医院全衔，旁边建传达室及入院处。院内有七八幢平房，侧边坐北朝南，首幢是总办公厅。王之瑞任院长、姜均溪任总务科长、古德纪任行政科长、徐化民任医务科长、杨瑞琨任妇产科长、魏某任护士长、高明为药房主任。另有几座排列整齐的平房，分别为内科、五官科、妇产科、花柳梅毒科的病房。医院中央有一个花圃，四季繁花茂叶，郁郁葱葱。卫生院的厨房、食堂、浴室、厕所齐全。医院距赣余公路约半华里。为了住院病号的安静，在离医院适当处的公路左右两端，各设置特大的警号牌，书曰："医院附近，车辆轻声慢行。"

1941年春，蒋经国长子孝文患脑膜炎，经该院医务人员精心治疗，化险为夷，获得了蒋表扬。当时专署、保安司令部、县政府、镇公所的公务人员及家属患病均在该院治疗。

当时，赣州经常遭到日军飞机的狂轰滥炸。每次炸后，医务人员亲临现场救护，将负伤灾民用帆布担架送到医院免费治疗。特别是在难忘的"一·一五"赣州被炸的沉痛日子，十七架敌机投掷燃烧弹后，中正路、中山路、阳明路、龙船庙、大华兴街、曾家巷等一片火海，死伤近千人，几天后火焰才扑灭。中心卫生院救护队在防空司令部指挥下，与防护团、专署等单位人员一道，全力以赴，进行了抢救工作。他们这种奋不顾身、救死扶伤的人道主义精神，使灾民家属大受感动。

蒋在赣南对征兵工作抓得很紧，凡适龄壮丁符合条件的须一律服兵役，对患慢性不治之症或身残者，则由行政科负责进行体格检查，发给证明书，准予缓服兵役。赣州十余所中等以上学校招生，均由该院派员对考生进行体格检查，以保证入学新生的体质。

该院也注重社会的卫生防疫工作，由行政科肖大夫负责与驻城镇的学校联系。有时逢周末，向学生进行医疗卫生讲座，提高了广大师生的卫生保健知识。春秋季还深入到学校给小学生免费种牛痘。夏秋季霍乱、鼠疫、痢疾、伤寒流行时，在城东的百胜门（后改为中正门，今东河大桥下，城门已拆）、小南门、镇南门（后改为光复门）、西津门（后改为阳明门）、北门、涌金门、建春门等七道城门口，免费为广大民众注射防疫针，特别对逃难来赣的广东省潮州灾民，积极地医治他们的疾病，减少他们的死亡，取得了显著的成效。

该院的成功创建，有力地推动了赣南医药卫生事业的蓬勃发展，全区十一个县的卫生院相继建立，如赣县卫生院，就在原劳工医院基础上迅速兴办起来。

1942年的秋天，院长易人，由王有兰的侄子王大江继任。王大江到职后，重整院风，提倡医德，将几个工作消极而不称职的人员辞退，并查实门诊部挂号员某某犯有贪污行为，立即函请赣县警察局，给予拘留法办。

第二年秋，中心卫生院与江西省立医学专科学校（地址在东门外川峰凹）校长联系，并取得新赣南博物馆馆长徐廷敏帮助，在天高气爽的十月金秋，于中正公园博物馆内举办了一次声势浩大的卫生展览。展览分六室，通过照片、挂图、模型、标本及器械实物等，详细介绍人从母胎生殖、出生到少年期、青年期、壮年期和老年期各个部分结构及患各种疾病症状与防治。在赣州来说，其规模之大、内容之广，盛况空前，为此，《正气日报》记者撰文发表了《卫生展览在赣州》一文，以资介绍宣传和嘉许。

为方便患者就诊，1944年夏，原门诊部拆迁到东门外天竺公园对面（今嘉蕙餐馆右侧）。不久，时局紧张，湘北战火蔓延到湘中，赣州危在旦夕，该院处于应变状态。1945年1月初，日军窜赣，该院惨遭破坏，蒋苦心孤诣经营的医院，竟成一片废墟。

日本投降后，赣州于当年8月17日光复，该院奉命重建，经政府拨款，并得到联合国善后救济总署中国分署江西支署第十一工作队（后改为第四工作队）资助，很快就恢复工作，地址设在城内米汁巷一号（即蒋初来赣时专署地址），委任陈锡封为院长，更名为江西省立赣县医院，即今赣州地区人民医院的前身。

扶植自耕农

朱伦喜　郭世铿　口述

扶植自耕农，实行耕者有其田，是蒋经国建设新赣南的一项重要内容。1943年，蒋经国先后在赣县等地设立了6个扶植自耕农示范区，藉以取得经验，在全区推广。当时，我们都是二十岁左右的小伙子，又分别担任了广田乡第六保保长和经济干事，亲自参加了广田扶植自耕农示范区的创办。尽管事隔近50年，我们也都头发花白，皱纹满脸，但对蒋经国扶植自耕农一事记忆犹新，历历在目。

一

扶植自耕农工作是在蒋经国亲自领导下进行的。在各示范区所在县设立了扶植自耕农示范区办事处，县长任处长，地政科长、农行所派土地金融业务员任副处长。下设二股，第一股是总务股，由股长一人，股员五人组成；第二股是业务股，由股长一人，股员五人组成。股长由办事处处长任命，股员多为地政人员充任，有时也调其他专门人员担任。同时还抽调示范区所在乡（一个示范区的范围不限于一乡范围）、保有关人员参加。我们是广田示范区内的保干部，情况熟悉，身强体壮且有一股青年人的热情，所以办事处开会、调查等工作都叫我们参加，成为不在编的业务职员。

地价评定是扶植自耕农实施过程中一项相当复杂的事情，为此，设立了地价评定委员会。其成员除办事处处长、副处长外，还聘请县政府、国民党县党部、三青团县分团部、县地籍整理办事处、田赋管理处、地法院、乡公所地方公正人士、佃农等方面的代表参加。其职责是依据土地自然条件、肥瘠差别、水利灌溉等条件，评定合理的土地价格，处理在土地征收过程中因地价争执所引起的纠纷。

二

1943年4月，扶植自耕农工作开始，大致步骤是：

土地调查。该年4月始，办事处派员到广田，按照地形等情况将示范区所有土地分段进行测量，绘成丘地地形图，逐丘注记地目、面积、顺序编号，作为识别业主和进行区段征收的依据。在此基础上，办事处派出土地调查人员依据地丘图，实地进行勘察，按照地理环境、土质等的不同分设地价区。当时全区土地价格分成上中下三等，每等又分成了三级。故地价的核定是按三等九级，即上上、上中、上下，中上、中中、中下、下上、下中、下下进行的。地价等级划分以后，按照各该区前三年的生产收入平均值，得出该区之标准地价，以标准地价为基数，计算出各级的地价数，汇成地价调查表。呈送地价评定委员会讨论通过，经县办事处和县政府核准后公布于众，若有不同的意见，可在半月内向办事处提出。

土地登记。地价评定并编成地价册后，业务股派员下乡，将乡、村、保甲长、经济干事、业主、佃户召集到地丘现场，按绘成的地丘图和编号的先后次序，逐丘进行农户与地主情况登记。农户登记的内容有：姓名、籍贯、年龄、住址、本地居住年数、户别（自耕农、半自耕农、佃农、地主）、家庭情况、经济状况、租佃情形、经营状态等。地主登记的内容有：姓名、籍贯、家庭状况、所有权状况、经济状况等。同时进行产权登记，即登记土地所有权人姓名、住址、职业、年龄、营业证件及其他证明文件、土地面积及其生产租额、定着物情形、定着物价格等。若业主不能当场提供土地契据及其他证明材料时，应取具乡、保甲长或四邻之证明书，请求延期登记，但时间上不能超过一个月，逾期作无主土地处理。如遇地价册载面积、四至与实际不相符合时，原登记人应申请复查核算，以免产权出现差错。

土地征收。产权登记完毕，办事处拟具区段土地征收、重划、放领计划书，绘制征收土地示意图，一并呈请专署蒋经国审核。核毕，在征收土地所在地及相邻地区张贴上地征收公告。各乡公所会同保甲人员深入民家进行宣传并依丘地调查簿所载地目、地号、地积、地价、业主姓名、补偿地价金额等印成土地征收通知书，以书面形式通知各业主。若有征收土地未登记者，则将通知广加张贴或登报，一月内无人来登记，则视为无主土地，收归公有。土地征收后，地价金由中国农民银行贷放扶植自耕农甲种款补偿。被征收土地之业主、农户只须携带产权登记收据到农行便可领取。若为自耕农，其领金额应扣除所领土地所需金额部分。若业主投有典权或抵押权者，应于尽先清偿其应有负担，余款交付业主。

土地放领。土地征收后，区内所有土地均属公有。办事处派出测量人员，依土地地理环境、水利设施等情形实行混合整理，重新划分成甲、乙、丙、丁、戊五种单位农场。每种单位农场面积大者不超过20亩，小者不少于10亩。因道路、沟渠或溪流弯曲等情形致丘形不整齐者，均加以变更，使之方正整齐。

施行重划后之土地，除在适当的地方留一单位农场为中心公田，用于良种推广和新技术试验外，其余土地，均重新编制正式地号放领给自耕农。承领土地之自耕农，在接到承领通知后按地号先后次序承领并办理有关承领手续。每户承领土地以一单位为限。在承领土地时，凡是原来承耕之农民、在示范区内从事耕作三年以上、在县内耕作满三年之农民、抗敌军人家属，均可优先承领。

承领土地在地价缴清前，由县办事处、县政府按单位农场发给领地证。待地价缴清后，再正式发给产权凭证，承领土地自此属自耕农所有。广田示范区共有耕地2711.4亩，自耕农201户，平均每户领地12.07亩。

承领土地之自耕农不能将土地典押或转租，更不能分割。如自耕农使用不良或无力耕作或无子继承（继承原则为嫡长子继承）时，由县政府收回重新放领。

三

广田示范区耕地，大多数为外地商人所有，只有严坑、石坑等地有几户地主是当地人。那些土地拥有者将土地出租给自耕农耕种，坐收租利。土地征收后，因地价低，城里的那些土地占据者极端不满，他们联名写信到江西省政府告状，但因是蒋经国亲自坐镇指挥进行的，也只像是在“鸭婆背上倒瓢水”。

绝大多数的自耕农，由土地使用者转变为土地所有者，或拥有耕地面积增加，耕种积极性大大提高，农产品单位面积产量上升，收入增加，规定3年还清的地价金，许多人在一年之内就基本还清，以后农田所获全归己有，生活水平有了一定的提高。我家（郭世铿）有6个人，承领了8亩多土地，第二年早晚稻两季收到谷子近百担，还有不少数量的红薯、大豆、花生等。除自己食用，还有一些剩余，可挑到街上去卖，这在以前是少有的。

承领土地者若有赌嫖等不良嗜好，经政府惩处或赦放不满三年，有宣告破产及剥夺公权情形者都不能承领土地。这也教育了那些好吃懒做、不务正业的人，使他们改邪归正，对社会风气的好转有一定的影响。

承领土地对出征到抗日前线的军人家属有优先的照顾，一定程度上稳定了军心，鼓励了人们从军，激发了抗日救国的民族图存之心。如我们保的应征壮丁都能踊跃上前线，征丁任务提前完成。

四

1944年，建设新赣南第二个五年计划开始实施，扶植自耕农的范围进一步扩大。我们县除广田外，还在水南、黄沙等乡先后设置了示范区。因前一种（甲田）扶植自耕农办法仅限于自然条件好的地区，且手续复杂（仅填表就有31种之多），浪费时间。故采用了新的扶植自耕农形式，即强迫地主放弃土地，在示范区内组织信用合作机构，实行农地购赎的办法，称之为乙种扶植自耕农办法。1945年，蒋经国飞赴重庆，扶植自耕农工作减速，后来杨明继任专员，尽管又恢复扶植自耕农工作，但和蒋经国相比就大为逊色。1947年后，此项工作就不宣而止了。

（方世藻　整理）

蒋经国与赣县粮食公卖

黄汝鉴

赣县粮食公卖的起因

抗日期间，蒋经国曾任江西赣南行政督察专员，二十世纪四十年代初兼任赣县县长。这时，他提出了建设新赣南五大目标，并把“人人有饭吃”列为五大目标的第一项。这是大家既关心而又疑虑的问题。

江西省虽素有“东南粮仓”之称，但产粮区都在赣江下游和鄱阳湖区域。赣南一向属于缺粮区，历年需要外粮接济。抗战爆发后，江西要负责供应第三战区绝大部分军粮，还要接济第七、第九两个战区一部分军粮和浙、粤两省民食。同时鄱阳湖西岸和赣江下游一部分产粮区被敌人侵扰，产量减少，不能充分接济赣南各县。而赣州是军事要地，驻军多，过境部队也频繁，大部分军粮要就地供应；赣州又处于后方，人口日益增多，市场粮食供不应求。粮商大户囤积居奇，粮价不断上涨，影响人民生计。因此，赣州不得不采取措施，来解决民食问题，借以安定人心，维持社会秩序。这就是蒋经国在赣南举办粮食公卖之主要原因。

赣县粮食公卖的经过

鉴于上述情况，蒋经国决定在重要消费城镇实行“粮食公卖”。所谓“粮食公卖”，就是政府以掌握的粮食按一定的数量和价格，供应给特定区域内经政府核定的住户。1941年12月7日，蒋经国从他直接掌握的赣县开始，1942年，陆续推行到辖区内的全南、大余、上犹、南康、寻邬等县，其中以赣县粮食公卖办理得好些。

实行粮食公卖，政府要掌握充足的粮食，还要有源源不绝的可靠来源。实行粮食公卖后，虽然一度起到了调济盈虚、稳定粮价的作用，也相应地稳定了其他物价和消除了民众恐慌心理。但终因粮源不足，公卖不到一年，便不得不调整公卖价格，由每市石（一百五十市斤）糙米六十五元提升到一百元，涨了53.8%。即使这样，仍无法维持，不得不改弦易张。自1944年4月起，即改为平粜。“平粜”和“公卖”的区别是：“公卖”按定量经常供应；“平粜”则有粮就粜，无粮就罢。

1944年下半年，日军沿赣江南侵。到了年底，赣县已成为一座死城，平粜已没有了。

赣县粮食公卖的办法

赣县在实行粮食公卖之前，做了一些准备工作，制定了《计口授粮暂行办法》，主要内容如下：

设置机构。在县政府设立了常平粮食配销处，主持公卖事宜。在城厢及城郊九个乡镇各设了一配销所，负责常平米日常配销工作。由县合作指导处发动各乡镇组织合作社，担任兑米工作。

规定供应对象。凡城厢及九个乡镇合于下列规定的均可申请加入合作社，享有购买常平粮的权利：

一、已登记户口的住户；

二、厂所；

三、行栈；

四、公务员的眷属。加入合作社，每户至少须认购一股，每股金额十元，可分期缴纳。未加入合作社者不得享受。

凡合于下列规定之一者，可直接向常平粮食配销处申请购买常平米：

一、未拨军粮的过境部队和接兵部队；

二、不发公粮的和过境的机关、学校、团体。

凡有下列情况之一者，不得购买常平米：

一、已领军粮的部队；

二、已领公粮的机关、学校、团体和公务人员；

三、家有田产能自给的住户及已购储粮食的人员；

四、在平民食堂吃施粥的人。

规定定量及领购办法。定量：凡享有购买常平米权利者，每人每月不分大小口，可购糙米二市斗（三十市斤）。手续：凡享有购买常平米权利者，一律由合作社制发购粮证。购粮时先向常平粮配销处设立的配销组凭证付款，换取米票，再向所属乡镇合作社或指定处所兑米。米票编成十个字号，限定一个字号只使用于一个区域。

筹措粮源。常平米的来源有以下几个方面：

一、向农民按亩征购；

二、指定大户出售；

三、向上级申请调拨。

赣县粮食公卖的性质和特点

赣县粮食公卖是战时粮食管理的一种手段，其目的在调剂盈虚、稳定粮价。它既不同于“专卖”，也不同于“平粜”，又不是绝对的“计口授粮”。赣县在粮食公卖的同时，仍准许粮商存在。享受常平粮权利的居民，除购买常平粮外，并可任意向市场或农民购进粮食。赣县的粮食公卖不以赢利为目的，但也没有实行补贴，只求收支平衡。平粜的供应对象经常限于贫户，赣县粮食公卖的对象是一般消费者，比较普遍。平粜有时也能起到稳定粮价作用，但往往是有粮即粜，无粮即停。粮食公卖的供应对象一经确定，就要经常按时按量供应。同时，公卖粮价一经规定，便不能随市场价格而轻易变动，所以公卖价格与市场价格往往发生很大差距。平粜价格则可随市场价格随时调整，这也是公卖与平粜不同之处。

蒋经国与章亚若

张　苏

俱往矣，芳草王孙悲难诉

蒋经国先生在1988年1月13日逝世后，关于章孝严、章孝慈这一对孪生兄弟的身世，立刻成为新闻追踪的“热点”。近几年，尽管香港、台湾、美国有几家报刊对蒋经国先生在赣南时期与“青干班”学员章亚若的罗曼史有过一些描述，但众说纷纭，出入不少。章孝严、章孝慈也未公开承认过与蒋经国的父子关系。有位外国记者曾直截了当地问章孝严：“你的父亲是谁？”章顿时脸色大变，愤然指责这位记者无礼，是对他人格的侮辱。直至1988年3月，章孝严在接受台湾《远见》杂志的记者采访时，才首次亲述他的童年、成长与抱负，承认了他与蒋经国的血缘关系，但他对父母的一段恋情以及生下他们兄弟俩的情景也了解甚少，特别是母亲生下他们后不久突然“暴病死亡”一事，至今在心头仍是一个难解的“谜”。

在赣州赤珠岭参加过“三青团干部训练班”的人，现在在台湾尚有不少，但对蒋经国与章亚若的恋情最知情的人现在则居住在上海，她就是章亚若的义姐与同学桂昌德女士（又名桂辉）。当年，她和章亚若同在第一期“青干班”受训。后来章亚若怀孕后是她伴送到桂林去分娩的。章亚若后来在弥留之间，也是她记下了章的遗嘱。也是她，和章亚若的妹妹章亚梅一起，抱着出生才半年的丽儿、狮儿（即章孝严、章孝慈），从桂林送到江西万安的外婆章老夫人身边。不久以前，她曾向来访的香港记者对蒋经国与章亚若的一段罗曼史作了权威性的澄清和补充。

前些时候，桂女士和她的老伴吴鹏先生曾特地到桂林风山脚下凭吊章亚若女士的墓，并且找到了四十六年前蒋经国先生和章亚若女士在丽狮路上居住过的那幢房子。随着海峡两岸出现祥和的气氛，桂女士期待章孝严、章孝慈兄弟能来大陆祭扫母亲的坟茔，她还要将章亚若的临终嘱托面告他们呢！

笔者曾经几次采访桂女士，得到了第一手的材料。桂女士是南市区政协委员。七十多岁的她，仍然满腔热情参加社会活动，是位大忙人。她知道我的来意后，先取出照相簿给我看了她保存了四十多年的一张照片，指点着说："这个就是章亚若，抱在她怀里的两个孩子即丽儿、狮儿。这是她产后五个月时照的。"

我在报刊杂志上曾看到过介绍章亚若的文章，都说她长得秀丽多姿，是赣州地区公认的一位风头最健的女子。现在一看照片，果然风韵不凡。圆圆脸蛋，小甜酒窝，凤眉杏目，鼻梁挺拔，秀发披肩。她坐在椅子上，左手抱的是丽儿，他似乎有点手舞足蹈，显得活跃，右手抱的是狮儿，他依偎在母亲怀里，看来比较文静。然而照片上栩栩如生、微微含笑的章亚若，却长眠风山，魂牵海峡。谈到章亚若临终还想见一见"慧风"（她与蒋经国以"慧风"和"慧云"的情名互称），还嘱托要照料好丽、狮两儿时，桂女士禁不住热泪盈眶，泣不成声。

采访了桂昌德女士以后，笔者又去采访了徐汇区政协委员李白江先生。李白江在赣州参加过第二期"青干班"，结业后在蒋经国倡办的《青年报》任记者，后升任总编辑。他与章亚若也常有交往，对蒋、章的恋情有一定的了解，可说也是位知情者。

感谢居住在上海滩上的这两位老人，他们以亲身的见闻、翔实的材料，为读者介绍了人生舞台这一幕过去鲜为人知的悲剧。

多才艺，青年专员倍欣赏

1939年隆冬，抗日的烽火燃烧着辽阔的中华大地。自京沪沦陷、武汉失守，洪都（即南昌）陷落后，不少热血青年纷纷流亡到赣州城，他们在河山破碎、民族受侮的生死存亡关头，发出了打倒日寇、保卫中华的怒吼！

章亚若，这位县长的千金，就读于南昌葆灵女子中学，中途退学以后，怀着一腔抗日救国的激情，于1939年初从南昌来到赣州，在赣南行政区专员公署抗日动员委员会担任文书。她到赣州以后不久，就成了全城引人注目的人物。这不仅仅由于她长得一表人才，更主要的是她能唱、能演、能写，并有演讲的才能。她常和“动委会”和“宣慰会”的同事们一起上街，向群众宣传抗日。只要有她在场，宣传气氛就特别活跃，观众也特别的多。逢到敌机空袭，她总是勇敢地去抢救伤员。

当时在赣州，蒋委员长的公子蒋经国先生担任赣南行政区专员兼保安司令。蒋经国倡导的“建设新赣南”活动，给章亚若留下了深刻的印象。她十分钦佩这位公子，认为他有才干、有魄力。每当蒋经国发出什么号召，章亚若都是热烈响应。这年的11月上旬，蒋经国在赣州公园前面召开了“新赣南建设三年计划誓师大会”，她和专区公署、县府的工作人员都去参加了。她看到蒋经国站在检阅台上，以洪亮的嗓门提出了“吃苦、冒险、创造，建设新赣南；奋斗、牺牲，实现三年计划”的口号，号召人们向“人人有工做，人人有饭吃，人人有衣穿，人人有屋住，人人有书读”的五大目标奋进！这对于当时有爱国热情的青年自然有很大的吸引力，章亚若的心被鼓得热乎乎的。

章亚若还十分赞赏蒋经国敢在太岁头上动土的胆略，那就是蒋经国在1939年刚到专区走马上任不久放的“三把火”——禁赌、禁烟、禁娼，以及他宣布的“除暴安良”的政令。

当时，尽管战争风烟弥漫全国，国难当头，日军占领南昌之后正在准备进犯赣南，赣州和专区所属的十几个县城的一些富绅、显贵们仍在过着醉生梦死的荒淫生活，他们嫖妓女、入烟馆、上酒楼、迷赌窝，到处是乌烟瘴气。蒋经国到赣南出任专员以后，这些人依然我行我素，并不买账，他们一方面向江西省主席熊式辉告状，指控蒋经国搬用“异党”口号，在赣南的做法有“赤化”味道：另一方面，他们对蒋经国发出的政令则阳奉阴违。蒋经国当然也觉察到了，他在向专员公署和县府的官员们训话时，毫无惧色，而且口气严厉。他提出对“禁烟、禁赌、禁娼”要用霹雳手段，不能菩萨心肠。

蒋经国一声令下，章亚若就带头积极行动起来。她上街贴标语、作演讲，宣传“三禁”的意义。她的行动，逐渐传到了蒋经国那里，得到了蒋经国的赞许。为了表彰这位热血女性，他亲自动手撰写了表彰章亚若的新闻报道，在《正气日报》上发表。同样，章亚若也越来越仰慕蒋经国，她将报纸上登的蒋经国的照片，一张张剪下来贴在自己的寝室中。

接着蒋经国又果断地处理了两个非同一般的赌徒——江西省吉泰警备司令赖伟英和专员公署军事科科长杨万昌两人的太太。和处理其他赌徒一样：罚她们到赣州公园新建的“抗日阵亡将士纪念碑”前罚跪三天，上下午各三小时。不久，他又处决了违反吸毒禁令的原南昌大陆银行傅子庭的公子等五人。这件事对全赣南震动确实很大，不少人称蒋经国是“蒋青天”。在章亚若的心目中，蒋经国更是个了不起的英雄。每当见到他时，她总是向他妩媚地一笑，亲切地喊一声“专员”。

蒋经国外刚内柔，待人颇为平易近人。他对“动委会”这个漂亮能干的女文书，更是另眼相看了。一天早晨，秋高气爽。章亚若照例提早到“动委会”去上班。她穿了她爱穿的阴丹士林布旗袍，轻快地走进办公室，刚到写字台前坐下，就看到一张熟悉的脸出现在窗口。她连忙站起身来，还没来得及说声“专员早”，蒋经国已经在门前立定下来，望着章亚若，含笑招呼道：“喂，我的好同志，来得这么早呀！”蒋经国到江西后，喜欢学江西人的称呼，叫“老表”，这天，他对章亚若却一改口气，还在“同志”面前加上了“我的”，这不禁使章亚若心头的甜蜜感油然而生。

“你把我吓了一跳呢！”章亚若脸孔泛红，调皮地一笑，然后又显得正经地说，“专员，你需要我做些什么吗？”

“听说你京剧演得很好，哪一天再演？我来看。”蒋经国对多才多艺的章亚若已经十分欣赏。

“后天——星期六晚上，宣慰团组织我们在大礼堂演戏。”章亚若高兴地回答说，“他们点我演京剧《投军别窑》，专员如能光临的话，大家一定会演得更好啦！”

“我一定来看！”蒋经国欣然答应。

星期六晚上，新建成的“新赣南大礼堂”座无虚席，不少人没有位子都挤在两旁。文艺晚会的中心内容是宣传抗日、禁烟、禁赌、禁娼和建设新赣南。京剧《投军别窑》是借古喻今，鼓励大家像王宝钏那样送丈夫薛平贵奔赴沙汤，杀敌报国。

章亚若扮演王宝钏。她在锣鼓、琴声中一上舞台，全场观众顿时掌声雷动。她拂水袖、迈莲步，台风不亚于戏班子里的头牌花旦。她那委婉的唱腔，声声打动人心，台下几次响起喝彩声。演完后，掌声尤为热烈。章亚若看到蒋经国坐在第六排中间，也在使劲地为她鼓掌。

全场演出结束后，蒋经国又到后台向大家慰问，他握着章亚若的手说：“章亚若，你演得情真意切，但愿赣州城有更多的像王宝钏那样的女子送夫去从军！”

章亚若只感到有一阵暖流、有一股力量，从蒋经国有力的手上通往自己的全身。她回眸一笑：“谢谢专员的鼓励！”

这一晚，章亚若回到家里失眠了，蒋经国的身影、笑貌，一直在她眼前浮现着。但当她想到蒋经国已经有了夫人方良和孩子，就绝望似的叹了一口气。

“世事不如意者十常八九”，章亚若在婚姻问题上也是这样。她在南昌参加抗日救亡活动时，不少男的对她表示好感，既有真情实意的憨厚青年，也有金玉其外的纨袴子弟，更有倚权仗势的赳赳武夫。章亚若自视甚高，没有一个中意。后来，日寇进犯南昌，她只身流亡到赣州，正像鸟儿飞出闹市，避免了许多喧扰，曾因国难当头，一时不想考虑个人问题，但逝水年华，又使她心情矛盾。现在，当蒋经国突然来到她神秘的感情圈时，她内心是激动的，然而情况又是这样的复杂，使她满怀愁绪，不知所措。

赤珠岭，青干班中露头角

章亚若几乎每天都提早到“动委会”去上班，只要几天没有在专员公署看到蒋经国的影子，她就会有一种失落感。但这几天，怎么见不到他啊，她装着随便问问的样子，向“宣慰团”的秘书周百皆打听，周百皆告诉她说：“专员到赤珠岭去了，他在那儿办第一期三青团干部训练班，忙着哩。”

章亚若闻此消息，真想马上赶往赤珠岭，也去参加“青干班”学习。

第二天是星期天。上午，她上街去买些东西。走到街头，只见迎面走来一个年轻的女战士，好生面熟。她穿一套灰色军装，围着皮带，戴着军帽，还扎着绑腿。章亚若仔细一看，不禁喜出望外：这不是义姐桂昌德吗？是的，正是她！“桂昌德——”章亚若快步奔上去叫道。

女战士抬头朝前一看，也认出来了：“章亚若——”她欢叫一声，两个人在街头紧紧地拥抱在一起。

章亚若和桂昌德是中学里的同班同学，后来两人结拜金兰，情同骨肉，桂昌德年长一岁，为姐姐。中学毕业后，两人各奔东西，没想到今天会在赣州城巧遇。桂昌德告诉她，自己在赤珠岭三青团干部训练班学习。

章亚若双眉一扬说：“昌德，我也要去参加‘青干班’，行吗？”

“只要蒋专员批准，你就可以来了。现在刚开始一个多星期，你还来得及呢！”

第二天一早，章亚若就到专区公署去等候蒋经国。她猜测蒋经国今天肯定要到办公室处理一些公文和要事。果然，她刚走到公署门口，就看到蒋经国已经走在前面，她连忙追上去喊道：“专员！专员！”

蒋经国听到这几声又甜又急的声音就止步回头，亚若已经急步奔上前来，胸脯一起一伏，连连喘着气，先向蒋经国甜甜地一笑。

蒋经国也笑了，问道：“章亚若，你找我有事吗？”

“嗯，”章亚若点了点头，要求说，“我也想去赤珠岭参加‘青干班’。”

蒋经国像考学生似的问道：“你要求参加‘青干班’的目的是什么？”

“响应你的号召，当你忠实的学生，为打倒日本侵略者，建设新赣南而奋斗！”

章亚若果敢、利落的回答，博得蒋经国张嘴大笑。他爽朗地说：“第一期干训班女学员还不多，同意你的要求。等会儿我就给赤珠岭通个电话，你明天就去报到，怎么样？”

“谢谢专员的栽培！”章亚若心情好不激动。

第二天，章亚若来到赤珠岭报到。

这是赣州城郊的一个小镇，它依山傍河，风景秀丽，“青干班”就办在镇上的一个大祠堂里，蒋经国自任班主任，首期共招收一百二十名学员。章亚若和她的义姐桂昌德编在同一个队里。这年她已二十八岁，青干班学员之间爱用兄弟相称，大家都叫她“章大哥”。她热情慷慨，颇有男子风度，虽然晚来了一个星期，却和大家很快打成一片，课余常教大家唱歌和开展其他文娱活动。

“青干班”学员每天清晨在军号声中起床，接着是跑步和做操。蒋经国常住宿在祠堂楼上的临时办公室里，清晨穿着草鞋和学员们一起跑步、做操。章亚若看到蒋经国精神抖擞，带头在先的样子，心中更充满了好感。有时看到蒋经国在寒冷的天气里也脱掉棉袄、光着膀子跑步，她总是悄悄叮嘱他：“当心受凉。”

训练分政治、业务、军事等项目。除了规定的内容外，蒋经国还搞些令人意外、出奇的活动。一天深夜，一阵“嘟嘟嘟”紧急集合的军号声，打破了赤珠岭冬夜的宁静。号声，就是命令！正在睡梦中的“青干班”学员们被突然惊醒了。他们迅速穿衣，飞步奔到操场上时，只见蒋经国穿着齐整的军装挺立在寒星冷月下。

队伍一口气跑到滔滔的赣江边，蒋经国才下命令停下来。许多学员喘着气，擦着汗，已累得想坐下去。这时，只听见蒋经国大声向学员们说：“大家注意啦！”他向学员们扫视了一下，等队伍一片肃静后，他抬手向前方指问道：“你们往前看，前方展现的是什么？”

学员们昂首扬目，搜寻着在夜色深沉、月光朦胧中的景物，有个学员自以为视力过人，抢先回答：“我看见对面半山上有一间小茅屋。”

另一个不甘示弱，接上来说：“我看到赣江的远方有一条小船正在驶来。”

蒋经国更提高了嗓门：“还看到了什么？”

“我看到了我们中华民族的锦绣河山，正在遭受到日本帝国主义的侵略；我看到了我们的骨肉同胞，正在被鬼子的屠刀残杀。”队伍中响起了一名女学员激昂的回答声，她就是章亚若，“我还看到了，前方将士正在浴血奋战，全国民众已经筑起了一道抗日长城！”章亚若热血沸腾的回答，正是蒋经国所期望的答卷。“章亚若答得很好！”他称赞后进而又严肃地问道：“你们看到了日本鬼子在蹂躏我们的国土，在屠杀我们的同胞，大家应该怎么办？”

学员们情绪激昂地抢着回答，其中王升的声音分外洪亮，他说：“抗战到底，将日本侵略者赶出中国！”

蒋经国为他未来的干部班底的骨干们喊出了他心中的呼声而感到高兴和激动，对激情奔放的章亚若，自然也越来越赏识了。

情真切，慧风慧云终相合

据“青干班”其他一些学员说，蒋经国与章亚若的结合，王升也牵过线。这天深夜突击训练结束后，王升就思索着蒋经国与章亚若之间的微妙关系。王升字化行，是黄埔军校第十六期的学生，毕业后当过少尉副官，后来由军校政治部主任胡轨向蒋经国推荐，到“青干班”第一期受训，后来随蒋经国到台湾当上了将军。王升善观上司气色，又有着敏捷练达的工作作风，颇能迎合蒋经国的心意，没有多久，就成了蒋经国身边的红人。他经过细心观察和揣摩，也发现章亚若明显地在爱着这位委座公子。于是王升看准时机，要为主任来个“顺水推舟”，以表示他的“忠心”。

这个机会终于被王升找到了。这是一个周末的晚上，他看到蒋经国没有回城，仍在楼上的办公室里紧张工作，于是就关切地建议道：“主任，你要管专区工作，又要在‘青干班’训练我们学员，太忙，太辛苦了，我建议你找个助手，帮助处理一些事务。”

王升的建议，讲到蒋经国的心里。“青干班”的工作，确实感到忙不过来。第一期结束后，还要继续办第二期、第三期……正想物色一个助手；但这个助手至少要具备两个条件，一是必须对他赤胆忠心，二是要有一定的文化修养和办事能力。他问王升谁合适。

“章亚若！”王升在他面前极力称赞章亚若的才华和能力，认为“青干班”学员和专员公署的上上下下都称她是“女中精英”。蒋经国想的也是章亚若。他不露声色，想了一会儿才以冷静的神态、慎重的口气说：“那么先让她试试看再说吧。”

从此，章亚若成了蒋经国的贴身“秘书”。她不仅为蒋经国作报告时做记录，讨论“青干班”的训练工作，而且以女性特有的体贴与温柔，从生活上照顾蒋经国。有个星期天，蒋经国留在赤珠岭准备讲课内容，章亚若在帮助他整理文件。快近中午时，蒋经国说：“章亚若，你要参加训练又要帮助我做事，辛苦了。今天学员们大都回城了，你也回家去休息一下吧。”

“不，等会儿我想给你烧个好吃的菜，还给你准备了这个！”章亚若调皮地一笑，从文件柜里拿出了一瓶白酒。她知道蒋经国爱喝酒，且具海量，不过，在赤珠岭却从不喝酒，和学员们一起吃大锅菜、大锅饭。章亚若乘星期天就给蒋经国悄悄准备了这瓶白酒。

蒋经国十五岁离开祖国到苏联，一去就是整整十二年，与本国女性少有接触，与章亚若这样的亲密交往还是第一次。他的心不能不被她的特有的温柔、体贴所感动。相互的吸引、情感的交流、理解的加深，蒋经国终于阻不住爱浪情波的翻卷。他接过章亚若为他准备的白酒，笑着问她："等会儿你准备给我烧什么菜？"

章亚若神秘地瞟了他一眼："我拿手的，也是你爱吃的。"她说着就快步下楼。

不一会，章亚若搬上来两碗菜，一碗是黄中点翠的炒鸡蛋，另一碗是红烧狗肉。这两碗菜好香好香。

蒋经国开心地称赞道："好，'亚若蛋'！"

"你也慕名啦！"章亚若好不喜悦。原来章亚若能烹调一手好菜，尤其是炒鸡蛋更见功力。她炒的蛋又松、又嫩、又香，"青干班"改善伙食，她下厨协助烧了个炒鸡蛋，学员们不仅拍手叫好，并给这碗菜取了个雅号，叫"亚若蛋"。此刻，蒋经国看到章亚若特地烧了这一拿手菜给他下酒，他怎不欣喜呢！

蒋经国喝了一口酒，只感到心头暖乎乎的，他再也控制不住情感的闸门，向章亚若倾吐了强压多时的心声："亚若，你真好！"

"这是主任对我的器重。"章亚若从蒋经国动情的话语中，更觉察到自己和他的距离缩短了。这时候，她倒反而慎重了。她轻声地说了一句，又不安地低下了头。她明白，她与蒋经国之间有着不可逾越的鸿沟：一是蒋经国是当今"太子"，二是蒋经国已有了夫人和子女。她痛苦地提醒自己："他不可能属于我的。"

然而，蒋经国和章亚若的情爱，就像赤珠岭上的树，根已扎下大地，且越来越深，两人都各自想拔掉这个生了根的东西，但实在太困难了。她明明预感到自己如果与蒋经国发生了恋爱，这将是人生的悲剧，却仍是怀着美好的憧憬，走上这爱情的舞台，去扮演这幕悲剧的主角。在第一期"青干班"快要结束时的一个沉沉之夜，蒋经国和章亚若结合了，开始以"慧风"（蒋经国）、"慧云"（章亚若）互称彼此的情名。

桂林城，丽儿狮儿降人寰

第一期“青干班”训练结束后，章亚若回到了赣州城。蒋经国安排她在专员公署秘书室工作。蒋经国有事离开赣州，将自己的图章也放在章亚若那儿，一般的公务都由她代为处理。章亚若在做好日常公务外，还帮助蒋经国了解专区所属的十一个县的政情，每当蒋经国到各县去检查工作，往往叫章亚若同去。他所制订的工作计划，也常征求章亚若的意见。每逢星期四下午，是蒋经国接见上访人员的时间，章总是在他的身边记录讲话和填写来访的登记表。章亚若已成为蒋经国不可缺少的得力助手，当然，对章本人来说，能在蒋经国身边工作，也使她感到无比快乐。

1942年夏天，桂昌德接到章亚若的电报，叫她速从临川到赣州会面。路上她一直在纳闷，此时此刻，章亚若究竟有什么急事要电邀会晤呢？会不会是病了？急急跨进章亚若的住所，见章正在吃饭，才放下心来。

见了面，章亚若说出急于要同桂昌德见面的原因。原来此时她已有喜，为了避开赣州耳目，为了寻个高明的产科医生为她接生，她与蒋经国商量决定暂时住到桂林去，那儿省立医院妇产科主任李瑞林大夫，是个有名的专家，到桂林去分娩会安全些。她希望桂昌德能陪伴她一起去。

桂昌德有点犹豫了，生孩子是件大事情，万一有个三长两短，这风险可不好担，想到自己与章亚若姐妹般的情义，又感到该帮她解决一点困难。当时就颇为为难地说：“亚若，这事我有点打不定主意，我怕会有什么麻烦。”

章亚若一手紧紧搭住桂昌德的肩膀，一手拉住她的手臂说：“我正因为想到桂林人地两疏，会有什么麻烦，才想到你呢！只有你陪我同去，我才安心。我与慧风说了，他也同意，准备先将你调到赣州来，然后下个月就去桂林。快答应吧，我的好姐姐。”

章亚若这一番恳切的话，打动了桂昌德的心，她爽快地说：“好，我陪你去桂林。”

在章亚若赴桂林的前一天晚上，蒋经国在城里张万顺酒家为亚若设宴饯行，作陪的仅王升、桂昌德等五个亲信。就在这次饯别小宴上，蒋经国无限深情地对章亚若说："慧云，明天我不能陪你同去桂林了，不过我会常来看你的。我已关照广西省民政厅邱昌渭厅长多来照应你，有什么不方便之处，尽可找他。"回头又半嘱咐，半慰谢地对桂昌德说："桂昌德，这次要辛苦你了。"

1942年9月下旬，章亚若在桂昌德的陪伴下前往桂林。王升借故到重庆办事，特地护送章亚若到桂林车站。

章亚若到了桂林后，先下榻在大华旅社。一星期后，在市区丽狮路上租到了一幢洁静雅致的寓所，经过内外粉刷和油漆，又购置了一套新式家具，这一厅两室加厨房的普通平房，倒也显得挺有气派。

蒋经国既然打了招呼，广西省民政厅厅长邱昌渭哪敢怠慢，他特地到丽狮路来拜访，尊称章亚若为"二夫人"，后来，桂林军政界一些上层人士，也相继来访，有的就干脆称章亚若为"夫人"。这使她内心感到欣慰。

章亚若安顿好新居，便把妹妹亚梅也接到桂林同住，同时又雇用了一个保姆。然后，她在桂昌德的陪同下到省立医院妇产科去做产前检查，找到名闻黔桂的李瑞林大夫。李大夫医德高尚，诊疗认真，她为章亚若做了仔细的产前检查后，含笑对章亚若说："夫人怀的是双胎，现在胎位正常，如果感到不舒服，要及时来医院，平时要注意休息。"

章亚若一听是双胎，又喜悦，又紧张。她每隔一星期，就到医院请李大夫检查一次。

转眼就到春节了。蒋经国特地到桂林来过年。除夕那天，他除了带来一包包的年货，还给章亚若带来一件新年礼物——一条大红绸缎面的丝棉被头。他对章亚若说："慧云，这条被头是我从俄国回来时母亲给我的。我一直舍不得用。这大红颜色，这龙凤图案，象征着吉祥如意，我想你会喜欢。"

章亚若收受这一条丝棉被，又一次感受到了蒋经国的情意。这天，她想亲自下厨烧年夜饭。蒋经国生怕她累了，怎么也不让她去。他把大腹便便的章亚若扶坐在椅子上说："为了孩子，你应该保养好身体。"

在赣州时，蒋经国和章亚若是秘密幽会，到桂林后，才公开了他们的关系，尽管蒋经国每次来只住一两天，最多也没超过三天，有时到重庆去开会，路过桂林只过一夜就匆匆离去，但这对章亚若来说，已经感到是命运之神赐予她极大的安慰和幸福了。

1943年的2月，广西春来早。号称甲天下的桂林山水，奇峰飞青，漓江流翠，山野里的草儿、花儿，沐春风，浴阳光，在吐芽，在蓓蕾。就在这个月中的一天上午，章亚若生下了一对双胞胎。当亲自为她接生的李瑞林大夫告诉她是一对男宝宝时，章亚若苍白失血的脸容顿时泛起了一层喜悦的红云。

一星期后，章亚若出院回到家中。她人还未在床上坐定，就把双胞胎抱在怀里忙着给他们喂奶。她奶水不足，又特地请了个奶妈。她想给孩子们取个有意义的名字，可一时想不出，后来就以所住的丽狮路的路名，分作两个孩子的乳名。老大叫丽儿，老二叫狮儿。等蒋经国来桂林后再一起商量正式学名。

章亚若出院后没几天，蒋经国就来到桂林。他按照奉化人的风俗，给产妇买了桂圆、人参等补品，另外因章亚若奶水不足，他特地带了几箱美国的克宁奶粉。这虽然是美国援华的剩余物资，但对战争年代的江西和桂林来说却已是贵重的营养品了。

蒋经国到了家里，一手抱丽儿，一手抱狮儿，充满了添丁的喜悦，但只住两天就又匆匆回赣州。关于孩子的学名，他说他再去问问父亲。

一天，章亚若听说桂林有个算命先生人称王半仙，能算出人的祸福。她本来不大相信迷信，可生了孩子后，常为孩子以后的命运担心，竟也相信时辰八字和神明了。这次蒋经国来桂林后又到重庆去，他要向父亲禀告他们俩的恋情及生下这对双胞胎的情况。现在老先生的态度会怎么样呢？会承认她这个"媳妇"吗？会承认丽儿、狮儿吗？章亚若心里总有点不踏实。

王半仙为两个婴儿算命，对章亚若恭维一番后，说是两位公子将来虽然大富大贵，但命里克星很重，要遭别人欺侮。章亚若属兔，无力保护令郎，要制服克星、渡过难关，需要尽快认一个生肖属老虎的干娘。

谁可以充当这两个孩子的干娘呢？一个星期天的下午，正好潘宜之的夫人王尊一来看望章亚若和双胞胎，章亚若就把王半仙算命情况讲给她听，并要求她帮助关心一下亲友中有没有属老虎的女士。王尊一听了后，就眉飞色舞地自我推荐：“太巧啦，亚若，我就是属虎的，我来当丽儿、狮儿的干妈怎么样？你同意吗？”

潘宜之曾任国民党政府经济部次长，是个颇有影响的人物。章亚若自然乐于接受他们的厚意，当即便抱起孩子认了。潘宜之和王尊一后来以干爹妈的身份送礼物，其中有刻有“长命富贵”的银锁片。蒋经国和章亚若也回了礼。另外，又择了个吉日办了两桌酒来庆贺丽儿、狮儿喜认干娘，民政厅厅长邱昌渭等官员，应邀来丽狮路赴宴。

半个月后，蒋经国又赴重庆，回桂林时给章亚若带来了喜忧参半的消息：喜的是老先生对经国和她的结合已认可，并为两个孙子以孝字辈取名——丽儿为孝严，狮儿为孝慈，忧的是老先生主张让孝严和孝慈从母姓章。这无疑给章亚若带来了痛苦，但她发觉蒋经国为孩子的姓也显得内疚不安，于是只好把自己的痛苦和担忧压在心底，她仍以喜悦的神色，表示感激公公的宽宏和关心。

得“暴病”，抛儿魂归离恨天

章亚若面对严酷的现实，对自己今后的生活道路作了反反复复的思考，她打算在万不得已的情况下，就到美国或英国定居，要尽一切努力将孝严、孝慈抚育长大。为此，她在产后两个月，就苦学英语，特地请了一位在桂林工作的美国人做她的英语教师。

五个月后，孝严、孝慈兄弟俩已长得十分活泼可爱了。这天，章亚若特地请了摄影师为她母子三人拍了照片。其中一张就是本文开头所提及的——章亚若坐在椅子上，左手抱丽儿，右手抱狮儿的那一张。她秀发披肩，脸含甜笑，充满着做母亲的骄傲和喜悦。

可是，就在这个时候，章亚若遇到了一系列蹊跷的事情。9月初的一个上午，章亚若和桂昌德一起上街去买东西，发现有人在暗暗跟踪她们。回家后，她不安地对桂昌德说自己有一种不祥的预感，怕在桂林难以久留。想同蒋经国商量单身先回赣州，将两个孩子暂时放到干娘那儿去，可又放不下心来。

没几天，章亚若寓所又发生失窃事件。窃贼在深夜翻窗而进，偷去了一些生活用品。民政厅厅长邱昌渭闻讯后，即派士兵到章亚若家门口站岗放哨，并通知警察局抓住窃贼，追回失物。

为了感谢邱昌渭的关心，这天晚饭后章亚若特地到他的官邸去拜访，就是这一天到邱府去过之后，章亚若感到身体不大舒服。坐了一会就告别回家，邱昌渭送她到门口，说第二大上午他将派车子送她到省立医院去看医生。

她回到家里后，量了一量体温，有几分低热，还稍有腹泻，桂昌德和她的妹妹都劝她早点休息，而她自我感觉尚好，仍坚持学了英语后才入睡。

第二天上午，邱昌渭派小车来到丽狮路，要送章亚若到省立医院去治疗。章亚若还觉得一点点小毛病用不着上医院，况且早晨起来后，已感到舒服多了，但见邱派车来接，也就不再推辞。

章亚若到了省立医院，由内科医生作为急诊病人为她诊治，还照顾她住在单人病房里。不一会，桂昌德的胞兄桂昌宗闻讯也赶到医院来探视。本来他们坐在章亚若的病床边，而医生却要他们到病房外等候，并吩咐他们到街上去为病人买冰块。

医生给章亚若检查、服药、打针后，才让桂昌德他们进去。医生在病房门口对桂昌德说："章女士病情不轻，你们要多让她安静休息，少跟她说话。"

章亚若也许被打了镇静剂，她昏昏沉沉地睡了一会。醒来时，她感到有气无力，浑身难受。她不解地对桂昌德说：“医生给我打针、服药后，怎么反而感到更不舒服？”

桂昌德当时还安慰她说：“你安心休息，会好的。”她不敢把医生说的“病情不轻”的话告诉给她听。

桂昌宗花了不少时间，好不容易买到了冰块，医生又说打针后热度压下去了，冰块暂时可以不用了。

下午，章亚若病情突然恶化，身上出现了一块块带紫色的血块。昏睡一阵后竟连言语也发生障碍了。桂昌德和桂昌宗急忙找来了医生。医生用听诊器听了一下章亚若的心脏，又给章亚若打了一针后，用无可奈何的神情说：“我们已用了最好的药，看来疗效并不显著。”章亚若的妹妹章亚梅也已赶到医院，她“噗”地跪在医生面前哭着恳求道：“医生，救救我的姐姐，救救我的姐姐……”

章亚若苦苦挣扎着、她低低地，喃喃地问着：“我怎么会不行了？我怎么会不行了……”她眼皮垂下去了，在桂昌德连声“亚若！亚若”的焦急呼喊中，她又用了她生命弥留时的最后一分力量，艰难地睁开了双目。当她看到病床前只有桂昌德、桂昌宗和妹妹亚梅，于是又低低地问道：“慧风……能……来……吗？……丽儿、狮儿……”她转过头向病房外面注视着。她的灵魂在挣脱躯壳的最后时刻，是那样的痛苦、那样的不甘心。她断断续续地对桂昌德说：“快……快……拿纸……笔……来，记……下……我……的……话……”

桂昌德急忙拿来纸笔，记下了章亚若的临终遗言。

章亚若叮嘱桂昌德，要把她的遗嘱和一条丝棉被头等遗物，亲手交给慧风，叫他要好好照顾孩子，她还特别关照桂昌德几句重要的话，等将来孝严、孝慈长大成人后当面转达他们兄弟俩。

章亚若讲完遗嘱后没多时，又昏迷过去，从此再也没有醒来。

章亚若“暴病死亡”的电报打到赣州。蒋经国得此噩耗，似闻晴空霹雳，震惊而又沉痛。然而他未能亲自来到桂林为章亚若送葬。他只好派他的亲信——盐务处的官员王制刚赶到桂林协助民政厅厅长邱昌渭和桂昌德一起料理章亚若的丧事。他给桂昌德、章亚梅的一封亲笔信中，除了布置丧事外，还写了他悲痛的心情："慧云不幸'暴病死亡'，离我而去，悲哉！痛哉……"

桂昌德为章亚若寻找吉祥的墓地，几乎踏遍了桂林市郊的山野，最后在凤山脚下选中了一个地方。丧事结束，王制刚表示由他将孝严、孝慈领回去托人代养。桂昌德挺身而出道："我是主任派到桂林照顾亚若和孩子的。现在夫人不幸身亡，我有责任安排好丽儿、狮儿的生活，王长官不必再费心了。"

"你打算怎么办呢？我回去要向主任禀告。"王制刚不放心地问。

"我准备和亚梅一起将两个孩子送到万安他们外婆那儿去，由章老夫人去抚养。"桂昌德把和章亚梅一起商量过的主张，告诉了王制刚。

王制刚觉得这样也能使自己省事些，他表示赞同后就匆匆回赣州去交差了。

桂昌德和章亚梅退去了丽狮路那座曾经充满着温馨的住房，抱着丽儿、狮儿来到章亚若墓前挥泪叩别回江西。

桂昌德回到赣州。向蒋经国诉说了章亚若"暴病死亡"的经过，并将遗嘱、遗物一起交给了他，蒋经国接过遗嘱和遗物时，泪如雨下，久久没说一句话……

蒋经国在赣南的几件事

李皑白

回忆四十多年来的沧海桑田，往事历历在目。现将我了解的蒋经国在赣南的几则逸事分述于后。

山麓开设阅览室和茶水站

我们宣慰团的办公楼因遭敌机轰炸，无法办公，遂迁到江西高等法院（今地区公安处）旁边的房子办公。当时蒋经国兼抗敌后援会总干事，他派朱崇禧（即承熙）领导我们宣慰团的工作。为了方便群众躲避敌机空袭，我们在水西佛岭背山麓下，搭了几座草棚，陈列了一些书报、杂志，烧好开水，每日供应来躲敌机的群众休息。

抗敌后援会的施粥厂

那时，日军的飞机经常窜到赣州轰炸，城里许多群众在早饭后，都要出城躲避敌机空袭，一直要挨到下午四五点钟才回城。为了给群众中午充饥，抗敌后援会在西津路开设了一个施粥厂。有一天，我向小黄说："只有两担米了，再施粥一天，厂子就要关门了。"小黄回答道："你晓得啥，明天要蒋专员写一张条子，要几多就担几多来，快洗碗吧！人家等着喝粥呢！"

"你不是中国人!"

1942年1月15日日机轰炸赣州城后，蒋经国带领抗敌后援会人员前去抢救。在新赣南路口，蒋经国听到从废墙残壁中传来的哇哇啼哭声，就用锄头去清理砖渣瓦砾。他一抬头，看见一位军官路过，便对我说："小李，请他来！"我便去请那位军官过来挖土，可是，那位军官不理睬我，竟自扬长而去。这一下触怒了蒋经国，只见他大踏步走过去，气冲冲地说："你见死不救，不是中国人！"并把那军官的符号撕了下来，责令他跪下。

挂上校衔的赌棍游街

我们宣慰团每天凌晨三时许到赣州公园练嗓子，四时回团部抄电文简讯，五时到各城门通衢大道张贴。有一天早晨六时，我看见街上一伙人身穿军装，头戴着写有"赌棍××"字样的高帽，手提小锣，自敲自喊："赌棍照样！"小周碰碰我说："乖乖，挂上校衔的军官老爷，还要游街示众。"有的观众窃窃私语说："昨夜，蒋专员化装卖清汤的上了利民商场（今赣州百货商场）楼上，把聚赌的人全部逮捕了。"有的说："后面这一伙，就是西门盐务局的老爷们。"军警在监押他们游街示众后，就牵他们到赣州公园内的"抗日阵亡将士纪念碑"下面与木制汪精卫跪在一起。跪后，押送他们到东门天竺山强民工厂劳动。

军官看白戏的下场

我们抗敌后援会的经费来源，有一部分是由赣州电影院、赣州京戏院、老福兴东河戏院等供给的。每晚开演前，我们要轮流派人去作十分钟的国内外形势的讲话。有一夜，赣州电影院由童子军查票对座。一童子军向一军官举手敬礼毕，说："请长官拿出票来对一下。"这军官不但不拿票，反而一巴掌打过去，并说："老子看戏，还要什么票！"约莫十分钟，保警队包围了戏院，把这位军官捆绑而去。

建设新赣南誓师大会

蒋经国提出建设新赣南五大目标以后，为了动员民众建设新赣南，于1940年11月上旬举行了一次誓师大会。

大会司令台设在赣州公园对面至圣路口（今市公安局门口），站在司令台中央的蒋经国发表短篇演说后，举行了群众游行。蒋经国频频向游行群众招手。站在左侧的几个俄国人，拍照了游行队伍。走在游行队伍前头的是步伐整齐、手拿铁锤斧头的工人大队，接着是肩荷锄头的农民大队，手拿算盘的商人大队，背着书包的学生大队，手持步枪的军人大队，穿着白衣的医护大队，胸佩"公仆"徽章的公仆大队……队伍从东面走向检阅台受检。当晚还举行火炬游行，大街小巷灯光和火炬通明。

城门设卡　妇女剪发

赣南妇女原来梳的是团形发置至后脑壳上，用一只小丝网罩着。为了移风易俗，蒋经国推行了妇女剪短发。有一段时间曾在各城门口设卡，每天派赣县妇女指导处的工作人员对进出城的妇女强行剪发。大部分妇女还是乐意接受的，也有极个别的妇女想不开。

蒋专员讲笑话、做游戏

1942年，正是蒋经国提出“建设新赣南第一个三年计划”期间。每天东方发白，各单位的工作人员都跑步来到体育场集合，升旗后就跑步，跑毕大家围成一个圈圈，听蒋经国说笑话。他说：“什么人适合做什么事，只要看这个人戴的帽子，就可以看得出来。帽子戴得很正的，就忠诚老实，适合当保管；帽子戴在后面的，性情就粗暴急躁，适合打先锋；帽子戴得稍微斜一点的，头脑就冷静，有智慧，有韬略，适合做领导。”

接着他叫人写好一个“羊”字、一个“猴”字，叫大家来抽签。我也跑着去抽到一个“猴”字，蒋经国抽到一个“羊”字。他自动趴在地上，要我这个猴子骑在他背上。他爬了几步，起来说：“小李！我也要当一下猴子。”他骑在我背上走了几步才罢，逗得大家哄堂大笑。

推行集团婚礼

为反对结婚铺张浪费、大摆宴席，蒋经国在赣南有一段时期推行集团婚礼，经常主持集团结婚典礼。但在推行中也出现一些缺憾。过去青年人结婚，一向是媒婆包办，很少是自由恋爱的。所以举行集团结婚典礼时，新郎新娘来到礼堂，排成两行，来几个向左向右转，穿插几下，搞得新娘子晕头转向。回家时，认不得自己坐来的“花轿”，便有坐错了回家的，加上素不相识，甚至传说有的弄假成真，搞得哭笑不得。这笑话，一直流传至今。

赔礼放鞭炮和贬官削职

粮食征购征实，老百姓称之为“征狗征贼”（照方言讲“征”是喂的意思）。当时，乡公所的人很横蛮，在粮食征购征实中，经常采用捆绑、禁闭等手段。

南康县石塘乡乡长严绍宗，在征购中，与他乡不同，别的乡还晓得见风使舵，讲点人情，而他却铁面无私，不管是谁，欠了公粮就关。军官温忠韶欠了公粮，也不例外。他缴清粮被释放后，就电请在外地的本籍部分军官回乡，派出代表向蒋经国交涉，提出了两个条件：一是把严绍宗交出来给他们惩办；再是如果不肯交人，除非蒋本人亲自来南康鸣鞭炮赔礼道歉，否则，他不要爸爸，我们也不要校长，把前方的部队拉回来干一场，二者由他择一。蒋经国还是选择了第二个条件，亲自买了鞭炮去南康向军官们赔礼放鞭炮。此后，这些参与此事的军官回部队后，都受了处分。

蒋经国视察安远水灾

欧阳安良

谈起水灾，民国二十八年（1939）的安远县端午洪水至今五十年了，回忆起来记忆犹新。当时，专员蒋经国来我县视察灾情。他来我家，我是端茶送烟的招待人员之一。

安远县地处赣江贡水上游山区。那年正月雨水后的天气是阴多晴少，尤在黄梅季节，阴雨连绵，暴雨时作，俗有清明水、端午水之谓。

1939年农历四月初七起，连续下了二十多天的雨，五月初一整天倾盆大雨，初二黎明前开始山崩。只见东方发白，山洪暴发。霎时，洪水涌进县城，淹没街道，冲进店房。城郊上下水背，尤其是古田坊民房处于汪洋大海、狂波巨浪之中，一千多乡民来不及逃走，困在洪水之中。男女老少栖身于门前屋后的大树上避难。这次洪灾，不仅沿河两岸遭灾，而且祸及高山居民，如安子岽柴棚住民因山崩而丧生。全县生命财产之损失实难估计。老人说，这是近一百年来最大的一次水灾。

水灾一出现，县政府立即电报省府和专员公署。专员蒋经国偕僚属于初九日抵安远。同日傍晚，我哥欧阳恕接到县长梅绥荪的手谕："明天（初十）上午，蒋专员来你乡视察，希殷接待。"送信人还说，县府另有通知给联保主任，也来这里。

当时我家住在古田凝瑞第，接到县长的手谕，感到有些为难，因为我们从来没有接待过专员一类的高官。次日早饭后，我叔侄三人在大门口等待，迎接客人。九时刚过，蒋经国一行八人身穿蓝色制服，脚穿胶鞋，僚属手提皮包，也有的腰挎短枪，由梅县长等人陪同前来。蒋经国面带笑容，与我们一一握手后，入大厅落座。我们敬茶送烟，蒋只饮茶不吸水烟。蒋问："这里的水有多高？"我哥指着壁上留下的大水痕迹说："到这里。"蒋站起来，水痕已齐胸高。梅县长说："这里好在有高屏阻挡，水势不急，房子又是火砖砌的，否则，也会倒的。"他接着说："你家腾出房子给灾民住，做了好事，今天我们先到这里来看看。"我哥说："长官光临，草舍生辉，招待不恭，请予宽恕。"

他们在我家吃了一顿茶点，感到土产乡味别有风趣而满意。餐毕，联保主任也来了，将灾情民情向蒋简要地汇报。他们一行在我家逗留了一个多钟头，然后由联保主任和我兄弟等人为向导，引蒋经国、梅县长一行先去下庄视察，接着顺河岸而下，视察了古田双香、河唇、桅杆下、薛屋坝、下山坝、过道行，而至水口寨、畔眼、流芳第等地。看见这些地方的房子大都倒了，尤其是过道行、下山坝被冲刷一光，残存屋脚也被沙石埋着，灾民有的借他人的房子住，多数灾民则临时搭茅棚栖身。视察时，蒋还揭开灾民的锅盖、钵盖，见少数人有些米汤残物，多数吃薯干、野菜，默默不言，心情沉重。

蒋在田段中走时，看见很多大人小孩在田里洗禾叶，扶起被冲倒的禾苗，便问一位老农说："禾被冲得这样坏，扶起来，将来还有收获吗？"老农说："禾秆被冲断的必死，没有冲断的，洗掉叶上的泥巴，扶起来，将来可能还有几成收，必是大减产。能救点就救点吧！""对。"蒋说了一声鼓励的话，就离开了老农，继续前进。

来到桅杆下，突然有位白发老人跪在蒋的面前，哭诉了灾情。蒋即将老人扶起，安慰数言，并对其随员说："给他一点。"随员打开皮包，拿了法币陆元（当时约可买二担谷）给老人，老人接款后作揖致谢。

这天风和日丽，蒋、梅一行十三人的裤脚、鞋袜都沾满了泥巴，因为道路上留有一层大水后的淤泥，尤其是走田塍路，又狭又滑。蒋经国年轻身体结实，走起路来，轻松灵活。梅绥荪县长年老体胖，虽手持木杖，走路仍常打滑，一步三摇，身体摇晃若倒，令人担心。他们在受灾最严重的村舍走走停停，忙于视察灾情，以至连午餐也没有吃，不觉日落西山。蒋对梅细言后，梅对联保主任说："你们回去做好准备，明天进行施饭。现在我们回城去。"联保主任说了一声"好"。就此告别，各自回家了。

11日早晨，政府派员送来救灾施饭款。联保主任在早饭后，派人去买米，上午开始就在桅杆埋十多个灶煮饭，并派人敲锣告知灾民来领饭。约在下午四时左右，古田灾民各乡派代表前来领饭，有的率儿带女一家人就在桅杆下吃完饭再回家。从这天起，施了三天饭。在三天中，蒋派一名随员来监督并了解情况。

同日上午，蒋经国与梅县长在县府召开了全县城乡十大富户会议，会议决定成立救灾评卖米委员会，梅县长兼任该会主任。议定每户每日交十担谷的大米给委员会评卖，评价比市价低一半，卖期至新谷登场上市为止，还议定了评卖米的其他有关规定事宜。我叔叔参加了这次会议，我家按规定每天将米送到委员会（设在县政府大门旁的一间房子）去卖。在评卖米中，各富户大多能遵守规定，但也发现一富户将掺了水的米交给委员会。结果，县府对其从严惩办，判这户为弄虚作假、破坏评卖米罪，罚其每日仍要交好米外，还坐了半个月的班房（监狱）。

12日上午，在县城县立第一区小学的会场（原真君庙）召开了城乡民众大会，到会者男女老少有五六百人。蒋经国在会上讲了话。他表示对灾民的慰问，并说要采取各种措施（如施饭、评卖米、拨款……）来救灾。他还说，如有人在救灾中不法捣乱，一经查实，严惩不贷。同时他还要求民众努力生产，重建家园。

蒋经国在安远逗留了好几天，还到了南区、北区灾地视察。后来，专员公署拨了救灾款。究竟拨了多少、如何开支，要当事人才明白，民众是不知详情的。

（欧阳意　整理）

蒋经国视察安远小学记

唐宗陶

蒋经国任江西省第四区行政督察专员时，提出建设新赣南，声噪一时，有时他还到各县去走走。

1940年4月一天，安远县立第一区中心小学校突然接到县府的通知，将专员于明日上午来校视察，需整队来府迎接。于是，学校师生在次日早餐后立即整队，数百人浩浩荡荡前往县府迎接长官来校，在县府大门口大坪等了一个多钟头，不见专员。后来，教育科的人说，专员不知何往，也许早到学校去了。全体师生速返校，将至校门，队伍自行解散。天真的小学生如蜂拥入大门，奔跑、叫唤、嘻嘻哈哈，一时闹哄哄，秩序有些乱。就在这时，有个陌生人被学生奔跑所碰，幸好未被碰倒。教师见这位被碰者在校内东张西望，似乎与常客有点不同，经请教后，方知他就是学校所要迎接的长官。消息传开，校内顿时肃静，上课的上课，各司其职，秩序正常。这时县教育科漆胶如也来了，偕教师同请蒋经国至各处巡视。蒋说，不必看了。其实蒋在师生列队出校门后即入校内，对办公室、教室、寝室及周围环境都已查看，所以无须再看了。于是，他们引蒋入总务主任何日星办公室饮茶暂息。

入室后，蒋问："校长呢？"何答："没有来校。"刚落座，见一公文橱未锁，蒋随手打开橱门想看个究竟。谁知橱门刚开，一物突然就向蒋胸前窜来。蒋惊退一步大声地喊：“耗子，耗子！”本来橱门常关着，不知老鼠什么时候入橱偷食，吓了蒋一大跳。何日星老师送上了一杯茶，蒋也不喝，怏怏不乐地打道回县府去了。

后来，蒋经国对这事不仅在县里会议上说了，以后我代表安远教育界人士与县长等人去赣州参加第四行政区扩大会议时，还听到蒋经国在大会讲话中言及在安远小学被只耗子吓了一大跳这回事。可见，蒋对此事是耿耿于怀的。

次日，在县府礼堂召开了县城各机关单位公务人员暨教师大会，蒋经国在会上讲话中说：我到第一区中心小学看了，学生很好；就是该校校长欧阳海办学不力，爱吃爱打牌，只拿薪俸不来校办事，教师的薪俸也不发给，甚至公文橱内白天有老鼠。不把他的校长撤掉，学校是办不好的。就这样在会上一说，果然不久，县府叫我去接任该校校长。这次蒋巡视学校引起几种说法。有的说，蒋很阴险，办事搞突然袭击；有的说，若不是蒋来了，不办实事的校长换不了的。

1941年夏的一天，我校接县教育科的通知，要学校选十名学生去县府开座谈会。第二天早饭后，我领着十名学生参加座谈会，到会才知道蒋经国来了。

会议地点是在县府大会议室，与会者围成一个长方形，每人有一杯茶，桌上还有一些糖果饼点。这一次，名为蒋经国接见学生座谈会，实际上是蒋对学生进行一次口头考试。蒋在座谈会上提出了很多试题，例如：中国领土面积有多少、有多少省市、各省简称是什么、省会在哪里；全国有多少人口；哪省人口最密、哪省人口最稀；中国经历了多少朝代，哪些朝代最强盛，皇帝是谁；三皇五帝是谁；长城、运河是哪朝所建；长城起讫于何省何关；经过几省；何谓“贞观之治”；我国历史上有哪些民族英雄？我国古代有几大发明；何时何地何人焚毁鸦片烟；何谓戊戌政变、辛亥革命；三民主义指哪三民，谁倡导；何谓新生活运动，谁倡导；建设新赣南五大目标是什么；世界有几大洲；第一次世界大战的因果如何；第二次大战中的同盟国、轴心国主要有哪些国家，各国领袖是谁；日本何时开始侵略我国；何谓卢沟桥事变；何谓“三光政策”；等等，从中国到世界，从历史地理到政治时事，提出了几十个问题，并指定学生回答。参加座谈的是高小毕业班的学生。座谈时，我和学生的心里最初有些紧张。后来，学生对答如流，蒋甚满意，我也放心了。时至中午十一点半才结束这次座谈会，我和学生高高兴兴地返校。

（欧阳意　整理）

我所见到的蒋经国

俞斐章*

蒋介石的广西桂林禹山庙官邸住着蒋的警卫团第一连。1940年9月上旬的一天，营房门口来了位身着藏青中山装、头戴礼帽、夹只黑皮包的成年人，卫兵上前拦阻。来客对卫兵说："我要见你们连长。""连长在上课，请等一等。"来客取出一张无衔名片交给卫兵："你拿去，连长会见我的。"卫兵宋教室将名片递给我，只见赫然"蒋经国"三个大字。我立即趋步到营房门口，见蒋经国在距卫兵五米处站着，我立即向他敬了个礼，接他到连部坐下。我边倒开水边问："专员从赣州来？""是的。"蒋经国答道。这时全连干部和不少战士闻讯都来看他并向他行礼。他站起来很愉快而又温和地说："你们都在此，坐下，坐下！"他又转向我说："都是新战士？""是，才入伍不到四个月，不认识专员。""好，已懂规矩了。"我请示他："是否通知行辕和省府主席？""不必告诉他们，就在你处住两天。""请专员到先生（指蒋介石）住室去休息。""不，随便弄个房间就可以。"

我们整出一个房间作为他的临时休息室。中餐时，张特务长分出点便菜和一碗蛋汤端进蒋经国房间，却被蒋退回，他说："我与你们一

---

* 作者时任蒋介石的警卫团第一连连长、蒋介石随身侍卫。

道吃。”晚餐，特务长买了一只母鸡。他见了又说：“为我添的？以后不必。”他又问：“你们每月伙食吃几块钱？”“九块。”“士兵呢？”“六块。”“每天每人粮食吃多少？”“一律二十二两。”“吃得饱吗？”我回答说欠一些，只有抽点菜钱买市米。第二个月起，我们食米每人每天增加了二两，也许是他回重庆后关照了军委会吧。

当天夜晚，我关照值星班长，翌晨不吹起床号以免影响蒋睡眠。可是，第二天我们出早操时，他早在室外做健康操了。第三天早餐后，他命我换便服随他一同外出，到西门附近靠城墙不远一幢西式小房。小房女主人接我们进入室内。蒋就给我们介绍：“这是李秘书，这是俞连长。”原来小屋只住这夫妻两人。中餐在李家，主客共四人。下午二时，蒋命我回连。当夜，蒋经国住在秘书家，直到第三天下午才回来。他命我电告黄主席。不久，黄来车接他去省府，夜十时许方回来。翌晨乘飞机去重庆，临行以电话向黄主席辞行。

1944年，我调进警务组，与他虽常见面却无由聊谈。1949年元旦后，蒋介石卸职返溪口。农历除夕，蒋经国代父宴请侍从人员。席设丰镐房，都是宁波道地菜，很丰盛。酒半酣，蒋经国起立说：“你们很辛苦，没什么可吃的，多喝杯酒吧！”

抓赌余闻

徐浩然

太太跪公园

蒋经国禁赌，有一个绝招，抓到了赌徒罚跪公园三天，上下午各跪三个小时，男青年还要送壮丁。他严令警察局队和赣州区政府切实执行，不得徇情包庇。从此，赣州公园经常有赌徒罚跪，抓得多的时候跪一排，好像看把戏似的，观众十分踊跃。轰动了整个赣州。

有一次在文清路赖宅（唯吾德馨堂系赖伟英私宅）抓到四个妇女打麻将，因为她们都是有权势之家的太太，警察局不敢摸这个老虎屁股。要问她们的老公是何许人也？一是吉泰警备司令赖伟英少将，一是蒋专员手下的专署秘书杨万昌，一是南昌市立银行总经理贺济仓，还有一个什么刘处长。

贺、刘二妇很机灵，一听打门声音不对，立刻从后门溜掉了，司令太太胖跑不动，秘书太太自恃老公是蒋专员手下红人，不在乎。

警察挠头了，怎么办呢？只好打个电话问“老板”。

蒋专员听了电话，停了片刻回话道：

“管他什么司令太太，总司令的太太赌博抓到了一样罚跪。你们只管放手去干，有我担待！”

接到令箭，胆子壮了："对不起，两位太太，到公园去！"

杨万昌刚从外面出差回来，一进赣州城门就闻此讯，急忙跑去见蒋，请专员给个面子，免了他老婆跪公园，他具结保证好好管束老婆决不再犯。没想到蒋竟板起面孔来，不仅不给面子，反而斥责他家教不严，纵妻赌博，破坏禁赌，有意拆台！杨见已绝望，就悻悻辞去，只有眼睁睁看着老婆在公园罚跪，抛头露面丢人现世。这口气实在咽不下去，杨万昌立即辞职，三天过后离开了赣南。

再说司令太太，家里急电赖伟英，没有回电，已经跪了一天公园，明天还得去跪，偏偏碰到大晴天，虽然不是三伏，也晒得满头大汗，加上胖子怕热，浑身好似上蒸笼般难过。

司令太太跪公园，在当时来讲，真是天下奇闻，一传十，十传百，这个新闻不胫而走，传得比风都快。

"快去看司令太太跪公园啊！"

有些快嘴婆一路走一路叫，跟着去看的人越聚越多，团团围住，密不通风，警察横起步枪来维持秩序。男女赌犯跪了一排，最显眼的是跪在中间的两位：司令太太和秘书太太。

男女观众们一边看一边指指点点，议论纷纷。

司令太太跪在那里又热又累又羞又恼，早已受不住了，现在看见观众越聚越多，就像看新捉到的古怪动物一样，忍不住歇斯底里地撒起泼来，大哭大骂，骂了一些很难听的话，当即有耳报神报给专员。

蒋经国听了报告冷笑说：

"犯了法还这样放泼骂人，送她到新人学校去教养三个月！"

跪完三天后，果然把赖夫人送到新人学校来了。我时任新人学校校长，正在不知如何是好，没料到张胖子（寿椿）跑来悄悄对我说：

"赖伟英是黄埔一期的老牌子，又是江西地头蛇，过了十八滩（万安）就是他的天下，太子是要升大官的，迟早会离开江西，我们还要在江西站脚，万万不可跟地头蛇结仇结冤哪！"

"那怎么办呢？"

“尽量优待她，想办法保她出去，今晚要你老婆弄一桌好菜请她宵夜，给她压惊，我也会来，要保密！”

我把赖夫人安排在一个单人房间里住下，还派了一位勤杂员侍候她，又拿了几支织麻袋用的黄麻，嘱咐她如果有人来参观视察，就坐到门口来撕麻做做样子，没有人来就睡大觉。为了怕人认出，可以戴大口罩，这是我在新人学校接纳的唯一的一位“超级”犯人，因为她是官场拉关系的一张有用的好牌，说不定在什么时候什么地方就能派上用场。

到了晚上，菜弄好了，张寿椿也来了，请赖夫人上座，我夫妇同张胖子给她敬酒压惊。她十分感激我们三人，把我们当亲人，同时又挑起了她的委屈羞愤，哭得伤心噎气，我的妻子好不容易劝住了她。

第三天，赖伟英赶来了，原来他正在吉安公干，回泰和接到电报就赶来了。一到赣州听了经过，马上去找蒋专员，没有想到蒋竟给他吃“闭门羹”，不见。

赖伟英碰了这个钉子，气得浑身冒火，但也无可奈何。张胖子陪赖伟英来到新人学校，我在家里设宴为赖接风，赖一见老婆就气得破口大骂，我和张劝住了他。

赖愤愤对我说：“蒋经国对我太过分了！太过分了！想当年我跟他老太爷东征北伐，也立过汗马功劳，万万没想到他今天当了专员却给我这样下不了台！”

碰巧这时候蒋专员有事到桂林、重庆去了，我灵机一动，出了个主意：由赖夫妻自己出面，请了一个赣州著名中医开了一张诊断书，证明她有心脏病，请求保外就医，我找到副司令吴骥、专署秘书周灵钧和军法官蒋善初三人疏通，他们都默许，很快就把手续办好了。那位临时的超级女犯人就恢复了太太派头，跟着当司令的老公回家。我这个打圆场的也就圆满成功了！

赖伟英对我当然是领此盛情的，后来我因事经过泰和去看他，他们夫妻像接待贵宾一样设宴款待我。往后，如果我有什么事找他帮忙，当然没有二话，一定办到。

这一套阳奉阴违、八面玲珑的做法，本是蒋家王朝的官风，就是在“新赣南”也在所难免。就说我自己吧，当时总算是“新赣南”的青年骨干，蒋专员的忠实信徒，从外表看朝气蓬勃，而且全新，可是到了后来，有时碰到个人的利害关头，骨子里却是搞的另外一套。

偷梁换柱

还有一次，省警二大队的刑警人员在赣州生佛坛前捉到一桌赌，四个赌犯全是财神爷的账房，而且都同张寿椿大队长有交情。

人，带走了，桌面上的钱自然就被来捉赌的刑警队队长全部扫光。

被抓的四个人心里好似滚油煎，害怕跪公园，更害怕送壮丁。四人家里都托了头面人物去找张大队长说情，请酒送“条子”（金条）当然不在话下。张寿椿因为这四位财神爷的账房都跟自己有交情，有利害关系，决不能袖手旁观，但也不好埋怨部下抓坏了。现在人已抓来，明天就要送去跪公园，年轻的两位还要送壮丁，怎么办呢？

别看他吃得脑满肠肥，可他脑袋瓜子却是非常灵光的，当时他眉头一皱，立刻计上心来。

第二天上午，按时从拘留所把四个赌犯提出来，押到公园去罚跪，可是，头天晚上抓进来的赌犯本是四个男子汉，现在竟然变成了四个老太婆。

原来大队长用了偷梁换柱之计，收买了四个老太婆去掉包，代替那四位财神爷的账房去跪公园。

当然不会白跪，而且代价不低，听说每人代跪三天送三只金戒指，合起来五钱重，抵得五十块现洋。原来重赏之下也有勇妇！

至于张大队长得了多少根“条子”，只有他自己知道。

我说：“大队长你胆子不小哇！”

胖子说：“老兄，瞒上不瞒下嘛！”

瞒上不瞒下，只有蒋专员蒙在鼓里。

他就是知道了，也只有开只眼闭只眼，因为“新赣南”的大小干部当中，像张寿椿这样的人，不是一个两个。

从门缝里看后院

蒋专员在赣州禁赌抓赌，雷厉风行，惊天动地，赌风为之大戢，为革新社会风气似乎做了一桩好事。

可是赌博禁绝得了吗？看看前面两节，就可知道一个大概，进一步，让我们再从门缝里看看后院吧。

首先，蒋专员的部下，而且是那些骨干分子，掌权负责的干部，也并非个个都是忠心耿耿，表里一致，拥护他禁赌的，躲在家里打麻将的大有人在。有一回被蒋经国撞见了，大家很尴尬，蒋苦笑说：

“收起来，收起来，让外面知道了多不好！”

就在蒋专员自己家里，也有亲戚老太太们喜欢摸几圈麻将，蒋看见了赔笑脸说：

“你们喜欢打牌，可以同我坐便车到衡阳、桂林去住些时候，尽你们打，天天打都可以。玩个痛痛快快，可是在赣州，特别是在我们家里，不能打，我正在禁赌抓赌呀！”

再说那个警察头子，省警二大队大队长张寿椿吧，他受了蒋专员知遇之谊，又受了蒋的抓赌重托，照理说他自己总该是不赌的了，谁知张大队长不但照样赌，而且他是一个赌瘾极大的特级赌徒，口袋里有的是钱，输赢动辄几百几千。他经常邀请银行经理、商店大老板、过往的文武官员，到家里来赌钱，他家里就是一个大赌窟。当然，他是躲在深宅大院里赌的，防卫严密。况且他是赣州负责禁查烟赌娼的头子之一，谁又会去抓他呢？就是蒋专员知道了，也会装聋装哑的，因为张寿椿是他的宠臣爱将，又是客卿。

水上迷魂洞捉鬼记

水上当真有鬼吗？有，赌博鬼！在哪儿赌？在水上迷魂洞！洞在何处，老赣州也不一定个个知道。

那时赣州的涌金门、建春门、西津门、八境台，各处都有水码头，每日往来客货运输繁忙，吞吐量大，贸易额也大，不但有轮船、民船，还有竹木排，其中生意最大的也算竹木排。

每逢春夏二季涨水时，从三南和崇义、上犹等地，便有大量竹木排顺流而下，分从章贡二水进入赣江，在八境台或储潭稍事喘息，又经万安十八滩顺赣江而至吴城、湖口进长江。

因为竹木排托运的往返时间长，往往成年累月，故而水上生活也要作长期打算。大排长达上千米，好似一条长龙，排上有房子，有的排还有菜园、花园、鸡栅。

有些排商大老板，特别是南京、常州帮的大排商，都是腰缠万两的阔佬，一个个赚饱了钱，就吃喝嫖赌，从岸上赌到排上，有时通宵达旦。

于是乎水上花园变成了迷魂洞，一入洞中就迷了魂魄，很不容易钻出来，经常有人一败涂地输得精光，有的脚底擦油逃之夭夭，有的就跳下河去找龙王爷借钱扳本去了。

当时（1940年），蒋经国对岸上的赌禁得“差不多”了，听说水上也有赌，就命令要抓水上的赌，但因竹木排商们在排上赌，顺水流舟边走边赌，岸上警察鞭长莫及，徒唤奈何！后又听说排商停靠码头时，也照样赌，这就有门了。

我找到江西省水警总队驻在赣州的第九中队队长徐麟商量，由赣州市区署和水警中队联合抓赌。

有一天，东郊镇镇长黄天铎来区面报：有一伙常州帮木商，在东门外龟角尾的兴隆木行老板王金材家里赌了几天，又搬到储潭木排上去赌，大吃大喝边吃边赌，还有私娼陪酒。

兴隆木行王老板，在赣州乃是木排商客行帮中的一尊财神，能抓住他就好办了。

于是我立刻去找徐麟商量，又同去找专署情报室主任杨明，杨一听就兴奋地说：

“一定要把这只肥羊抓到手。”

于是，杨作了具体安排，我二人依计而行。

到了晚上七时，正在下雨，我们带了两班便衣水警，分乘两艘巡逻艇冒着雨破浪前进，驶近王金材木排时，停车熄火顺流撑篙驶靠排头。我们跳上木排直奔账房，排上人发觉急往里报，王老板慌忙迎了出来，见是我们，不胜惊讶。他故作镇静，殷勤地接过我们手上的雨衣赔笑说：

“想不到二位冒雨而来，请进！”

“我们来查水上户口！”徐麟说。

“好好好，外面下雨，进去查！”

走进账房，里面还有客厅，家具摆设相当讲究，摆了四桌麻将、两桌流水席，边吃边赌，果然还有几个穿红着绿的粉头侍酒看牌，这就是水上迷魂洞，果然是灯红酒绿、纸醉金迷！

王老板乘势邀我和徐麟入席喝酒，同时解释说：

“今天来了几个常州帮的同行客人，我们为他们接风，来来来，介绍认识一下。”

介绍完毕，主人殷勤劝酒，客人也纷纷敬酒，打扮得花枝招展的女人又斟酒夹菜，娇声软语，卖弄风骚。徐麟是个酒鬼，见了美酒佳肴馋得要死，喝了一杯又一杯，忘记了自己是来干什么的。

我心里正在纳闷：“怎么还不来？”不久，隐约听见远处有“突突”之音，我心中暗喜，恐怕是来了。又过了一阵子，忽见有人慌慌张张告诉王老板：

“王经理，情报室蔡组长带人来了。”

王闻报慌了手脚，立即奔出棚屋，我紧紧跟在后面，果见蔡百里带了行动组跳上木排，出乎意料的是蒋专员也来了，杨明跟在后面。这时排上有人大叫：

“蒋专员抓赌来了！”

吓得赌客们当中会水的就往水里跳，一个个想游水脱逃。徐麟急叫：

“不要跳水，上来上来！”没人上来。

蒋专员看见他们不肯上来，就要脱衣服下水去抓，有人急忙劝阻：

“专员不要下水！”

“下水我也不在乎！”

他是不在乎，因为他在苏联学会了游泳，赣江不在话下，但他还是听了劝阻，没有下水，笑着向徐麟说：

“徐队长，你是水上警察队队长，应该下水去抓呀！”蒋知道徐不会玩水，故意难他。

徐麟无奈，只有硬着头皮从船边溜下水去，双手死命抓往船舷大叫大骂：

“你们这些该死的赌博鬼、王八蛋，一齐跟我爬上来！”他长得又胖，总有两百多斤，双手抓住船舷十分吃力，累得满头大汗，可又不敢松手。蒋经国叉着腰笑嘻嘻地望着他，大家在紧张中也忍不住笑。

胖子口里还在不干不净乱骂，还是没有一个上来。我忽然心生一计，站上船台高声大叫：

“不上来的，抓到了一起送壮丁！”

泡在水里的赌博鬼们听了此话，一个个都爬上来了，因为他们就怕送壮丁。

蒋氏同杨明到账房、客厅里一看，行动组在里边堵住了一帮赌客，蒋看了一下客厅，笑道：

“乖乖，排场不小！”回头示意蔡百里，“统统带走！”行动组得令，把赌博鬼一齐赶上巡逻艇带走，蒋和杨也乘快艇走了。我们是大获全胜，凯旋而归。

第二天上午，蔡组长叫看守班长把抓来的赌博鬼一起带到审讯室听候发落，蔡百里说：

“蒋专员念你们初犯，每个人写张悔过书算了，下回再赌，抓到了就不客气！”

“再不敢赌了！”赌鬼们喜出望外，千恩万谢，写完悔过书交上去，还不敢走。

看守班长喝道：“还不走哇？等什么？想等开两桌酒跟你们饯行？”

赌鬼们如梦初醒，一窝蜂涌出门去。

“慢点！”蔡叫住大家。

“你们回去都要听王老板的话！”蔡说。

“是是！”众赌鬼同声答应。

他们心里很纳闷：抓进了班房居然一毛未拔就放走了，这是怎么回事！蔡百里后面那句话是什么意思？

“这回蒋专员给你们的面子不小吧？专员公署，县政府正在筹款修建涌金门和建春门两道浮桥，需要一批竹木材料，希望你们捐献一批。”

“一句话：不足之数全由我包了！”王老板拍拍胸说。

后来我听见情报室的行动组员汪复初说：

“王老板是出了一笔大钱，可是全都摊在那十几个赌博鬼头上，还浮报了一些，结果，他自己一个铜板都没有出，还从中捞到一笔可观的油水。”

（吴帜沧　整理）

蒋经国活捉唐老虎

唐一心　唐聚元　唐细祥　郭琼林

唐老虎绰号的由来

唐老虎是蒋经国任专员时给安远县新田乡（今新园乡）大财主唐立靖的绰号。何以谓之唐老虎？原来，唐立靖年纪虽然没上花甲，也是个五十大几的人了。其家财大，老表常称他为“老者”。唐立靖在兄弟之间，排行最尾（尾就是满的意思），所以大家惯叫他老满牯（牯是公牛）。然而，更多的老表则恨他贪人之物、吞人之财，犹如牛牯之肚，便有意按谐音叫他“老马牯”。别人称为老，他则神气十足，尾翘三尺。然世道也是这样，总有一些马屁精讨好地告诉他，这是咒骂“老人家”的。唐立靖听了嘴翘眼瞪，火冒三丈，如知道咒骂他的那些人前来向他借钱借米，无疑要恶言冷语。他甚至想方设法找你的啰唆，算你的老账。这就是他常说的：“恶有恶报。”

更令人痛恶的是老满牯放钱放谷债，有个老行规：“钱出门加一”“谷出门对加”。借了他的债，经他的本加利，利滚利，本利相滚，越滚越大，一生一世也难以还清他的阎王债了。老满牯也自知别人难于还清他的债，于是就心狠手辣地打着他的如意算盘，凡借债的不光要写借契，言明本利若干和还期，还要实物抵当。如果用田地、房子押断，那更中其意。否则，日后莫想再借分文。这样，他既不怕别人还不起，也不担心到期不还，到时候，抵押也变断卖为他所有。如此这般，唐老满的放债越来越大，吞人之财越来越多。因此，他取财有“道”的名声也就不胫而走，方圆几十里的老百姓都清楚。

蒋经国提出“五大目标”建设新赣南。这位新官上任，与其他官吏一样，也有三把火。蒋很懂得既要有所标异，也要有所表现才能笼络人心的道理，因此到处寻找靶子。也许是这个老满牯倒霉的时候到了，群众今天诉他一纸，明日告他一状，罪状也就传进了蒋经国的耳朵里。蒋于是亲自来安远打这只老虎。后来《民国日报》也登载了“蒋专员活擒唐老虎”的消息。唐老虎一名就这样在群众中唤开了。

蒋专员活捉唐老虎

民国三十年（1941）的六月间，十几名便衣队员，从寻乌进入与安远交界的大山林，急速来到尖峰笔的山麓下。当时，见势的老表以为是伙土匪，即刻关门闭户，沿途寂静。不多久，这支队伍便来到虎岗村头的修凤围内。财主龚彩古还在厅内与人闲扯谈天。队员们不问三七二十一，把这个面色红润、白发苍苍的富翁抓了起来。顿时，围内一片混乱，龚更惊魂落魄。一会儿，来了个结实而赤黑、衣着朴素的壮年人，围内的男女以为他是土匪头子，凭他左盘右问，百姓随意支吾。他掏出“江西省第四行政区督察专员蒋经国”的名片之后，老百姓方知大官驾临。所为何事？尚在猜疑，等到他们问清这个是龚彩古，不是唐立靖；是修凤围，不是九如围，他们才令龚引路奔赴唐财主的围屋——九如围。龚无可奈何，不得不走，但又怕带了路，日后招惹是非，因此走起路来脚软心慌，好不容易来到梅屋水口。大概蒋大人看出龚的心事，问道：“唐老满在哪里？”龚勉强地手指河对岸的九如围。蒋说：“没有你的事了。”这时，龚才如梦初醒，飞也似的溜回虎岗去了。

这批人马立即按龚的指向，直奔九如围。他们到了围门口，一一望着围号，认定是九如围了，才四散包抄起来。这时，蒋经国令一便衣队员先进围里。进围时，举着那雪白的名片，接着其余人马蜂拥而进。围内有多少家灶？哪个是唐立靖？他们不清楚。一进围口，先遇上财主唐立靖的胞兄立丰。立丰接过名片，一看是蒋专员的，吓了一跳，双手发抖，忐忑不安，大官驾到，凶吉难料，但又不知道哪位是蒋专员。于是，唐立丰毕恭毕敬，点头哈腰：“请进，请进！”其时，一个身材结实、粗大个子、满口外地话的盘问道：“你叫什么名字？多大年纪……”

立丰一听声调非凡、口气不小，察其姿态，猜这是赫赫有名的专员了，故连忙改口：“上座，上座！我叫唐立丰，今年五十开外，大人有何贵干？”

蒋经国一听，挥手说：“老满牯是你的什么人？他住在哪里？在家吗？你知道他老虎这个名吗？”

立丰松了一口气，可是声音依然发抖地说：“老满牯是我的胞弟，他住在隔壁的西向，他在家，在家。至于他的花号，大人过奖，过奖了！”

便衣队员很懂得专员的眼色和手势，急忙西串街巷。他们一见那穿着不怎么样的一位老者就问：“你叫老满牯，不！唐老虎？”口气相当的硬。接着又扬起名片，递给这位老者看。

唐老满经便衣人员追逼，声音发抖地说：“是，是，蒋专员！我叫老满牯，沾大人的光了……”老满牯的话音未落，便衣队员立即把这只“老虎”双手后背捆绑起来，牵进了大厅，扎在大柱上。老满牯双腿发软，支撑不住。

蒋经国紧接追问：“老满牯！不，唐老虎。你的光洋藏在哪里？枪支藏在哪里？统统交出来，从今天起别再作威了！不然政府会算你的账，老表也会算你的账的！”

老满牯心想，若不老实，必遭大祸。于是答道：“大人，我岂敢，岂敢！现有光洋七八百块，土铳洋枪三十来支。钱藏在我睡觉床头的枕下，枪藏在灶背上面……”

蒋经国和官兵又穷追猛问：“还有吗？如果不老实，查到你有匿藏，当心你的狗命！”

老满牯语无伦次地答道：“是，是！岂敢违命，岂敢违命！”

经过一上午搜查，现洋、枪支一一清理堆放在围内的大厅里。便衣队员分别挑钱挑枪，在离开围时，还捆走了专署怀疑会走漏消息的唐老虎的侄子唐聚元，一并押往乡公所。在去乡公所的路上，看热闹的男女老少成群结队，夹道争观。为预防万一，求得安全，便衣队大声喝着：“闪开，快闪开！”可是，这帮捉虎队员个个穿着都差不多，老百姓又有谁看得出哪位是专员呢？

捉虎队将唐老虎押到乡公所。乡长唐廷材却还在家里，并不知道这件大事。蒋经国看到这不守职的官对建设新赣南无所作为，即令乡丁速把乡长找来。乡长听专员驾到，急速奔回乡公所。这时，老满牯叔侄俩绑在乡公所门口大石柱上示众了。唐乡长只好故作镇定，这位乡长虽然没有见过专员大人，可也听过专员经常化装下乡的传闻。于是，乡长便当着一位像官模样的人，连连鞠躬请示。然而，乡长失灵得很，没对上号。这位队员大声呵斥：“你瞎了眼！专员在这儿！”蒋经国此刻也故作戏文，让大家看看乡长当众出丑。然后，蒋指责说：“你不守正业，成何体统！刚才你到哪儿去了？建设新赣南的宣传工作搞得这样差，像话吗？！”顿时唐乡长呆若木鸡，不知如何是好，连忙赔罪：“该当罪罚，该当罪罚！”

捉虎队在乡公所待了一个多钟头，三十多支枪交给了警卫干事唐炳章代收，四箩铜元交给了乡经济干事郭琼林代收。银洋全都由捉虎队指定人员一同挑至太平区公署。临走时，把老满牯的侄子松绑放了，而老满牯却紧加绳结，牵猴子似的向南奔去。从未走过远门的唐老财，加上年纪相当，哪能跟上捉虎队员，时而掉鞋，时而踩脚，沿途观看的老表无不捧腹大笑。

午后，捉虎队到了太平区公署。区长邓光祖好在早得消息，而且深知专员不爱捧场的脾气，所以，只备便饭素菜招待。蒋经国临走时，嘉奖他说："邓区长，你奉行新赣南家训做得好。"休息片刻后，他们一行往鹤仔、龙塘、天花、下历到龙南搭车直回赣州。到赣州后，唐老虎被关在天竺山上的强民工厂的牢笼里。

捐款赎人

唐老满抓走了。几天来，老满牯的家如办丧事一样，啼哭不停。不久，在赣州读书的老满牯侄子唐一心回到了家里。唐一心本打算在赣州度假逛街，看到《民国日报》刊载的"蒋专员活捉安远新田唐老虎"的新闻，便急赶回乡。家里人见唐一心来，就把希望寄托在这位读书公子身上。其实，一位未登官场的书生又奈何事？哪能解决问题！只好去求亲朋长辈商量对策。于是，大摆酒席，请乡间士绅，请县府官爷，最后下府求情宽恕。当然，这些酒徒盯着光洋，满口答应前往办理，事过四五个月，犹如空中撑伞不见影子。

又过了两个月左右，专署示文经县、区、乡、保至家，说要罚款两万元法币，还警告："倘不如期缴交，罚款加倍处理。"这通知似雷霆贯耳，急得老满牯的家人像热锅上的蚂蚁。"若不如期缴清款子，大祸必将临头，到时财空人亡；缴清了款也许还有一线希望。救人要紧，财亏多少是小事！"经商定后，老满牯家人将地下埋藏上千块光洋挖了出来，不够部分再卖几亩田。钱备齐之后，则让熟悉赣州情况的侄子唐一心和同房另一个在赣州乡师读书的唐济群一起带着两万多法币去活动。

这两个书生一到赣州，就去专员公署。衙门的警卫看这两人带着安远县的公函，事关新田唐立靖的事，马上挂电话给专员办公室。不久，一位秘书出来说："蒋专员外出了，不需亲见，罚款缴到会计处即可。要办好手续，怎么领人，会计会告诉你！"就这样，唐一心两人带着六小袋的法币到了会计处。当时，日本侵略军的飞机经常飞至后方屠杀我和平居民。很不凑巧，他们刚解开装法币的小袋，防空警报直响，接着，数架日机盘旋赣州上空。大家心慌意乱，会计将这六小袋法币就往仓库里一扔。这两位书生担心会计是个发国难财的家伙，会趁机发笔洋财。所以，一扔一抢，谁也不顾敌机下蛋。争了一会，唐两人毕竟年轻，终于抢回了装法币的袋子，跑出车房后，紧紧地把袋子抱在身边。不久，警报解除了。会计说："你们要钱不要命，差点连我都害到。"在这求人解难之时，这两位书生只好任其去说罢了。纸票清点无差，会计打了张收条，写着："兹收到安远县新田乡唐立靖乐捐建设新赣南法币贰万元整。"专员蒋经国的大印和四方的官印都盖上了。这位会计打了收据，就叫唐两人同到天竺山的强民工厂去领老满牯。老满牯平素红光满脸，这次受惩，坐牢半年多，就变得身瘦面青，与前判若两人。出狱之后，三人匆匆返家，以安家人之心。乡里人看了唐老满这副可怜相，无不称快。至于这类号称乐捐的经费，是否真正用到建设新赣南事业上，老百姓岂能得知？

（郭 英 整理）

蒋经国在龙南面面观

刘文房

蒋经国出任江西省第四区行政督察专员公署专员以后，曾多次到龙南巡视，足迹涉及城乡。现把他在龙南的所作所为，作一些回顾。

褒奖部属

1927年，蒋介石发动四一二反革命政变后，国共两党分裂。自此龙南陷于粤军割据势力范围，政局动荡，社会混乱，县长如走马灯似的一年换几任，仅1927年一年内，就连换了五个县长，时间长的四个月，短的才二十多天。蒋经国任第四区行政督察专员以后，为稳定赣南政局，从粤军手中夺回权力，首先一着便是撤换原先由粤军任命的各县县长，紧接着提出一系列“新政”措施。1939年10月开始，在赣南较偏僻的上犹、崇义、信丰、龙南等县，开展以“清盗匪，根绝烟、赌、娼”为中心的“清乡运动”。1940年10月，蒋经国派其好友郭培师当龙南县县长。郭十分卖力地推行蒋经国的“新政”，在龙南开展清乡运动，登记枪支、清查户口、清理公款产，以此来限制共产党的活动。1940年12月，蒋的保安部队“进剿”

中共三南中心县委，使三南党的组织遭到破坏。1941年3月，蒋经国巡视信丰、龙南、虔南、定南。5月，蒋在《青年日报》连续发表反共文章《国父对马克思主义的批判》《共产党是中华民族的罪人》等，6月到龙南嘉奖在“清乡”中的有“功”人员。

蒋经国要来龙南巡视的事，已先电告龙南县政府。县长郭培师为讨好及向他邀功，决定召开一次行政会议，由蒋经国向“清乡”有功人员颁奖，以示隆重。按惯例，县政府每月底召开一次由县长主持，各区乡长和县政府各科室负责人参加的行政会议，商讨有关政务。但这个月的例会，郭培师却一反常态，趁蒋经国来龙南而提前召开。1941年6月16日，他签发县政府公函，以30秘字第1124又1号文下发至全县各部门，函称：“案奉专员蒋电谕，于6月19日来县督察县政，并饬知定于6月23日上午九时召开县行政会议，由专员亲自出席训话，并听取各级工作人员报告。”

1941年6月19日，蒋经国风尘仆仆来到龙南，接连几天在县城及城郊转。23日上午在县政府礼堂举行县行政会议，县政府各科室、县各部门主管人员均已到会。县长郭培师主持会议。他的开场白说：“中华民国三十年六月二十三日，为龙南清查公产成功纪念日，蒋专员亲自来本县督察，故于提前召开行政会议，借以庆祝。”在一阵掌声过后，蒋经国训话。他对龙南清乡、清枪、清查公产工作赞扬了一番，然后给在清查中的“有功”人员城厢镇镇长沈志人、第二保保长廖彩祺、第八保保长廖光耀、第十保保长谢世逢、莲塘乡乡长曾钦灏、象塘乡乡长钟诗城、大坝乡乡长叶祥椿、莲塘乡第四保保长曾纪曜、象塘乡第四保保长钟显瑶等人分别记大功一次或二次。接着各部门主管人员汇报工作，然后就清理公产扫尾、清查田亩、征税、稻田防虫、治牛瘟、植树禁山、征兵、国民兵训练、小学教师暑期讲习会等问题进行了讨论并作出相应决议。为办好龙南县中正中学，蒋拟聘请当时闻名的武岭学校教导主任洪长铭来任校务主任，还打算陆续聘请“资历俱佳之教师来县任教”。会后，蒋经国宴请城厢镇、杨坊乡五十多位七十岁以上的老人及公务人员，并举行游艺。

太平之行

太平堡，是龙南县在明朝以前全县所设的十一堡之一，地处九连山下，与广东毗邻，距县城一百二十多华里。解放前，龙南交通闭塞，只是在1932年7月粤军军长香翰屏率军来三南“剿共”时才提议要修筑龙信（丰）、龙定（南）、龙虔（南）公路，以后十多年陆陆续续修成，县境内大部分地区皆无公路，均为乡间小道。蒋经国下乡巡视，除长途乘车外，短途多为步行，就连去视察距县城一百二十多华里的太平（今杨村乡）也步行。1941年3月间，蒋经国来到龙南。有一次，他微服简从，头戴鸭舌帽，身穿一套士林布中山装，脚穿草鞋，带了两名随员，从县城经莲塘、大埠，在程龙住宿一夜。次日又起程，经杜头，沿太平江溯江而上进夹湖，又住宿一夜，第三天到达太平。当时《龙南日报》有两名记者跟随采访，步行三天，跋山涉水。每到一地，蒋经国都拒谢酒肉招待，两位记者不满意，到达太平以后就不愿跟随了，偷偷地溜回了县城。

蒋经国到达太平后待了些天，住在一座三百多年的古堡——燕翼围（又称高水围）。他非常仔细地察看这座古堡。燕翼围修筑在一座山寨下，围墙是用大麻石作材，桐油石灰浆砌成，四角有炮台，围内分四层，每层四周有走马楼走廊，一百二十间房间。蒋经国看到这座雄伟的古堡惊叹不已，问老表，这座古堡的墙有多厚，回答说是“一根扁担加双手臂”，实际上有四米厚。蒋经国惊呼“这比赣州城墙还要厚”。他在访问中得悉，有一次日本飞机经过太平，看见这么大的古堡，以为是弹药库，丢了几颗炸弹，附近的房屋被炸塌了，只有这个碉堡屹立不动，仅仅在墙上留下了一些弹片的痕迹。蒋经国把这些事写进了他的《本区的真面目》一文。

蒋经国到太平堡时，正是阳春三月，春风和煦，气候宜人，而老表们却身穿长衫晒太阳，他觉得太平人很怪，“一个个的只见袖子不见手”。经询问，才得知他们衣着单薄，把手缩在长衫内烘火笼。他在《本区的真面目》一文中这样描述太平堡：“太平堡是龙南最落后、封建势力最浓厚的地方，人民的生活和生命都没有一点保障，大部分人不是吃酒，就是赌博。不赌博，就闹事，弄得乌烟瘴气，一塌糊涂。政府的命令，亦不能推行到他们那里去，而他们也瞧不起政府，有时甚至还要找政府的麻烦，所以他们有两句很风行的话，一句是‘吃酒、赌博、闹事由我’；一句是‘太平堡太平，天下太平’。前一句是描写太平堡人民的生活醉生梦死，不怕闹事，后一句的意思是说太平堡是一个最不太平、最混乱的地方。如果太平堡太平了，那天下也就太平了。”这是蒋经国对杨村太平的评估。

兼任校长

龙南的教育事业在赣南还是屈指可数的。辛亥革命后兴办新学，公私立小学风行。1934年设立龙定虔安四县联立乡村师范学校。1939年秋，开办龙南县立初级中学。蒋经国任赣南专员时，为顺应时局，大力推行国民教育，办民众夜校扫文盲，提倡“人人有书读”。

郭培师来龙南后，极力推行蒋的新政，并根据《建设新赣南三年计划》每县办一所中学的规定，决定在龙南办中正中学。这是当时赣南唯一的一所以蒋介石的名字命名的中学。校址设在城中心的学宫，建了两厢两层八间教学楼、一座大礼堂。学校办起后，县长兼任了中正中学的公民课。郭培师在讲公民课时，堂堂课都讲蒋经国写的《新赣南家训》和《建设新赣南三年计划》。郭培师推行新政，清乡、清枪、清理公款产，禁烟禁赌，触动了地方豪绅的利益。国民党龙南县党部书记长钟瑞梁（龙南人，地主豪绅）以郭“目无党权，蔑视乡绅”为由，于1941年春策划了一起学生殴打县长郭培师的事件，接着策动学生罢课，商会发动罢市。郭向蒋经国发电报告急，蒋于第三天派秘书长周灵钧并带八名便衣警察来龙南处理此案，将县党部书记长钟瑞梁，中学教员曾虚、赖霞和学生刘选烈、余肇英，师范学校校长钟兆麟、教员涂伦华等十多人押往赣州。事件平息之后，蒋经国为继续在龙南施新政，于1941年8月26日把郭培师调离龙南，将其家乡浙江奉化县县长何扬烈调任龙南县县长，蒋经国自任龙南县立中正中学校长，并把当时闻名的武岭学校教导主任洪长铭调到龙南中正中学任校务主任。1942年8月，该校易名为龙南县立中正初级中学，校长仍由蒋经国兼任，县政府秘书胡越代校长。

与此同时，蒋还想在县城整顿私立学校，创办中正小学。早在1941年3月蒋经国来龙南时，就提出："我现在下了一个很大的决心，就是要把龙南城区的小学加以整顿一番，改办一所中正小学。"县长何扬烈秉承其主意，于1942年2月将龙南城区六所私立小学合并，命名为龙南县中正小学，何扬烈亲自兼任校长。学校下设六个分部，因学校规模过大，经费难支，于同年11月20日县政府下令将该校撤销，分别改办城厢镇中心学校、城厢镇国民学校、保联立国民学校等。

出巡督察

蒋经国从苏联留学时学到了点联系群众的作风。他在赣南这块天地施行新政，禁烟、禁赌、禁娼、肃贪官、惩土豪劣绅等，以顺民心，尤其常常步行深入民间，"微服私访"，迎合民意，受到人们欢迎。

蒋经国中等身材，皮肤棕黑，语操浙音。他初到赣南一两年，常常化装到乡间，查处过不少抽鸦片、赌博、贪污、勒索等案件，以后他觉得"化装密访"不妥，遂改为公开接见民众，规定每星期四下午为"接见日"，以此博得群众好感。当时，有些人认为他是一位"清官"，所以十分敬仰。有的老表见到他，像过去见了官老爷一样下跪磕头。蒋经国对此种习俗觉得不合时宜，曾出布告要废除。他说："以前，老百姓见了公务人员，有所要求，总要下跪磕头。我以为这是旧时代的封建社会的劣俗，充分带有蔑视自己人格和自甘卑贱的意味。我出了一张布告纠正这一点，说明公务人员是老百姓的公仆，在职责上是有代表老百姓解除痛苦和答复请求义务的，有什么困难事件和正当请求，尽可用书面向官署陈述，或口头报告。在报告时，可以立正敬礼，或鞠躬注目。我在龙南巡视，有一老百姓到我这里来告状。他晓得我不准下跪，又想找出一个方法来表示对我的尊敬，于是他两只脚分开来，站在那里向我陈述，举手敬礼，而头上却又没有帽子。”

在蒋经国初到赣南各地时，县区乡一些官员竭尽奉承拍马之能事，张贴欢迎标语，大摆宴席款待。蒋经国对此也觉得不合适，下令禁止，于1941年11月21日以专员公署秘字第05404号训令宣称：“本人最近下乡巡视，发现有张贴‘欢迎蒋专员’‘蒋专员是赣南民众救星’‘蒋专员是青年的导师’等类标语甚多。此种作风玩耗经济，又费时间，影响工作进展甚巨，值此本区开展建设事业之际，自应多做实际工作。凡一切无所谓消耗，又不合实际工作应予取缔和纠正，嗣后本区各县区乡及学校绝对禁止上项及类似上项之标语。”龙南县县长何扬烈于同年12月4日收到此训令，立即转饬全县知照执行。蒋经国来到龙南，下乡巡事，先不向区乡打招呼，随员只带两个，不准多跟人。每到一地，不准搞欢迎，不准贴标语，不准设宴。蒋不抽烟，但会喝酒，他说是在苏联因天气冷学会的。所以他每到一地，都有酒肉豆腐进餐。他在江西第四行政区行政会议开幕词里曾说：“我在赣南各县一共步行了两千八百五十里路，经过了九百七十座桥。”由此可见蒋经国生活简朴，作风深入。

关心教育

有一次，蒋经国下乡，走到龙南县的汶龙乡罗坝岽歇息，看见一位妇女从广东省和平县挑了一担盐回龙南卖。蒋问她挑一担盐来回需要多少时间，回答说要两天；又问，卖一担盐能赚多少钱，回答说能挣五块钱；又问她挣到的钱作什么用，她回答说：有个儿子在省立赣县中学读书，需要钱用。蒋听了有所感动，他说：“我感到，我们的民族虽然很苦，但他们对于子弟的希望仍然很大，希望子弟培养成人以后，替国家做一番事业。”1941年春，蒋在一次对龙南简师学生训话时举出了这个例子，并说：“各位家里都很贫苦，你们在读书的时候，要想想家里父母的痛苦，想想父母送你们来读书的愿望，想想前方浴血抗战的将士。现在，你们在这里坐着，倒不觉得怎样，哪里晓得你的饭钱、衣服、书籍，以及其他一切用度，都是你们父母辛辛苦苦用血汗换来的。所以，现在你们应该拼命读书，埋头苦干，肯努力，肯学习，自然会有前途。”

有一次，蒋经国到大稳视察林屋坝保学，又给了他极深的印象。他写道：“这个保学的老师姓林，夫妻两个共同在一个学校里教书，校舍非常简洁，学生很有礼貌，也能遵守秩序。教室的墙壁上贴着一副对联，右边一句是说：‘在此灌溉的是民族的鲜花，’左边一句是说：‘在此结果的是民族的灵魂。’由这两句话里，我们就可以想到他们对于所教育的孩子是多么的重视，他们对教育事业，是多么的认真。而尤其难得的是，他们的待遇这样低薄，生活这样艰苦，仍然任劳任怨地工作，这可说是我们教育界的光荣。他们这样做的精神，不仅教育界的同志应该效法，就是任何工作同志，都应该学习他们这种穷且益坚的精神。”

有次，王升陪同蒋经国到龙南了解三青团的情况。当时全县三青团员正在县城钟家祠集训，大部分是龙南师范、龙南中正中学的学生。蒋与他们进行座谈。在座谈中，这些学生一方面反映了他们的学习及生活情况，一方面也对校方提出了不少意见。蒋经国听后，找到龙师校长钟兆麟狠狠地训斥一顿，弄得钟张口结舌，目瞪口呆。

古迹遗恨

蒋经国多次来龙南，很少逛名胜古迹。1944年他到龙南后，有人提议去看看玉石岩。蒋问：“玉石岩在哪里，有什么名人的碑刻没有？”答曰："玉石岩在城北，只有六七华里路，那里景致特别，嶙峋峭壁，福地洞天，香烟缭绕，碑铭连片，且有明朝王阳明手迹的碑文。"

他听后陡生兴致，说去看看，当即由县长周守璜和民教馆馆长陪同，步出城东门，向北乡道走了六七华里，便到了玉石岩。他在上下岩及洞内爬上爬下，特别兴奋，除看了一些神龛外，还看了许多碑文。当他看了王阳明镇压三浰农民运动的《平浰碑》，深表赞叹，叮咛县长和民教馆馆长说："要好好保护。"

蒋经国一方面要保护文物，另一方面又在鼓动破坏古迹。龙南全县性的烧菩萨风波与他也不无关系。

以前，龙南县有不少道观寺庙。在县城仅庙前街就建有城隍庙、真君庙、关岳庙，分布在县城各处的还有先农庙、总管庙、太子庙、鲁班庙、西山观等等。在乡村则有更多的庵堂庙宇，如太平的银山庙（清道光三年重建）、汶龙的五显庙、观音庙等等。在"建设新赣南"时期，龙南县曾大烧过一次菩萨，县城隍庙的四大金刚被拖在庙院内烧了几天几夜。当时人们纷纷传说是"蒋专员破除迷信"，实际是龙南县政府和清乡委员会在禁烟禁赌之中搞起来的。蒋经国来到龙南，得知县里烧了一些菩萨，担心会引起老百姓的不满和反抗，于是他对烧菩萨一事曾深入乡间进行访问调查，探询老表们对他是不是有反感。蒋经国说："龙南县政府首先采取断然手段，一律将菩萨打毁，我那时非常担心，恐怕生出很大的反感……这次打菩萨，民众都没什么表示，好像打掉也好。"

1941年3月蒋经国视察太平堡时，看见一个老表在银山庙前朝天叩拜，面前放着一封信。蒋觉得奇怪，就把那封信拿起来看，原来是乡公所开具的一张护照。因为银山庙的菩萨已被烧掉，只好向天请求保佑他外出做生意多赚钱。蒋经国在太平堡住宿时，闲着无事，翻开《龙南县志》，研究起银山菩萨的来源来。

附：《新赣南家训》

东方发白，大家起床。洗脸刷牙，打扫厅房。天天运动，身体健康。内外清洁，整齐大方。时间宝贵，工作紧张。休息睡觉，反省思量。吃饭吃粥，种田艰难不忘。穿衣穿鞋，要从辛苦着想。事事宜先准备，免得临时慌张。春天栽树木，夏日造谷仓，秋收多贮藏，冬季种杂粮。夏衣春天做，冬衣秋季量。天晴修房屋，天雨补衣裳。户户养鸡鸭，家家畜牛羊。处处要节约，无事当做有事防，时时要储蓄，有钱应作无钱想。青菜豆腐最营养，山珍海味坏肚肠。服装器具用国货，经济耐用顶适当。父母教子女，兄长教弟妹。勿贪钱财勿说谎，戒烟戒赌莫游荡。生活要刻苦，婚丧勿铺张。待人要诚恳，做事要有常。态度宜从容，举止要端方。友爱兄弟，孝敬爷娘，妯娌和睦，一家安详。不听闲话，自己有主张。不管闲事，埋头干一场。祸从口出，休要说短论长。病从口入，卫生不可不讲。做过善事，不记心上。受人恩惠，永久不忘。遇困难，不说徨；处顺境，不夸张。做好事，莫宣扬，做坏事，莫隐藏。人家急难相援助，人家成功要赞扬。口角诉讼，两败俱伤。大家规劝，互相帮忙。引诱亲友做坏事，欺人欺己昧天良。甘心卖国做汉奸，辱祖辱宗害亲房。不论农工商学兵，都做堂堂好儿郎。政府机关去服务，多求进步图自强。牺牲个人利益为国家，放弃一时安乐为民族。男女老少受军训，全体动员拿刀枪。人人都是中国兵，个个都去打东洋。国难已当头，战事正紧张。日本鬼子不消灭，中华儿女无福事。有钱快出钱，有力快出力。壮丁去当兵，老人看家乡。妇女耕田地，儿童上学堂，大家一条心，拥护蒋总裁。赶走日本鬼，共贺大胜利。建立新中华，万岁万岁万万岁。

杂记赣南二三事

黄文耀*

自荐成功

我在桂林广西大学学习期间，由于受到进步教授的影响，很向往社会主义，对当时的苏联也非常羡慕。后来看到《救亡日报》报道蒋经国是从苏联回来的，在江西赣南搞新建设。当时，我以为他是因为国共合作共同抗日，才从苏联回国的。因此，我很想到那里去工作。

我不认识他，但我想既然搞新建设，就一定有新的思想，写一封信去作自我介绍，相信也会同意我去工作的。因此在大学快要毕业时，我便写了一封信给他。记得自荐信开头是："上书自荐，或有笑为愚戆徒劳者，然在欧美则属寻常，先生为新青年，且留苏甚久，对此当不引为怪也。"半个月左右得到他的回信说："文耀先生：来信流露宏伟之志愿与苦干之精神，读之使人快慰！毕业后请即来赣南服务为盼。蒋经国。"启荐成功，万分高兴。

---

* 黄文耀，曾任赣县县政府民政科科长、正气日报社主笔。后居广州。

第一印象

1941年秋，我拿着他的回信，离开桂林经衡阳、韶关到赣州报到。当时，我的心情既兴奋又紧张。但当我抬头一看，只见专署兼县政府的大门，宽敞明亮，里面绿树成荫，整洁安静，没有旧衙门的气氛，心里才开始平静下来。沿着正中的通道前行，两旁各有长方形石碑一块，一边刻着“抬起头来”，另一边刻着“挺起胸来”。看了很舒服，很合我的脾气。传达员把我引到他的办公室外边休息了一会，他的副官请我进去。他很热情，笑口常开，说话也随便。我边谈边注意周围的陈设，除了一张大办公桌和椅子外，其余就是客人坐的木椅和茶几。办公桌上有两件特别的东西：一个是瓷像，上面写着“我母之像，经国泣书”。在玻璃板下压着一张信纸，上面写着两个大字“争气”。可能这是他的座右铭。客人的坐椅旁边，则陈列着一个大炸弹，茶几上放着一个骷髅头。此外还有一个书橱，里面大多是俄文书籍，有两本中译本，一本是马克思的《资本论》，另一本是《社会发展史》。

会谈最后转入正题，他说：“你的文章写得很好，我准备派你去新赣南出版社写文章。”我说：“我刚刚离开大学，不想马上从事写作，希望能参加一些实际工作，取得经验之后才去。”他说：“好的，待我考虑一下，你先到秘书室领一个证章。”领到后一看，和我平日见到的机关证章完全不同，正面有四个圈，据说是代表第四行政区，中间有“公仆”两个红字。机关的全衔却刻在背面。这又使我有一个新的感觉，要时刻不忘记自己不是“官”而是“公仆”。

重视教育

抗战中期，经济和物质条件都较困难，作为当时的专员兼县长的蒋经国先生，却很重视教育。可列举二三事于后。

（一）常规教育

在国内还未听说有托儿所时，赣州却先有了一个全托的托儿所，解决双职工许多困难。同时对街头流浪的儿童和战区难童，一并收容教养，开始叫“新中国儿童学校”，后儿童增加，校址设在湖边梨芜村，改名为“江西省第二保育院”，生活费全部供给。1942年，他在水东乡长岗岭新建了一所规模宏大的“中华儿童新村”，设有幼儿园、托儿所、小学、中学。保育院并入新村了。并把长岗岭改名为“虎岗”，取“虎虎有生气”之意。那中学就是当时赣南负有盛名的“正气中学”，校长也是蒋先生兼。办学认真，要求严格，成绩优异，升学率较高。当时我任中学教员，记得校务处门口，有几块醒目的标语牌，写着斗大的字：“到天空去”“到海洋去”“到矿山去”“到边疆去”。当年的毕业生现在国内外已作出了很大成就。

（二）成人教育

抗日战争期间，实行的是保甲制度。为了扫除文盲并宣传抗战，蒋先生在各保普遍成立了“读书会”，并培训任教干部。主要教材是以爱国思想为内容的。我还记得第一课的课文是：“我是中国人，你是中国人，我们都是中国人，中国人要爱中国。”当时，适逢我奉命任专署科员兼城西镇镇长，有机会常到各保读书会巡视，并为读书会讲解国内外形势，借以扩大居民群众的视野。

（三）特殊教育

当时在赣南对吸鸦片和其他犯罪分子，都实行以教育改造为主，成立了“强民工厂”，后合并为“新人学校”，在那里既读书又劳动，不实行体罚，以培养“学员”有一定生产技能，待期满释放后，能自食其力，重新做人。

在这特殊教育中，有一件令人不可思议的大胆尝试，那就是这些机构，每逢春节放假，让罪犯们回家团聚。事前把全体人员集中到礼堂，有时由蒋先生讲话，然后每人送礼物一包，解散回家，假满再回来。

（四）机关教育

在当时一般机关都是“等因奉此”文牍主义的，但我见到当时的专署和县府，除了办理文稿之外，蒋先生还一再提倡大家读书写字，每人写的大字要集中到秘书室审查。除了请学有专长的人前来讲课外，他自己也登台讲话。他不采取先生讲学生听的方式，而是台上台下打成一片，有问有答。有一次他谈到“动”和“静”的问题时，指着讲坛上的讲桌说：“你们说它是动的还是静的呢？”下面听的人说“静”的很多，也有几个说是“动”的。他问：“为什么它是动？”有的说：“因为地球是动的。”有的说：“今天放在这儿，明天搬到别处。”他不满意这些答案，点名问我说：“黄科长你说它是静的吗？”我说：“不是，我认为它是动的，桌子放在讲坛上，表面上是静止的，其实它的内部分子，是不停地在变动着的。”他说：“对了！我每次到这里来讲话，见到这张桌子面上的裂缝越来越大，将来总有一天会完全烂掉的。”

除了在台上讲话他像老师上课之外，他有时也像老师批改作文那样批复下属的报告，有眉批，也有总批的。我兼镇长半年之后，把自己的亲身经历和体会写成了一个有大小标题的报告给他。过了几天他亲笔批阅发还给我。其中有一段我写的大意是我过去在小学、中学和大学，虽然读了不少书，但到了社会基层却学到了很多过去书本里所没有的东西。因此可以说，我过去在学校里读的是小书，而社会却是一本大书。当时，我以为自己的这种观点很有特色，想不到他比我棋高一着，他在上面来了一个眉批道：“我们不但要读大书，而且要用血汗写大书！”还有一些眉批记不起了。最后的总批是：“文耀镇长，从远道来赣南工作，少言而有苦干精神，经国望文耀成功之心甚切，故亲批此文，以此共勉！”

（五）新颖培训

培训干部的机构，有两种名称，一是干部讲习会，二是冬令营。名称虽然不同，内容基本一样。凡专署和县府以下各附属机构的工作人员一律都要参加，利用中学校舍做训练场所。除了由他亲自讲课和带领操练之外，还请当地有关部门的负责人讲防空常识、战时救护和国际形势等课程。

值得一提的是一些新颖的训练方法。一、沙滩跑步。天刚蒙蒙亮，他即带领大家到河边的沙滩上赤脚跑步，有时要赤膊跑步。天寒地冷，沙滩既湿且松，跑起来比较吃力。休息时，干部们都说他“很行”，他说：“很久没有作这种操练，我退步多了。以前在苏联时，到沙漠行军，每人发一瓶水，瓶上有刻度。跑了很长一段路，领队下令休息，饮第一格水，饮后，领队逐个检查，不准多饮，也不能少饮，非常严格的。”二、强弱对比。他把全体集合，然后由他点名，群众公议，认为“强”的站一边，认为“弱”的站另一边，最后下令强与弱角力，背部全着地的是负方。我是小个子，当然被群众评为弱的。我看见前面的弱者，一个个被强者压倒在地，我马上想起历史上楚汉相争时，刘邦说过：“吾能斗智，不能斗力。”于是看准对方来势，我身子一闪，顺势一拉，把对方的背部按在地上。我为全队唯一的一个弱者胜强者。三、机会教育。他常常把握机会，对干部进行教育。有一天早上，他把全体干部带上城头，面向城外郊野，突然发问：“你们看见什么？”有的说：“看见国旗。”有的说：“看见背着木柴的老妇人。”一个女学员说：“我看见坟墓。”等等。最后他总结说：“看见国旗的很爱国，看见背柴老妇的，很关心老百姓。哎唷！你年纪轻轻，大有作为，为什么这样悲观，看见坟墓哩！”引得大家哄笑起来。有一次到对河操练，回程乘渡船时，风雨交加，他高声说：“现在我们是风雨同舟，应该互相关心，互相帮助！一定要同舟共济呀！”四、实践调查。在训练中，他为了让干部了解群众和尝尝饿肚子的滋味。有一天，由他点名分配每个干部访问各行各业的老百姓，然后，每人向他提交一份访问报告；另一天，他宣布：“从明天早上起，一天之内除饮水外，不准吃任何东西，尝尝饿肚子的滋味。”五、受训表态。在训练快结束时，举行论文比赛，题目是《受训感想及今后工作计划》，录取前三名，除在赣州最高的山——崆峒山上举行结业典礼时发给奖品（油、米）外，并将文章刊登于《正气日报》，以示表扬。

大国民风度

他常常勉励大家要抬起头来，挺起胸来，洗脱“东亚病夫”的耻辱。

在第二个五年计划里，他还具体提出干部和群众都要有“大国民风度”。它的具体模式是：要有文学家的……要有艺术家的……要有体育家的……要有外交家的……总之，是要求具有以上各家的优点。他曾把《计划》上报，请父亲给他提意见，经过一段时间，蒋介石先生亲笔批改了儿子的《计划》。我看过了这个批改原件，批改的情况是：对原《计划》提到要在五年内做到群众“吃得好”“穿得美”部分，把“好”“美”两字圈掉了，改为“吃得饱”、“穿得暖”，还把“外交家”圈掉了，并加上批语，大意是“外交家有时出于外交上的需要，会耍些外交手腕，讲些外交辞令，往往是虚伪的，不应要求群众和干部像外交家”。

愿听谩骂采纳建议

我在专署工作不久，他找我谈话。他说：“我准备派你到乡镇去工作，凡做事要从基层做起，基础才稳固。你到下面后，可能会听到老百姓骂我的，你可以参加去骂，不要紧的，看看群众不满意的是什么问题。”由于当时只听到一片赞扬声，所以我只好交白卷了。

我是广东人，凡是从广东方面来参观访问的，他都交代我说：“你的老乡来了，陪他去参观一下吧！”有一次他问我：“你昨天陪广东政府郑秘书长去参观，他对我们的工作有什么意见？”我说：“他对各方面工作很满意。就是对‘贫民施粥厂’的名字大有意见。说没有饭吃的老百姓，星期四下午去见县长，批个条子，就可以吃一顿稀饭，本来是好的，但看了这块招牌，吃了之后，心里也不好受的。”过了几天，那里换上了新招牌“大同食堂”。对总管各种福利事业的“救济委员会”也改为“广慈博爱院”了。

另外，他在新赣南大礼堂前面的广场（现地委礼堂）设立一座“留芳牌”，样子像过去的忠节牌坊。凡对当时的建设工作作出特殊贡献的人，就把他们的名称刻在上头，以示表彰，并作楷模。

我年逾古稀，手头无参考资料，仅凭记忆，难免有错漏，请见谅。

“新赣南”见闻

吴识沧

蒋经国在赣南当专员的作风，和国民党其他官僚比较起来，算是独树一帜。他于1940年初提出了“建设新赣南”的口号，在赣南搞了很多新名堂，有些做法也曾给人们以新鲜的刺激，由此形成种种传说，经过好事者的加工渲染，变得近乎神话，因而又引起过一些人的错觉与幻想。

我于1941至1943年，在赣南工作将近三年，身临其境，了解一些情况，现就记忆所及，追述片断。

“新赣南”的“财神庙”

蒋经国大搞“建设新赣南”，各个单位趁此拼命扩编，不断创办新的事业，还经常搞许多大规模的活动，花钱如流水。这些钱从哪儿来？来源有四：一是正常经费，二是捐献，三是罚款，四是交易公店。

这个交易公店是四区专署开办的一个公营商店，贩卖各种物品。从生活必需品到工业、农业、交通、建筑等等各种物资，凡是有利可图的生意都做，反正有的是可以灵活运用的资金，有大量的运输工具，有种种便利条件，因而生意兴隆，财源茂盛，交易公店也就成为“新赣南”的“财神庙”，经理外号“财神爷”。专署所属各单位编外人员的工资，无法报销的活动开支，新办事业的经费，多半由“财神庙”支付。1943年，凡在赣南工作三年以上者，还从“财神庙”得过一笔数目不小的“特别分红”。“财神庙”的头一位“财神爷”是留苏派的徐季元，后为政校派的黄密。

当时赣南各县都有交易公店的分店，黄密继任总经理后，改名为“新赣南国民经济建设公司”。它与“赣闽湘粤四省盐务督运处”，都是蒋经国在赣南的重要经济来源。

从1940年起，蒋经国在专署院内设了一个“民众问询处”。

星期四接见日

有两个登记员负责接待工作，并由专署贴出公告，无论有什么意见、疑问和要求，都可向政府提出，一定给予公正处理，方式可以书面写，可以口头讲。登记员每日填表摘要，送请蒋经国过目核办。

不久，蒋经国又规定每星期四下午亲自接见民众，并公告各界；凡是有意见、有冤枉、有重大问题不得解决，想见蒋专员的都可以到民众问询处登记请见。于是每逢星期四下午，专署门前，登记求见者络绎不绝，形形色色。到了接见时间，由一位登记员唱名，另一位登记员引进接见厅，蒋经国含笑接待，亲切交谈，听取陈述意见，旁有专人记录。每次接见完毕，由秘书汇总记录送请专员审批，分送有关单位处理，有些重要案件，专署另行派人直接调查处理。

在蒋经国太忙分不开身或者外出期间，就由专署主任秘书周灵钧代表接见。

起初，蒋氏接见民众，听取意见和申诉以后，是解决了一些问题的，也采纳过一些民众所提的意见，因而颇得民心，博得了“蒋青天”的美称。

我听赣南地方法院院长徐葱珩说："蒋专员接见民众解决了不少问题，减轻了我们法院一些负担。"

可是，碰到棘手的问题，阻力太大时，他还是拖延了事，不了了之，到了后来，专员的面都见不到，申诉的事情也得不到很好解决，民众对于"专员接见民众"一举，渐渐失去信心，不感兴趣。到了星期四下午，也没有几个人登记求见，听说1944年后这项工作就中断了。

别开生面的训练干部方式

1941年初夏，我刚到赣南工作不久，就被调去参加"第四行政区第十七期干部讲习会"，会址在城东幼幼中学。

调训对象是署、部、会、府各单位干部，共有二百余人，实行军事管理，编了一个军训营，蒋经国兼任营长，孙国光为副营长，保安副司令吴骥为训育股股长，专署主任秘书周灵钧为教育股股长。

每天上午上讲堂听课，课程计有："建设新赣南纲领计划""蒋总裁言论""抗战时事述评""史地常识""军事常识"等等。蒋氏主讲"建设新赣南纲领计划"，这是讲习会的主课，讲的有劲，听的认真，但学员最感兴趣的课程还是"史地常识"，讲师是一位省赣中的史地教师，富有教学经验。

早晚升降旗点名，由营长讲话，下午出操一小时，其余时间安排文娱体育活动。军训活动中还搞过一次夜间紧急集合。

讲习会的伙食吃得不错，经常加餐。可是有一天早上突然宣布不开早饭，大家空着肚子去上课，饿到中午吃白饭，连一点咸菜都没有。在开饭之前，蒋对大家说："今天让大家尝尝吃白饭、饿肚子的味道。"晚饭，吃菜根煮稀饭，蒋又说："古人说过：咬得菜根，百事可做。抗战也好，建设新赣南也好，都要能够吃得苦。"

有一天早晨，到操场集合，蒋脱了上衣打赤膊，要求大家也打赤膊，女学员一听面红耳赤大为紧张，蒋氏随即觉察了，马上补充一句，“女同志可以穿汗衫”，女的才松了口气。蒋带领大家跑步几圈后，便领队跑出大门，一口气跑到东门外河边。走上浮桥，太阳刚刚升起，蒋带头跳跃欢呼：“总裁是我们的太阳！”两百多人在浮桥上跟着他跳跃欢呼，只听到“咔喇”一声，捆桥的篾索断了，浮桥晃动起来，吓得女学员尖声惊叫，胆小的学员面如土色，争先恐后一窝蜂跑上岸去，幸亏浮桥没有散架，虚惊过后又放声大笑，哨子一吹，整队回营。

快结业时，举行了一次论文竞赛，总题目是蒋氏拟定的《我理想中的新赣南》，具体题目，各人自选，由蒋氏亲自阅卷，评出前三名给奖，第一名奖怀表一只，二、三名各奖金笔一支。获奖的三篇文章，在《新赣南报》发表。讲习会结束后，这三个名登金榜的人都升了官。

接着又搞了一次演讲比赛，也取了三名，只是公布表扬，未另给奖。

结业前夕开了一个文娱晚会，开头唱歌、拉歌，拉到蒋时，他也唱了一支“两只老虎”。最后，由戏剧股演出抗日话剧“茉莉姑娘”。

讲习会举办的文娱晚会，方式和节目，每次都有所不同，如第二十六期结业前夕举行的一次文娱晚会，有一个节目是“双料双”，即二人同拈一组阄，照令行事。例如对对子、对山歌、出谜猜谜、背靠背赌力、顶牛、摔跤等。蒋氏同一个胖子乡长同拈一组，蒋拈到“给人当坐马”，胖子不好意思骑，笑着说：“算了，算了，拈过一个。”蒋氏却说：“来来来，我做马，你骑！”他当真趴下来做马，那胖子也不再客气就骑了上去，走了几步，胖子赶快下来。蒋想想不甘心，叫胖子趴下来，他骑上去走了几步才罢休。当时大家意外地哈哈大笑，我暗自佩服他应付尴尬场面和不吃亏的脑筋真敏捷。

总之，蒋氏训练干部的方法别开生面，与众不同，其特点是生动活泼，有所创新，能够抓住青年人心理，产生一种吸引力，使干部都觉得在赣南工作有奔头，因而甘为蒋氏卖力。

从建乡建保到建家

从1942年底到1943年初，蒋氏号召展开建乡建保运动，先从赣县做起，然后推广。选派署部会府一百多名干部，分成十几个工作组到全县各乡镇去，先建乡，后建保，也可以交叉结合进行。

下乡前，开了几次会，蒋说明建乡建保的任务，主要是健全乡镇保甲机构，提高行政效率，把“建设新赣南”第一个三年计划贯彻下去，在基层实行，为实现“五大目标”打下基础。至于如何实现“五大目标”的具体做法，则不明确，大家心中无数。只记得他最后叮嘱的几句话：“你们这次下去，一定要把乡镇公所、保办公处布置得像个样子，造成‘建设新赣南’的热烈空气，以壮观瞻，使人耳目一新……”因为这件事讲得具体，所以印象很深。

在会上，还布置了一些附带任务，军事科委托催兵，财政科委托催款，田粮处委托催粮，这三项附带任务倒是明确具体的。

搞建乡建保运动的结果，成绩最显著的是各乡镇公所和保办公处都打扮得整齐清洁，焕然一新，很多乡镇公所盖了新房子。

屋外环境，写制了大量宣传“建设新赣南”的标语口号，最大的一块木牌漆制着“建设新赣南”五大目标：“人人有工做，人人有饭吃，人人有衣穿，人人有屋住，人人有书读。”

高墙上、岩石上都绘写了斗大的字，真是豪言壮语，气魄惊人。公路上坐在车里的乘客、大河里船上的旅人，都可以看到这些醒目的标语、口号，给人的印象是：赣南和别处果然大不相同。

乡镇公所的办公室内，布置得更加漂亮。油漆粉刷得溜光。办公桌椅、文件橱、会议桌椅，摆得整整齐齐，墙上挂着孙中山和蒋介石的大幅像片，像片下面写的是“建设新赣南五大目标”，墙上钉满了统计图表，挂满了会议记录、登记簿、收发文簿等各项簿册。人们举目看来，倒蛮像个样子。

保办公处的布置虽然比不上乡镇公所，却也颇有规模，比过去的破烂寒酸模样，讲究得多。

以赣县的做法为榜样，扩展到赣南第四行政区所属的其他十个县所有的镇公所与保办公处的“门面”，全部焕然一新。

建乡建保运动以后，本来要搞建家运动，后来投有专门搞只编写了一篇“新赣南家训”，内容是以“朱子家训”为基础，用蒋氏的观点和“建设新赣南”的纲领要求综合编写而成。这个家训，文字通俗易懂，顺口易背。制定公布后，除了在报刊上扩大宣传外，还印成单张在大街小巷广为张贴。又漆制了巨型木牌竖立在车站、码头、广场。还加印了上百万份单张，散发给赣南十一县每户一张，贴在厅堂上。并由学校教师和有文化的人，在学校和乡村，广为宣传讲解，带领民众念诵。赣南的报纸纷纷发表社论，号召民众身体力行，这个家训当时在赣南产生了一定的影响。

南康赔礼

有一个黄埔军校毕业的某部上校军官，因事告假回到南康老家，住在小镇上一家小客栈里，大概是偷野老婆，被当地镇公所巡查队查获拘留。他说明了身份，要镇长放他，谁知这位镇长是个老天真，他以为有蒋太子做后台，什么太岁头上都敢动土，何在乎一个小小上校？于是坚决不放，还要把他送壮丁。这个军官的家属便急电泰和、吉安的同乡亲友求援。在这些同乡亲友中有很多是国民党高级军官，如“复兴社”江西头目之一的第五预备师师长郭礼伯、古泰警备司令赖伟英等，都是南康人，这些人平时已对小蒋不满，郭礼伯还挟有私怨，这回搞到黄埔学生头上来了，那还了得！十几员中将、少将齐集南康，联名电蒋质问。蒋见这种架势，知道闯了祸，不敢怠慢，急电南康县政府立刻放人，并要赔礼道歉。

没想到那位被抓的老兄见有大头头撑腰，竟赖在牢里不肯出来，兴师问罪的将军们质问蒋经国：“你去请示总裁，还要不要黄埔学生！”蒋经国只得下令把那个镇长撤职，在南康大摆酒席，赔礼道歉，并派小轿车把那个军官迎接出牢，披红挂彩放鞭炮，请来赴宴。

南康的将军们扳回了面子，不好让蒋太子过分难堪，也就乘风转舵了结此事。听说那个镇长被蒋氏痛骂了一顿，还打了一个耳光。

狂欢大庆　挥金如土

建设“新赣南”还有个特点，喜欢搞狂欢大庆，讲阔气摆排场。

1941年“双十节”，蒋氏组织五万人大检阅，模仿苏联十月革命红场阅兵派头。有五万余人的队伍走过主席台前，高呼口号，蒋经国向受检队伍频频挥手致意。检阅完毕，还举行大游行。搞一次这样的大检阅、大游行，耗费的人力、物力和金钱，数字是惊人的。

每年10月底，为蒋介石祝寿，规模更加宏大。全市四镇两乡各设寿堂一处，六处寿堂都布置得富丽堂皇。另外，新赣南大礼堂内还布置了一个总寿堂，张灯结彩，金碧辉煌。全市各条大街人行道，安装了电线，挂满了红灯，各城门口和公园门口都扎了彩牌楼。使晚上如同白昼。站在八境台上远望赣州夜景，煞是好看。

寿诞之晨，机关干部、各界人士，纷纷到总寿堂祝寿、吃寿面，各乡镇的居民、学校师生，都到乡镇公所寿堂祝寿。下午，开祝寿大会、大游行。为了保证大会和游行的规模浩大，气氛热烈，赣县县政府命令四镇镇公所的保甲长布置到户，规定每家都要派一人去开会游行，街上两旁看游行的人，看到蒋总裁大像经过时，人人都要高呼蒋总裁万岁。有人说：重庆也未必有赣州这样的排场和热闹。

在寿诞的头天晚上，蒋氏还邀请亲信骨干人物，参加他的家宴，祝贺乃翁的生日，其夫人蒋方良（苏联籍）亲为大家斟酒敬酒，蒋氏兴高采烈，猜拳闹酒打通关，宾主尽欢而散。祝寿一次所耗人力、物力和金钱，比大检阅要多好几倍。

除此之外，还有元旦大庆，春节玩灯，端午赛龙船，中秋游湖，化装舞会，炉边闲话……等等，名目繁多，层出不穷。

所谓中秋大游湖是租用几艘大帆船，邀请全体干部游赣江，从章贡二江合流处游到大湖江回头，船上备有酒席瓜果，自由取食，边吃边赏月听音乐。炉边闲话是在春节前一日，邀请各单位负责人与各界知名人士，在专署小礼堂过除夕，四人一小桌，一只火盆，桌上一大盘南安板鸭、一大盘拼盘、一瓶酒，炉火熊熊，酒酣耳热，欢度良宵，蒋氏向每桌放酒，预贺新春。

蒋经国的一次出巡

王克浪*

1942年夏至1945年初，我应当时江西省第四区行政督察专员蒋经国之聘，在他兼任社长的赣州《正气日报》担任编辑主任两年多。其间，特别是进入该报不久，我曾以记者的身份随同他到专区所属的大余等县去视察，和他一起朝夕共处十来天。他的一些无拘无束的言谈举止给我留下的印象，至今虽事隔四十多年，犹历历在目。

挤木炭车出发

我进《正气日报》约半个月后，时间是在1942年9月上旬。一天，蒋经国告诉我，他要到专区所属的大余、南康、崇义、上犹等县去视察，要我同他一起去看看。其用意是，我初到赣南，各方面的情况都很生疏，作为他的机关报的重要一员，应当入境先问俗吧。陪同他一起去的，还有专员公署的科长黄密、秘书漆高儒和他的一名随身卫士。

那时候，所有汽车能源完全依靠外国输入，而国境又被敌人包围封

---

* 作者时任《正气日报》编辑主任。

锁，输入困难重重，一滴汽油一滴血，十分宝贵。因此，为了节约，蒋经国没有凭借他的特殊身份使用小汽车，而是和我们随行的人员一道，买票搭乘一家私营的南通运输公司的木炭车。那是一辆美国制造的老掉了牙的道奇牌旧车改装的，摇摇摆摆一小时走不了十公里，加上天气炎热，商人为了赚钱超负荷地售票，满满挤了一车的人。尽管又闷又热，很不舒服，蒋经国却满不在乎地安之若素，以致我们随行的人也只好忍受。更糟糕的是，车子开出三十来里，到达南康县境的潭口，轰的一声，后胎突然爆炸，车上又没有携带预备车胎，车子没法开了。蒋只好吩咐漆秘书，跑到七八里外的乡公所去打电话，要求设在赣州市的江西公路处派车前来支援。

漆秘书走后，估计至少需要一个多小时，公路处的车才能开来，大家便在路旁的草地上席地而坐，很不高兴地闲言冷语，责怪这家经营运输的商人唯利是图，不负责任，事前不对车子进行必要的检查，不注意乘客的旅行安全。蒋却不置一词，特意从提包里取出一张地图，按图讲述他预定视察的地点、路线和停留的时间安排等等，以转移大家急躁不安的情绪。

这时，在附近田间劳动的老百姓，看到这些显然是外地来的旅客，三三两两地围拢来了，好奇而又怯生生地看热闹。蒋经国立即主动和他们打招呼，饶有兴致地搭话攀谈。他谈吐风趣、诙谐，操着半生不熟的赣南口音，特别富有吸引力。那些围观的人很快就消失了拘谨，有说有笑地和他交谈起来。谈话中，蒋问到他们的生产、生活情况，还着重提到当时已在全区开展的“读书运动”，问他们是否都参加了读书会。一个十七八岁的小伙子神气十足地答复道：“参加的！”还伸手指指自己，“我是中国人，”又指指蒋，“你是中国人。”然后张开双臂，向大家作了个合抱式，“我们都是中国人。”背诵着《民众识字课本》的第一课。蒋听着看着，不禁呵呵大笑，拍拍年轻人的肩膀说：“对，我们都是中国人，都要爱中国！”

谈着谈着，时间已到中午，一位年过花甲的老人从交谈中弄清了客人们还要在这儿久等，一定要大家到附近不远的他家里去休息。他一进门，就嗓粗气大地叫嚷家里的人，泡茶、炒花生、煮米粉，请我们吃点心，一面和大家天南地北地谈个不停。忽然，一个十二三岁的小学生蹦蹦跳跳地背着书包走进来，眼睛滴溜溜地朝客人们一瞅，紧接着神秘地附在老人耳边嘀咕了什么。老人吃惊地“啊呀”一声，这才知道和他交谈的竟是闻名已久、不曾见面的蒋专员，屋子里活跃的空气一下子凝固起来。蒋也猝不及防，不由得有些拘谨。这时，恰好公路处派来支援的吉普车开到了，大家便登车告别了老人一家，向大余进发。

夜宿丫山古刹

登上车，蒋经国让司机坐在一旁，他自告奋勇开车。开到南康城郊一个两旁都是住宅的小村，鸡呀鸭呀扑腾腾地挡道，由于驾驶技术不够熟练，轧死了一只逃脱不及的母鸡，只好停住车，派卫士找到鸡的主人，赔了钱，道了歉，然后让原来的司机继续开车朝前走。

按照蒋预定的日程表，这天的目的地原是大余县政府。下午五时，车子开到这个县的丫山山麓，距离县城只有十来里了，他却指点司机停车，率领大家沿着羊肠小径，登上古树参天的丫山，左弯右拐地游览一阵郁郁苍苍的风景，然后迂回转到一个山门，走过石桥，爬上一段石坡，来到名叫龙岩寺的佛寺。入门，赫然一尊盘腿袒腹的弥勒佛，迎面笑脸蹲在那里。蒋风趣地指指它：“这是我的老乡。”说着又把大家引进菩萨满堂的大殿。殿内香烟缭绕，两旁厢房对称；再进，殿后紧接着石砌高坡，拾级而上，一排整齐的僧房临坡排列。整个庙宇建筑高大、宽敞，大柱、门房、墙壁，色彩鲜艳，清洁整齐，给人的感觉不像年代久远的古寺。蒋走遍全寺，好像回到自己的家园一样亲切熟悉。寺院的住持也一见如故，合掌相迎，毫不见外。原来一年前，蒋在这里举办过干部训练班，为寺院作了修葺整理，因此焕然一新，僧人也成了他的老朋友。

那天晚上，我们就在寺里食宿，同行的人不解地询问蒋经国，为什么不按预定的计划赶到大余县去。经这一问，他便轻声细语可又一本正经地告诉大家："住在这里还不好吗？既浏览了自然风景，赏心悦目，又享受一宵的清静自由，不受任何干扰。如果急急忙忙赶到县里去，人家兴师动众把你当做顶头上司接待，又怕吃不好，又怕睡不香，劳民伤财，唯恐出力不讨好，何苦？"经他这么一说，大家频频点头不吱声了。

一次慷慨激昂的谈话

第二天，天还未亮，大家还在呼呼酣睡，蒋经国就起了床，把大家叫醒，迅速洗漱完毕，登车动身，六点多钟便到达了大余县，县政府还空落落的没有人上班。这天，正好这个县举行乡、保长都参加的行政会议，蒋被请出席了开幕式，并即席讲了话。他慷慨激昂地要求那些参加会议的人，要站在老百姓的立场，第一，要注意多数人的利益，不要只为少数人锦上添花；第二，要重视整个国家民族的利益，不要光顾各自的鼻子尖；第三，要为长远的永久的利益着想，不要死死盯着眼面前。他还特别强调，每做一件事，要上对得起国家民族，中对得起人民大众，下经得起扪心自问。作为一个县乡工作人员、一个人民的公仆，如果老百姓的痛苦得不到解除，那就是犯下了不能容忍的大罪……

开会前，他没有要秘书为他写讲稿，照本宣科；讲话时，他没有摆出片纸只字作为发言提纲。在洋洋洒洒长达一个多小时的讲话中，他滔滔不绝，出口成章；每谈到一个问题，还如数家珍般地列举一些他所掌握的实际事例或数据印证他的论点。他既能说会道，有条不紊；又抑扬顿挫，情绪饱满。他懂得深入浅出，把话说得深刻、感人，娓娓动听，有说服力。每当谈到他所深恶痛绝的人或事，就会激动得捶胸跺脚以致声泪俱下；有时，他又忍俊不禁，为他所赞赏、高兴的情景高声叫好，笑逐颜开，使得全场的人，始终聚精会神，肃然静听，不时报以热烈的掌声。难怪有人评论他的嘴上工夫，要比他的爸爸高出许多。

难忘的“金丝被”

我们在大余城乡盘桓了三天，便忙着前往崇义。那时，从大余到崇义还没有公路，汽车用不上了，沿途都是崎岖不平甚至原始森林般的崇山峻岭，只能徒步跋涉攀登。蒋经国自恃年轻，身强体健，总是一马当先，快步如飞，要大家尾随他你追我赶，互相奔竞，看谁走得快、能持久、不掉队。边走，他还手舞足蹈，不停地说笑话，讲故事，教大家学唱滑稽歌，为大家鼓劲助兴。他有两支喜欢唱的歌，一支是：“两只老虎，两只老虎，四只脚，四只脚，一只没有尾巴，一只没有脑袋，真奇怪，真奇怪”；一支是：“我骑驴牵马，来到潼关，待我下马一看，只见两个大字：潼关呀潼关”。由于他的滑稽有趣，逗乐同行的人，一个个马不停蹄，满头大汗，忘记了疲劳。

然而风云突变，到了下午，天气陡然由晴转阴，阴转雨，倾盆大雨下个不停。大家都未携带雨具，接连奔走在二三十里渺无人烟的山岭里，连落脚避雨的地方都找不着，只好硬着头皮冒雨奔驰，一个个衣衫湿透变成了落汤鸡。蒋的劲头却丝毫未改，引领大家奋勇前进，甚至雨下得越猛，步子迈得越大越快。他说，这才是锻炼身体意志最最难得的好机会。

我们就这样冒雨疾走持续到下午五点多钟，来到一处叫“热水”的小村子才停下来，找到一个老百姓家去借宿。碰巧主人是个甲长，中年农民，姓肖，满口应承。可他家房子狭小，破旧，光景很贫穷，骤然接纳五个不速之客，又当雨后天凉，没有被子，怎么住呢？蒋走到门口，环顾四周，突有所悟地用手一指：“有了，有了……”大家顺着他指的方向一瞧，只见屋旁堆着一个稻草垛，“这不是现成的‘金丝被’吗？”于是决定买下几捆，准备铺在房子里睡地铺，当被盖。

大伙被雨淋得全身湿透，必须洗澡换衣。睡的问题勉强有了着落，紧接着洗衣洗澡又犯愁了。又是蒋灵机一动：“走，到温泉洗澡去！”原来甲长家门前，面临小河，河上架有木桥，对岸不远处有个温泉——“热水”便是因此得名。一年前，蒋第一次路过这里，发现这个去处，当即指示当地的河洞乡公所，因地制宜建了亭子，方便人们洗澡。大家提起各自的提包，在大雨初霁的暮色中，走过摇摇晃晃的木桥，进至亭子，跳进直径三米左右的圆形浴池，痛痛快快地洗了澡，洗了衣服，才回头向甲长家走。不料走到桥边，木桥竟被大水冲走了。这时，天色暗沉沉的即将断黑，大家看着河面的山洪浊浪滚滚，不知如何是好。忽然，远远一个荷锄看水的人，似乎看准了我们走投无路的窘境，主动向我们走来：面对这一意外的巧遇，蒋立即上前和他攀谈。这个富有赣南人民礼貌好客传统的农民，名叫黄位才，听蒋一说，二话没说，便把我们引到他的家里去住宿。

黄位才领着我们走了不到两里，刚刚踏进他的家门，好像觉察到了什么，突然谦恭有礼地面对蒋，“请问先生高姓？”蒋答了一声：“我姓蒋”。漆秘书忙补上一句：“他是蒋专员！”黄一听，连连点头哈腰：“哎呀，你老人家吗格（怎么）来到这里？要不是天气不好，请都请不到啊！”于是煮饭，杀鸡，弄菜，为我们准备晚餐，还指挥老婆孩子，用劈柴在堂屋中间烧起熊熊大火，供我们烘干衣服，一家人手脚不停地忙得团团转。

这一天，我们大清早从大余开始，以急行军的步伐，整整赶了九十里的坎坷山路，很疲劳，有的脚板磨起了血泡泡，很不舒服，巴不得马上躺下来呼呼入睡。蒋却一点没有倦意，和黄位才谈这谈那，了解当地的情况，诸如乡保长做事是否公道、修乡道他家出了多少人工、县长他见过没有、为人如何，等等，好像老相识似的，谈个没完没了。

饭菜弄好端上桌了，主人抱歉地说没有酒，蒋便端起一碗茶，笑呵呵地走向桌边说：“以茶代酒，以茶代酒。”还一定要黄位才全家大小和我们围坐一桌，边吃边聊，老表哥、老表嫂，插科打诨，笑语连篇，弄得黄位才的老婆孩子前仰后合地有说有笑，不时上下左右地瞅着他，似乎从来没有见过这么一个有趣的大官员。

吃罢饭，蒋还指挥大家齐唱了黄位才一家在甲读书会学会的“大刀向鬼子们的头上砍去……”和“天是我们的天……”等抗日歌曲，直闹到晚上十点多钟，才按照我们进门时就和黄位才说好了的稻草作被，堂屋当床，五个人挤在蒋名之为“金丝被”的地铺上，度过了难忘的一夜。临睡时，蒋饶有兴趣地对我们随行的人员说：“今天晚上，算是举行了一个小型的官民同乐会吧。”

第二天早上，蒋经国叮嘱漆秘书把应付的晚餐、柴火钱，偷偷放在餐桌上，用一只茶碗压着，告别黄位才一家，离开热水，走向距离这个村五六里的河洞乡公所。不巧乡长没碰上，蒋便在乡长办公桌上留下这样一张字条：

从热水到温泉的小河上，请修建一座石桥。修建费可到专署领取。

蒋经国

崇、犹道上

在崇义也只停留三天，便转到上犹县去。两县相距也是八九十里崎岖不平的山道，仍然要爬山越岭徒步走。

当时正值全专区大搞建乡、建保、建家和读书运动。所谓建乡、建保，主要是各个乡、保都要有一个像样的办公处所，乡与乡间都要兴修比较宽坦的大道。所有建乡建保的人、财、物力，都由当地人民负责。我们在从大余到崇义、从崇义到上犹途中，不断看到成群结队的人群，在胼手胝足、肩挑背负地进行修路劳动。崇义是个偏僻落后、人口稀少的山区。记得到达该县后，县长在向蒋经国所作的工作汇报中，谈到修路的情况，提供了这样一个数字：有一个四百六十八人的保，只有四十八个壮丁，却修好了十里长的山岭重叠的大道。县长颇为得意地突出这个数字来表功，也暴露了劳动人民付出的代价多么沉重！

我们走着走着，走到一条小河边，碰到一伙人，有的在杭唷杭唷地抬石块，有的在七手八脚地拆木桥，要把木桥建成石桥。蒋问道：“老表，修石桥干吗格？”那些人显然是按照乡、保长编好了的调调回答道：“修好桥，给‘蒋委员长’祝寿啊！”作为一区之长的专员，又听说是为他的爸爸歌功颂德，不禁频频点头，报以会心的微笑。

所谓建家，最突出的一点，就是在全专区普遍推行《新赣南家训》，这是模仿明清之际朱柏庐的《朱子家训》编写的提倡勤俭持家的治家经，是蒋颇为自我欣赏的“政绩”之一。为了广泛推行，专署印刷了一百多万份，逐家逐户发给全区群众，要做到家喻户晓，人人背诵如流。特别是待婚的青年男女，如背不出的，则不准登记结婚。背熟了《新赣南家训》，领到了结婚证的，要参加集团婚礼。私自抬花轿、摆筵宴结婚的要罚款。有一次，信丰县政府向专署递了一份报告，说男子续弦，女子再醮的，不宜参加集团结婚，否则群众有意见，认为这类男女都是命中注定有克星的，不克夫便克妻；如果让他们参加了集团婚礼，新婚的青年男女便有忌讳，拒绝参加，集团结婚便不容易搞起来。有意思的是，经过专署研究，居然顺应了这个忌讳，批准了这个报告，以后续弦再醮的人，抬花轿，摆筵宴，吹吹打打之类的排场也就无所忌惮了。

当时的读书运动又叫扫盲运动。规定所有不识字的人，都要参加读书会读书识字。已入学的小学生，要给不识字的爷爷、奶奶、爸爸、妈妈、哥哥、嫂嫂们充当小先生。每届一定的学习阶段，要进行考试。考试之外还有种种考验的办法，如我们经过的关口要道，就看到设置有识字牌，过往的人必须认得牌上的字才准许通过。群众对此反映说：识字好是好，就是肚子填不饱。可见提高文化素质，首先在于解决温饱问题，光凭识字牌是卡不住不识字的人都识字的。

“千人之宴”的“官民同乐”

到达上犹的第二天，蒋经国突然心血来潮，改变计划，原定在这个县的视察日程缩短了，打算回赣途中顺路前往的南康县也是过门不入了，决定提前赶回赣州。因为中秋节快到了，他要进一步去检查、过问他所独创的一年一度的“官民同乐节”（即传统的中秋节），是否准备得如他所部署的称心如意。他要强、好胜，喜欢利用节假日大搞热热闹闹的群众活动，用他的话说，这叫做“动与力之美”。记得在我刚到赣州的第一个周末，曾被邀参加每周一次的“官民同乐晚会”。所有赣州市的机关、团体、学校、企事业单位以及街道居民都有代表参加。会上有他自己主持的一个节目，由他点名，被点名的人要登台听他的指挥，或唱歌，或讲笑话、故事、耍滑稽，或和他肩抱肩地跳舞，非演一个项目不可。我这个新来乍到的人，竟也被他点了名，好不尴尬地被捉弄了一番。

类似这样的群众性的活动，每逢春节、元旦、“双十”、他的老子的生日都是要大搞的。每当这样的日子，大街小巷要张灯结彩，各行各业要争奇斗胜，扎制五颜六色的提灯、龙灯、狮子灯等参加提灯游行。整个市区晚上灯火通明，鞭炮轰响，通宵达旦大闹所谓“不夜之天”。

这一次的“官民同乐节”，办了整整一百桌大菜的宴席，举行了足足一千人的会餐，名之为“千人之宴”。被邀请的人包括荣军、出征军属、孤寡、工人、农民、妇女、学生、干部等十个方面的代表各一百人。会餐前举行了开宴仪式，蒋经国发表了简短的谈话。他说，被邀请的人，有的为国家作出了贡献，有的为抗日作出牺牲，有的孤苦无依无靠，值此中秋佳节，应该团聚在一起，共同享受这个良辰美景的节日欢乐。接着，进行了这个市前所未有的大会餐。

这一天，全市的影剧院等娱乐场所都一无例外的奉命开放，免费让全体参加会餐的人凭证观看。此外，还给荣军每人发了月饼二斤、柚子一个；给出征军属每户发慰劳金五元，表示慰劳。

以上，就是蒋经国那次出巡所表现的一些言谈举止。不用说，在当时腐朽的国民党统治集团中，他的所作所为是比较独特的。那时候，他归国未久，为官尚暂，又曾在苏联工农群众中经历过多年的锻炼。他的朴素、开朗、坦率、风趣、朝气蓬勃而又平易近人的态度、作风，是不言而喻的。

但是，随着时间的推移、官位的升迁、老蒋庭训的鞭策，以及当朝形形色色夤缘时会的政客不断的吹捧、抬举和拉拢，使他日复一日地变了。就在他还未离开赣州的后一阶段，他每去一次重庆回来，连外在的音容状貌，都会有几分不同的味道。这也是不足为奇的，要不，怎么能改变当年“鲤庭负剑”的初衷，成为蒋家王朝最终的接班人呢?

蒋经国与江西三青团

汪振煌*

三青团江西支团筹备处成立时，三青团中央团部第二处处长康泽为了控制全国三青团组织，各省支团和县分团的负责人都安排了他的贴心学生，有的是军校特训班毕业生，有的是三青团中央青干班一期毕业生。三青团江西支团筹备处成立时，支团书记彭朝钰，组训组组长、宣传组组长和六个县分团负责人，都是康泽办的军校特训班和三青团中央青干班一期毕业的学生。江西三青团与各省一样均为康泽所控制。

蒋经国任江西省第四区行政督察专员后，兼任三青团江西支团部筹备处主任（后为干事长，此职相当于国民党省党部主任委员）。蒋经国有鉴于斯，任筹备处主任后，第一件事就是建立班底，创办三青团江西支团干部训练班，并亲自主持兼任班主任，选派他的知心朋友胡轨任班副主任。训练班设在赣州赤珠岭，所以又名为“赤珠岭青干班”。学员多为中央军校三分校政治部主任胡轨在该校十六期毕业生中选调，被选送“赤珠岭青干班”受训的有王升、徐贵庠、孔秋泉、许素玉、王蕴、何贤佐、纪宣抚、谭建勋等和我共六十余人，另外还招考了一部分，其中有章孝严、章孝慈的生母章亚若。经过三个月的紧张训练后，由蒋经国会同胡轨亲自安排，

---

* 作者时任三青团峡江县分团干事长。

大部分分配到各县筹设三青团分团，其主任、书记、股长均为赤珠岭青干班学员，少数分配到赣州专员公署工作。王升任专署兵役科科长，章亚若派在蒋经国身边工作。从此，蒋经国的江西三青团的干部网就很快地编织好了。这时三青团江西支团主任委员（后为干事长）为蒋经国，书记彭朝钰、组训组组长黄模熙、宣传组组长江海东、总务组沈某；另有一个青年服务总队，负责人为范魁书。支团设有干事会（相当于国民党省部的委员会），干事有蒋经国、胡轨、詹纯鉴（江西省垦务处处长）、刘己达（江西省地政局局长）、陈宗蓥（江西省军管区政治部主任）、薛秋泉（国民党江西省党部委员）、胡昌麒（中正大学教授）、支团指导员熊式辉。

经过蒋经国的精心策划，三青团江西支团各级负责人逐步地进行调整，康泽派任亲信的重要职务，由赤珠岭青干班毕业生取而代之。1940年后，支团书记改为胡轨，原康泽派任的书记彭朝钰调离，派任江西吉水县县长；组训组组长改为王升，原组长黄模熙调军队工作；宣传组组长改为王蕴，原组长江海东调军队工作；增加许素玉任女青年组组长。三青团江西各县分团干事长、书记全部更换为赤珠岭青干班学员担任，这就为蒋经国的江西三青团形成清一色的牌局了。最后总务组组长沈某调任县长，由三青团中央干校学员史朝赢升任。1944年，蒋经国任三青团中央干校教育长，胡轨随蒋经国到干校做其得力助手。嗣后，蒋经国任青年军总政治部主任和三青团中央团部二处处长，接替康泽的职务。三青团江西支团干事长，由蒋经国的心腹詹纯鉴继任。王升调升支团书记，后来王升调往干校，赤珠岭青干班学员李德廉接任支团书记。女青年组撤销后，组长许素玉调任江西信丰县县长，她是中国第一个最年轻的女县长。她经过蒋经国的培养提拔，与王升一样青云直上，由县长一跃而为国大代表（现在台湾）。许为安徽省人，从小给人家做童养媳，七七抗战发生，她跳出苦海，投考军委会战时干部训练团第三团，后该团改编为中央军校第三分校，被胡轨选送赤珠岭青干班。她虽然是个弱女子出身，经过蒋经国、胡轨的培育，颇有大丈夫气，做事有魄力，讲方法，和王升性格相近，能量相似，对同学，事无大小，关怀备至，取得蒋经国的信任和同学们的拥戴。她和王升两人，成为同学中的魁首。她和王升的年龄都比我们大一点，我们一直喊她（他）们大姐大哥。

赤珠岭青干班毕业的学员，都是一些年轻人，平均年龄约只有二十一二岁，在县里都是县级干部，与县长、国民党县党部书记长平起平坐。而县长、书记长们多为四五十岁，他们很不服气，背地里都说："这些太子的太子，神气十足，还不过是一些奶臭未干的小鬼。"蒋经国听到这种说法，在一次干部大会上说："有些人认为我们的干部年龄小，职位高了，与他们平起平坐，他们感到很不是滋味，我想乳臭未干的小鬼比老气横秋的老鬼要好很多嘛！"大家听了哈哈大笑。

江西三青团的指导员，由江西省政府主席熊式辉兼任。他虽然是江西三青团的最高领导人，但徒有虚名，实权掌握在蒋经国手里。不过，熊式辉是个老谋深算者，是政学系的主角之一，对江西全省青年组织新生力量的干部赤珠岭青干班的学员颇感兴趣，经常以指导员身份去赤珠岭青干班作精神讲话。他很会扯，而且扯得很圆，且有趣，有时还很激动人心。我记得有一次，他去青干班说（大意）："你们是真正担负国家民族重任者，你们是中国四亿国民的希望，党国重视你们，我重视你们，有问题可以找我。"又说，"现在是国共合作抗战，中共有人对我说，说他们的同志，安全得不到保障，我对他说，我一定保障他们的安全，但不知他们详细住址和职务，无从保护，请你将他们详细情况写给我，他不敢写了，哈——哈——哈。"又接着说，"现在还要同你们谈谈党政之间的关系，党和政是什么关系呢？拿人来说，党是人的灵魂，政是人的躯壳，政脱离了党则成了行肉走尸，如果只有党没有政则成了孤魂野鬼。"他在赤珠岭青干班学员毕业时，把他的大照片每个学员赠送一张，并在照片右上角写"×××同志存念"，左下角为"熊式辉赠"。得到大名鼎鼎的熊式辉赠送尊照，确非易事。可是我们这些被送到蒋经国身边的人都不是笨蛋，反应是比较敏捷的。"熊式辉在笼络人心，与蒋主任（蒋经国）争夺青年骨干！"我们都说，"我们心中有数，我们的心是向着蒋主任的。"

那时，蒋经国各方面是比较进步的，无官气，与我们学员穿同样衣服，吃同样的饭，有抗日决心，有建设勇气，给我们的座右铭是："清清白白做人，实实在在做事，除暴安良，打倒贪官污吏，为民伸张正气。"熊式辉对我们热忱，而我们却报以冷视，熊式辉也不再向我们施以钓饵了。

抗战胜利后，王陵基接任江西省政府主席，他也来向我们施饵。在一次，江西三青团的全省干部会议时（蒋经国亲自主持的），他悄悄分批接见我们，在他一个人的办公室与我们亲切谈话：我那时只有二十四岁，身体瘦弱。他轻轻地扶着我的肩膀说："小老弟，你身体瘦弱，以后要好好锻炼身体，为国珍重。"他问这个工作，问那个家庭，要我们经常向他汇报情况，对我们显得非常关怀。临走时，他亲自送我们出门，但我们丝毫无动于衷。出了省府大门，我们都说很怪，这位王灵官，同样是熊式辉的那种别有用心!

蒋经国对学生也不能不有所预防。我记得在一次三青团领导干部大会上，蒋经国斩钉截铁地说："我们的门，是难进易出的，贪生怕死的莫进来，想升官发财的滚出去！"王升立即高喊："我们永不变心，为主任（蒋经国）的革命事业奋斗到底。"当即对蒋经国表示了忠贞不渝的决心。

蒋经国最忌讳的是他的学生——江西三青团的各级领导干部、他的骨干与国民党CC以及政学系和中统、军统搭上关系，跟别人走。谁有这种情况，被蒋经国发现后就要叫他滚出去。我平时的言论有些偏激，许素玉转达蒋经国的旨意对我说："老弟，你别中毒！"在一次各县选举国大代表和监察委员时，我写了一封信给蒋经国，说在这次选举中"一定站稳立场，决不偏向他人，坚决为主任革命事业奋斗到死"。从此，使他解除了怀疑，马上回了我的信，给了我很大的鼓励。

江西三青团干事会中的干事，并不是完全倒向蒋经国的。如干事刘已达，是跟熊式辉走的，陈宗蓥亦是如此，薛秋泉是江西CC的领导人之一，是跟着二陈（陈果夫、陈立夫）走的，这些人与蒋经国同床异梦。只有胡轨、詹纯鉴是紧贴太子的，后来都为蒋经国所重用。干事胡昌麒是大学教授，是个书呆子，一副学者风度，没有政客伎俩，在蒋经国小集团里自生自灭了。

江西三青团各县分团部与当地国民党县党部勾心斗角、争吵不休。县党部要领导三青团分团部，而分团部又具有特殊性和独立性。三青团团长是蒋介石。在江西，三青团是蒋太子直接领导的，显得更特殊。三青团各县干事长是蒋介石委派的，而国民党县党部书记长是省党部委派的。三青团分团负责人是中央干部待遇，县党部负责人是省属干部待遇，三青团干部处处都比国民党各级党部优厚。因此，许多县的三青团分团势力比国民党县党部大得多；国民党县党部很不服气，党团之间矛盾重重，互相诋毁，告状和斗殴时有发生，结果往往是县党部吃亏。我任江西峡江县三青团分团干事长时，曾与该县党部书记长陈培礼（现为台湾“国大代表”）摩擦很大，我把他安插在三青团分团任股长的弟弟陈培麒撤职察看。党团之间内部斗争笑话百出，江西赣州三青团与赣州党部亦是互相排斥。赣州《民国日报》是党报，《青年报》系团办报纸。赣州党部在《民国日报》上设了一个“该说就说”专栏，专门攻击赣州三青团。赣州三青团就在《青年报》上设了一个“点点滴滴”专栏，进行反攻。一来一去，你一拳我一腿，毫不让步，杀得十分热闹。

国民党的党棍们生活大多奢侈，穿着阔绰，是一些西装革履摆威风的老爷。而蒋经国的专署和三青团的工作人员，却是布衣粗食的小鬼，虽然寒酸，但列在“太子系”，不但不低人一等，反而处处强过于人。江西各县政府、县党部对江西三青团，感到有些头痛，认为近之则不悦，远之则逊。这些人专门惹是生非，在蒋经国面前打小报告。蒋纬国在赣州小住时，与他哥哥蒋经国一起，大为三青团打气，在三青团举行规模较大的青年联谊会、运动会，以扩大三青团在江西的影响。

1946年，党团合并。蒋经国离赣前，对江西的干部、学生作了一些安排。王升调戡建六大队任少将大队长，胡轨调戡建总队任中将总队长，詹纯鉴调任青年军高级干部，江西各级三青团分团干事长等如周祥、俞谐等调任县长，其余的都随蒋经国、胡轨、詹纯鉴、王升去工作。蒋经国还把赤珠岭青干班学员李德廉安插进国民党江西省党部，担任书记长的高级职务。

第3编｜时移运转：走向权力中心与败走台湾

有关蒋经国的往事回忆

沈重宇*

1945年12月，我经黄埔军校第六期同学唐纵（时任国民政府参军处中将参军，负责督导蒋介石侍从室工作，后又兼任国防部保安局局长）引荐，到重庆侍从室（国民政府军务局）担任少将高级参谋兼第四科（党派情报）科长，1946年10月调任国民政府专门委员，仍在侍从室内办公。1948年5月起，当国民党政府立法院立法委员，曾一度任立法院国防委员会召集人。1949年3月，我从南京返回四川家乡，不再出席立法院会议，而在“川康渝民意代表联谊会”中活动。同年10月，蒋介石父子从重庆到成都，一批国民党军政官员拉着我联名举行宴会，欢迎和招待蒋“太子”。这是我同蒋经国最后一次见面和谈话，但这一次系应酬客套，并不值得详写。现将我所见所闻所知的有关蒋经国及他与国民党各方面的关系的情况回忆整理如下。

---

* 作者时任蒋介石侍从室少将参谋兼第四科科长，后任立法院立法委员。1966年2月病逝于成都。

一

1944年，蒋经国全家从赣南来到重庆。关于此事，有不同的说法，是需要加以解释和澄清的。较多的一种说法是：赣南有沦陷的危险，蒋经国一家为了避难，赶在日军之前躲到重庆来。事实上，早在1944年4月，蒋经国就在重庆主持三民主义青年团中央干部学校开学筹备工作。三青团中央干校是1943年三青团第一次全国代表大会决定成立的，由蒋介石兼任校长，蒋经国为校务委员之一。1944年春，蒋介石决定派蒋经国任青干校教育长。因此，蒋经国离赣南来重庆，最迟是在4月初，而日军进犯中原是在5月中旬，进犯湖南是在7月份，在这以前，重庆统帅部并未作出日军将作大规模战略进攻的判断。

为什么蒋介石要调蒋经国到重庆呢？为什么偏在这个时候来重庆呢？

第一，最直接的原因是粤北报警，危及赣南。1941年底，太平洋战争爆发，日军加强了对华南沿海地区的军事侵略活动。这时，国民党统帅部把原属第四战区（张发奎任司令长官）的广东省大部与粤闽赣边区划设新的第七战区，提升第十二集团军总司令余汉谋为第七战区司令长官。第七战区中心在粤北曲江（韶关）一带，贴近赣南，越大庾岭到赣州只有四百里路程，汽车朝发夕至。1943年以来，日军在太平洋战场不断失利，急图巩固华南沿海基地，企图摧毁设在湘赣境内的美国空军基地，打通粤汉路。1943年5月9日，日军从广州北犯，两度占领源头。1944年春，粤北战局更加紧急，敌陷清远，是年夏秋季，沿北江和粤汉南段的英德、韶关等城市相继沦陷，赣南与西南大后方的陆路交通联系被切断。1945年1月，粤北之敌进犯赣南欲拔除我空军基地。

抗战中期以来，第七战区又是军力较薄弱的一翼，主力只有余汉谋部两个军（六十三、六十五军），粤闽赣边区游击总司令香翰屏只辖有几个保安团，战斗力不强。日军驻广州周围有两个师团，且有海空军协同。在当时华南军事态势下，日军由粤境侵入赣南的危险是经常存在的。

第二，张治中对蒋的建议。张治中是我的老师、挚友。1928年至1929年间，他担任国民党中央陆军军官学校教育长的时候，我是中央军校特别党部执行委员。我们相处融洽，情谊甚深。抗日战争第三年，张治中接替陈诚当了军事委员会政治部部长，又任三民主义青年团中央干事会秘书长。张治中是国民党上层军政官员，为应付复杂而微妙的各类矛盾纠葛，言论行动上总是老成持重，稳健谨慎。

张治中有时关切和体贴蒋委员长个人生活。听说张治中在三青团中央常务干事会议上谈过，蒋因内政外交不顺心，烦躁不安，稍不遂意，就大发脾气，骂人打人。在张治中看来，蒋的生活过于严肃、刻板、枯燥乏味，别人从旁无能为力，最好将其大儿子蒋经国调到重庆来，父子在一起生活，蒋介石办完公事回到家中，有儿孙绕膝，享受天伦之乐，调剂一下生活，心绪当会开朗，气色也会平和。

1944年春蒋经国调任三青团中央干校教育长，看来是出自张治中的推荐，或者他当面向蒋介石本人提出此事，或者他授意三青团中央常务干事会向蒋提出呈请。

第三，跟三青团实力派康泽的矛盾。我同康泽认识是在1934年。那时，我刚从美国留学得了硕士学位回来，到国民党中央党部报到后，未正式安排职务，就奉命到江西庐山，给康泽主持开办的“别动队特训班”讲学，历时三个月。康泽是蒋介石死党“十三太保”之一、复兴社书记，“庐山时期”是他最得势的时候。抗战爆发之后，由于国民党反动阵营内部倾轧排挤，康泽权势趋于削弱，他的“不打仗的军队”（别动队）真的打不了仗，他曾经占有的阵地一个个地丢给了他的对手。于是，他便紧紧抓住三青团不放，把三青团搞成第二个复兴社。经过几年的苦心经营，康泽在三青团拼凑了自己的班底，抓了一大部分权力，俨然成为三青团的实力派。康泽骄横自大，作风僵硬，处处树敌。三青团内其他派系对他不满、攻击，蒋介石对康亦感厌烦。

蒋经国于1939年（或次年）调至重庆国民党中央训练团党政训练班受训，组织了一个“联谊社”，负责与在该班受训结业的国民党上、中级党政骨干联络，但他对三青团的兴趣似乎更大一些。蒋经国当了三青团江西分团的头头，亲自在赣南举办“青干班”，培训各县分团工作干部。1943年4月，在蒋介石任团长兼校长的三青团中央团校的校务委员会中，增添了一名新委员，就是“太子”蒋经国。这是他登临三青团中央团部的准备步骤。

蒋经国和他父亲都知道，三民主义青年团是仅次于国民党的庞大政治组织，三青团的历史比中国国民党短得多，蒋经国单枪匹马是成不了大事的，必须配备得力的助手与亲信干部。原负责三青团江西分团工作的胡轨，被蒋经国调到重庆担任三青团中央团部组织处副处长。胡轨与康泽属于同一类型，经历也相似。他是黄埔军校第四期学生，曾留学苏联，回国后加入复兴社，有一套组织能力，生活作风亦严谨，在江西时为蒋经国所信用，替蒋出谋划策，当了半个家。胡轨曾上书蒋介石，陈达意见，受到嘉许。传说蒋介石叫蒋经国拜胡轨为师。胡轨来渝上任，分明是要分康泽之权。胡又当了三青团中央干校训导处处长，成为蒋经国所依靠起家的“赣南系”“青干系”的中坚人物。

我是在1944年深秋离重庆回内江家乡的，在此以前曾上复兴关去拜访康泽。他在言谈中透露出对蒋经国、胡轨参与三青团领导核心工作的不快和忧虑，对自己的前景也不像过去那么乐观自信了。果然，不到一年，蒋经国利用其组织、人事及教育训练大权，扩大了自己在三青团系统内的权势，青干校实际也成为蒋“太子”的独家大院。原属复兴社的倪文亚、郑彦棻（分别任三青团中央团部训练、宣传处处长）亦被胡轨拉过去，站到了蒋经国一边，要把康泽拱倒。1945年初，康泽被蒋介石从三青团的领导职位上撤下来，派赴美国考察。抗日战争胜利结束了，康泽还没有考察完。他的妻子朱素怀和仲谋、亚谋两个儿子从重庆搬到南京，等候到1947年夏末才与从美国归来的康泽团圆。康泽对蒋经国当年排挤他的往事犹念念不忘。

1948年7月，康泽担任第十五绥靖区司令官时，在襄樊战役中同副司令官郭勋祺（川军将领，原第二十集团军副总司令兼五十军军长）一起当了俘虏。我在南京闻讯，偕妻子王蜀江去访问朱素怀，表示抚慰。朱素怀伤痛之余算起蒋经国的老账来，硬说蒋经国暗地捣鬼，使康泽遭此厄运。我觉得这种纯系骂人出气的说法，实在缺少根据，康泽赴襄樊当司令官是他主动答应，完全同意的，郭勋祺也是经我推荐当他的副司令官的，我并没有发现蒋经国在这个问题上插手。但是，由此可见康泽夫妇对蒋经国怨恨之深。

1945年8月，日本无条件投降，青年军各师尚未结束训练阶段，且驻地分散，不易集中。抗日战争既已胜利结束，青年军广大士兵不愿再扛枪打仗，纷纷要求复员退伍，回乡就业或复学、升学，国民党遂同意青年军复员。1946年6月，与军事委员会撤销、国防部成立同时，青年军原有士兵复员工作基本结束。此后，青年军各师建制仍保留，兵员大多系抗战胜利后入伍的青年，人称“第二期青年军。”

1945年8月，国民党政府与苏联签订《中苏友好同盟条约》。9月，蒋经国被任命为东北外交特派员，从那时起，他实际上已不能再执行青年军方面的职务了。青年军各师中属于蒋经国的政工人员大部分调离部队或复员，跟随蒋经国去东北的似乎还没有，因为他们不懂外交、俄语。蒋经国在国民党青年军搅了大半年，在军事上无所建树，更无战绩可言。听说蒋纬国都从心里不服气。但从政治上看，他倒是颇有收获的。蒋经国所训练、任用的青年军政工人员成为他此后建功立业的重要骨干。青年军复员士兵被蒋经国视为可供运用的后备力量，而加以联络、拉拢，诱导他们为国民党政府效力。有人说，蒋经国一边排斥康泽；一面又在模仿康泽，他把青年军弄成一支为他服务的“政治军队”，好像是康泽的“别动队”的翻版（此种说法自未必确切）。

二

1945年12月下旬，我到重庆蒋介石侍从室担任少将高参兼第四科科长，这时蒋经国已经当上了国民党政府的东北外交特派员，处理对苏外交交涉与苏、蒋双方撤军、接防事宜。蒋经国当外交特派员为时不长。1946

年5月初，苏联为对日作战而开入我国东北境内（包括热河、察哈尔，不包括旅顺大连）的军队全部撤退返国。6月，蒋经国返回重庆，处理三青团事务，这时国民政府已经还都南京了。

国民党各方面对蒋经国东北外交特派员任内的评价是颇低的，认为他“毫无建树”，甚至“屈从俄人”“有失国格”等等，总之，是说蒋经国没有把事情办好，有负党国重任、父老厚望。蒋经国对自己的工作“成绩”也是心中有数，本人也显示得苦闷与烦躁，有时破口大骂苏联。

蒋经国所执行的国民党政府对苏政策，概括地说，是按照美苏首脑《雅尔塔协议》，在日本投降前，主要是在外交上对苏作出让步，争取苏联对日出兵作战并完全支持国民政府；在日本投降以后，则要求苏联在中国内部政治斗争中偏袒国民党一方，协同蒋介石接收东北主权，不给国民政府以外的势力以援助。在处理“战利品”（日伪留下的产业、资财）等问题上对苏不满。有关苏联在东北的具体权益及双方经济合作问题，大致是试探和拖延的态度。除《中苏友好同盟条约》明文规定的以外，暂不列为中苏政府的正式谈判的议题，至多只试行地方性的小规模联合经营管理，留待将来作为国际问题解决。

至于苏联政府在我国东北的目的则是：取得《中苏友好同盟条约》所规定的中长铁路与旅大港的管理权与使用权，阻止美帝国主义势力伸入东北，不允许国民党政府采取敌视和威胁苏联的行动，确保苏联在远东的和平安全。对经济“战利品”问题，先是要求中苏双方共同经营管理东北工矿业，后在撤军时却拆运大批设备物资到苏联。与国民党政府关系之亲疏松紧，以上述原则为基本前提。

苏、蒋双方矛盾的焦点在于国民党军队“接收”东北问题。我刚来侍从室时，询问过接收东北的方式问题。唐纵说，在东北一是“外交接收”（从苏军手中接防），再是“军事接收”。总之，要恢复九一八前的状态。其实，当时还有一种可行的方式：国共合作，和平接收和建设东北。当时不少人认为东北问题较之国内其他问题更易于和平解决。东北是刚从日伪统治下收复的一片新天地，国共双方力量均未渗入或交错相处，对外有《中苏友好同盟条约》，对内有地方中间势力可妥为运用，只要从长计议，协调各方，经过政治协商与民主联合，稳健推进，兴革建设，未尝不可使东北成为“三民主义实验区”。东北如在美、苏关系中起平衡与缓冲之作用，亦可促进国际和平与安宁，有助于联合国宪章宗旨之实现。至于九一八以前的状态，那时奉系张学良势力虽已易帜服膺“国府”，但依旧把持统治东北的大权，中央势力并未伸入，有的东北人士就提出，把张少帅放出来，让他重返东北主持大计。但是，蒋介石在其内部讲话和手令中却强调在东北要靠武力开路，立足于打，只有打才有出路，所谓“政治解决”不过是配合所谓“剿匪军事”的“政略”手段。中国共产党提出的关于在东北停止内战、和平协商、成立民主联合政府、实行地方自治等合理主张，被蒋介石及其死党断然拒绝。蒋经国在东北的外交使命，自然完全服从于蒋介石一“打”、二“抢”的方针。蒋介石依仗美国训练、装备、运输的三十万精锐大军，妄图在东北重建其反动统治。这就不能不使苏、蒋关系受到影响。

按照苏、美、蒋的商定，苏军拟在1945年12月初全部撤离中国东北。由于国民党大部分军队远在西南大后方（一部分远在越南北部接受日军投降），或在北运途中，难以在苏军撤离前抢在当地人民武装力量前面赶到东北各城市，于是，一再商请推迟撤军时间。大致在1945年12月底，宋美龄到东北慰问苏军官兵，并授勋授奖，实是洽商蒋军接防问题。1946年1月间，蒋经国、宋美龄飞到长春，访问苏军司令部，宋在会上讲了一番客套话，蒋经国担任翻译。他们想求得苏军的同意和配合，使国民党五十四军第五师邱行湘部得以空运长春，接收这个伪满洲国的“新京”。驻东北苏军统帅马利诺夫斯基（国民党译为“马林诺夫斯基”）故意闪避，不愿明确地答复这个敏感的棘手问题。马利诺夫斯基自然不会因为得了宋、蒋送的一枚青天白日勋章和几句恭维奉承的话就答应此种事。蒋介石把第五师调驻辽西锦州，准备进犯热河解放区，表明自己意识到武装接收长春已有困难了。

据蒋介石侍从室第五科人员谈，1945年12月底蒋经国亲赴苏联，与苏领导商谈有关东北工业设备的物资处理问题。苏方认为那是日本留下的，应按“战利品”处理，苏军搬走是合理的。蒋介石暗地将此事透露给美国政府，正好给美国反动派的反苏舆论增添了油料。美方对苏提出交涉，说《雅尔塔协议》并未允许苏联有搬走东北资财、设备的特殊权利。东北“战利品”问题于是扩大而成为“国际问题”，苏联方面对美、蒋恶感日益加深。

两年半以后，我当立法院立法委员时，才知道东北“战利品”问题并不像当时所听说的那么简单。我在立法院参加了国防、经济两个委员会。有一次，经济委员会开小组会议，行政院资源委员会一名业务负责人应召到会咨询。在会间休息闲谈中，他提及东北工业、资源问题，说苏联撤走前曾提出与中国合资经营，利益均沾，资源委员会主任委员孙越崎跟苏方代表谈判时未予答应，想不到苏联趁撤军之便把东西搬走了。

1946年初，蒋介石看到对苏外交搞不出什么名堂，在重大问题上不能如愿以偿，于2月22日在重庆等地煽动部分青年学生举行了反苏反共示威游行。一群特务暴徒捣毁了《新华日报》和《民主报》，到苏联驻华大使馆门口呼喊“苏军退出中国去”等口号，这就是所谓“二·二二爱国运动”。蒋介石还捏造所谓“张莘夫事件”，欺骗张莘夫的子女参加反苏游行，手执纸旗，上书“谁杀吾父？誓为吾父报仇！，”意即向苏军索还所谓“血债”。苏、蒋关系急剧恶化。

1946年4月18日，东北人民解放军解放长春，美、蒋双方都借此事件大肆攻击苏联，说苏军对人民解放军攻克长春采取“默许”和“偏袒”的态度。蒋经国破口大骂苏军“策应”人民解放军解放长春，说这件事乃是“发动内战之开端”。到了6月间，美蒋反动派进犯东北解放区高潮期间，蒋经国飞返重庆。熊式辉把对苏外交失利的责任揽到自己身上，不使蒋“太子”为难。

蒋介石在对苏外交方面由于缺少知识和经验，在具体手法上也有不少失当之处，还有一些主观上的误解。例如，他不明白苏联外交大权是高度集中于中央政府的，在东北的一切问题都要由斯大林决策或批准，东北的苏军官员无权自作主张处理与国共双方有关的问题。蒋介石自以为他是中、美、英、苏“四大盟国”领袖之一，在苏联有些威望，蒋经国是“苏俄通”，与俄国人有亲缘关系，苏共人员对“蒋主席”的“太子”不能不赏脸，有事容易商妥。殊不知，希望越大，失望也就越大。苏联把日军榨取东北人民血汗、掠夺东北天然富源而兴建的工矿企业设备物资大批拆、装、运到自己国内，反映了正在滋长的大国主义思想作风。但蒋介石把这个属于中苏两国关系的问题变成美苏争端中的一个题目，为美帝国主义的反苏冷战提供了炮弹，就使事态更加复杂化了。再加上中、苏两国之间风习各异，与苏共人员接触、交往中少不了出现矛盾和隔阂。

就蒋经国个人而论，从事对苏外交确是力不胜任。

以东北日伪产业资财处置问题为例，蒋经国的失误是较明显的：据我的朋友关吉玉（东北人，曾任国民党松江省政府主席、粮食部部长、财政部部长、蒙藏委员会委员长。1949年初，李宗仁政府拟将财政部粮政署恢复为粮食部，南京有人推荐我升任该部部长，我表示谢辞，请仍由关吉玉主持，因此关对我很感谢）谈，日本投降后，他回东北时蒋经国也去了，但蒋只管外交，不问经济，其实，有哪个国家不注重经济呢——在关吉玉看来，蒋经国没有充分认识东北的工业、资源与苏联经济利益的关系。就东北自身而论，在日本势力撤走之后，要复兴、要建设，不跟邻近的苏联合作，也是难办的。苏蒋谈判时，可以口头答应中苏在东北经济合作，订下几条原则，再由政府官员、专家具体磋商、研讨。总之，先把人“稳”住，他们撤军时就不会大肆拆运了——我觉得，有些人责怪小蒋似乎过多了一些，对苏外交大小问题都听命于蒋介石一个人，取决于他的“御旨”，蒋经国不过充当一名传令官。

蒋经国在东北外交特派员任内，有一件事按照他的能力和条件是办得到的，那就是在东北现场观察苏方的行为，获取第一手材料，加以分析概括，提供给中枢参考：例如关于人驻东北的苏联红军的军风军纪问题，攻击苏联红军“奸淫掳掠”“无恶不作”，说东北人民对苏军“极度愤慨”等等，这又给予苏联的关系投下了阴影。

1946年4月下旬，我随“国府军务局”自重庆迁往南京前。听说蒋介石、蒋经国曾飞赴贵州，会见囚禁中的张学良将军，大概是试探张的态度，看能否利用张少帅率师出关，收揽东北民心，软化中共及苏联，为国民党政府统一东北效力。

蒋经国与陈诚都是国民党内好战的顽固派，两人都主张“党要革新，团要改造”与“党团人事分立”，要把三青团当做自己的地盘加以经营。究竟把三青团当成第二个国民党，还是维持现状，蒋介石未作明确表态，蒋经国也不敢自作决定。还有一个实际问题：国民党财政经济危机空前严重，入不敷出，货币贬值，经费开支困难，因而，蒋介石不大愿意扩大那些大而无当、缺少实效的政治组织。我在侍从室分管“党派情报”，对蒋的这种想法是捉摸到了的。

1947年9月，国民党在南京召开六届四中全会。蒋介石承认国民党正面临党史二十年中的“最大危机”，比抗战时期还要严重。而抗战胜利以来，“党国事业毫无进展”，因此要消除“党内腐化退伍现象”“使党的精神复活”。一项重大措施就是把三民主义青年团与中国国民党合并，“集中意志，集中力量”，应付危局。蒋介石此举与当美国魏德迈使团来华有关。魏德迈到国民党统治区视察了一番，斥责国民党“贪污腐败”“颟顸无能”，不成材，不争气。美国报刊说“中国政府已到崩溃边缘”，对中华民国几乎不说什么好话；侍从室内有些人私下评议，魏德迈这次没有带来什么“友谊”“援助”，是来“趁火打劫”“敲竹杠”的。不管这位高鼻子洋大人如何吵骂和奚落，蒋介石还是硬着头皮表示“乐于接受”。

既然蒋介石拍板定案，三青团中央内部关于党团关系问题悬而未决的争论也就结束了。按照国民党六届四中全会所通过的《统一党团组织案》，三民主义青年团正式并入中国国民党。

蒋经国趁“党团合并”之机把手伸进国民党中央党务部门。康泽主持三青团工作时在中央团部当宣传处处长的郑彦棻，投到蒋经国门下颇受重用，又当了国民党中央常委、中央党部副秘书长。蒋经国在华北文教界中的密友、北平大学训导长陈雪屏，经过蒋经国的活动，当上了国民党中央党部新设的青年部部长。陈雪屏接见记者时竟然表示，他当部长“不但使新闻记者诧异，就连我自己也是出乎意料的”。蒋经国本人则由教育部任命为由国民党中央政治学校与三青团中央干校合并而成的国立政治大学教育长。原“中政校”的班底对蒋经国颇不满意，掀起反对蒋经国任教育长的风潮。蒋经国感到青干校撤销等于自己墙脚被挖，对政治大学也提不起兴趣，只派了少数原青干校人员到政治大学工作，他自己不去就职，教育长成了挂名的空衔。

三

抗日战争胜利后，蒋经国始终紧紧抓住青年军尤其是以“干校系”为主干的青年军政工人员作为自己起家的基干队伍。

陈诚、蒋经国两人关系在三青团还比较一致，到国防部预干局成立以后，两人关系越来越不佳。蒋经国及其部属亲信都认为陈诚专横跋扈，大权独揽，目中无人，有意排挤蒋“太子”。这种说法是有道理的，但包含着一些不属于个人利害和意气的因素。我在立法院国防委员会期间为了讨论和审查《国防部组织法》，而对国民党政府国防部组织机构问题作了一番研究，对这个问题有较多的了解，归纳起来有这样几点：

第一，陈诚在国民党军事系统中是主张实行“正规化”“美国化”的，国民党政府国防部的组织机构实是美国国防部的翻版。陈诚就任军政部部长之后，就下力气整顿、裁并机关、单位，企图形成职责分明的、精干的、效率较高的指挥系统，不主张随便增设或扩大军事指挥管理机构（尤其是那些重复的、多余的、临时性的或枝蔓式的机关）。1946年6月国防部成立时，根本没有设置“预干局”，亦无此种设想。美国为了加强对国民党军队的控制和监督，派来以巴大维（原名戴维·巴尔）为团长的驻华军事顾问团。国防部驻有美军顾问，在一般情况下，国防部直属机关厅、局、处的新设、裁撤、改组以至编制、职权等问题，都要取得美军顾问的同意，颇为麻烦。

第二，蒋经国所说的“预备干部”是专指在抗战胜利前参加青年军而在战后复员的知识青年。他们既已退伍还乡，就业或上学，就不再是现役军人，由国防部机关来管已属勉强，何况所谓“国军”并没有建立正规的、系统的预备干部制度。已复员的青年军士兵也不是注定成为未来的军事干部的。这样，“预备干部局”的名与实并不相符合。

第三，由国防部预备干部局管现役青年军，从任何角度来看，都是不伦不类的。1946年以后的青年军共有五（六）个整编师（相当于整编前的军），这些部队的调动、作战、情报、人事、训练、后勤补给等都由国防部各有关部门领导、管理，打起仗来由各个师所在的战区司令部指挥，与非青年军系统的部队无异。预备干部局只能管管政治宣传和政工干部的选派等等，这又侵犯了以黄埔系、复兴社老牌政工头目邓文仪为首的国防部新闻局（后合并改称国防部政工局）的职权范围。

当然，由于蒋介石下了手令，国防部预备干部局毕竟是成立起来了。这与蒋介石为了满足唐纵总揽警察和地方保安部队大权，实行“警保合一”的愿望而批准成立国防部保安局，由唐纵兼任局长（各省政府的保安处与警务处合并成为“警保处”）这种情况是一样的，都是“因人设位”“因神设庙”。

此后，蒋经国对预干局的事不爱过问，兴趣转移到所谓“戡建总队”去了。

自抗日战争胜利以来，蒋经国对复员青年军的工作很下工夫，似乎他最关心这些年轻人的学习和生活；可是，在国民党反动统治之下，政治经济黑暗腐败，物价飞涨，百业凋敝，民不聊生，学生毕业即失业，青年军复员士兵大部分都未得到比较合适的安置，困难重重，思想苦闷，有些人参加或同情进步学生运动，卷入反饥饿、反内战、反迫害斗争的行列，只有一部分人被卷进蒋经国所谓“青年军夏令营”等活动而接受了反动欺骗宣传的影响。有些复员青年军人贫病交加，流落街头，形同乞丐。听说有一名双目失明的复员士兵套用歌曲《月亮在哪里》的曲谱，凄声独唱：

“胜利在哪里，胜利在哪里？我没有尝到胜利的果，我没有沾过胜利的光……”这类令人悲愤的事例不知蒋经国本人知道不知道，即使知道，也必然是无动于衷的。

国民党统治区糟糕透顶的经济状况，使得蒋经国系统的现役军人生活也不富裕，甚而陷于窘境。蒋经国不像CC系和戴笠的军统局那样，他没有直接掌握财权、财源，难于充分满足其部属的物质需要。有这样一个例子：1948年11月，我和我的家属乘民生公司的轮船回四川家乡，我的侄儿和大儿子因舱内床位已满，乃挤在舱外甲板上搭地铺。他们旁边的一名旅客是穿黄呢军装、挂上校领章的中年军官，名叫徐荫忠，原是蒋经国派赴青年军二〇三师（原在东南编练的二〇三、二〇四师合并而成的整编师，相当于一个军）的政工干部，此时出差赴四川办事。徐荫忠满腹牢骚地说，领几个钱还没有花出去就贬值了，他的上司“又要马儿好，又要马儿不吃草”。轮船驶入川江后，船上人员查票，徐荫忠坦率地说他在南京挤上船已不容易，没买船票，如果补、罚，身上现款不够，只得取下个人手上的金戒指（结婚纪念品）来充抵票款，使查票的人颇感为难。那时正值国民党政府所谓“币制改革”遭到破产，物价一日数涨，城市物资奇缺，刚发行的金圆券形同废纸。徐荫忠的这种窘困境况，是甚为普遍的。

（沈元加　整理）

蒋经国在东北

张令澳

由内定东北行营秘书长变为东北外交特派员

1945年8月15日，日本帝国主义无条件投降，抗日战争胜利了。

在重庆的国民党政府忙着派遣大员去接收各个沦陷区的政权。那时东北三省是处在一种微妙的局势下，因而受到蒋介石和美国政府的极端重视。我那时在蒋介石侍从室第六组工作，负责研究日、伪、韩的情况。得到传出的消息说：经过张群的谋划，国民党政府把原来的东北三省划分为九个行省（辽宁、辽北、安东、吉林、松江、合江、黑龙江、嫩江、兴安）和三个直辖市（沈阳、哈尔滨、大连），设立“国民政府军事委员会委员长东北行营”于长春，执掌东北的党、军、政大权。并经张群的推荐，由蒋介石任命政学系的主角之一熊式辉为东北行营主任，蒋经国为秘书长。

大约在9月中旬，蒋经国要求侍从室第二处主任陈布雷调我随他去东北工作。我去重庆浮图关中央训练团内青年干部学校见到他，面谈后我才知道：原来国民党政府委派他担任的是外交部东北外交特派员，并不是东北行营的秘书长[1]。不久，这项消息也在报上正式公布了。那么，为什么行营秘书长一变而为外交特派员呢？这里面的变化显示出熊式辉深恐大权旁落，玩弄了一套政治手腕，这也是后来造成熊式辉和蒋经国之间关系隔阂的原因。

熊式辉是蒋经国的老上司。1937年春，蒋经国从苏联回来，在故乡奉化溪口闭门读书一段时期后，踏入中国政治舞台做官的第一步，就是担任江西省保安司令部保安处副处长。这是由当时江西省政府主席熊式辉所委派的。熊式辉是很得蒋介石宠信的“方面人物”，蒋介石为了使小蒋熟悉中国社会的实际情况，有意要他在基层中磨练一番，从地方行政的实践中步步成熟起来，便于将来担当“大任”，就把小蒋托付给熊式辉。蒋介石为什么要蒋经国先在江西工作呢？据传也有另一种考虑，那便是蒋氏父子之间有13年之久的隔阂，老蒋对小蒋在苏联所受的教育、思想情况，要有一个考察信任的过程，所以一时不便把他调在中央，放在身边。

熊式辉是个老谋深算的官僚，受老蒋之托，对小蒋的安排是煞费心机的。他把蒋经国放到赣南，担任第四行政区督察专员兼保安司令、赣县县长，让小蒋开创一个“新赣南”的特殊局面，为以后声誉鹊起提供条件。蒋经国一上台就招兵买马、励精图治，搞得轰轰烈烈，东南报章舆论又大肆宣扬捧场。结果熊式辉虽然在老蒋面前讨了好，但是也尝到了这位“太子”的锋芒。小蒋不把这位顶头上司放在眼里，而且形成外界只知有蒋经国“新赣南”，不知有熊式辉的尴尬局面。所以这次蒋介石任命熊式辉为东北行营主任而又授意张群要熊出面保荐小蒋当秘书长，这却使熊式辉有难言之苦：不同意吧，不好；同意吧，配一位可以直接通天的秘书长，自己的权势就不好发挥了。于是他和张群商议再三，想出了一条妙计，就是向委员长陈述他对处理东北问题的意见：他认为按照1945年8月14日签订的《中苏友好同盟条约》及其后的中、苏、美、英四国外长会议的决定，苏

---

① （台湾）《民国大事日志》第2册载：1945年9月4日，国民政府任命蒋经国为外交部驻东北特派员。

联在打败日本关东军，接受日本投降以后，从第六个星期起应该开始撤退进驻军，以国民政府为对手交还“主权”，此乃当务之急。因此熊式辉强调：和进驻东北的苏联军方交涉，需要一位精通俄语、熟悉苏联情况的人去担任外交谈判代表，他认为蒋经国是这方面最合适的人选。他向蒋介石建议，待小蒋完成了这项重要使命，国民政府接收了东北主权，到那时再担任东北行营的秘书长或其他更重要的职务。熊式辉向蒋介石提出：“不经过艰苦的交涉，苏联决不会按时撤兵，不撤兵，东北主权不能收回，行营在长春也是虚设，不起作用。”他的这一套建议果然使蒋介石同意了。所以在1945年9月，就由重庆外交部发表蒋经国为东北外交特派员，而把内定为东北行营秘书长一职暂时搁置了起来。后来，东北行营在长春正式成立，熊式辉在行营主任之下分设两个委员会，自任政治委员会主任，而由另一个政学系要角、曾任中国银行行长的张嘉璈（公权）担任经济委员会主任，又在编制上削弱秘书长的作用，设参谋长作为实际的幕僚长，形成一文一武的幕僚制度，而把重点放在军务方面，委派赵家骧为参谋长[①]，对秘书长一职，名义上为协助主任办理九省三市的政务，实际上则是他的秘书室，处理行营各处的文书事务，委派他的夹袋人物胡家凤担任。对于这样的一个秘书长职务，已与初拟时大相径庭，蒋经国自然不屑一顾了。

东北外交特派员公署的组织与人事

国民党政府外交部根据需要，在某些省份派驻外交特派员是常例。不过这些特派员的办事机构规模很小，经费不多，在人事上也完全由外交部直接控制。而1945年设立的东北外交特派员公署却是一个超越通常编制的庞大机

---

① 赵家骧是东北保安司令部参谋长。据尚传道《参加“接收”长春、吉林的经过》（《文史资料选辑》第60辑）载，东北行营参谋长由董英斌担任。

构，其组织、人事、经费完全依照蒋经国个人的意见而定。当时在重庆的外交部由王世杰担任部长，对“太子”依旧是另眼看待，件件照准。

特派员公署最初拟订的编制是：设总署于长春，在大连及哈尔滨设立南北两个分署，沈阳设办事处。总署除特派员外，有主任秘书一人、秘书若干人、专员若干人。总署下分设四科及机要室。各科主管的业务是，第一科苏联，第二科美英、西欧各国，第三科日本、朝鲜、亚洲各国，第四科总务交际。分署当初拟订的编制也与总署相同，只是人员少些。但是后来由于东北局势的发展，大连、哈尔滨两直辖市始终不在国民党统治之下，因此两个分署的设立也就成为空谈。1946年开始，鉴于在日本统治时期朝鲜人被迫迁来东北的达百万人以上，国民党政府为了区别对待在东北的日本人与朝鲜人，原则上规定：凡是日本人作为敌侨处理，由军事机关成立敌侨管理处管理，一律遣返日本；而把曾受日本帝国主义压迫、统治的朝鲜人民作为外侨看待，由东北行营与外交部联合成立一个“韩侨事务处”处理各项问题。名义上这个处是属于外交特派员公署的，而经费及部分职员则由行营提供。

现在谈谈特派员公署的一些人事：主任秘书胡世杰（浙江宁波人）。他是蒋经国在苏联莫斯科中山大学时代的同学，留居苏联多年，熟谙俄语，他和蒋经国之间友谊甚笃。来东北前是国民党政府驻苏联大使馆的商务参赞，蒋经国特意邀请他回来担任主任秘书，十分倚重，希望他将来能接替特派员这个职位。但胡世杰从重庆到达长春后，了解到东北局势的复杂性，他估计：事实的发展必然会是从与苏联的外交折冲演变为国共双方的军事冲突。他认为外交特派员公署在一个时期以后将无事可为。1945年冬他和蒋经国同机去莫斯科，事后就留在莫斯科继续担任商务参赞的职务，不再回东北了。直到1948年秋，他卸任携眷回国，先住在上海金门饭店，后应蒋经国的邀请，住到林森路（即解放后的淮海西路）逸村二号小蒋在上海的寓所。上海解放前，小蒋几次劝他去台湾，他都设法推托，另觅住处，渐渐和小蒋疏远了。上海解放后，他应民主人士笪移今之邀，担任上海法学院教授。不久该校并入上海财经学院，后又转到上海社会科学院工作，翻译过一些苏联历史、政治经济方面等著作。主任秘书之下，有两位秘书，一是俞季虞，一是高维翰，两人都是小蒋留苏时代的同学。俞季虞内定是东北外交特派员公署大连分署主任，高维翰是哈尔滨分署主任，因为这两地都不能到差，就留在公署当秘书。俞季虞原系小蒋担任青年军政治部主任时代的秘书，来东北前是小蒋担任教育长的中央干部学校的主任秘书。高维翰是小蒋在苏联列宁格勒高等军事政治学院时代的同学，原是国民党政府航空委员会苏联志愿军联络处的翻译。胡世杰去莫斯科不再回来后，就由他代理主任秘书，直到1946年底蒋经国正式辞职为止。俞季虞在东北只逗留很短一个时期，因接收哈尔滨遥遥无期，仍旧回重庆中央干部学校工作，1947年初蒋经国出任三青团中央团部组织处处长时，他担任组织处的秘书。1949年淮海战役后，蒋经国担任国民党台湾省党部主任委员，叫他先到台湾去，他携眷搭乘华联号客轮，在从上海去基隆途中，华联轮遭海难覆没，俞季虞一家也都丧生了。外交特派员公署第一科科长是许培尧，原籍四川，父亲是中东铁路工程师，他从小就在哈尔滨进俄国人所办的中东铁路俄籍员工子弟中小学求学，后来毕业于哈尔滨工业大学，说得一口流利的俄语，原来在重庆军事委员会俄文翻译处工作，来长春担任第一科科长后，在蒋经国与苏联远东红军总司令马林诺夫斯基元帅谈判时，由他担任中方译员。第二科科长因当时没有什么具体业务，空缺由第三科科长兼理。我是第三科科长，后来又兼任东北韩侨事务处处长。我是蒋经国从侍从室调出来的两人之中的一个。另一个是蒋介石的侍卫官蒋尧祥，他在特派员公署挂名为科员，实际上是担任蒋经国的侍从副官和警卫。当时我们被人称为“侍从室的一文一武”。第四科科长原是赣南时代的干部杨万昌，因在第一次“长春大撤退”时表现不好，被小蒋调回江西去了。此后的总务科科长就由高维翰推荐专员吴祖烈担任。吴祖烈北京俄专毕业，与高维翰熟悉，与小蒋并无直接关系，所以当小蒋辞职，东北特派员公署缩小编制，进行改组后，他就到北平傅作义将军处工作，一直到北平和平解放。此外，由蒋经国陆续调来长春，挂名在特派员公署当专员的有高理文、彭建华、徐季元等。他们都是蒋经国留苏时代的同学，在赣南跟随蒋经国工作过。其中高理文来东北，主要是打算为蒋经国在东北办报的，曾经在赵君迈任长春市长时期，创办过一张四开小型的日报《长春日报》，销路有限。长春第一次被解放，高理文事先随外交特派员公署专机撤退到北平，这张报纸就夭折了。彭建华原来是“新赣南”正气出版社总编辑，到长春后因无适当工作，后来蒋经国就嘱他在长春筹办一所青年中学，担任这所中学的校长，解放后他留在上海从事俄文翻译工作。徐季元到东北后也无适当的工作可做，未几，蒋经国叫他仍旧回到赣州去，为小蒋办理赣南专区的移交事宜。还有一批在重庆中央干部学校东北青年训练班受训的东北流亡青年也调来了，交给赵君迈安插在长春市政府系统下基层单位任职。蒋经国还向东北行营主任保举了一批军政官员，如长春市市长赵君迈、旅顺市市长朱××（广东人，名字已经记不起），金县县长范魁书、锦西铁路警察局局长朱茂臻、吉林省盐务局局长黄中美等，都是蒋在江西时代的旧部或是留苏同学。又有曾经是蒋经国的机要秘书黄寄慈、游鲲等，也都前来东北，准备安插，但是东北局势越来越动乱，除了赵君迈曾经接事，当过短短一个时期的长春市市长以外，其余的人，接收无望，挂着空名，在特派员公署吃闲饭，不久又被调回内地了。总之，东北外交特派员公署除了编制以内的主任秘书、秘书、科长、科员、译电人员是属于外交部的正式职员，其余的人都是额外人员，由蒋经国自己派任，准备安插到其他各部门去的。由于东北局势的演变，这些打算未曾实现。

东北局势的演变

1945年初，美、英、苏盟军在欧洲战场节节胜利，希特勒纳粹德国军队面临全线总崩溃前夕；日本帝国主义尚在远东作困兽之斗，并狂妄地声言“宁为玉碎，不为瓦全”，要在日本本土与美军长期作战。美国总统罗斯福为了促使第二次世界大战早日结束，减少美国对日作战的负担，减少士兵伤亡，约同苏联和英国，在1945年2月举行雅尔塔会议，要求苏联出兵中国东北，击溃日本关东军，经斯大林承诺，达成《雅尔塔协定》。协定中有关中国各条款的规定是：为了防止日本侵略势力的再起，由中苏双方共管中国长春铁路（包括从满洲里到哈尔滨，哈尔滨到大连及哈尔滨到绥芬河之间的纵横三条铁路线的总称）；允许苏联使用旅顺港作为军港并开放大连作为自由港等。当时因苏联与日本缔结有日苏中立条约，所以《雅尔塔协定》是秘密的。实际上，雅尔塔会议，英美两国旨在将日本在中国东北的权益换取苏联早日参加对日作战为条件，私下转让给苏联了。这是背着中国干的秘密外交，因此借口中国尚未与苏联结盟而又是对日本的交战国，便不让中国参加。会后不久，罗斯福把雅尔塔决议中有关苏联参加对日作战的条件通知蒋介石，蒋介石接到这一通知后非常震惊，对这一协定的签复表现了踌躇、拖延的态度，但是他考虑到国民党不论在军事、经济、外交上都非依赖美国的支持不可，既然美国已经作出决定，他是无力改变的，最终还是接受了。罗斯福总统为了抚慰蒋介石的不满，建议蒋介石一面改善与苏联的关系，依照斯大林的意见，劝蒋与苏联订立中苏友好同盟条约，承认外蒙古的独立，以便共同击败最后挣扎的日本帝国主义，早日取得胜利。罗斯福答应蒋介石：美国将加强援助国民党军队的装备，并在以后支持国民政府对中国行使主权，保证中国的领土完整。

1945年8月7日，以宋子文为首，包括蒋介石私人代表蒋经国在内的国民政府代表团抵达莫斯科，14日签署了《中苏友好同盟条约》[①]。此前，苏联已于8月8日对日本宣战，迅速占领了东北，关东军全部覆灭。8月15日日本宣布无条件投降。根据宋子文向蒋介石的汇报，认为条约中最成功的一点就是《中苏友好同盟条约》声明“苏联政府明确承认以国民政府为唯一对象”，以为这样就可以排除苏联“扶植东北的共产党力量”，而有了国民党政府全面接收东北的保障了。

① 国民政府与苏联的谈判分两个阶段，6月30日至7月13日为第一阶段；8月7日至14日是第二阶段。

日本投降后，接着中、苏、美、英在莫斯科又举行了四国外长会议，由宋子文代表中国出席。会议关于中国问题的决定是：① 外蒙古的独立由公民投票决定，国民政府在公民投票时可以派大员到库伦监督投票是否真实（按：后来派去的大员是国府委员张继）。② 苏联远东红军在日本关东军全部缴械投降、完成占领任务之后的第6个星期开始，逐步从东北撤退。③ 苏联军队占领期间，实行全面军管。在军管期间，苏军为了补给供应需要，可以发行军票，与满洲国通货等值流通，国民政府应予以承认，并在接管以后用等价货币收回此项军票。④ 中苏共管中长铁路由双方另订协议细则施行。⑤ 旅顺军港由苏军驻扎使用为期30年，辟大连为自由贸易港，施行细则另行商议。

这就是东北问题必须经由外交方式处理的依据。

蒋经国抵达东北和首次谈判

1945年10月7日，东北外交特派员公署由主任秘书胡世杰率领一批主要工作人员乘空军运输机一架，同由东北行营副参谋长董彦平率领的军事代表团（对内称东北行营前进指挥所）的两架运输机，同时由重庆白市驿机场起飞，经北平住宿一宵，10月9日作为先遣人员抵达长春。在机场受到苏军驻长春司令部的一位少将参谋长的欢迎，并由苏军女兵献花。机场的另一侧，还有长春市民的代表，打着欢迎的旗帜，列队欢呼迎接。下机后，由苏军联络官及所谓“长春市民接待委员会”人员（后来知道他们多半是原长春伪满官员）引导，乘坐苏方所准备的汽车，下榻在原长春伪满市长官邸休息。翌日，正逢“双十节”，上午9时由董彦平、胡世杰在官邸前草坪上举行“升旗”典礼。简单的致词以后，全体合影留念。记得董彦平当时向大家说：“青天白日满地红的国旗，经过14年的国难，现在重新飘扬在我东北的大地上……”他是东北人，流亡关内历经苦难，现在“衣锦还乡”，因此那一番演讲词说得声泪俱下、感情激动，当时也确实感染了同机去长春的国民党官员。这一批到达的人员是为蒋经国和熊式辉来长春打前站的。当时打头阵同苏联军方谈判的是外交持派员蒋经国，行营这个机构尚未得到苏联军方的承认。东北外交特派员公署在行政系统上是代表国民党中央政府外交部，与行营处于平等地位，又加上“太子”当特派员直接“通天”，凡与苏方交涉的经过，都用极密电报直接发往“委员长侍从室”机要组（组长毛庆祥）译呈，既不经过行营，也不发给外交部。当时应蒋经国的要求，机要组长毛庆祥（同时兼军事委员会机要室主任）特地派了两个可靠的机要人员（一个叫张世英，鄞县人；另一个叫徐欣荣，奉化人）作为蒋经国的译电员，他们每人手携一只小皮箱，从不离身，也和我们首批到达长春。

从到达长春后的第二天起，东北行营前进指挥所迁往长春中央大街的原“满洲煤炭株式会社”大楼。这是一栋六层的大厦，房间很多，可以容纳数百人居住，可惜内部家具、沙发等等已被抢劫一空，以后由行营总务处设法在各处陆续搜集一些办公用桌、书柜、卧床等拼凑应用，很不像样。东北外交特派员公署人数既少，又要接待苏方来宾，仍旧占用原长春市市长的官邸，内部装饰华丽，家具陈设保存完好，客厅气派颇大，餐厅宽敞讲究，并有弹子房、花同，东西两厢是西洋式和日本式的卧房，作为蒋经国会客、宴客、办公之用。门卫由苏军士兵担任，并由苏军驾驶的吉普车一辆供蒋乘用。当时长春完全在苏军管制之下，市面萧条，社会秩序很不安宁，一到下午4时，街上就阒无行人；只有苏方的军用车辆飞驰往来。苏联方面为我们派有联络员，凡我们有事外出，都乘苏军驾驶的吉普，不论白天黑夜均可通行无阻；而对行营方面却并无此等“优待”，例如副参谋长董彦平有事外出，也要来电话联络，由特派员公署派懂俄语的人陪同他乘坐苏方提供的吉普，为保安全。这实际上成了“在中国自己的领土上，却成了享受特权的外交官了”。

1945年10月12日，蒋经国、熊式辉、张嘉璈偕同一批随行人员搭乘两架专机抵达长春。我们都去机场迎接。在机场上欢迎他的还有苏联红军远东地区总司令马林诺夫斯基的代表帕甫诺夫斯基中将、苏军长春警备司令卡里洛夫少将等数人。蒋经国等人下机后，因与熊式辉等同行，就去事先准备好的原伪满大臣丁鉴修的公馆。旋即由胡世杰陪同来到外交特派员公署察看，并和我们一一谈话，询问一些情况，因熊式辉频频来电话催他回去商谈，不久就走了，第二天就搬到公署来住。

蒋经国首次来长春与马林诺夫斯基谈判，主要内容为：根据中苏友好同盟条约“尊重中国在东北的领土与主权完整”的原则，商谈具体的实施办法：

① 明确苏军开始撤兵日期及撤退的程序。

② 在苏军未全部撤退之前，要求苏军协助国民政府先行接收东北各省几个主要城市的行政权并保证其独立行使权。

③ 如何衔接苏军一旦撤退时，国民党军队军事接管的细节，避免出现双方的军事真空或双方军队并驻而引起的误会和摩擦。

谈判结果，苏方声称：撤军日期由于目前苏方作战任务尚未彻底完成，必须等候斯大林元帅的命令，东北苏联红军当局无可奉告，但苏方自当履行双方的协议。第一点：撤军程序除辽东半岛、旅顺、大连地区以外，将自南而北逐步撤出。中国方面可以根据苏方的通知，陆续进驻。第二点：同意国民党中央政府派遣行政人员接管东北的地方政府；但在苏方军管期间，应尊重当地苏军的军事行动，由苏军派遣各级军事联络员作为中国地方行政当局与苏联驻军之间的桥梁，相互尊重。第三点：中苏双方军队之交接换防，现在为时尚早，须待第一项明确后再议。第四点：目前东北的铁路、交通、电力、工矿企业，系属军管，在苏军未撤退前不能移交。

双方第一次谈判气氛尚称融洽，外交应酬也频频举行，例如，马林诺夫斯基将军主持过一次宴会，宴请中国方面的主要负责人蒋经国、熊式辉、张嘉墩等。苏军驻长春警备司令并曾举行酒会，有苏联派来远东地区慰劳苏军的著名“红旗歌舞团”演出节目并伴舞招待等。

接收政权，一波三折

当时重庆方面接到谈判情况的报告后，由蒋介石指示东北行营主任熊式辉，饬令中央各部、会所派的接收特派员及东北九省三市的主要负责人，带领接收人员迅速飞往长春。由熊式辉负责作好地方行政机构的接收准备事宜。又指示蒋经国会同张嘉璈继续谈判：

① 东北工矿企业、电力能源等如何接管问题。

② 中苏双方如何具体履行“中国长春铁路协议”双方共同管理中长铁路问题。

在这两个问题上，谈判发生了障碍。苏方宣称：

① 在东北的日本武力是苏联红军击溃的，东北是苏联红军经过“作战”而占领的。正像在德国作战一样，苏军认为东北境内的日本重工业、电力能源及其他矿产资源，均属于具有作战潜力的军用物资，自应作为苏联占领军的战利品，由苏军作处理，中国方面无权过问。

② 苏联军方告诉中国方面的代表：中长铁路曾遭到多处破坏，现经苏方修复通车，由苏联红军实施军管。早在1945年9月22日宣布，在长春成立了中长铁路理事会，由于中国方面人员未曾到达，苏联军事当局已任命卡尔金中将为副理事长，负责管理中长铁路。中国方面可以在一定时候，按照协定，成立中方理事会，共同接管中长铁路的合办事宜。

此时，熊式辉根据伪满分子的种种情报，害怕共产党领导的人民军队不断进入东北各地，纷纷成立民主政权。他要求蒋经国与苏方交涉，允许派遣东北籍国民党政府大员，如莫德惠、金镇、张潜华等分赴吉林、沈阳、哈尔滨去“宣慰”民众，并代表蒋介石发表《告东北同胞书》，企图通过接触伪满时代的一些旧官僚、大商人、大地主等地方势力了解各地实际情况、听取意见、研究对策。开始时，苏方为了敷衍蒋经国面子，答应派遣苏军联络官陪同莫德惠去长春市不远的吉林市一次，以后则声称：中方官员径可以自由去各地访问，无须苏方派人陪同。吓得其他“大员”因无苏方的安全保护，都不敢前去。与此同时，熊式辉又碰了一个大钉子。他一到东北就挂起了“国民政府军事委员会委员长东北行营”的招牌。苏联远东地区红军驻长春前进指挥部司令伏斯德诺霍夫大将立即派一参谋军官来东北外交特派员公署提出抗议，认为前经通知，在苏军占领期间，除中国方面的文职人员接管地方行政权外，不允许任何军事机关进驻，要求立即撤去“军事委员会行营”的牌子。蒋经国把这个意思告诉了熊式辉，熊十分气恼，要求蒋经国向苏联军方解释：“行营”并非单纯的军事机关而是兼管地方行政及经济事务的中国政府在东北的最高代表机构，但苏方不接受，说除非有莫斯科的指示，苏军不能承认这个机构，如被武装占领，苏方不负任何责任。熊式辉无奈，只好暂时卸下了这块招牌。由此他认为东北局势不可测，问题严重，与蒋经国商谈后，决定一同回重庆，亲自向蒋介石汇报情况，研究对策。

蒋介石听取了蒋经国与东北苏军当局初次谈判的经过以及熊式辉关于东北情况的汇报以后，认为问题的中心是共产党军队在苏军的掩护下，正在迅速涌入东北，并且必然会利用苏军所缴获的关东军武器扩充武力，对抗“国军”。如果国民党能早日接收东北各大城市，利用地方政权就地组织保安团队及建立警察武装，可以制止共产党势力迅速蔓延，再配合“中央军”的到来，东北局势是可以控制的。因此他决定采取两项措施：① 根据苏军所同意的，由国民党派员迅速接收东北省市政权，首先是接收长春、沈阳、哈尔滨三个中心城市。② 抽调中央军精锐部队，海、陆、空三路向东北运兵。发表杜聿明为东北保安司令长官。与美国第七舰队司令金开德上将洽商利用美舰、飞机，运输部队到塘沽、秦皇岛一带待命，作好军事接收的准备。接着指示外交部：将东北苏军到期不撤退，苏联在战利品名义下运走东北工业设备及大量物资，以及“掩护共产党扩充武力”，阻碍国民党政府接收政权、建立社会秩序等情况，用备忘录形式致送美国总统杜鲁门，要求履行莫斯科四国外长会议的决议，保证中国在东北行使完全的主权及领土完整。这其实是为了要求美国迅速空运国民党部队及为加紧装备蒋军制造根据。

1945年10月25日，熊式辉和蒋经国飞回长春。根据蒋介石的指示，除长春市市长赵君迈（他与蒋经国在江西时代即已私交甚笃）早已随外交特派员公署飞抵长春外，新任的辽宁省主席徐箴、辽北省主席刘翰东、安东省主席高惜冰、松江省主席关吉玉、合江省主席吴瀚涛、大连市市长沈怡、哈尔滨市市长杨绰庵等纷纷来到长春，准备前往接收各地的行政权，成立省、市政府。但是，苏联方面此时忽然生出种种借口，或强调交通不便，目前不能去，或说地方秩序不安宁，苏方不能保障中国政府官吏的安全，而且扬言：苏联驻军不能干涉中国内政、准备撤退。经过了大约十多天的交涉，接收事始终不能落实。

此时，熊式辉与蒋经国频频向蒋介石电告苏军态度变化，接收无望，谈判无法再取得进展等情况。11月10日，蒋介石电召他们两人去渝。

而当时在长春确实一时间有不少倾向共产党的“土八路”出现，并且包围了“满炭大楼”。记得我们外交特派员公署是住在伪满长春市长的官邸，一天中午正在吃中饭的时候，忽然接行营方面董彦平副参谋长电话，询问我们情况如何？我跑到外面一看，院子里的草坪上忽然开来了一连左右的“土八路”，穿黑色军装，把枪架成三角形，枪尖上系着红色小三角旗，静静地安坐在枪架四周的草地上，纪律良好。问他们是哪里来的，不答。干什么的？说是“来保护你们的”。当时第一科科长许培尧立刻去找派驻在我们公署的苏军联络官，却不见了。许培尧感觉情况有异，就在联络官室挂上军用电话给苏军长春警备司令部询问联络官为什么撤了？我们受到不明来历的武装包围，要求苏军立刻前来保障我们的安全，苏方佯作不知，答应立刻派军官来解决这一事件。不到30分钟这些“土八路”忽然悄悄地开走了。两位苏联军官带了几名士兵坐汽车前来，再三说明他们不知道这些情况，绝对保证我们的安全云云。同时“满炭大楼”方面也解除了包围，“土武装”不知去向了。在这种情况下，在长春的国民党大小官员惊惶失措，人人感到自危。外交特派员公署将这些情况电告了蒋经国，蒋经国回电：“作好准备，退到北平”。

11月15日重庆派了大批飞机，由北平分批来到长春机场，将住在行营内待命的各省、市长以及外交特派员公署全体人员在一天之内接走。这就是所谓东北著名的“11月大撤退”。只留下副参谋长董彦平等12人，组成军事代表团留守行营，与苏军保持联系。其中无线电报务员及在长春机场与苏军作联络的国民党空军一位姓金的少校（懂俄语）也在军事代表团内不曾撤走。苏军方面见到国民党大批官员突然集中到长春郊外飞机场等候搭机离去，曾经向外交特派员公署主任秘书胡世杰和行营军事代表团长董彦平少将进行挽留，要求不要撤退，重行谈判，但因重庆的命令必须执行，飞机已经一批批到达机场，我们只好采取了不理睬态度。

莫斯科谈判

后来明白，蒋介石这次突然撤退国民党大批官员，是一种对苏联施加压力的策略性措施，真正的意图是“欲进故退”。他认为：在苏军占领下，现地交涉横生枝节，不会取得结果。应该把谈判升级，向莫斯科提出抗议，谋求总的解决。他派蒋经国去莫斯科，要求苏联政府严格遵守中苏条约所规定的“以国民政府为唯一对象”“尊重中国在东三省的完全主权与领土完整”。经过蒋经国与苏联政府一个星期左右的谈判，达成下列谅解：

① 为了避免苏军撤走后，国民党军队进驻不及，由国民党政府要求苏方延期撤退苏联驻军。由原定撤退期1945年12月3日，延长一个月。双方就这一点各自发表声明，以澄清外间的误传。

1945年12月1日，国民党中央通讯社发布一则消息，宣称：

“关于苏联军队自东北撤退一事，经中苏双方磋商后业经同意改订以1946年1月3日为完成撤退之限期”。

同一天，苏联的塔斯社也发布消息说：“苏联马林诺夫斯基元帅曾依照1945年8月14日的苏中条约的规定，把苏军将从满洲撤退的计划书递交给中国政府派驻东北的代表。这个计划规定，所有一切苏军将于1945年12月3日前从满洲撤退。中国政府代表为此一再申明：中国政府在满洲运送它的军队方面，由于中国非政府的军队在若干地方出现而遭遇相当困难。中国政府考虑到满洲的局势，特向苏联政府申明：倘若苏军依照规定时间从满洲撤退，中国政府将面临极端困难的局势，因为那个时候，中国政府既不能把自己的军队运到满洲，也不能在满洲组织民政机构。鉴于这一点，苏联政府已对中国政府表示许可，将暂缓从满洲撤退，这事已由中国政府非常满意地接受了。苏联和中国双方并且商定，当由马林诺夫斯基元帅和中国政府的代表（蒋经国先生）在长春就这一点举行谈判。”

② 苏军同意国民党军队空运到长春和沈阳两地，同意国民党政府派遣空军地勤人员进入上述两地机场进行准备工作。苏军将尽可能予以协助并给予使用机场设备的便利。

③ 苏军同意派遣联络员协助国民党政府文职官员负责建立地方民政机构行使权力，苏方保证不加干涉。

④ 中国政府同意东北工矿企业就其性质可作为战利品者，归苏军占有并使用。

⑤ 关于中国长春铁路合办事宜，按照有关规定，另行协商进行。

⑥ 上述各项具体执行细则，可以在长春由中苏双方继续商谈决定。

在莫斯科完成了中苏双方高层谈判以后，蒋经国又从重庆抵达北平，选派特派员公署留守在北平（特派员公署在北平王府井梯子胡同一号，接收原“满洲国银行北平分行”作为驻北平办事处）的部分工作人员随他同机返长春。

这时原来在长春的外交特派员公署的房屋——原伪满长春市市长官邸已被当地居民破坏，不堪居住。原因是长春气候日趋寒冷，而居民在那一年无煤可以取暖，这在北方是个严重的问题，因此所有在原日本人居住区的空屋纷纷被当地居民拆去门窗、木板、地板、屋顶，甚至榻榻米等，凡是可以作为燃料的皆被私取一空，无人过问。这情景和我们离开长春前的景况大不相同了。我们只好接收原伪满洲国交通大臣谷次亨的公馆作为特派员公署的新办事处和住处。这所房屋虽然小一些，但颇精致。当时谷次亨已经作了俘虏被苏军押走，但其家属仍旧留居在里面，因此一切设备都保存完整。我们一进住，他们就迁走了。但他的儿子仍不时前来要求我们允许他取出一些私产及日用物品，我们每次都予同意。

东北外交特派员公署在长春重新成立以后，跟随蒋经国同来的仅有秘书高维翰、第一科科长许培尧、第三科科长张令澳、总务科科长吴祖烈、侍卫官蒋尧祥和译电员张世英、徐欣荣数人。此外，长春市市长赵君迈也随着蒋经国同住在我们特派员公署。苏联军方除派代表到机场迎接外，在我们住所，每天派有苏军警卫四人，住宿在门房内担任警卫工作，另有吉普车一辆仍由苏军驾驶员马立克中士为蒋经国及特派员公署服务。此时，马林诺夫斯基元帅根据莫斯科的指示，对我方态度转为缓和。首先正式承认东北行营作为中方最高军事行政机关，在行营成立联络处，派遣联络官驻在“满炭大楼”，负责联络与安全保护，并提供日夜可以通行的车辆供行营使用；发给燃烧用煤许可证，拨出铁路车皮，允许行营直接从九台县煤矿运煤，作为取暖之需；同意中国成立空军指挥所，可以直接使用机场，起飞、降落军事运输机等。这些转变是在莫斯科交涉的结果。

长春协议

1945年12月初，蒋经国、张嘉璈作为中国方面的代表与苏联远东红军总司令马林诺夫斯基元帅、伏斯德诺霍夫大将、库兹涅佐夫中将（参谋长）等在比较友好的气氛中开始了第二轮谈判。谈判的结果，达成下述几个方面的谅解：

① 苏联方面协助中国政府先行接收长春、沈阳、哈尔滨三大中心城市并吉林、辽宁、安东等几个省份。

② 中国政府为保障行政权力的执行，如陆路军队一时不能到达，可以空运部分军队至长春或沈阳，作为保护中国政府机关及官员安全之用。苏军在机场设备的利用上给予方便，待苏联军队全部撤尽，方可接管城防及机场。

③ 苏方申明：苏军已从山海关—锦州一线迅速撤退，准备分期再撤。

④ 苏联方面坚持东北的重工业都是苏联的战利品，苏军在撤退以前有权拆迁、搬运或作其他处理。苏军撤退以后，苏联认为必要的工矿企业应由中苏合办，具体协议另行商谈。

⑤ 中国长春铁路作为军用铁路十分重要。苏联军事代表早已随军进驻哈尔滨、长春、沈阳等重要地区铁路局以及“南满铁路株式会社”（日本占领时期的重要铁路、工业、殖民机构），实施军管，留用全部“满铁”工作人员，继续执行原有职务，以维持铁路运输正常。根据1945年8月缔结的“中苏友好同盟条约”的有关条款：“中国长春铁路由中苏双方共同管理30年”的规定，苏联方面已在9月22日宣布成立中长铁路理事会。由于中国方面当时尚未通知苏方有关中方理事会人选，希望中国方面早日派出中国长春铁路的中方代表及理事会理事长人选，正式成立合办的理事会，执行任务。

经过蒋经国去莫斯科和苏方谈判所达成的原则，现在在长春又得到了苏军方面的具体承诺，他可以说已完成了有关东北问题的外交方面的基本任务了，接下来就是行营方面的事情了。

接收长春、沈阳、哈尔滨的经过

滞留在北平的熊式辉得到谈判情况的报告，根据重庆方面的指示，重新率领大批东北各省的重要军政人员抵达长春，布置行政接收事宜；同时他带来宪兵一个排担任东北行营的内部警卫工作。1945年12月22日，由蒋经国推荐的赵君迈在苏军联络官及外交特派员公署第一科科长许培尧陪同下，首先正式接管了长春市政府。他是一直住在特派员公署的，所带随员甚少，经蒋经国同意，在他的领导班子成员尚未到达长春以前，借调外交特派员公署的人员协助他接收。蒋经国认为：接收主权是当时在东北的首要任务，他勉励在长春的外交特派员公署人员，应该不怕困难，无条件地襄助赵君迈，把长春市政府各个部门接管过来。他微笑着对我们说："外交人员不妨兼做内政工作嘛！"赵君迈一面任用许培尧、高理文、张令澳为长春市政府接收专员，按系统接管各个单位；一方面正式发表各局局长和秘书长名单，呈请行营，着令在北平办事处候命的这些部属优先予以搭机飞来长春接事。其中只有财政局局长萧仁树，原系熊式辉在江西时代的旧部，已先随行营军政人员来长春，也作为接收专员随赵君迈视事了。这是长春市政府的接收情况，为笔者所亲历。当时我们得到的情报是：苏军为了履行其诺言，曾要求在长春的中共非正规部队（当时称为"土八路"）撤出长春市区，在苏军未完全撤退以前，不得干扰国民党政府官员接收民政。苏联军方并派有联络军官驻在长春市政府，凡长春市市长有所要求，通过许培尧的传达，多半给予协助。例如，当时长春气候正严寒，而保暖需用的煤却异常缺乏，苏联方面允许从附近九台煤矿拨运给长春市政府一定数量的民用煤等。

长春市接管以后，接着沈阳市市长董文琦、哈尔滨市市长杨绰庵以及南部的几个省都在苏军联络员的陪同下，陆续去接管了各该省、市政府。听说他们的政令不能出政府大门，在中共领导的当地民众组织包围下，完全陷于孤立。因此接事不久，随着苏军向北满方面撤退，他们失去"保护"，就纷纷逃回长春或锦州了。至于大连、旅顺，被苏军认为是"军事禁区"，一直不允许任何国民党人员前往。连外交特派员公署几次要求派员去视察也遭拒绝。这里附带提及一事，足证凡苏方不愿你去的地方，根本是去不得的。预定接收鞍山钢铁公司的国民党政府资源委员会所派的总工程师张莘夫，为了了解一下传说中鞍钢许多重要机件已被苏军拆走这个消息，急于要去鞍钢亲自察看。此事经东北经济委员会主任张嘉璈以及经济部特派员孙越崎提出，由外交特派员公署向苏方交涉，请苏方同意派遣联络官陪同前去，苏方一再推诿，最后不得已同意前去。当他们一行乘坐火车由长春南下，中途苏方联络官离开张莘夫片刻，在一小站，张莘夫即被人驱下火车遭杀害。这事曾经被国民党作为反苏反共的宣传材料，在重庆各地着实喧闹了一阵。

蒋经国和杜聿明在东北的交往

东北保安司令长官杜聿明早就奉到蒋介石的命令，依靠美国军舰的支援，将美式配备的中央军精锐部队集结在秦皇岛至山海关一线。随着苏军的步步撤退，已经挺进到锦西、锦州一线。大概是在1945年12月中旬，蒋经国偕同杜聿明及空军副司令王叔铭（当时他驻在北平，负责华北和东北地区的空运事宜）从北平专机飞抵长春，进一步来商讨军事接收上的具体问题。蒋经国亲自陪同杜聿明到原日本关东军总部、后为苏联远东红军总司令部会见马林诺夫斯基元帅，直接进行商谈。

马林诺夫斯基当场告诉杜聿明：

① 苏军早已从山海关、营口、葫芦岛、锦州一线撤退完了，今后还将从沈阳、长春、哈尔滨逐步撤走。

② 同意国民党军队派一个机械化师空运进驻长春郊区待机。

杜聿明那天和蒋经国商谈回来到外交特派员公署晚餐，面露兴奋之色。他在餐桌上对蒋经国和王叔铭说，只要苏军有诚意，确能步步撤退，他可以一举进军直达沈阳、长春。目前中共武装力量决非他的对手，无力阻止他的前进。“有了锦州作基地，可以空运军队去长春和沈阳，配合我从陆路进军，至少东北一半是可以掌握在中央军手里的。”他说，他判断苏联不会阻碍他的大军前进到沈阳。至于北满和辽东半岛前途如何，现在尚不可逆料。他估计苏联在北满不会轻易放弃的。蒋经国也认为，根据他在莫斯科的谈判情况以及目前的国际形势推测：苏联在表面上是不会不遵守中苏友好条约的。斯大林看来只打算恢复以前帝俄在东北的利益就满足了。问题是中共进入东北的力量以及苏联是否会将关东军武器给予中共。苏联绝对不会容忍国民党独占东北导致美国势力的渗入，这是东北问题复杂的症结所在。他以为目下不能刺激苏联。他批评国民党一部分人在重庆大搞反苏宣传是愚蠢的。“我们至少在东北不要使苏联怀疑我们，不要去斤斤计较东北的经济损失，这些原本是日本人建设起来的。我们要在东北实施亲苏的政策，使共产党无隙可乘。”他还暗地里批评过熊式辉头脑顽固，反苏反共太表面化，说熊缺少“策略”观点。他对杜聿明说，蒋介石同意他的观点，凡到东北来的中央军政人员一律不准有反苏言行。如中央党务特派员齐世英（陈立夫所派）就是他要求蒋介石调回重庆的，这也是给熊式辉、金镇等一批反苏顽固派一个警告，等等。

在这里笔者附带提一点。从我的观察判断，我认为杜聿明和蒋经国之间的关系是非常好的。王叔铭曾经留学苏联，和小蒋关系也十分密切。蒋经国在东北总是接近杜聿明，冷淡熊式辉。他一直赞赏杜聿明，说他有胆识、有战略观点、处事果断英明。后来杜聿明坐镇沈阳时，每逢蒋经国衔命传达蒋介石的指示前来东北，总是杜聿明亲自驾车（蒋经国也喜欢自己开车）到机场迎接并招待他。而熊式辉一向倚老卖老，小蒋对他表面敷衍而内心反感，认为他是一个老官僚。那一次蒋经国、杜聿明、王叔铭三人刚到长春，一进外交特派员公署——称为“谷公馆”的大门，熊式辉就来电话询问，叫他一到就上熊那里去。当时是我接的电话，向他报告。小蒋说：“急什么，我们还没吃饭洗澡呢！回他电话，说我晚上再去。”由此可见他对熊的态度了。

席间，杜聿明问王叔铭：“空运一个精锐师到长春在飞机运输方面有什么问题没有？”王叔铭表示只要苏联方面能够提供机场设备，他可以先期派遣地勤人员及指挥人员前来，运输力不会有问题。当晚他们去见了熊式辉，第二天与苏方谈判，第三天一早，杜、王两人即乘专机离开长春，蒋经国亲自去机场相送。

中长铁路问题

关于东北经济接收问题，经过蒋经国的一次介绍之后，就直接由东北行营经济委员会主任张嘉璈与苏军总部参谋长库兹涅佐夫谈判，后来又有孙越崎参加。关于这一方面的交涉，直到苏联军队撤退，并无重大进展。

最后是关于中苏合办中国长春铁路问题，由于苏方在1945年9月22日不待中国代表之到达，单方面成立中长铁路理事会，由卡尔金中将任副理事长，先行负责。所以中国方面一直处于被动的无权状态。根据此次蒋经国与马林诺夫斯基协商后，苏联欢迎中国早日提出理事会名单。

1946年2月，中苏双方正式组成中长铁路理事会：

理事长：张嘉璈（中方）

副理事长：卡尔金（苏方）

中方理事长代表：王微（一说王徵，又说玉徵）

苏方理事长代表：爱斯卡古奈夫

理事：万异、刘哲（中方）、马利（少将）、加滋洛夫（大校）（苏方）

管理局长：裘拉皮廖夫（少将）（苏方）

中方局长代表：王竹亭

但是，中国方面的这些代表或理事都没有实际接事办过公。在苏联军队占领时期，苏方藉口“铁路军管”，完全掌握在他们手里。苏联方面并把原来的“满铁”日本人重要职员聘请为苏方顾问或留为理事，给予原来“满铁”时代的一切待遇和人权保障，以争取这些人为苏联效力。他们是：

最高顾问：山崎元干（满铁最后一任总裁） 高崎达之助（满铁前总裁）

高级顾问：平井喜久松　平岛敏夫

理事：铃木长明　古山胜夫　浜田幸雄

宋美龄慰劳苏联红军

在这段中苏现地谈判显得顺利的时刻，苏联方面为了表示对蒋经国的友谊，一天，马林诺夫斯基元帅派来了一位上校副官到外交特派员公署，送来了四箱洋酒表示慰问，说：“这是世界有名的波尔多葡萄酒和法国的七星白兰地。”并补充说，“这是我们的战利品，我们的元帅在罗马尼亚与德军作战时，俘获了德军饮用的大量名酒，而德军又是从法国军队中得到的这些法国产的葡萄酒和白兰地的。”说罢，他的脸上浮现了一种得意的微笑。蒋经国得到通知后，立即来到会客室，握手感谢，并且热情地款待了这位副官。

说起在长春的东北外交特派员公署，我们的美酒佳肴曾经名噪一时，博得许多东北行营的高级官吏的称誉和垂涎。我们雇用的一位名厨，惯烧鱼翅、海参等高级京菜和各色西菜西点。据说他曾经在吴佩孚、张景惠那里做过厨师，现在他能为“太子”服务感到自豪。而小蒋也经常宴请张嘉璈、杜聿明、王叔铭、莫德惠、杨绰庵、赵家骧、董彦平等人。有时也留请中央通讯社东北分社主任刘竹舟、大公报特派记者吕德润以及一些空军飞行人员共进午餐。在荒凉的长春，能吃到特派员公署的佳肴，算是一种口福享受。而蒋经国在东北逗留期间，确也天天“座上客常满，樽中酒不空”，并在酒酣耳热之间，谈笑风生，气氛特别热烈。这也显出“太子”善于交际、性格豪爽的一面。

在这中苏关系比较融洽的“黄金时刻”，蒋经国向蒋介石建议：为了平衡中美、中苏关系，便利国民党政府在东北的接收，主张在苏联红军撤离之前，请宋美龄也到东北长春对苏军作一次慰问，表示中苏两国之间的友谊。这一建议为蒋介石夫妇接受了。但是对宋美龄来说，要她长途空中旅行，来到严寒的东北，却是一件十分勉强的事。这与她惯常周旋于在华美军高级将领之间的酬酢是大异其趣的。

1946年1月中旬，蒋经国为了亲自陪同宋美龄前来，专程去重庆。他发来电报指示：把长春特派员公署的“谷公馆”腾出来，重新布置，作为“夫人”下榻之所。我们公署的人迁居到一幢原来是伪满洲国国务总理张景惠的旧居暂住。1月22日，由衣复恩驾驶的宋美龄专机来到长春。她身穿褐色皮大衣，头戴貂皮高帽，两手袖着貂皮袖筒，由蒋经国搀扶着缓缓走下飞机，与前来欢迎的苏联红军总部的参谋长等几位高级将领握手后，搭乘苏军提供的黑色大轿车升到“谷公馆”休息。陪同前来的还有黄仁霖率领的随行人员。

第二天进行了劳军慰问，由蒋经国陪同去苏军总部会见苏军的高级将领，举行简单仪式，赠送奖旗、勋章、慰劳品清单，由苏军参谋长代表马林诺夫斯基元帅接受后，苏军总部以酒会的形式作了招待。会场气氛似乎很冷淡、严肃。宋美龄面无表情，言语不多；慰问词由蒋经国代读，许培尧翻译。礼毕后匆匆返回公馆休息。晚间假原伪满中央银行大厅举行宴会，邀请苏军将领数十人出席，由东北行营张嘉璈、董彦平以及东北元老刘哲等各省、市负责人和外交特派员公署科长以上人员出席作陪。宋美龄即席致词，表示对苏联军队的感谢和慰问，她祝愿中苏友谊长存，中苏两国和平共处。这些讲话原稿出自蒋经国手笔，并由蒋经国译成俄语宣读。第三天一早，蒋经国就陪同宋美龄回北平去了。慰问就在这样冷冰冰的气氛中草草结束了。

蒋经国辞职

上面讲过，根据蒋经国、杜聿明与东北苏军最高统帅马林诺夫斯基商定的一条协议，中国军队可以空运一个师到长春作为保护国民党在长春机构和官员之用，苏军允诺在机场设备上予以使用的便利，一待苏军全部撤退，中国军队即可接管长春城防和机场。为此，杜聿明指派九十四军第五师师长李则芬前来长春，考察空运的安全措施事宜。李则芬大约在1月初由北平抵达长春，居住在我们特派员公署，经他考察的结果，认为把一个师孤立地放置在长春一隅，与后方锦州距离太远，如果一旦苏军撤走，就会四面受敌；而长春地处松辽平原，无险可守。所以他的结论是，不愿把自己的精锐部队空运长春担当这个危险任务。他把这个意思告诉了蒋经国，要求小蒋为他直接转达“委座”，求得谅解。旋即飞回北平转到天津防所去了。因为他不愿冒险，所以杜聿明同意不派正规军进驻长春。然而熊式辉则急于要求有一支军队在手，结果就由他把在北平收编的伪满部队许赓扬及刘德溥所部的两个保安团空运到长春，在苏军尚未撤退期间龟缩在郊区营房中。4月中旬，苏军从长春撤走，中共军队解放了长春，这些伪军早被监视包围了，或投诚，或俘虏，丝毫不曾如熊式辉所期望的起到一点军事上的作用。

东北外交特派员公署也和大批东北行营官员一样，在苏军撤退声中，惊惶异常，第二次急急忙忙乘飞机离开长春退到北平。蒋经国自上次陪宋美龄回去后，就不再住在长春，而是来往于南京、重庆、杭州、北平之间，十分忙碌。熊式辉、张嘉墩等重要官员，也早借故离去了。

从此，苏军既已按照协议，逐步撤走，中苏之间的外交交涉也就结束。东北局面已由外交折冲转而演变为国共双方的内战了。

贵州“新太子系”之我见

裴声鼎*

解放前，人们把国民党内以蒋经国为首的叫做“新太子系”，以示区别于以孙科为首的“太子系”。在蒋经国派系内部，不称“新太子系”，是以“中干校友会”为名，“中干校友会”是三民主义青年团中央干部学校毕业生同学会的简称。以后，军事委员会干部训练团之青年远征军政工人员训练班、国防部预备干部局及青年中学等，亦成为“新太子系”的拓展和壮大。

我是1944年11月下旬到青年远征军政工人员训练班第一期受训的。在这之前，我是三青团黔西分团的书记代干事长。这个训练班由蒋经国担任班主任，人数约千人，1945年1月毕业，我分发到青年军二〇五师任政工队队长，后改任军委会政治部演剧十五队队长。抗战胜利后，我回贵州，任三青团支团宣传组副组长、国民党贵州省党部宣传处副处长。对于“新太子系”来说，我是在贵州的骨干之一。我长期在贵州，与蒋经国接触不多，对“新太子系”只是略知梗概。

1946年三四月间，蒋经国随其父蒋介石到贵州，在修文麦架桥青年军二〇五师六一四团营地召见在贵州的“中干校”毕业生及“政工组”毕业

---

* 作者时任贵阳《大路报》总编、《贵州日报》主笔等职。

生冯九如（三青团支团书记）、胡治邦（三青团贵阳区团干事长）、雷家驹（三青团支团组训组长）、许太空（贵阳青年中学校长）、娄仲杰（贵阳青年中学主任）、汪士锋（贵阳青年中学主任）、周天一（贵州省童军理事会秘书）和我（贵阳《大路报》总编）等十余人，授意成立青年军联谊会（后改称青年军通讯处）和成立“中干校友会贵阳分会”，指示“中干校”“政工班”毕业生要加强联系，对“复员青年军”、青年中学学生要抓紧联络，“要在贵州以一个新兴的、崭新的、进步的政治派系出现，要抓紧现有地盘扩而充之，在党、政、军、团成为一支强有力的队伍”。

蒋经国回南京后不久，贵阳“青年军联谊会”和“中干校友会贵阳分会”挂了牌，在三青团贵州团部开始办公，“新太子系”在贵州挂牌鸣锣开张。

1946年秋，军统局在贵州的机关报《民报》刊载了一条消息，报道贵阳纪念塔附近，某夜有似军人非军人、似学生非学生的几个青年人抢劫行人、轮奸妇女。该报是一家喜爱造谣生事的小报。由于军统做后台，发行人兼社长刘先识是贵阳市政府民政科科长，有权有势，一般人是奈何他不得的。这条消息是否确实本是疑问，所指几个年轻人是谁也不得而知的。但贵阳青年中学校址在贵阳南厂，纪念塔就在南厂附近。“青中”校长许太空便说《民报》是诬蔑“青中”，发动全校学生（约一千人）于该报刊登此消息的次日浩浩荡荡开到《民报》社，将该报社印刷机、排字房捣毁。

事后，刘先识及贵州军统负责人周养浩等向省主席杨森及教育厅厅长傅启学申诉，要求惩办“青中”。但是，杨、傅知“青中”的后台是蒋经国，鼻子大了压住嘴，只好劝周、刘忍气吞声。《民报》经此打击，一蹶不振而宣告停刊。

1948年，国民党政府实行所谓“改革币制”，废除旧币，改发行金圆券。

为了使金圆券畅通无阻，势必对市场物资、物价等实行控制，加强管理。于是，蒋经国到上海，成立了所谓“打虎队”，矛头指向大商贾，把孔祥熙的儿子孔令侃揪了出来。这时，恰好“中干校友会贵阳分会”的理事长汪士锋在南京，受蒋经国“应在贵州响应”的指示，赶回贵阳，立即同在贵阳的“中干校友”密商，成立“经济检查行动委员会”。他们在三青团贵州支团内召开了两次会议，参加会议的有孙乐陶（青中校长）、陈本昌（财厅主任秘书）、冯九如（省党部副书记长）、胡治邦、雷家驹（省党部党团统一委员）、汪士锋、余效仓、赵继锋（省府视察）、周天一、刘强（达德中学教官）、邵秉华（达德中学主任）、蔡国华（豫章中学主任）、徐世栋（财厅视察）、韦明德（省党部监察委员）、王振衣（青中主任）和我（《贵州日报》主笔）等二十余人。会议决议：（一）行动委员会设总务、宣传、行动三个组，总务由汪士锋、冯九如负责，宣传由雷家驹和我负责，行动由孙乐陶、王振衣、汪士锋、刘强等负责；（二）立即将“青中”学生按班级编组，停课上街，对商店实行盘查物资、限价，倘遇有不服，可扭送警局扣押上报。

当时，正是谷正伦回贵州主持黔政，贵州各派系在所谓“贵州大团结”的幌子下，教育厅系、三青团系、社会处系、保安处系、建设厅系五个派系提出平分秋色的条件。所谓“平分秋色”，就是说要调换县长、田粮处处长时，必须是各派系平均，换十个，每派系各摊两个；换二十个，每派系各摊四个。在这一情况下，各派系的成员莫不奔走，求已显达。谷正伦正为蒋经国在上海“打虎”一事抱有杞忧，深怕贵州出“乱子”，恰好“经济检查行动委员会”成立的消息，被冯九如向贵阳市市长张致祥透露，陈本昌也把消息向财政厅厅长刘汉清报告。贵州省府便暗里授意官僚资本的贵州企业公司采取措施，在“青中”学生尚未上街之前，将物资隐匿起来。风声一出，大商巨贾在一夜之间即将物资全部疏散。等到“青中”学生上街时，市面上大商店里，尽皆柜空架空，只有一些小商小店还照常有货。苦只苦了这些小商店，整个贵阳市，一日之间，弄得百业萧条，小商人人自危。好只好了一些投机分子如冯九如、韦明德、胡治帮之流，由于向谷正伦私通情报有功，不久即走马上任，担任县长、视察、田粮处处长等职去了。

蒋经国在上海“打虎”，虎头蛇尾，把孔令侃奈何不得，回到南京。贵阳的“经检行委会”后台既倒，当然也就销声匿迹了。

“新太子系”在贵州是以“中干校友会贵阳分会”的名义公开活动的。“贵阳分会”成立于1946年5月，成员包括“中干校”“政工班”“青干班”等三校、班各期毕业生，人数约在六十人左右，有政府机构中的，有党团机构中的，也有教育部门的，还有省银行襄理张国钧和我等。“新太子系”成员也有所区别，“中干校”生最核心，“政工班”生次之，“青干班”生又次之。

“中干校友会贵阳分会”每一个月或两个月在贵阳开“月会”一次，凡在贵阳的或临时去贵阳碰上的都得参加，每次每人出资大洋一至二元；每月第一个星期天，在贵阳冠生园或大三元、金龙酒家聚餐一次，不举行任何仪式，也不作记录，仅由汪士锋（理事长）向众报告“总会”有什么“指示”，征求每人对“总会”有什么要求。起初两年中，大家还感兴趣，到了1948年各自找门路，各奔前程，大多向谷正伦靠拢。加上“贵阳青中”离开贵阳，与“汉中青中”合并，汪士锋等离去，无人召集，“中干校友会”也就宣告解体。

蒋经国逃台后，贵阳的“中干校友”多在政府部门找到栖身之所，对“总会”置之脑后。贵州解放，“新太子系”在贵州土崩瓦解。

蒋经国与我的交往

沈世荣*

1943年12月，蒋经国调到重庆任三民主义青年团中央干部学校教育长，兼三青团中央团部组训处处长。我经常到重庆马蹄街96号记者何冰如家里去。有一天，在何的会客室里偶遇蒋经国。何冰如热情地为我们作了介绍。蒋经国伸出手来，与我亲切地握手寒暄，问我何处人、在何处工作。我回答，我是山东济南人，先父沈延令是工人，我十三岁在新城兵工厂学徒，自学文化，现在二〇兵工厂工作兼三民主义青年团第四区队队长。蒋听罢，站起走过来又和我第二次握手。他双手与我紧握，热情地说："世荣兄，言谈豪爽，让我们共同效忠团长（蒋介石）。"

与蒋经国相识不久，他调我兼任他的核心小组的成员，所从事的工作直接对蒋负责，不与其他产生横的联系。在此期间，我很卖力，为蒋将重庆市工会、兵工厂的康泽复兴社的势力清除出去，颇得蒋的赏识。

1944年10月，蒋经国与厂长陈哲生商量，调我到二〇兵工厂之哑巴洞去"休养"。实际上，蒋是派我参加特务训练。他到哑巴洞看望我，与我促膝谈心。1945年11月，蒋派遣我回济南，领导山东的工运和开展三青团活

* 作者时任三青团第二次全国代表大会主席团主席、三青团山东省支闭部筹备员、中央团部组训处通信组组长等职。

动，发表我任山东省三民主义青年团筹备支团部筹备员兼省工运负责人。他指示我到济南后要去共产党领导的区域看看，百闻不如一见，要把亲眼所见直接向他汇报。他说："知己知彼，方能对症下药，不了解敌情，非失败不可。"这一年我正好四十岁。

1946年6月，蒋调我到庐山受训。赴庐山之时，济南成通纱厂经理苗海南委托我办一件事。事情原委是这样的：抗战胜利后，国民党接管了日伪时期日军在该厂增添的设备。苗海南要求我与蒋面谈并直转呈蒋介石，将接管的机器设备批还给成通纱厂。苗经理承诺事成之后，给我和蒋经国一笔巨款作为酬谢。同年11月下旬庐山受训结束后，蒋路过济南，我陪同苗海南到机场与蒋晤谈。后来，蒋把苗海南的酬谢款都给我作为活动经费。以后，苗海南的大部分财产运到台湾，正是有蒋经国的靠山。

随着三青团团务的开展，将在各省、市、县和大专院校以及海外华侨集中地区筹建支、区、分团，急需各级干部。因此，蒋经国拟订了工作人员培训的规划和调训措施。经中央训练委员会同意，由团长（蒋介石）批准，1946年6月起至11月，蒋经国在庐山牯岭传习学舍，设立三民主义青年团高级干部训练班（对外称夏令营）。

蒋经国对调训人员分别采取的措施是：

一、指名调训。

二、规定每个分团名额不得超过两人（主任或书记级）。规定在6月中旬，必须到南京中央团部集合。

6月，我赴庐山。蒋经国在庐山牯岭的别墅接见了我，询问山东省的团务和工运等情况。我有所陈述，蒋经国听罢深为嘉勉。

蒋经国常常在早晨起床号吹过后即直闯学员宿舍巡视，睡懒觉的学员常被集合起来训斥。蒋经国不吸烟，喝白开水，他和学员们一同到餐厅就餐，学员们必须等蒋经国动箸而动箸。有人说"蒋经国处长有认真励精图治之概"。

在庐山期间，我和宋宪亭等晋见国民党中委丁惟汾，陈述山东人民的苦难，请求丁中委向中央当局呼吁救济山东。我们还建议在牯岭组建旅庐山山东同乡会，以便在大会期间山东同乡联合起来。在卡尔登餐厅，召开了山东同乡会的会议，代表中的山东同乡、三青团赴庐山的同乡和蒋介石的侍从官中的山东同乡们出席了会议，丁惟汾任同乡会理事长，我任副理事长。应邀出席会议的来宾有陈诚、谷正纲、蒋经国、俞济时等军政要人。

我用成通纱厂苗海南酬谢的款子请客、赠送礼品，因此在夏令营受训的学员中颇有影响和号召力。为了迎合蒋氏父子的欢心，趁美国马歇尔特使在庐山之际，我发动东北九省同乡和冀鲁同乡派出代表去晋谒马歇尔特使，让他在处理国共关系问题上偏向国民党一方，用武力制裁“共军”而保民生。我拥蒋反共的具体行动很得蒋介石的欢心。

一天晚上，蒋介石夫妇和蒋经国在别墅请我吃饭。席间，蒋介石征询我对改进团务的意见。我站起来欲说，蒋介石和蔼地说：“坐下谈，坐下谈。”坐下后，我说：“党团合并才能使蒋处长及三青团骨干们进入党内，发挥更大作用。”蒋介石表示，要派任我其他工作。我回答说，我是蒋处长培养起来的工人干部，我一切听从蒋处长，如果换上别人领导山东工运，会产生利用阶梯升官发财、变成工人官僚的错觉，这就容易给异党在工人群众中占领阵地发动罢工闹事的用武之机。蒋氏父子听罢也颇欢心。

我的妻子王子香和儿子在山东，我和大家住牯岭仙岩饭店。蒋经国在仙岩饭店为我们预付房费和饭费，有时和我共同就餐。有一次，蒋问我：“世荣兄，你不给子香大嫂母子二人寄钱吗？”说着，他从口袋内取出一封信交给我，是王子香的信，内云：“世荣，你赴济后，蒋经国处长派侍从张先生和李先生二位，给我母子二人准备了一年的食粮和零用钱。陈哲生厂长的夫人也经常来看望我母子二人，一切很好，勿念。”我看完了信，装入口袋。我文化不高，但明白凡是受以大恩决不言谢，只有用实际行动来报答。蒋经国见到我这种态度，露出满意的表情。

有一次，我向蒋经国处长提“国共和谈”的问题。蒋经国说：“当前，党国的途程上荆棘丛生，国共两党是箭在弦上，一触即发。”

1946年9月6日，三民主义青年团在庐山牯岭召开第二次全国代表大会，陈诚、谷正纲和我三人担任大会主席团主席，大会秘书长为倪文亚，到会代表人数为八百九十一人。

上午九时开会，蒋经国作“团务和青年军团务报告”之后，团长蒋介石到会，全体肃立，蒋介石招手致意，并未登上主席台，而是破例坐在代表席的前排，倾听代表们的发言。

代表们随即展开了对时局和青年团性质与地位的讨论。

邵力子和谭平山在国共两党的争端及和与战的问题上，力主履行已经签署的《国共双方代表会谈纪要》（即双十协定），坚决避免内战，实行和平建国的基本方针。

谭平山在会上主张国共双方继续协商，促成五人小组商谈，并具体建议以黄河为界，黄河以北由共产党领导，黄河以南归国民党领导，实行政治竞赛。谭平山的这种见解，在会上却遭到主战者的强烈反对。代表祁宗汉的发言最为激烈，甚至讥讽、谩骂，使鬓发斑白的谭平山极为难堪。我作为大会主席团主席制止了祁宗汉等人的讥讽、谩骂。

代表李蒸（中央干事会副书记长）则强调，党团分别组党，仿效美国林肯，将民主共和党分为民主、共和两党，实行两党制的措施，一党在朝，一党在野，两党各自侧重组织训练，实行政治竞赛。李希望团长（蒋介石）做中国的林肯。这种见解得到多数代表的支持。

蒋经国的“党要改革”、“团要改造”和“实行党与团之人事分立制度”，这种见解得到所有代表的支持。

有些观点，发言者各执一词，争论不休，以致当天上午的会延长到下午一时三十分，倪文亚才宣布休息就餐。

下午三时继续开会。团长蒋介石偕夫人宋美龄到会听取代表们的意见。四时三十分，团长才走上主席台作了简短的发言：“余对上述各项主张，各有理由，各有利弊，余对此并无成见，依出席大多数的代表之意见为意见。余提醒与会代表注意，一个政党应有一个党魁。余只做国民党的总裁，青年团如果组党，由谁来做党魁，这是值得慎重考虑的问题。”团长的这番话，言外之意是坚持由“团长”负责，不赞成党团分立，也反映出多数代表想推陈诚和蒋经国做青年团组党的党魁是不切实际的。

三民主义青年团第二次全国代表大会主席团主席二十六名，在庐山牯岭图书馆二楼会议室召开座谈会，由陈布雷代表蒋介石主持会议。出席座谈会议的有：陈诚、蒋经国、倪文亚、谷正纲、刘健群、李蒸、邵力子、袁守谦、罗家伦、胡庶华、罗卓英、邓文仪、贺衷寒、沈世荣、佟怀政、步天凯等。八时至十一时，讨论团务、国内外形势、国共争端、代表们的意见等。会议室外戒备森严。

陈布雷说，余奉总裁兼团长的面谕，主持青年团主席团的座谈会议。在座的同志们要精诚团结，同舟共济，完成历史赋予我们的使命，希望同志们发挥沟通中央团部和各级团部的同志之间的桥梁作用，交流开展团务经验，加强同志之间互助合作，识大体，顾大局，保持旺盛精神，反对官僚主义作风，胜不骄，败不馁，为党国昌盛而奋斗。

陈诚在发言中，大肆攻击中国共产党，并斥责和谈乃贻误戎机，声称国共争端只能诉诸武力，必须除后患。

蒋经国在发言中说，我们在团长的领导下共同努力，建设三民主义新中国，在团长（蒋介石）领导下，为把团务工作做好而努力。

我的发言说，我的出身是工人，自学文化，请允许把所见所闻向各位汇报。我经过解放区回济南，了解到八路军叫老百姓大爷大娘，打扫街道、挑水、推车往田里送肥料。而夏楚中的部队打骂老百姓，拿老百姓的东西。老百姓把国军比土匪。又有人说，国民党做官是为了发财，找靠山是裙带关系。

9月13日晚七时半，我和佟怀政等二十六人到行辕聚餐。蒋经国在门外相迎，我和佟两人各是工人或农民的装束，杂于西装革履华贵代表之间。席间，团长（蒋介石）面询“团务改进问题”。我陈述：“党团合并为上策。”蒋介石深为嘉勉。

9月14日，召开大会，选举中央干事和监察干事，倪文亚宣布开会，由蒋经国主持大会。中央干事和监察干事选举办法：实行党与团之人事分立制度，其中规定第一届中央干监中除国民党的中央委员外，皆为第二届青年团中央干监之当然候选人，但自愿辞去中央中委者，仍得为第二届中央干监当然候选人。因此便把张治中、朱家骅、陈立夫、康泽、段锡朋、邵力子等排除于候选人的名单之外。下午在交谊室开票时，秩序很乱，主持监票的胡庶华、陈逸云也无法制止。

蒋介石在七时三十分带着十几名侍从武官，亲到交谊室巡视。至八时三十分，才开票竣事，经倪文亚、蒋经国、胡庶华、陈逸云整理，报由团长蒋介石作最后决定。

15日，大会秘书长倪文亚宣布了经团长核定的中央干事监事名单，计有中央干事七十二人，候补干事二十五人，中央监察四十九人，候补监察十五人。翌日，召开了中央干监二届一次联席会议。蒋经国叫我列席会议。这个联席会议按照大会通过的团长蒋介石交议的青年团改组方案，进行了中央团部的人事调整，陈诚仍兼任中央团部书记长，另以袁守谦、郑彦棻取代刘健群、李蒸为副书记长；蒋经国则以中央常务干事兼中央团部第二处处长直接掌握青年团的组织、训练、女青年等部的实权。庐山高级干部训练班的步天凯、佟怀政和我等学员们在大会上替蒋经国出了力，因此，蒋经国更对我愈加器重，在别墅召见我。蒋征求我的担任工作的意见：

一、是否赴台湾省担任省工会理事长；

二、到戡乱建国训练班担任干事；

三、到日本担任通讯组组长（是特务任务）。

我说，还是在鲁省工作，鲁省的三民主义青年团是秦启荣主任筹备员建立的支团部，张天佑（保安司令）等是支团干事，因此，青年团有十万支枪之多，我逐步掌握了这些枪杆子比干别的工作强得多，不知处座同意我的意见吗?

蒋经国说：“世荣兄的见解，我不但同意，还要大力支持吾兄……”蒋经国和我合影留念。

1948年3月，蒋与侍从人员秘密来到济南，在黑虎泉半边街17号向我面授机宜。当时，解放军已包围了济南，形势很紧。蒋经国指示我潜伏在山东，利用原三青团的力量组建“熊飞”部队，代号为“303”，我任总司令，肖仲岐（大学毕业、军统人员）任副总司令兼参谋长，把队伍拉到鲁南山区应变。蒋还任我担任戡乱建国学会通讯组组长，指示我必须及时将济南防御情况向他汇报。

同年9月，人民解放军解放济南。眼看大势已去，我与电台总台台长汪圣农将电台破坏，化装分路逃出济南。

1949年3月，我在北京饭店二楼十一号房晋见谭平山先生。谭先生说，世荣没有赴台湾，我陪你去晋谒周恩来副主席，但你应先在报上声明与国民党蒋家王朝脱离关系，拥护中国共产党的领导。我婉言拒绝了，返回济南。1950年秋，抗美援朝战争之时，我和肖仲岐等人组织“反共熊飞部队”，我担任总司令。1951年3月，我和肖仲岐被捕。1975年12月，我被特赦出狱，给予公民权。1976年3月，我从黑龙江回到济南家中。

蒋经国与青年军

覃异之

青年军是青年远征军的简称，组成于抗日战争后期，在抗战胜利后成了蒋经国的一项重要政治资本。蒋经国是青年军政治干部训练班主任，同时也是青年军总政治部主任。我虽然在青年军成立时，就担任二〇四师师长职务，但有许多有关内幕还是不知道的；加以时过境迁，许多亲身经历的事也模糊了。兹就记忆所及，写成这篇史料，错误或遗漏之处，盼知者指正及补充。

青年军成立经过及编制概况

1943年冬，国民党政府的军政部为了补充中国驻印军的特种兵，如汽车兵团、装甲兵团等，曾局部号召知识青年参加所谓青年远征军，甚至以“优秀者可保送美国深造”为引诱。许多青年学生就是在“出国”的好奇心引诱之下参加远征军的。大约在一年之内，军政部先后在四川成立三个教导团，在陕西成立一个教导团，即教导一、二、三、四团，负责接收入伍的知识青年。这些青年在教导团受短期训练后，就分批空运到印度去。女青年均未出国，她们入伍一年后都分别就业了。

1944年九十月间，日寇大举向湘桂两省进犯。衡阳沦陷之后，蒋管区人心更加动荡不安；各方面对蒋政权的腐败无能，更为不满。全国人民在共产党领导和影响下，要求改组政府、改组统帅部以挽救危局的呼声，日益迫切。蒋介石为了欺骗人民，乃于1944年9月16日以主席兼行政院院长的名义，在参政会作报告，提出三点主张：一、军令必须统一；二、改善士兵生活；三、号召知识青年从军。这是蒋介石正式号召知识青年从军的开始。

1944年10月11日至14日，蒋介石召集中央有关部会负责人、各省市政府负责人、各级国民党部三青团部负责人及教育界人士等一百五十余人，举行“发动知识青年从军会议”。会场最显著的标语是：“一寸河山一寸血，十万青年十万军。”蒋介石在讲话中提出“军事第一、军人第一”的法西斯口号，号召十八岁至三十五岁曾受过中等教育以上、身体健康的青年入伍；并装模作样地当场指定他的两个儿子蒋经国、蒋纬国报名从军。当时参加会议的国民党宣传部部长梁寒操、三青团副书记长胡庶华及国民党中央委员马超俊等，虽然都大大超过服兵役的年龄，也像煞有介事地当场报名从军，以响应蒋介石的号召。会上讨论了知识青年从军的方案，大概有以下三点：

一、规定服兵役的年限为两年；

二、照顾从军青年的家属，使无后顾之忧，对于机关干部从军，可保留原薪，以维持家庭生活；

三、青年军的各级领导干部，由部队、机关、学校中选优秀的干部调任。同时决定成立知识青年从军指导委员会，在蒋介石直接领导下推动知识青年从军的工作。委员人选由蒋介石指定，名单如下：

张伯苓、莫德惠、蒋梦麟、顾毓秀、何应钦、白崇禧、陈立夫、张厉生、周钟岳、谷正纲、吴铁城、张治中、陈果夫、徐永昌、俞飞鹏、罗卓英、张定理、徐思平、梁寒操、段锡朋、黄季陆、康泽、袁守谦、李维果、郑彦棻等。

常务委员：何应钦、吴铁城、陈果夫、张治中、白崇禧、陈立夫、张定理、康泽、徐思平等。

各省市各大学，也分别成立类似的指导委员会，具体工作则由三青团的各级组织负责。中央的具体工作，主要由三青团组织处处长康泽负责。

蒋介石曾表示，他要以创办黄埔军校的精神来创办青年军，并打算亲自兼任军长。有人劝他，作为国家元首兼任军长，很不方便，因为军长要处理很多具体工作，他才作罢。后来决定成立青年军训练总监部，负责组织训练青年军的工作，以原军事委员会东南干训团教育长罗卓英担任总监。并决定召集十万青年，分两期入伍，第一期五万人，于1945年1月至3月底入伍，原计划成立十个师，后来只成立八个师。

由于蒋军节节溃败，日寇于1944年12月5日陷贵州独山，重庆震动。蒋管区的青年鉴于国家危机日益严重，退无可退，逃无处逃，报名从军的人骤然踊跃。1944年底，从军青年已达十万左右。其中除了青年学生之外，还有县长（二〇四师有一位湖北天门县县长入伍）、科长、秘书之类，也有地痞流氓通过种种关系，冒充知识青年入伍的。因此，青年军的分子非常复杂。在入伍途中及入营前后，到处捣乱。如上饭馆吃饭不付钱、看戏不买票、理发洗澡不给钱等。入伍后自由散漫之风特别严重。后来社会人士把青年军与伪国大代表、军官总队（总部队编遣下来的失业军官组成），并称为三害，人人见而远之。

青年军的各级干部原规定由各部队择优保送，为了抬高青年军的身价还规定降一级任用，如普通部队的军长调任青年军的师长、师长调任青年军的团长。这些规定并没有完全做到。此外还有一部分干部是由陆军大学十八期学员中选任的。所有青年军的干部，都要经过一个月的集中训练，才能分配到各师工作。

后来，由桂林撤到重庆的军委会东南干训团改为军委会干训团，驻地在重庆大坪，专负责训练青年军的干部。团长照例由蒋介石兼任，罗卓英以训练总监名义兼任教育长。另外成立一个青年军政治工作干部训练班于复兴关，由蒋经国充班主任，胡轨充副主任。经常在班做具体工作的是胡轨和主任秘书俞季虞。受训的学员主要是从军青年中的大学生，及蒋经国由江西带来的干部。这个训练班是直接听命于蒋介石的，罗卓英对政工干部根本不能过问。

军委会干训团的组织有步兵总队（约二十余个中队）、工兵总队、通讯兵总队、将官班等。训练副监彭位仁兼任将官班主任，各部队保送干训团的学员并不完全被派到青年军，罗卓英认为不好的则送回原部队。也有些师长不愿降级当团长（仍保留将级军衔），在受训后仍请求回原部队去。

干训团采取美国的所谓轮带式训练方法：除将官班外，以队为单位分批结业（即随到随收，随收随训），每周有一个队结业。政工干训班也是一个月一期，有几个男生队、一个女生队。政治训练内容，除了读《三民主义》《中国之命运》之类外，就是聘请所谓名流学者作专题讲演。蒋经国把这个班作为他在青年军培养干部和发展组织的基地。

1944年底，青年军先后成立了八个师：二〇一师（师长戴之奇）驻璧山、二〇二师（师长罗泽恺）驻綦江、二〇三师（师长钟彬）驻泸县、二〇四师（师长覃异之）驻万县、二〇五师（师长刘安祺）驻贵阳、二〇六师（师长杨彬、后为萧劲）驻汉中、二〇七师（师长方先觉、后为罗又伦）驻昆明、二〇八师（师长黄珍吾、后为吴啸亚）驻福建。

蒋介石的儿子蒋纬国在二〇一师任副营长，一些国民党要人的儿子也都在这个师入伍。这些公子哥儿给部队长带来不少麻烦，后来有些逃回家，有些通过讲人情提前退伍，闹了不少笑话。

师的编制是按照美械轻装备师组成的。每师步兵：三团，炮兵两营，工兵、辎重兵各一营，搜索连、特务连、卫生队、军乐队、无线电队、军医院等各一。每团步兵三营，迫击炮、战防炮各一连，特务排、卫生队各一。实际上大炮始终未领到，临时以迫击炮代替，战防炮以战防枪代替。其他如工兵、辎重、通讯等的装备也多不完全。

内部矛盾及蒋经国的做法

陈诚要通过罗卓英来掌握青年军，而蒋经国要把青年军作为政治资本，在这里就潜伏着蒋陈间的矛盾。后来在部队中，政工干部与军事干部间的种种矛盾，都直接间接与蒋陈间的潜伏矛盾分不开。双方干部的矛盾，最初表现在彼此争取教育时间，及争夺部队管理权的问题上，后来发展到互相打击彼此的威信，作为争夺青年的手段。如部队长强调部队纪律时，政治干部却大谈民主自由。下级干部的矛盾更加尖锐。如二〇四师通讯营有一位连长，在士兵换了夏季服装之后，把棉衣暂时收存在自己家里，以便保管；而连的政工干事却认为连长企图盗卖棉衣，与营督导员商量后，竟鼓动士兵去搜连长的家。全营军事干部认为这不仅是侮辱带兵干部，而且是聚众闹事，破坏军队纪律。双方对立，各向自己的上级请示，因为各师的政治部是独立的，与师部是平行机关。后来官司打到罗卓英与蒋经国那里，始决定判处该干事三个月徒刑，并将该营督导员撤职，问题才算解决。

双方矛盾的主要原因在于双方对青年军的要求不同：军事干部从练兵打仗的角度来要求青年军，而政治干部却千方百计拉拢青年，从中发展组织，以便退伍时作为政治活动的资本。蒋经国在政工干部训练班的做法，就是这样：（一）注意接近学员：常和学员一道游戏、吃饭。举行夜间紧急集合演习时，于寒冷的冬夜，亲自带着学员跑步，并带头把衣服脱光，表示刻苦耐劳的精神。在学习的最后一周，他玩弄一次业务大演习的花样，要同学们自己选出班主任、副主任、秘书主任等各级工作人员，执行班内各项业务，以便观察学员的工作能力。他的这一套做法引起学员很大兴趣，当时也迷惑了一部分青年。（二）搞秘密组织，在训练班中培养骨干分子，作为建立秘密组织的核心。如二〇四师第二团督导员赖钟声与政治部副主任洪剑鸣，就是二〇四师秘密组织的核心人物。（三）蒋经国在表面上好像尊重三青团中央的人事分配，实际上除了各师政治部主任多半由复兴社分子充任外，副主任以下的各级干部蒋却抓得很紧。如二〇四师政治部主任刘炳黎是复兴社分子，而真正掌握实权的却是副主任洪剑鸣。

各师政治部本着蒋经国争取青年的方针，进行各种活动。如二〇四师政治部办了一个“文娱训练班”，以培养连队的文娱骨干为名，从中发展秘密组织。凡是不愿跟他们走的，就扣以“共党嫌疑”的帽子。在青年军初成立时，一些有正义感的青年曾表示不同意“忠党爱国”的口号，他们说：“我们来从军是为了爱国，不是为了忠党，因为我们不是国民党员，没有忠党的义务。”可见并不是所有的人都愿意跟他们走。

罗卓英本着陈诚的意旨，在青年军中尽可能地安插陈诚的人，主要是把陈的基本队伍十八军系统的干部安插到青年军中。从表面上看，师长一级并不完全是十八军系统的人；可是，副师长以下的干部，尤其团营级干部，罗卓英是不放松的。以我所在的二〇四师来说，副师长吴啸亚是陈诚的小同乡，参谋长唐肇谟是十八军调来的；三个团长有两个是十八军出身的，炮兵营营长、工兵营营长等，也都是十八军系统的人。这样，有形无形地就造成十八军干部与非十八军干部之间的矛盾。罗卓英在选择团营干部时，如果不是十八军出身的，挑选特别严格，选出后先调到总监部工作一个短时期，表示和他建立了关系，然后才派到各师去。

罗卓英特别喜欢用广东大埔的同乡，如二〇四师第三团团长是大埔人（罗的亲戚），又是十八军系统出身的，因有双重关系，所以这人平时特别骄横，可是能力却很平庸，他的这个团军纪很差。当时二〇四师的部队大多数驻在万县、梁山公路两旁的村镇，梁山有美国空军基地，万梁公路上往来的汽车很多，常常发生拦路强迫停车的事件。有一次第二团团长（不是十八军系统出身的）由梁山回万县途中，竟被第三团士兵因拦车不遂，开枪打死，造成轰动全军的大事件。由于罗卓英的庇护，第三团团长竟未受到任何处分。

此外，二〇四师的士兵，绝大部分是湖北、河南两省的青年，因此又发生湖北人与河南人的矛盾。他们以学术研究为名，双方组织同乡会。蒋经国的政工干部，乘机利用这个组织作为他们与带兵干部争取青年的工具。同乡会的矛盾尖锐地表现在选举出席1945年9月在庐山召开的三青团全国代表大会的代表问题上。原来规定每师三个代表名额，由于双方争执不下，后来请上级增加为五名：河南、湖北各占一名，政工干部一名，师长与政治部主任则为指定的代表，这样才解决了这场纠纷。

蒋经国通过青年军以控制三青团

1945年8月下旬，蒋经国由师政治部副主任洪剑鸣转给我一封信，大意是希望我能出席9月中旬在庐山召开的三青团全国代表大会。我对洪说："我不是三青团员，怎么能出席代表大会？"洪说："这次青年军的代表，多数原来都不是三青团员。因为青年军这次是以团体名义参加的，在这次代表大会中应占一定比例的名额。我们出席的代表，临时发一个团证号码就行了。"我到庐山后，首先去见蒋经国，他和韦永成（蒋介石的侄女婿）住在一起。蒋经国对我谈话的大意如下："青年军集中了全国的许多优秀青年，其中绝大部分应该是三青团团员，并且应该在三青团的组织中起积极作用。这次代表大会对三青团的改组有重大意义，我们青年军的代表应该以积极的态度参加这次会议。"后来韦永成私下告诉我："有人建议把三青团改组成一个新生的政治力量，以代替暮气沉沉的国民党。这和孙总理于民国十三年改组国民党的道理一样。老先生（蒋介石）正在考虑这个问题。"后来听说，国民党的元老们及CC系等坚决反对，结果以"党团合并"来代替改组的方案。这是后话。

会议期间，我常在蒋经国处见到郑彦棻，听说蒋在大会中的意见常常是通过郑来表达的。在酝酿下一届三青团中央干事和监事的阶段，各派系争夺得很激烈。我一向做带兵工作，对于这一类会议从未参加过，感到既陌生也没有兴趣。每天晚上和少数青年军的朋友们在我所住的云天旅馆举行小型跳舞会。在进行选举的前夕，我便提前飞南京处理私事去了。后来在中央干事的名单中，居然也有我的名字。这次青年军的师长中，被选为中央干事的有两名，即我和刘安祺。被选为监事的也有两名，即罗泽恺和罗又伦，其他我记不清了。总之，通过这次大会，蒋经国在三青团中央领导机构的力量增加了。我认为这是蒋介石准备把党政大权逐步移交给蒋经国的一项重要措施。今天蒋经国在台湾的一些重要干部，有不少是从青年军中培养起来的，如江国栋、江海东等；也有一些将领是在青年军时期和他建立了关系的，如刘安祺、罗又伦、郑果（预备干部局少将处长）等。

蒋经国利用复员青年军在各大学中建立特务组织

日寇投降后，要求退伍复员的呼声波动了整个青年军。蒋介石为了安定军心，并为今后继续诱骗知识青年入伍，乃利用“预备干部”作招牌，规定青年军复员后可取得预备干部的资格，并有种种优待（关于升学就业等）。根据这一理由，目前在营的青年必须受半年的预备干部教育，才能取得预备干部的证书。在所谓预备干部教育期间，三青团中央及蒋经国的政工班派了一些反动的理论家到各师巡回讲演，作反共反人民的宣传。当时派到二〇四师的是臭名昭彰的革命叛徒叶青。

这期间，人民的伟大领袖毛主席正在重庆与蒋介石进行和平谈判的斗争。蒋经国深怕毛主席的伟大行动对青年军发生影响，曾亲自写信给各师师长及政治部主任，要各师加紧对共产党及毛主席作诬蔑的宣传，并在部队中成立所谓防奸组织，以监视官兵的言论行动。同时命令他的政工干部调查登记高中以上的从军青年，准备复员后建立“通讯”的组织。后来这些学生成了各大学的反动骨干。二〇四师复员学生在武汉大学及武昌文华大学的就有好几百人，在河南大学的也不少。蒋经国曾要我到武汉及开封去看他们。我只到武汉大学去了一次，曾在武大礼堂对武汉各学校的复员青年军讲了一次话。记得当时在武汉大学负责领导他们的是一位浙江籍教授（忘其名）。此人曾对我说："如果把青年军组成一个政党的话，将是国共以外的第三大党。"这句话使我心中跃跃欲试。我始终没有机会去开封。

后来蒋经国在上海做经济特派员时，随他一道工作的亲信干部江海东曾对我说："蒋主任这次在上海所以能搞得这样轰轰烈烈，主要是依靠各大学的复员青年军积极参加工作，证明我们复员青年军的作用确实很大。"以后在破坏"反内战、反饥饿"的学生运动中，这批复员青年军绝大部分成了蒋经国在各学校的打手。蒋经国的特务组织基础，就是在这个时期建立起来的。

预备干部局是蒋经国掌握青年军的工具

为了办理青年军的复员工作，蒋介石成立了一个委员会，主要是帮助青年军解决复员、升学、就业等问题。对于大学毕业的青年，可以优待参加留美考试，或优先就业，其余则分别升学或参加就业训练。

记得当时为了把复员的青年分配到各大学读书的问题，曾发生许多争执。因为青年军升学是优待的，程度一般比较差；加以各学校当局对青年军的印象不好，怕增加麻烦，他们的想法是"青年军少来为妙"。因此，常常为了名额问题讨价还价。教育部为了这个问题往返和双方商量，如果不是用政治的压力，青年军的升学问题是无法解决的。此外，在贵阳和重庆各成立一所青年中学，选择复员青年中品行"优良"、体格健康、年龄较轻的入校受训。这是蒋经国"培养"青年的重要机构，校长由他最亲信的人担任，如重庆青中的校长就是洪剑鸣。又在万县和汉中各成立青年职业学校一所，给复员青年受短期就业的训练。

为了培养下一期青年军的班长，要各师选留一部分志愿做职业军人的青年，给以中、上士的待遇，把他们组成一个军士教导营。并对这些青年宣传："只要你们好好干下去，就有机会逐步升为军官，并可保送到中央军校受训。”后来预备干部局又在嘉兴成立一个训练班，由各师军士营选送优秀的青年去受训，准备做将来的下级干部（这个班后来在解放战争中起义了）。

在办理复员工作快告一段落时，总监部及政工班先后撤销，由国防部成立预备干部局来处理青年军的问题，局长由蒋经国担任。从此，蒋经国就掌握了复员青年军的全部领导权。

1945年2月，蒋介石曾决定召集第二期知识青年入伍，名额为十五万人，由6月份起入伍。实际上到1946年初，各师还没有接收到第二期入伍的青年。在部队整编中，二〇四师与二〇五师合并整编为二〇五师，由我担任师长。1946年底调到粤汉路沿线驻防，准备开往台湾。这时为了补充兵员，由我派干部分别到广东、广西两省招收青年。结果应征的多是小学程度，甚至有不少文盲，可见青年军的招牌越来越臭了。后来不得不接收一部分师管区送来的补充兵。部队于1947年7月陆续开往台湾。我到台不久，即离开青年军。这个部队后来改为三十一军，调到北平参加反人民的内战，结果和青年军其他各师一样，在内战中被解放军消灭了。三十一军留在台湾的军士营及其他后方部队，成了孙立人建立新军的基干。孙下台后，听说蒋经国派郑果担任这个部队的军长，可以说这是蒋经国唯一的嫡系部队。

附：对《蒋经国与青年军》一文的补记

赵秀昆*

覃异之的《蒋经国与青年军》一文的内容，有些与事实不符。我当时由第十八军调往青年军，对情况有些了解，特作一些修正补充。

---

* 作者曾任青年军第二〇三师参谋长，第二〇三师第一旅旅长。

一

原文说："蒋介石的儿子蒋纬国在二〇一师任副营长，一些国民党要人的儿子也都在这个师入伍。这些公子哥儿给部队长带来不少麻烦，后来有些逃回家，有些通过讲人情提前退伍，闹了不少笑话。"当时蒋介石为了控制青年军和进一步骗取青年入伍当兵，表示对青年军的重视和带头，要蒋经国搞青年军的政治工作，要蒋纬国去二〇六师当营长，而不是二〇一师。当时国民党的要人如张群、顾祝同、罗卓英、杨森、祝绍周等省主席以上的人物，为了表示对青年军的支持，也都选他们的儿子到青年军当兵，编练总监为了对这些人照顾，有意识地都安排在驻在当时四川泸县的二〇三师入伍，而不是二〇一师。二〇三师师长钟彬为了便于对这些公子哥儿的照顾，又把他们集中放在师的搜索连，驻在师部附近。张群的儿子张继正，新由美国留学返国，在川大任教授。为了对他格外照顾，入伍后就提任为搜索连的上尉指导员，但是他仍吃不了部队的苦，曾有从成都专车向泸县送牛奶、面包的笑话，干了没有几个月就借请假一去不归了。其他的这些要人子弟，也大都是在半年以内都借假不归，部队当然不敢追究。只有当时陕西省主席祝绍周的儿子祝源远始终坚持到底，到复员时才走。

二

原文说："训练副监彭位仁兼任将官班主任，各部队保送干训团的学员并不完全被派到青年军，罗卓英认为不好的则送回原部队。"当时干部是将、校、尉分别训练，将官（部队中现任军、师长）有一部分是指名调去训练的，一部分是自己找路子去受训的。将官班第一期由黄维负责，一共有四五十人，训练一个月。蒋介石一个个地召见他们，决定其去留，指定任师长的有戴之奇、罗泽闿、钟彬、杨彬（都是在第一期受训的），指定任团长的共18人。将官班以后陆续又办了两期，补充团长以上的缺额。就我所知，在青年军刚成立时，团长以上基本都是蒋介石自己决定的，罗卓英当不了家，但以后就放松了。校、尉级干部虽然规定了各部队保送人数，并要求送优秀的，但一般部队送的却是中、下等人员，认为不能打仗的向外送，经过一月训练后，基本上是由干训团决定去留。

三

原文说:“罗卓英本着陈诚的意旨，在青年军中尽可能地安插陈诚的人，主要是把陈的基本队伍十八军系统的干部安插到青年军中。”罗卓英是十八军系统仅次于陈诚的第二号人物，他负责搞青年军，有意识地多用一些十八军的人，那是事实。但就陈诚讲，他当时新任军政部部长，掌握了全国军事大权，他的重点是在抓一般野战军，还没有把青年军放在眼里，如他的亲信方天、刘云瀚原也在将官班受训，没完毕他就把他们调走了，戴之奇任二〇一师师长不久，就把他调去任一般的整编师师长，就可以说明。至于原文说到二〇四师，十八军的人较多，那有一段特殊情况。青年军二〇四师是利用暂编三十四师的班底（机构和勤杂部队）成立的，而暂编三十四师是十八军吃掉三战区顾祝同调到六战区的一个师，所以干部大部分都已换成十八军的人，而不是编青年军以后有意识地安排的。原文又说：“副师长吴啸亚是陈诚的小同乡，参谋长唐肇谟是十八军调来的。”就我所知，那也是巧合，不是罗卓英等有意安排。吴啸亚虽是陈诚小同乡，但非十八军嫡系，他一直是关麟征系统的，到十八军后任十八师副师长，很受排挤，因为不愿叫他任十八军的师长，所以调去暂任三十四师（当时是后调师）师长，该师改编为青年军，他很自然地转任该师副师长了。至于唐肇谟曾一度任十八军十八师参谋长，时间很短，也由于受排挤脱离，他以后又走别的路子到了青年军，并非由十八军调去的。上述一些问题，无论事实和看法，本都无关紧要，但作为史料，应该力求准确，因此提出以上意见。

（1963年11月）

我与蒋经国从友好到决裂

贾亦斌*

初到“青年军复员管理处”

1946年3月，我从陆军大学毕业，来到“青年军复员管理处”工作，从此与青年军及蒋经国发生了密切的关系，这是我前半生中的一个重要变化。谈到“青年军复员管理处”，首先得追溯一下青年军这个部队的来历。

1944年，日军为了“打通大陆交通线”，大举进犯湘桂，直陷贵州独山，重庆为之震惊。

蒋介石面对这样的危局，一面准备再迁都西昌（据蒋经国以后告我，曾在那里建筑不少办公住房），一面号召知识青年从军，以资抵抗。在1944年秋发表文告，以“一寸河山一寸血，十万青年十万军”相号召，发

* 作者曾任全国政协常委、民革中央名誉副主席。1946年国民党陆军大学特七期毕业。1943年后任国民政府军委会少将参议，国防部预备干部局少将副局长、代局长兼陆军预备干部训练团团长、第一总队总队长。1949年浙江嘉兴率部起义。中华人民共和国成立后，长期为促进海峡两岸的共同发展和祖国的和平统一而奔走操劳。编著《论“台独”》一书由台湾海峡学术出版社出版。本文选自《半生风雨录——贾亦斌自述》。

动全国各大、中学校学生报名从军，以同日军作最后决战，并许诺胜利后复员可享受优待条件，同时颁布优待办法。这样既可示国人他有“抗战到底”的决心，又可以借此把广大知识青年吸引到他自己一边来。一举数得，他自以为得意之作。

广大知识青年出于抵抗日军侵略的爱国热忱，报名从军十分踊跃，不少国民党军政要人子弟包括蒋经国、蒋纬国兄弟和部分青年公教人员也都报名从军，以示带头，还有一些国民党党员和三青团团员是经由党、团动员参加的。至1945年初，报名从军者总数达十万人左右。

1944年冬，蒋介石在重庆建立知识青年远征军编练总监部，任命罗卓英（军政部次长、陈诚系）为编练总监，彭位仁（第七十三军军长）、黄维（军委会督训处副处长）为编练副监。将从军青年先后编为青年军（全称“知识青年远征军”）九个师（原定十个师），即第二〇一师（师长戴之奇）驻四川璧山，第二〇二师（师长罗泽闿）驻四川綦江，第二〇三师（师长钟彬）驻四川泸州，第二〇四师（师长覃异之）驻四川万县，第二〇五师（师长刘安祺）驻贵州贵阳，第二〇六师（师长萧劲）驻陕西汉中，第二〇七师（师长罗又伦）驻昆明，第二〇八师（师长黄珍吾，后吴啸亚）驻江西黎川，第二〇九师（师长温鸣剑）驻福建上杭。团长以上军官皆由蒋介石亲自审定，一般都比国民党一般部队降一级任用，官兵在生活待遇上比一般部队稍高一些。

青年军设有政治部，蒋经国任总政治部中将主任，总揽青年军的政治工作。他抛开国民党军原有的政工干部系统，独树一帜。在重庆复兴关设立青年军政工干部训练班（许多是中央干校报名从军的学生），自兼班主任，训练一批自己的人来充任青年军各级政工干部。在训练班里，他常和学员同吃饭、同游戏，在寒夜里，带领学员搞紧急集合，甚至带头脱去衣服一同跑步。在青年军的政治工作中树立自己的形象，形成了他自己的体系，连罗卓英也不好插手。

各师政治部主任和团督导员，均由蒋经国遴选，甚至营、连政工人员他也要亲自过问。在各师各团实施政治思想教育，他公开提出的口号是：

“青年军是青年的革命武装学校！”

“青年军是国民革命的生力军！”

“青年的胸膛就是祖国的国防！”

政治工作是军队工作的灵魂。蒋介石要蒋经国抓这项工作，自然也就控制了青年军。故有人把青年军称之为“太子军”。原拟全部用美式装备准备远征，以后由于美国对蒋经国担任青年军总政治部主任心怀不满，扬言“宁可装备其他国民党部队，独不装备青年军”，以致得不到美国装备。

1945年8月，青年军还未来得及“向日军作最后决战”，日军便宣告无条件投降。青年军除少数几个教导团开赴印度、缅甸参加远征外，其余均未参加对日作战。抗战胜利后，青年军士兵都想复员，人心不定，有少数部队出现闹事现象。蒋介石看到这些情况，知道如不妥善安排复员工作，就很可能引起青年军的强烈不满，会导致更多的知识青年闹事甚至有的投奔延安。于是他下决心让青年军复员，并在复员之前施以三个月的预备军官训练，给予复员的青年军士兵以预备军官的资格。他提出：“青年军复员，不是青年军的结束，而是青年军新发展的开端。今后要制定一套办法，使青年军成为国军后备官兵的精英，同时要加强复员青年军的政治训练工作，使他们在社会上成为一股新兴的革命力量。”

按照他的这个打算，成立了青年军复员管理处（原称退伍管理处，陈诚认为“退伍”两字不雅乃改为复员），任命陈诚（军政部部长）兼处长，蒋经国、邓文仪、彭位仁为副处长。实际由蒋经国负责。

1946年3月，蒋经国组建青年军复员管理处机构之际，正是我在陆军大学毕业，拒绝去前线打内战而去向未定之时。我原拟留在陆大研究院，继续研究“新国防论”和当教官。正在这时，彭位仁来邀我到“青年军复员管理处”担任第一组少将组长。由于彭和韩浚是我任第七十七师参谋长时的老上级，又是保送我考上陆军大学的人，从私人感情来说我不应拒绝他的邀请，而且我已经以“抗日我义不容辞，打内战我坚决不干”为由，谢绝了韩浚要我去第七十三军担任参谋长的邀请，如对彭的邀请再予拒绝，实难置辞；二则我在陆大从事研究“新国防论”与“预备干部制度”的建立有关，做青年军的复员工作，正为我提供了将理论与实践相结合的机会；加上我过去曾饱尝失学之苦，青年军士兵在国难当头时，弃学从军，乃是义举，今天我去从事安置这些复员青年军的就学工作，也很有意义。因此，我接受了邀请，但言明时间为三个月，到时我将回陆军大学兵学研究院从事研究工作。

在我到职时，处以下各个机构人事安排已就绪。处以下设立办公厅和四个组。

办公厅：主任戴子奇、副主任林谷邮

第一组：组长贾亦斌、副组长郑果（管就学）

第二组：组长易芳昱（管就业）

第三组：组长徐恒瀛、副组长江海东（管通讯联络）

第四组：组长徐思贤（管总务）

当时青年军复员的出路计分四条：一、就学；二、就业；三、留营（充任班、排长，作为青年军骨干）；四、自谋出路。

第一组管就学，这个业务最为复杂难做。因为这一期复员时的青年军总数达7.3万人，其中要求就学在3.3万以上，几占一半。复学的有的回原校，比较好办，而原属高中毕业生和高中读过两年以上的学生，按青年军复员优待办法规定，均可免试升大学，就很难办，因为教育部和各大学不肯接收或接收名额越少越好。面对这种情况，我们一方面办了六个大学先修班，给功课较差的补课，力争达到符合入大学的要求，另一方面我往返奔走教育部和有关部门，简直弄得我舌敝唇焦，有时还与这些单位负责人争得面红耳赤，终于使到大学就学的问题解决得比较好。对为数更多的学生，分别在重庆、贵阳、汉中、杭州、嘉兴和抚顺等地办了六所青年中学吸收他们入学。至1946年6月3日，全面实施复员，青年军开始离营时，这项工作也已筹办就绪，让他们复员后入学都有着落。

1946年9月，第一期青年军复员后，军事委员会复员管理处改为“国防部预备干部管训处”（后改为预干局），负责筹备1947年应届高中毕业生共约十万人的征集训练，即第二期青年军十个师的征集训练工作。继以蒋介石发动内战未得实施，乃以青年军的名义招收流亡知识青年，实际上为便于招兵，有的仍沿用青年军番号，有的改称为军如新七军（原二〇七师）、第八十军（原二〇六师）、第三十一军（原二〇五师）、第三十七军（原二〇三师），以编制、装备、人事、训练方面由预干局主管，在战斗序列上分由所在的地区司令官指挥，绝大部分均参加前线作战，有的被消灭（如在洛阳的第二〇六师），有残存的则逃往台湾，也有少数部队驻在台湾未参加作战。在蒋介石逃往台湾后，青年军的部队番号全部取消了。以上是青年军的结局，这是后话。

首次恳谈

蒋经国本来并不认识我，但在几次听取我对第一组的工作汇报之后，他感到满意，认为第一组的工作最难做，却做得有声有色，当众予以表扬。

与此同时，我所写的《论预备干部制度》一文也先后在《曙光》和其他一些报刊上发表。在国民党军队中，我是最先提出预备干部制度的人，我还给这个制度取了个别名叫“征官制”。所有这些可能都引起了蒋经国对我的重视。

1946年5月初，一次处务会议后，蒋经国走到我面前对我说：“请你留下来，我们谈谈吧！”开始我还有些拘束，我见他态度谦和，语气亲切，便留了下来，就此开始了我与他的第一次正式交谈。这时我三十三岁，他三十五岁，都在血气方刚之年，似乎都在了解、探寻对方的理想抱负和寻觅知己。

蒋经国开门见山地说：“你在抗战时的勇敢，彭诚一（位仁）向我介绍很多，胡宗南大哥和第一军的朋友也都向我称赞过你。我有一问题想问你，为什么能做到如此地不怕死？”我答：“你既然知道我的情况，我没什么好说的了，看来他们对我有些偏爱，讲得有些过头，其实我只做了我该做的。‘天下兴亡，匹夫有责’，我在战场上只有一个决心：宁死不当亡国奴。这个决心也是日本鬼子逼出来的。我亲眼看到日本鬼子对我军民的残杀，这激起我极大的愤慨，我无数军民英勇抗战的光辉事迹对我是极大的激励和感染。”我说到这里似乎引起他的共鸣，他点点头并深有感触地说：“这就是中国人的国格。我的母亲被日本的飞机炸死，我悲痛至极，只好在我母亲墓碑上写上‘以血洗血’四个大字，以表示我的哀悼和报仇的决心。看来我们抗日爱国是人同此心，心同此理。”接着他又说，“我最近看到你写的《论预备干部制度》的文章，感到有新意，请你谈谈对这个制度的认识和设想。”我说：“对这个制度虽然在陆大开始研究，但还只是开始。我所以要研究这个问题，主要是根据抗战的经验教训，在抗战中伤亡多，感到军官少，胜利复员后感到军官多，无处安排，结果到处闹事。要解决这个矛盾，只有培养预备干部来解决。我认为，现代战争要全国动员，真正做到官皆将，民皆兵，平战合一，文武合一，战时征文为武，平时转武为文。古代就有这样的军事思想，现代美国和土耳其培养预备干部也有这方面的经验。”最后他又问我：“你对青年军就学问题为何如此热衷和积极工作？”我回答他：“首先是因为我担任第一组组长，主管青年军就学，我要履行职责。同时，政府有优待办法，我要积极贯彻，不能失信于民。其次是我过去饱受失学的痛苦。在陆大时，看到许多青年学生在国破家亡的严重关头，志愿放弃学业，甚至准备牺牲性命为国报效，这种爱国精神值得尊敬。现已抗战胜利，应该让他们有读书的机会。再次是在我们这个社会里，资格与资产是成正比例的，小有钱的读小学，较有钱的读中学，很有钱的读大学，甚至出国留学。而资格又与做官成正比例，学历越高，做官也越大。这种官僚哪里懂得穷人的痛苦，哪里会做人民的公仆！所以我要使这些爱国青年服役以后再能就学，真正做到文武合一，战时能报国，平时能为民服务。”他听了我的话连连点头，拍着我的肩说：“你这些见解，讲到我的心里去了，今后我们必定会成为长期合作的同志。”这次谈话，我们彼此都留下了愉快的印象。

蒋经国为我主婚

自从我与蒋经国那次恳谈之后，他对我更加关心，不仅反映在工作上，而且体现在个人生活上。他主动为我与谭吟瑞的婚事操劳，为我们当证婚人，并负责主持我们的婚礼。

我到青年军复员管理处不久，经同事徐思贤的介绍，认识了谭吟瑞女士，她是著名的“戊戌六君子”之一谭嗣同烈士的孙女。吟瑞受其祖父谭嗣同的思想影响很深，性格刚正、善良，追求平等、自主、自强，勇于接受新思想。她虽出生于浏阳四大家族之一（谭、宋、黎、刘号称浏阳四大家族），曾祖谭继洵曾任湖北巡抚，祖父又是一代风云人物，可以算得上是名门后裔了，可她的气质却更接近于平民。其家境从祖父遇难不久就开始衰落了，父母又过世得早，她一度不得不依靠长姊生活，初中仅在南华女中读了半年就被迫辍学。因此，她从小就懂得生活的艰难，很想自立，不依赖别人。为此她上了浏阳女中附设的简易职业班，学过刺绣、缝纫。后来经一个住在长沙的亲戚帮助，进入长沙第一女子职业学校蚕丝科学习。1937年毕业，正值抗日战争爆发，社会动荡不安，就业的希望成了泡影，只好回到故乡，次年考入浏阳县卫生院。此时日军猖狂进攻，祖国半壁河山沦陷，吟瑞和当时的许多青年一样，不得不四处逃难，长期过着颠沛流离的生活。1938年冬，长沙大火之后，她结伴逃离长沙，到贵州镇远、安顺一带，在地方卫生院工作。1942年，又返回湖南，考入衡阳湖南省立高级助产职业学校，读完全部专业课程，并到仁济医院实习。正在此时，日军发动豫湘桂战役，衡阳沦陷，吟瑞只得又随着逃难人群，历经千辛万苦，经贵州辗转逃至重庆，在唐家沱市民医院做助产士。我也是在这里认识了她。抗日战争胜利以后，由于她能写文章，字也写得很好，经人介绍进了青年军复员管理处主办的刊物《曙光》编辑部，始和我同在一个单位工作。

蒋经国知道谭吟瑞是他素来敬仰的谭嗣同烈士的孙女，很为我俩结为伉俪而高兴。但我和吟瑞本想婚事简办，并没有将我们要举行婚礼的事告诉他。当蒋经国从别处得知我们定于1946年6月4日结婚，并请徐思贤、彭位仁为我们主婚，举行一个简简单单的婚礼的消息之后，他主动来找我。蒋经国在办公室里当着众人对我说："你们结婚为什么不告诉我啊？"接着又说，"这样吧！我来为你们做证婚人，你们的婚礼事宜，也一应由我们机关来筹办，不用你们自己操心了。"这话一出，简直像是下命令，同事们都很热情地为我们操办婚礼而忙碌起来了。

我们的婚礼定于6月4日在重庆举行。在此前一日即6月3日，青年军的复员工作宣告圆满结束，全体青年军都已离营，或上学，或复员，或回家，后来的"青年军复员节"即起源于此。我们的婚礼选在6月4日，也是对此的一种纪念。记得婚礼在青年军复员管理处的小礼堂举行，在室内将桌椅摆成一个V字形，就算是新颖别致的布置了。上午十时许，蒋经国、徐思贤、郑果、徐恒瀛、易芳昱等和青年军管理处的全体人员百余人全部参加了婚礼仪式，来向我俩表示祝贺。尽管没有盛宴款待，仅由机关准备了一些茶点水果，可是婚礼仍办得隆重热闹，大家都兴高采烈，气氛极为欢快。蒋经国以主婚人的身份发表了讲话，态度亲切而又极为幽默，博得了全场的阵阵掌声和欢笑声。我和吟瑞由于当时情绪比较兴奋紧张，事隔多年，竟然怎么也回想不起他当晚讲话的内容，只是当时欢乐的景象还深深地留在记忆中，像昨天一样鲜明生动。这样的婚礼，可谓别有情趣，在当时的条件下也算不容易了。

婚礼后，蒋经国又派了一辆吉普车将我俩送到北碚温泉度蜜月。翌日，重庆的《大公报》《和平日报》还报道了我俩的结婚启事。同事们都认为，我们的婚礼能得到蒋经国如此的重视，是难得的荣耀，因而出现了对我异乎寻常的器重之情。而这也出乎我们意料之外，认为这是蒋经国对我们的厚爱，也因此增添了对他的感激之情。

还都南京后的生活

抗战胜利后，国民党政府就准备将首都从抗战时的陪都重庆迁回南京，但因大后方的机关太多，从重庆到南京的交通又极不方便，更由于要调兵遣将抢占全国各处战略要地，准备内战，所以，还都一事进行得比较缓慢。直到1946年5月5日，国民党政府才在南京举行“还都大典”，宣布正式迁回南京，实际上当时许多机构、人员都还滞留重庆，未能返回南京，还都的事务仍然十分繁忙。

当时面临的另一个重要任务就是筹建国防部。1946年5月30日，国民党国防最高委员会通过决议，决定裁撤军事委员会及其下属各部，并在行政院下设立国防部。6月1日，国防部在南京正式成立，白崇禧为国防部部长，陈诚任参谋总长。青年军复员管理处此时亦奉命撤销，该处的三个副处长各自承担不同任务：彭位仁负责筹建国防部监察局，邓文仪负责筹建国防部新闻局（这是仿照美国的体制，后改为政工局），蒋经国负责筹建国防部预备干部管训处（后改为国防部预备干部局）。蒋经国要我帮助他进行筹备工作，同时要求我们对青年军的复员工作做一次全面检讨，以总结经验。因筹建工作的需要，我于1946年7月，先乘飞机赶往南京。到了南京后，我在黄埔路马棚46栋办公，那里是原中央军校旧址，当时国防部在那里盖了不少新房子。

吟瑞比我晚一个月，8月才乘飞机来南京，同机的有青年军复员管理处办公厅主任戴之奇等人。到了南京后，我们在南京中央饭店住了一个多月，就搬到上新河第七十三军留守处，住了一两个月。后来，中央银行盖简易宿舍，一百块钱可以买两间小平房带一个厨房。我们筹措两百块钱买了两套，一套给老朋友卢南乔夫妇住，另一套自己住（蓝家庄27号），我们搬进去时已是冬天了。后来又搬到铁管巷五号，租了一个湖南人的两间房（他家人口很简单），客厅我们与他共用。第二年（1947年）6月1日，我们的第一个孩子晶晶（后改名叫贾宁）就出生在那里。蒋经国知道后，当即向我恭喜，并特派人送了五十元礼券，以示祝贺。

在南京时，我注意到蒋经国家里的生活缺乏照料，而且也不十分宽裕。当时，蒋经国身带机要秘书，住在南京励志社二楼，只有两个房间，既是办公室、会客室又是宿舍，食宿都乏人照顾。他的夫人蒋方良则带着两个孩子长期住在杭州内西湖一号的一座小楼里。他们之间不定期在南京或杭州小聚，生活极为不便。我曾问他为什么不把家眷接来一起住，他回答说："没有房子。"我信以为真，于是主动为他找房子。我找到一位陆大教官住的二层楼住房，设备还不错，本人也愿意让出。房子有了，可蒋经国仍然没有把方良接来，反而又把房子让给了留苏同学刘汉清等人居住。我对此感到迷惑不解，后来才知道让方良住在杭州是宋美龄的主意。因为方良是苏联人，当时南京设有苏联大使馆，宋美龄担心方良与苏联使馆发生联系，而蒋经国又是留苏学生，易于造成美国人的猜忌，会影响到美蒋关系。至此我才恍然大悟。方良在杭州平时无事可干，就由秘书陪着她打麻将，方良没什么钱，打麻将只能赢不能输，秘书没有办法，只好让着她。方良钱用完了，就跑到南京来找宋美龄，开口喊"妈妈"，喊得很亲热。宋美龄很高兴，就给方良一些钱。每次都是如此。所以后来人们一看到方良来南京找宋美龄喊妈妈，就知道方良又缺钱花了。这是在南京时的一个趣闻。

庐山会议风云

1946年夏秋之交，烈日炎炎，南京正热得火炉一般，而庐山却十分凉爽。这里车水马龙，冠盖云集，蒋经国陪同其父蒋介石在此"避暑"，其他南京国民党军政要人及三青团骨干也多汇集于此，马歇尔也在此时八上庐山，一时政治烟云笼罩着这个避暑胜地。

这里正准备同时召开两个重要会议，即三青团第二次全国代表大会和青年军复员检讨会。这两个会议对蒋经国的前途，都将产生重大影响，因而令人瞩目。蒋经国没有要我参加三青团二全大会，因为他知道我对此不感兴趣，又不是三青团员，而要我全力负责筹备同时召开的青年军复员检讨会。为筹备这个会议，我曾数上庐山，风尘仆仆奔波于宁、赣之间。同事们为此而开玩笑说："马歇尔八上庐山，贾亦斌也五上庐山。"

青年军复员检讨会比三青团二全大会略晚几天开幕。这个会议之所以称为"检讨会"，是因为第一期青年军7.3万余人的复员工作已经完成，紧接着又要征集编练第二期青年军，但工作进展并不顺利。所以蒋经国希望总结第一期工作的经验，研究当前存在的问题，为第二期征集工作顺利开展创造条件。这次会议筹备的时间过于短促，但经过我的积极努力，会议终于得以如期召开。

出席这次会议的有青年军三个军的军长刘安琪（第六军）、钟彬（第九军）、黄维（第三十一军）和下属九个师的师长戴之奇、潘华国、罗又伦、吴啸亚、覃异之、萧劲、罗泽闿、黄珍吾、温鸣剑，及军、师政治部主任共三十余人。会议的第一天，蒋介石作了两个多小时的"训话"，其要点就是作发动内战的思想动员。他针对当时有一些青年军将领认为既然要准备打内战，为什么要让青年军复员的疑问说："你们要知道，我让第一期青年军复员，是让他们复员回到学校和社会上去，其作用不仅不会减弱，相反只会增强，一个人可以发挥几个人的作用。同时又可以重新征集新的第二期青年军入伍，真是一举几得的事。"他还提高嗓门说："你们不要看到我下令停战，你们也不要看到马歇尔八上庐山，搞什么调停，你们的任务只有一个——就是打！只要我们打，美国是会支持我们的，会给我们大量的军火和经济援助。凭国军的陆海空优势，只要六个月，中共就会被我们彻底消灭！""彻底消灭"，他竟然说得那么轻松，那么自信！

当时，我担任会议的秘书组组长（未设秘书长），并亲自负责会议记录。他的这些话，大大出乎我的意料之外，使我震惊不已。因为那时在马歇尔调停下国共双方签订了停战协定，蒋介石也亲自下了停战令，还成立了三人军事小组负责监督停火，同时政治协商会议还在为建立联合政府进行谈判，何况毛泽东为求得人民有休养生息的机会，早在去年就亲赴重庆，与蒋介石进行谈判，并达成了《双十协定》。当时，虽然内战的乌云越来越浓厚，但是许多人包括我在内，还是希望看到和平的实现，尤其是希望看到国民党的最高当局多少有和平的诚意，应执行已签订的协议而不应该主动破坏协议。现在却听到蒋介石毫不掩饰地说你们的任务就是“打”，要在六个月内彻底消灭共产党，还把希望寄托在美国的援助上。我当时不由猛地一愣，极为惊愕和反感，连作记录的钢笔也“啪”的一声掉了下来。我立刻想起《孙子兵法》中讲过：“兵者，国之大事。生死之地，存亡之道，不可不察也。”而身为国民党三军统帅、平日满口“仁义道德信义和平”的蒋介石，竟在下令停战的同时，又在这个会上大谈要打，简直是把国家存亡和人民生死当儿戏；而且言而无信，表面一套背后一套，完全是两面派手法，这样的人不仅不配当领袖，甚至连一般做人的道德都不具备。原来由于国民党的宣传蒋介石在我心目中形成的“抗日领袖”的形象顿时黯然失色。又想到抗日战争时期人民蒙受战争苦难的惨景，今天好不容易刚刚取得胜利，人民正需要休养生息，国家正需要恢复元气，怎么可以再打内战呢？国弱招来外侮，一百多年来列强欺侮中国的教训难道还没有尝够吗？我越想越气，越想越忧虑，情绪一落千丈，与会前简直判若两人。

会后，与会者都到海会寺前一棵参天大树下同蒋介石合影。先拍集体照，然后分别同蒋拍二人合照。我在拍了集体照之后就不想再拍二人合照，因此退到人群后面，想不引人注意地混过去。当其他与会者一个个兴高采烈地依次侍立在蒋介石身后同他拍完二人合照之后，他喊道：“还有谁没有拍吗？快来！”我没有作声。可蒋经国却点我的名了，他一边答应道：“还有贾亦斌。”一边赶快走过来催我说，“快去啊！”我不得已，只好走过去同蒋介石拍下了这张生平最不愿意拍的合影。事后我也没有保存这张照片，但事隔近半个世纪后，老友徐思贤偶然在箱箧旧物中找到了一张，并远隔重洋给我寄来，我将其附在此书的插页，作为这幕久已过去的小小历史插曲的纪念。

晚上，蒋介石在其别墅“美庐”设宴招待全体与会者。六时许，我随同蒋经国到了宴会厅，此时许多青年军将领已坐在厅里等候了。不一会儿，宋美龄步入宴会厅，十分热情地对大家说：“今天光临的各位都是经国的客人，本来我应当作陪，但马歇尔将军刚上庐山，我要去陪他，实在抱歉，恕不奉陪了！”说完，她同与会者逐个握手道别，言辞礼貌，颇有“第一夫人”的风度。她走后不久，励志社总干事黄仁霖高声喊道：“委员长到！”大家“刷”的一声起立，以军人立正之礼向他致敬。蒋介石客气地招呼大家就座，他同前来赴宴的四川将领潘文华、王陵基（当时任第三十集团军总司令兼江西省主席）拉了一会儿家常，然后还点了几个人的名，其中也点到了我。我和大家一样站起来应了一声：“有！”不知他是为表示重视我还是有什么别的原因，在点我名时与众不同地问：“你好吗？很忙吧！”我回答：“还好！”尽管宴席并不怎么丰盛，照例是四菜一汤，但看来大家的心情还是十分高兴的。唯独我愁闷满腹，无以释怀，情绪低沉。

当晚，我思绪万千，翻来覆去，难以入寐。我想到自己婉拒韩浚的邀请和接受彭位仁之邀来此任职的情景，想到与蒋经国的认识，再想到淞沪、武汉、鄂西和长沙等会战中一堆堆牺牲和死难同胞的尸体，又仿佛听到了我在赴重庆报考陆军大学途中的轮船上那些被抛入长江的伤兵的惨叫声……突然，上午会议蒋介石讲话说“打”和“彻底消灭”时声色俱厉的神情和语调又浮现在脑际，一幕幕往事与现实交织在一起，使我痛苦极了。我再也按捺不住了，决心辞去现在的职务，回陆大上兵学研究院，继续从事“新国防论”的研究和教学。

第二天我先去找彭位仁，对他说：“我来时答应帮你三个月忙，现在三个月已经过去了，青年军复员安置工作也已完成，我应该回陆军大学了。”彭位仁一听我要辞职回陆大去，大吃一惊，愕然对我说：“蒋先生（指蒋经国）不是很器重你吗？当时我可以介绍你来，但现在你要走我可决定不了，你得自己去找蒋先生说。”我随即去找蒋经国，开门见山向他表明来意。他也极为惊讶，满脸疑惑地问道：“你为什么要辞职？辞职以后准备去干什么呢？”我当然不敢明说是听了蒋介石讲话后不满的缘故，只好回答：“我想回陆军大学继续研究‘新国防论’和教学。”他听了呵呵一笑，恳切地挽留我，劝我打消辞意，他亲切而激动地对我说：“亦斌兄，你哪能走啊！你是我这儿的台柱，你走了这里岂不垮台了吗？”我听了他这番话，心里很不平静。联想到平日同事们向我介绍蒋经国很能识人、用人、容人的许多事例，今天我倒确实亲身领略到了。我与他毫无什么渊源关系，相处日子也只有短短几个月，今天我贸然要求离他而去，他非但不加半点责备，反而能如此真诚恳切地执意挽留。显然他不同于他的父亲和其他许多国民党高级官员，确实要比蒋介石高明。一种“士为知己者用”的观念，使我感到再难坚持辞职了。我又想到，他能知我用我，我留下来，或许更有利于实现我的抱负。这样，即使我与他父亲有诸多相悖之处，也有可能在他劝说下，使他老子受点影响，朝着我所希望的方向发展。

他见我愁容渐展，很是高兴，连声说：“好！好！你不要走了。如果我有不是之处，你尽可以直说，我就喜欢敢于提意见的人。”我随即向他表示：“既然这里需要我，我可以留下来继续任职。可我是个军人，喜欢直来直去，从脸上可以看到内心，意见我会提的，如提的不妥，万望当面指正，冒昧之处，请予海涵。”他听了连说：“这样好！这样好！”我心里的疙瘩虽然尚未完全解开，但心情确实舒畅一些了。

筹备高中毕业生集训的首次碰撞

庐山青年军复员检讨会之后不久，青年军复员管理处就正式改为“国防部预备干部管训处”，由临时机构成为正式建制。当时陈诚已担任国防部参谋总长，所以不再兼任处长，他亲自打报告给蒋介石，保荐蒋经国任该处中将处长。呈文送到蒋介石处，蒋批阅“同意”，但不知出于什么考虑，却在蒋经国的处长职务前加了一个“代”字，这样一来，蒋经国就成了预备干部管训处的代处长。该处的人事如下：

副处长：邓文仪（兼任国防部新闻局局长）、彭位仁（兼任国防部监察局局长）。

办公室：主任俞季虞、副主任林谷邮（下设人事、文书、总务、会计、机要等科，楚崧秋任机要科科长）。

第一组：组长贾亦斌、副组长郑果（该组负责预备干部训练和学生集训）。

第二组：组长徐恒瀛、副组长江海东（该组负责政治工作和复员青年军的通讯联络）。

我仍任第一组组长，负责筹备预备干部的培训工作，重点是翌年全国十万高中毕业生的征集训练即第二期青年军十个师的征集编练工作。当时预定每师一万人，分驻杭州、上海、洛阳、北平、天津、重庆、贵阳、昆明、汉中、南昌及福建、广东、广西等地。没有想到，正当我全力以赴进行工作的时候，却因工作问题而与蒋经国发生了一次冲突。

事情是这样的。我根据复员检讨会议的精神，考虑到今后实行预备干部制度，训练预备干部是个长期的工作，带有固定性，且数量很大，不能再和过去战时一样驻扎在老百姓家里，必须有固定的营房，因此拟订了一个比较庞大的建造营房的预算，交给了办公室主任俞季虞。他加盖了处长蒋经国的图章，上报参谋总长陈诚，陈诚未加可否，即转呈蒋介石审核。蒋介石看了这份预算很生气。原来他并不真正想实行什么预备干部制度，而是一心想把财力物力用在打内战上。因此他把蒋经国叫去训斥了一顿，骂道："既要打仗还造什么营房？搞那么大的预算！"蒋经国挨了骂，憋了一肚子气，立刻开着吉普车赶到管训处，一进门便满脸怒色地问我："这个预算是谁造的？"我马上回答："是我们第一组造的。""你是怎么搞的？这不是给领袖（指蒋介石）为难吗？"他带着训斥的语气高声责问。我一听顿时火气也上来了，回答道："这怎么能说是给领袖为难呢！既要征集训练预备干部，就必须建造营房，学生不能长年累月地住在老百姓家里呀！如果长期住在老百姓家里，不仅妨碍军事训练，也使老百姓无法安生，难道能这样训练预备干部和对待老百姓吗？况且在那份预算报告上你也盖了图章，怎么能只怪我们拟订预算的人呢？”他听了我的话更紧皱眉头反问：“怎么是我盖的章？”原来他的图章交由办公室主任俞季虞掌管，并且以为由俞代他盖章自己可以不负责任。我当然不同意他这种看法，于是接着说：“你既然把自己的图章给了他，就表示完全信任他。否则，就不该把图章交给他。他在预算报告上盖了你的图章，你岂可不负责任呢！”蒋经国知道我的话在理，满脸通红，顿时无话可说，但怒气仍然未消，我也很气，结果两人不欢而散。

我回到家里就想不干了，连续三天待在家里没有去上班。第四天一早，我刚起床不久，忽听到吉普车声由远而近，在蓝家庄27号我的住处门前戛然停下。原来是蒋经国竟然亲自登门来找我了。他一进门就对我说：“喂！你怎么像小孩子一样！那天我发脾气不对，但也不是冲着你来的。”接着他像兄长对待弟弟那样拍了拍我的肩膀说：“上班去！上班去！”他一把拉着我上了他的车回机关。在路上，他对我说：“这样吧！办公室主任由你来当，为便于你工作，俞季虞我调他到三青团任主任秘书，办公室副主任林谷郎，我也把他调到监察局去当少将监察官，办公室里的工作你尽可以放手去干。”

从职务上说，由组长到办公室主任是一种提升。我和他这样争吵，怎么可能提升呢？对此，我本来还有点不相信。但事实上他说到就做到，很快就叫俞季虞向我办了移交手续，他的图章也交给我掌管了。

从此，我和蒋经国之间在同事的情感上又前进了一步。我感到他是知我又能用我，更能倾听逆耳之言的不曾多见的领导人。他的领导对推行我所提出的旨在强国强兵的预备干部制度是关键因素。因此，我对筹备全国高中毕业生集训工作，兴趣更浓，劲头更足了。但国民党当局要集训高中毕业生的目的与我当初所要实行预备干部制度的初衷完全背道而驰，而且当时的情况与抗日战争时期也大不相同了。抗日战争后期，号召知识青年从军，为的是挽救国家危亡，将日军逐出中国，所以蒋介石一声号召，天下随从。而现在集训十万高中毕业生，却为的是打内战，以中国人打中国人，性质截然不同，因此各方阻力很多。培训十万高中毕业生以推行预备干部制度一事，实际上无从实施，已经变成了泡影，这是我始料未及的。看到自己的理想随着国民党发动的内战而付诸东流，我当然感到失望，但高中毕业生不愿参加内战的愿望又与我的思想相一致。当时我的思想就处于这样深刻的矛盾之中。

陪同视察青年军

1946年冬，蒋经国偕同我和徐恒瀛（原任赣南专署科长，一直是蒋的亲信）等人去北平、东北地区视察青年军。这是我第一次陪同他外出视察工作。先到北平，后到长春。

飞机抵达北平后，驻西苑的青年军第二〇八师师长吴啸亚等冒雪前来迎接。然后在驻地举行了阅兵式。蒋经国身着便装但很精神，频频向受检阅的官兵招手致意，还连声说："我是代表领袖来看望你们的。"接着还亲自深入营房，查看内务，询问士兵生活情况，召开士兵代表座谈会，听取意见，处处显得他把青年军看成是自己的"子弟兵"。这一套确实博得了不少士兵的好感。当时，北平行辕主任是李宗仁，他曾去向李宗仁作了礼节性拜访，我也陪他同去。

在北平待了三天，他再偕同我等一行飞往沈阳。他将我们安排进了旅馆歇息后，自行去探望了正在患病的东北保安司令部总司令杜聿明。因为天下大雪，在沈阳住了两三天。接着飞往长春到东北行辕外交特派员公署看了一下。蒋经国故地重游，徒增"房舍依旧，人事全非"之叹。最后一站是抚顺。青年军第二〇七师驻扎于此。师长罗又伦陪同我们检阅了第二〇七师的部队，查看了营房内务，并召开了士兵座谈会和军官座谈会，听取意见，还同一些官兵举行会餐。由于这个师是唯一没有按期于6月3日复员的第一期青年军部队，士兵强烈要求让他们复员并享有其他各师复员青年军同样的待遇，蒋经国当即同意，并指定由我负责办理这个师的青年军士兵复员安置工作。决定在长春市办一所长春青年中学，安置复员士兵入学。任命从赣南起就一直跟随蒋经国的胡昌骐为校长。这是为安置复员士兵就学而设立的第六所青年中学，不久因时局紧张而南迁，与嘉兴青年中学合并。

这次外出视察，先后共两个多星期。蒋经国对我们说，这次只是到部队去看看情况，但很明显他是为了了解前线军心士气，收集资料，为他父亲提供作抉择的依据。自苏军撤出东北后，国民党军一度占领四平街、公主岭和长春，当时国民党将领对形势估计都过分乐观。但好景不长，共产党的武装力量迅速发展壮大，国民党军处处被动挨打。美国将军魏德迈曾向蒋介石提出，东北幅员广大，兵力难于集中，守住东北非常困难，建议将国民党军队撤回关内防守。但蒋介石却认为东北与华北唇齿相依，东北不保，华北垂危，坚持要国民党的精锐部队固守东北。但熊式辉、关麟徵、杜聿明等都不是民主联军的对手。因为共产党领导的民主联军虽装备较差，但组织严密，军纪严明，深得民心；而国民党军虽然装备较好，但军纪废弛，到处拉夫，强占民房，致使民怨沸腾，军心不稳，一些接收大员，更是争权夺利，以公肥私。两相对比，谁胜谁负，征兆已明。也许在这次视察中，蒋经国对此已有所了解。这可能就是此次视察之后，他更加经常痛骂治军不严的将领和贪官污吏的原因吧！

力保我升任副局长和代局长

1947年4月，国防部预备干部管训处改为国防部预备干部局（下简称预干局），成为与国防部新闻、监察等局平行但规模更大的一个局。局长由蒋经国担任。他的留苏同学和赣南系亲信及三青团中央干校的得意门生对此都甚为高兴。不少人都很想在局内觅取要职，一展身手。

在酝酿是否要建立预干局的阶段，国防部内部分歧颇大。拥护的、反对的和持保留态度的皆有。由于蒋经国从担任青年军总政治部主任起，政治工作就独树一帜，被认为是要把青年军作为发展自己力量的政治资本，议论颇多。加上青年军享有比其他一股部队较高的待遇，不少军官也感到不平。此时就连蒋经国同陈诚的关系也变得微妙起来。陈诚是蒋介石最信赖之人，而且很有可能成为蒋介石的继承人。蒋介石在培养陈诚的同时，也希望陈诚同样培养和扶植蒋经国。当时蒋经国主要有两个职务：一是三青团中央组训处处长，一是预备干部管训处处长。而陈诚担任三青团中央书记长和总参谋长，恰恰都是蒋经国的顶头上司。蒋介石作这样的安排，无非希望陈诚对蒋经国高抬贵手，开放绿灯。蒋经国以前对陈诚一直是十分恭敬的。但随着蒋经国势力的发展，两人之间的矛盾便不断增多，并趋于表面化。记得有一次蒋经国突然对我谈起陈诚说："陈辞修他做得对的我们当然服从，但做得不对的，我们又怎么能服从呢？"所谓"不对的"，就是指陈诚对蒋经国或明或暗的钳制。实际上这种矛盾早在争夺青年军的人事安排上就已经表现得相当明显（青年军刚成立时，蒋经国撇开旧的政工系统，别树一帜，尽量用中央干校的学生充当青年军政工干部，陈诚对此相当不满）。后来当蒋经国在青年军中不断扩大影响，用各种方法，使高级将领走"太子路线"，要把青年军更紧密地直接抓在自己手里时，遇到的钳制就更大。自然在蒋经国要将所控制的"处"改为"局"时，有人表示反对是不足为奇的。而我为了实现预备干部制度是极力主张建立预干局的。在一次由陈诚主持的厅局长会议上讨论成立预干局的问题时，我根据我从陆军大学起就已开始研究的预备干部制度的心得，针对与会者的不同意见，作了长篇发言。从古今中外的军事制度、各党派对军制的共识到现代战争的特点，全面阐述了实行"文武合一，战时征文为武，平时转武为文"的预备干部制度的优越性和重要性，指出要在现代战争条件下，掌握战争的主动权，达到克敌制胜的目的，就必须实行预备干部制度。要实行预备干部制度，成立预备干部局当然就是很有必要的了。由于我的立论有据，论证有力，使一些原来持反对意见者表示赞成，就是一些仍坚持反对的也提不出反对的理由。因而，成立预备干部局最后成了定论。

会后，我回到办公室，同事们问及讨论情况。我说了一句：“诸葛亮是舌战群儒，而我这次是舌战群猪。”当时我年轻气盛，这仅是随口说出的一句戏言。其实参加会议者多为国防部各厅、局长和各军种总司令部的主管。只因我讲得在理，他们才予赞同的。但善于用心计的王升却以为抓住了我的什么把柄，向经国先生告了一状：“贾亦斌鄙视国军高级将领，恐有反意，宜加注意。”好在王升的意见，无人支持，蒋经国也未予介意，不了了之。

预干局成立后，副局长一职由谁来担当呢？蒋经国力保我来担任。这是他经过深思熟虑后的一着。按资历说，当副局长我是不够资格的。预干局要负责全部青年军的人事、编制和训练工作，责任很重，规格较高。青年军的军长、师长多是所谓“资深优秀”的黄埔前期生，级别大都是中将，都是随时可以直接晋见蒋介石的。如第二〇一师师长戴之奇原来是陈诚的第十八军副军长，第二〇二师师长罗泽闿原来是胡宗南的第一战区参谋长，第二〇三师师长钟彬和第二〇五师师长刘安祺原来分别是第七十一军和第五十七军的军长。但如任命这一类“资深优秀”的黄埔系军官来担任，蒋经国不能不考虑难于驾驭和不易展开工作的问题，可是任命对军事缺少研究、级别太低的人，又怕各军师长对这样的副局长不放在眼里，无法工作。而我既非黄埔出身，不存在他所顾虑的难于驾驭的问题，又有陆军大学毕业的资格，而且还是国内预备干部制度的首倡者，在抗日战争中又被称为作战勇敢、屡建战功的人，不乏作战的实际经验。也许还有其他一些因素使他感到满意。因此，他最终选中了我。

当蒋经国确定以我为预干局副局长人选之后，急于要找我的履历表，以便上报批准。而我却正巧同几位好友外出春游去了。他见我人不在，急不可待，竟将我办公室窗门撬开，翻窗而入，取走了我的履历表，然后立刻写报告上报。为了怕在陈诚那里通不过，就绕过陈诚，直接向蒋介石当面推荐。得到了蒋介石的同意后，他又请蒋介石直接下达手令任命我为预干局的副局长。

我被任命为预干局副局长后，蒋经国与我在工作上做了明确分工。

他告诉我有两件事必须经过他的批准：第一是青年军干部的任免，军官少校营长以上、政工人员上尉连指导员以上，都必须得到他的同意，由他向国防部上报；第二是关于各省市及各大学的复员青年军联谊会，我不必过问，由他直接掌握。除此之外，一切都交给我负责。预备干部局成立后的人事如下：

局　长：蒋经国

副局长：贾亦斌（后升为代局长）

办公室：主　　任　徐思贤

　　　　人事科长　萧昌乐

　　　　文书科长　周振武

　　　　总务科长　黄德芳

　　　　机要科长　楚崧秋

　　　　财务科长　王伯璜

第一处：处　　长　郑　果

　　　　副 处 长　杨圣泉（该处负责青年军和预备干部的训练）

第二处：处　　长　黎天铎

　　　　副 处 长　江国栋（该处负责政治工作和青年军联谊会）

预干局平时工作很忙，有时晚上还要加班。有一天晚上，有紧急事务要处理，我从家里自己开着吉普车去机关。快到国防部时，那条马路很窄，我脑子里想着别的事情，为了给对面的汽车让路，一不小心，吉普车翻到路边的沟里去了。我的胸部被车子压了一下，人受了轻伤，在医院里住了几天。蒋经国闻讯后，还特地赶到医院来看我。

1948年春，我任副局长不到一年，蒋经国为了在台湾的一名青年军师长开小差，提出辞去预干局局长职务。一天，他将我叫到励志社，对我说："领袖的意思，我不当局长了。我想由你当代理局长，并请领袖亲自下手令。"我很惊讶地说："连你都干不了我还能干得了吗？我更不能当了。"他说："你当好了，军务局（即前侍从室）会支持你的。你有什么问题可以去找军务局局长俞济时，还有军务局副秘书长周宏涛也会支持你的工作。万一还不能解决问题的话，你还可以直接来找我。当然，青年军联谊会的事仍旧归我管，其他青年军的事务都由你管。”蒋经国决定保我升任代局长的消息一传出，在蒋经国的留苏同学、赣南亲信、中央干校学生中间，顿时引起强烈反响，他们纷纷起来表示反对。原先提我做副局长时他们就不赞成，现在要做代局长他们更不能接受了。在他们看来：贾某何许人也？与蒋经国毫无渊源关系，竟得到如此的信任，短期内连获破格提升！包括王升等都表示想不通。为了打消他们的思想疑虑，蒋经国亲自出面做解释工作，对他们说：“贾亦斌为官多年，官居少将，却身无半点积蓄，极为少见。且贾在抗日战争中参加过诸多重大战役，作战勇敢，几度负伤，将生死置之度外，实为难以多得的文武兼备的将才。”他又说：“中国有句老话：‘文官不要钱，武官不怕死，则天下太平矣！’这两者贾亦斌兼而有之。这种人不用，我还用谁？”王升等人听了无话可说。蒋经国又亲自向蒋介石力保，并由蒋介石下手令任我为代局长。

我看到木已成舟，又感到其盛情难却，只好答应勉为其难，并希望蒋经国继续关心预干局的工作。后来他对预干局和我的确仍很关心，我记得他有好几次询问我的工作有无困难，还想帮我把代局长的“代”字去掉，并按编制级别晋升中将待遇。我当时看到国民党大势已去，垮台在即，对此索然无味。我更不愿意他为我个人升官费那么大的力气，搞得不好，他又会为此去找蒋介石，弄得满城风雨。经我竭力劝阻，他才作罢。

1947年，国民党政府为了伪装民主，建立所谓的“行宪政府”，在各地举行了“国民代表大会代表”选举，由蒋管区每县选举一名国大代表。出乎我的意外，我被我的家乡——湖北省阳新县提名参加竞选。得知消息后，我特地赶到励志社向蒋经国报告，问他如何处理。蒋毫不经意地回答说：“你对政治素来不感兴趣，现在却找到你头上来了。可顺水推舟，看情况发展吧！如真能选上，也是一件好事。”很快，我从家乡来人得知：选举国大代表不仅先要花很多的钱去买票，而且那些为我助选的人都是要我为他们谋一官半职的。我听后大吃一惊，心想这种政治交易实在太肮脏了，不要说我一文莫名，就是有钱，我也不屑一顾，何况还要满足那些助选者的官瘾，更使我感到恼火。我随即写了一封《告阳新父老兄弟书》，公开宣布退出竞选，终于没有被卷入这个政治旋涡。事后我又告知蒋经国，他像早就料到，又有些无可奈何地苦笑着对我说："我早就知道你对于政治勾当是搞不来的，能够早点退出竞选也好。"

在嘉兴、北平青年军夏令营

1947年5月20日，南京、上海、杭州、苏州等城市十六所专科以上学校学生代表数千人齐集南京，举行联合大游行，向国民党政府请愿，要求增加学生公费和全国教育经费，并提高教职员工待遇。他们高呼"反对饥饿、反对内战"的口号，向南京政府所在地进发。国民党政府出动大批军警予以镇压，造成了震惊全国的"五·二〇"惨案。接着，5月30日，国民党政府又在上海逮捕大批进步学生。上海学生不畏镇压，包围了市政府，手持国民党自己的《六法全书》与当局辩论，质问道："反对饥饿、要求吃饭，犯什么罪？反对内战、主张和平，又犯什么罪？"国民党官员无辞以对。当被捕学生向上海淞沪警备司令宣铁吾提出："宣司令，你说我们都是共产党，你就应该把证据拿出来。拿不出证据，就说明我们不是共产党，你就应该立刻释放我们才对！"宣铁吾拿不出任何证据，理屈词穷，只好回答："兄弟是军人，以服从命令为天职，委员长叫我抓人我就抓，叫我放人我就放。"

"五·二〇"运动对青年军也产生了强烈冲击，使其内部出现了分化。事件发生后，各大学的复员青年军学生因观点不同出现了两派。有一部分倾向于国民党，赞成当局的做法，并参加了反对学运的活动；另外一部分则对当局的做法表示不满，对学运予以同情。这两部分学生之间的矛盾不断激化。蒋经国对"五·二〇"运动，很伤脑筋。一次我到励志社去找蒋经国，他正在与上海宣铁吾通电话，只听他最后说了一声："打。"

就把电话挂了。我马上问他："打什么？"他回答我："你是军人，不懂政治，你不要管。"我心情沉重地对他说："别的事我不管，但如果是打学生，你可要重新考虑考虑。"蒋经国显得很不耐烦，说："算了！算了！不要谈了。"弄得彼此都不愉快。

"五·二〇"学潮发生后不久，大约在6月间，一天蒋经国写了一张字条给我，上面说他决定在北平和嘉兴两地举办"青年军夏令营"。两个营的主任，都由他本人担任，指定由我和胡昌骥（嘉兴青年中学校长）任嘉兴营的副主任；吴啸亚（青年军第二〇八师师长）和范魁书（第二〇八师政治部主任）任北平营副主任，并要我立即去嘉兴筹备。

蒋经国在当时那种形势下，决定举办夏令营，其目的是明显的：就是要为国民党政府呐喊助威，对付蓬勃发展的学生运动，并借此考察青年军学生的思想，对青年军内部来一次"整肃"，将不可靠的分子清除出去，使原来忠实于他的学生通过集训对他更加拥护，以缓和和平息青年军内部的矛盾。此时，三青团已处于解散的前夕，原定当年举行的夏令营已全部取消，现在由青年军单独出面举办夏令营，更显得与众不同，引人注目。为了达到上述目的，夏令营从组织编制到活动内容都作了精心安排。

嘉兴夏令营除营主任和副主任外，下设两个组，一是训育组，负责训导和考察等工作。训育组组长王升（嘉兴青年中学训育主任），组员有潘振球、江国栋、陈志竞等。一是教务组，负责教务工作安排。教务组组长彭灿（嘉兴青年中学教务主任）。夏令营实行军事编制，分为大、中、区队。大、中、区队长由预干局调配，负责对学员实行军事训练管理。学员来自上海、南京、武汉及浙江、福建、四川等地各大学的复员青年军学生，约一千人。夏令营活动内容多种多样，有大课、小课，有大组、小组讨论，有"乡村调查"和文艺体育活动等等。

蒋经国在我完成筹备工作之后，就来到了嘉兴，同我住在同一个房子里（他住在里面一间，我住在外面一间）。工余饭后，我们常常随便聊天，从个人生活谈到国家大事，从军队情况谈到官吏贪污腐化，几乎无话不谈。他也谈到了当年赴苏联留学的事。他说他那时很年轻，看到国家受到列强蹂躏，很气愤，很想出去寻求救国之道，他父亲也支持他去苏联见见世面。当时他父亲对孙总理提出“以俄为师”很佩服，也高呼过：“我们党的前途端赖‘以俄为师’。”在到了莫斯科孙中山大学之后，他很狂热。北伐军进入南京、上海时，留苏学生和苏联人都为之狂欢，但上海“清党”一出，形势完全改观，气氛顿时为之一变，对他形成了极大的压力。在苏联学习、生活期间，他也不能不卷入政治的旋涡，政治的陷害、生理的疾病都几乎使他丢掉了生命。那段留苏生涯使他既感慨又留恋。在谈起“建设新赣南”时，他最为兴奋，说那时的赣南虽然很贫困，但他是自己找上去的。说自己在那里搞了一次很有意义的实验。并对他在那里反对恶势力和禁赌、禁烟、禁娼的成功津津乐道。他的结论是：“革命的成败，绝对不是决定于演说或议论，而取决于两个对立力量的生死斗争。”在谈到国民党内官僚的贪污腐化，巧取豪夺，恨不得敛聚天下财富于一身，不顾百姓死活的恶劣行为，他几乎到了咬牙切齿的地步，说国家败就败在这些人手里。对“军统”“中统”的横行不法，也怨恨满怀。他认为今天社会的动乱根源，既有共产党的煽动，但更主要的是国民党派系林立，互相倾轧，对有些事处置失当，大小官僚之贪污腐化，以致丧失民心。说他之所以提出“一次革命，两面作战”的理论，既反对共产党，也反对国民党内的贪官污吏即源出于此。还说如果国民党内的贪污腐败不除，即使没有共产党的煽动，也会有别的什么政党起来反对，也会自我毁灭的。他把“一次革命，两面作战”的希望寄托于青年军。在当时，他这种标榜既非共产党路线，也非国民党路线的“第三条路线”，的确在青年军中颇有市场。对反对国民党内种种腐败现象，我和他是有同感的，一谈起来，几近发牢骚，充满愤慨、不满情绪。

在夏令营期间，多数活动蒋经国均亲自参加，或作大报告，或听取汇报，或参加小组讨论，或带领学员到乡间搞调查，或早操时带领学员一同跑步，可以说事必躬亲。在生活上，他同学员打成一片，同在一个大饭厅和学员吃一样的饭菜，晚上还要搞夜间紧急集合一同操练。如遇天气凉爽，还去学员宿舍为学员盖上被单。特别有一次，他以营主任名义邀请一些六十岁以上的老人到营里来开敬老会，博得了许多人的好感。

对蒋经国的这套做法，有人说他“师承共产党”，也有人说他“收买人心”。而我当时对此却有好感，认为不管怎么说他这么做总远比那些养尊处优的国民党官僚强得多，与贪污腐化的官僚更是不可同日而语，倘使国民党中做官的特别是大官僚都能如蒋经国那样，也许不至于会把国家弄到这般境地。至于说他“师承共产党”，我心里想这岂不等于说共产党名师出了高徒，没有什么不好。只是我没有说出口来就是了。

嘉兴夏令营从7月初开始至9月初结束，为时约两个月。在此期间蒋经国主要做了三件事：一是以“一次革命，两面作战”为口号和行动纲领，标榜非共非国的中间路线，以争取青年人。二是成立青年军联谊会，他自任会长。各省市和各大学凡有复员青年军者设分会或小组，以加强对青年军的控制，镇压进步学生运动。三是对复员青年军学生中有倾向于共产党和“民盟”观点的加以“整肃”，甚至开除出去。在夏令营结束那天晚上，举行了一次通宵狂欢大会，称作“不夜天”，上海一些“影星”“歌后”也应邀出席“献艺”，看来蒋经国对嘉兴夏令营举办结果是满意的。

蒋经国还兼北平夏令营主任，但他没有去，全权交由副主任吴啸亚、范魁书代理。大约在8月中旬的一个深夜，我睡着了，他把我喊醒，小声对我说：“北平夏令营青年军和三青团之间矛盾很大，闹得无法上课，不知为什么。请你以讲学名义去走一趟，设法解决他们的矛盾，至于这个营的正副主任职务仍然不变，继续由吴、范两人负责。”我当即答应照办。

第三天，我由上海乘飞机到了北平，向两位副主任传达了蒋经国的指示精神。然后分别了解发生矛盾的双方情况，随即召集双方再开大会辩论，要求他们双方把问题摆到桌面上来说清楚。我坐在台下静听，结果发现他们之间的矛盾，表面上是由于发毛毯给青年军学员而没有给三青团学员引起的，实际上政治倾向不同是发生矛盾的焦点。青年军和三青团中有一部分人倾向进步，他们能独立思考问题，敢于发表不同意见，对国民党政府不满，大发牢骚，活动能力也强，特别是北大、清华来的学生受进步思想影响更大。但另一部分人，虽占多数但很保守，死抱着国民党正统观点不放，人云亦云，盲从性较大。听了双方代表发言后，大家高声嚷叫，要我上台讲话。我上台后，简单讲了几句话："双方代表的意见我和大家都已听清楚了，你们觉得哪方的意见对，就接受，还可以继续保留自己的意见，但要立即复课。你们如果问我赞成哪一方的意见，我是赞成张道法等（即进步一方）的意见的。"我这句话音刚落，竟获得全场热烈的鼓掌。因为我赞成进步同学的意见，进步同学当然满意，而保守的同学也不敢反对蒋经国派来的代表。至于发毛毯之事，我说："发完为止，如果不够的话，则应先人后己，都以谦让为好。"他们对我这个意见也表示赞同。事后我还分别找了一些人个别谈话，并与他们一起游玉泉山，问题就此解决了。

我回到南京以后，看到有三个复员青年军学生被扣押在国防部。经过我了解，他们是上海暨南大学的学生黄开、戴新民、郑华山，都是与"五・二〇"事件有关，在嘉兴夏令营受训时被捕的。因为他们不满现实，发了牢骚，被认为是共产党。实际上根本拿不出任何证据，显系随意捕来的。再根据我在北平夏令营所了解的情况，我向蒋经国汇报时，就说："北平夏令营的矛盾解决了，其实不是什么青年军和三青团学员之间的矛盾，而是进步学生与保守学生之间的矛盾，依我看如果这样搞下去，国民党非亡不可。"蒋经国听我这么一说，猛然一怔，问我："为什么？"我说："国民党用人是'喂猪驱虎'政策，用钱是'肥强瘦良'的政策。凡能干的人，只要对国民党不满，发点牢骚，就认为是共产党，或者是民盟，把他们看成老虎，驱赶出去。只要口头上反对共产党，不管是庸人，都看作忠贞之士，升官发财，喂的都是猪。这不是'喂猪驱虎'是什么？"他眼睛紧盯着我，我继续说，"用钱的政策，凡是奉公守法的好人，个个穷得要命，骨瘦如柴。那横强霸道的贪官污吏、大贾富商却个个肥得要命。这不是'肥强瘦良'是什么？实行这样的政策，非亡国不可！你对国民党满意呀！我对国民党满意呀！你、我都常发牢骚。如果发牢骚的就是共产党，那么你、我岂不都是共产党了吗？我们这里关押的黄开等三个暨南大学的学生都很年轻，只是对现实有点不满，发了牢骚，就把他们关押起来，很不应该呀！应赶快放掉！”蒋经国听了我这番话不住地点头，连声说：“你写，你写，把它送到领袖那里去。”于是我就将自己的意见照写了，交给蒋经国送上去。不久，黄开、戴新民、郑华山三人也就由蒋经国下令放了。

与美军顾问团的争执

蒋经国与美国的关系却相当紧张。蒋经国个性倔犟，办事我行我素，不肯人云亦云，青年时代又曾在苏联生活过，参加过共青团，还娶了苏联妻子，那一段生活经历对他影响很大。蒋经国回国后，在自己的活动中，总是有意无意、或多或少地模仿苏联的方式，这使他与一般的国民党官僚比较起来，总显得与众不同。因而在美国看来，蒋经国比较难以控制，不可相信。所以，美国对蒋经国势力的发展，始终抱着猜忌和怀疑的态度，这特别明显地表现在对青年军的歧视上。

不仅如此，美国还采取分化政策，扶植毕业于美国西点军校的孙立人来压制蒋经国，制造了所谓的“洋太子（孙立人）与土太子（蒋经国）之争”。蒋经国与孙立人的矛盾到1948年已经相当严重。是年3月，青年军第二〇六师在洛阳被歼灭，师长邱行湘被俘。为了鼓舞青年军的士气，蒋介石决定立即重建该师，师长人选尚未决定。孙立人趁蒋经国在外出差的机会，直接向蒋介石推荐自己的亲信部属唐守治（黄埔五期）担任，得到了蒋介石的批准，蒋经国回来之后发现唐任师长一事木已成舟，无法改变，很不高兴。他立刻找我询问：“谁让唐守治来当师长的？”我回答：“我不知道是谁推荐的，是由领袖（指蒋介石）亲自下手令任命的。”当他后来得知是孙立人保荐的之后，更为不满，对我说：“从今以后，二〇六师的事，我们预干局一概不管，要钱、要枪概不负责。”蒋介石也看出了美国扶植孙立人的用心，并对此有所提防。在第二次世界大战期间，艾森豪威尔和马歇尔未经中国方面同意，就邀请孙立人（孙在美国留学时期曾与他们同学）去欧洲战场观战三个月。蒋介石很不高兴，孙回来后，蒋曾予以严厉训斥，并问他："你究竟是我的部下，还是美国人的部下？"因而迟迟不肯重用孙立人。只是由于蒋介石要依赖美国，最后才让孙当了新三十八师师长和新一军军长，赴缅甸指挥对日作战。后来任命孙立人为陆军副总司令也是出于同一原因，并非心甘情愿。

当时，美国在南京政府设有军事顾问团，有的给参谋总长做顾问，有的派到国防部各厅、局做顾问。预干局也配备有两名美国顾问，一位是贝乐上校，他与我的个人关系不错，我写的《论预备干部制度》一书中，关于美国预备干部制度的情况，有许多资料就是他提供的；还有一位是罗伯特中校。他们两人经常上预干局来了解情况，但蒋经国平时根本不愿见他们。有一天，蒋经国来预干局，碰巧那两个美国顾问也在，堵在办公室门口一定要见蒋经国。蒋正在和我谈话，见此情况，马上对我说："亦斌兄，你去敷衍敷衍！"我只好出来会见两位美国顾问，说蒋经国现在有紧急事情要处理，实在没有空，用这种办法把他们对付走了。这件事给我的印象很深，它说明蒋经国对美国顾问没有什么好感，且存有戒心。

虽然我与有的美国顾问保持着较好的个人关系，但对美国干涉中国内政、支持蒋介石打内战的政策是历来反对的。美国在国民党军队内部拉一派打一派、压制蒋经国、歧视青年军的做法，更使我反感。我始终认为，中国的事情应当由中国人来管，美国有什么权力以主人自居，对中国人和中国的事情指手画脚、发号施令？如果美国以为仅凭财大气粗就可以做太上皇，使中国人俯首帖耳，那他们就完全错了。在这种思想感情支配下，我很快同美军顾问团发生了一次正面冲突。

1947年9月，在南京召开了由美军顾问团参谋长柏宁克准将主持的"中美军事联席会议"。参谋次长林蔚、陆军副总司令余汉谋、孙立人及国防部六个厅的厅长等均出席了会议。国防部所属八个局的局长列席，我也应邀列席。会上，柏宁克与国民党国防部的某些人预谋，提出了一个所谓"议案"。其主要内容为：一、取消青年军作为培训预备军官的训练计划，将其全部调往前线同解放军作战；二、将青年军待遇降低到与一般部队的同等水平。对这一议案，林蔚、余汉谋等人均当即表示同意。而我认为这是使内战升级、把青年军充当炮灰的阴谋，也是美国人一贯钳制蒋经国和青年军的意图的又一表露。而且如此重大的事情，他们事先并没有同主管青年军事务的预备干部局作任何商量，贸然在这样的会议上由美国人提出这样的议案，本身就是荒唐的。因此，我当即站起来表示坚决反对。柏宁克一贯傲慢自大，从来没有把中国军人放在眼里，又见只有我一个人敢于表示反对，即大光其火，竟当场打断我的发言，声称我是列席代表没有发言的资格。我当即予以严词驳斥："讨论中国的事，我们作为中国人当然就有发言权，而且我们中国人对中国的事比美国人更了解，自然更有发言权。我不能容忍外国人如此干涉中国的内政！"也许这个美国佬认为在中国不管谁，包括中国的将领都得听他的，现在竟然遭到中国人的顶撞，气得他连连吼叫："NO！NO！"大有非把我压下去不可之势。这时会场上气氛骤然紧张，许多双眼睛都盯着我，从不同的眼神可以看出：有的人在担心我会被他压倒；有的认为我对这位"美国老大哥"不该如此；更多的人在为我担心，不知如何收拾局面。我当时义愤填膺，认为他不仅是对我个人的无礼，而且是对我们中国人的无礼。是可忍，孰不可忍！我决定豁出去了，无论如何要为中国人出口气！于是他喊我也喊，他喉咙粗我比他更粗，他嗓门高我比他更高，彼此大吵大闹起来。结果议案也讨论不成了，柏宁克只好悻悻然宣布："散会！散会！"我说："散会就散会！"拿起皮包头也不回，大步走出会场。

走出会场后，孙立人迎面向我走来，紧紧握着我的手说："亦斌兄，你今天总算为我们中国人出了一口气啊！"由此可见，孙立人虽然为美国军方所青睐，但他和其他许多中国军官一样，平时也受了不少美国人的闷气，对美国人傲慢自大、不把中国人放在眼里心怀不满，只是不敢轻易表示。我今天的抗争确实得到了包括他在内的大多数在场中国军官的支持和同情。

会后，我立刻就这次会议发生之事写了一封信给蒋经国。信中除了告诉他我与柏宁克发生争执的经过之外，还倾诉了自己满腹忧虑和不平之气。我指出："中国人长期受尽了日本人的气。经过八年抗战，牺牲了无数同胞，好不容易刚刚把日本鬼子打垮，取得抗日战争的胜利，却不料'前门驱虎，后门进狼'，又受美国人的气。我确实难以忍受了。"蒋经国很快给了我回信，不仅毫无责备之辞，反而流露出赞赏之意。在信的结尾他充满感情，意味深长地写道："岁寒然后知松柏之后凋，今日岁已寒矣！"表明他已深感内忧外患之严重，鼓励我像苍松翠柏一样，傲霜雪，斗严寒，坚持到底，对我寄予了无限的希望。

反对成立"铁血救国会"

1948年春，蒋介石发动的反共内战败局已定。国民党军在东北、华北战场完全处于劣势，江淮战场也是危机四伏，更为严重的是蒋介石的部下和亲信也开始众叛亲离。对此蒋介石焦虑不安，经常发怒骂人，他把唯一的希望寄托在爱子蒋经国身上，希望以他为核心，重新纠集力量，建立一个新的秘密组织，发挥控制和指挥的作用。他亲自给蒋经国下达手谕："着即成立一个能行动有力量组织严密的青年组织。"蒋经国临危受命，自知意义非同寻常。他平时爱读《俾斯麦传》，很想效法普鲁士宰相俾斯麦，用铁和血的手段，克服危机，挽救蒋家王朝摇摇欲坠的命运。为此，蒋经国召集亲信江国栋、王升等人开会研究，决定成立"铁血救国会"（代号社会问题座谈会）和"中正学社"（代号青年问题座谈会）两个秘密组织，作为核心领导机构。这些情况，我都是事后逐步知道的。

1948年4月中旬，蒋经国亲自打电话通知我，要我第二天（星期六）下午二时到黄埔路励志中学参加重要会议，但并未说明会议的内容。第二天，我准时抵达励志中学，校园里显得特别冷清，每个路口都有专人指路，显得很神秘。会场设在高二教室，布置得森严肃穆，正中挂着蒋介石的像，每个人座位上放着一份油印的《铁血救国会章程》和《誓词》。出席会议的有胡轨、王升、李焕、江国栋、方庆延、萧涛英、许功锐等三十多人。其中多数是中央干校第一、二期学生，少数为蒋留苏同学和赣南时期的骨干。相比之下，我显得像是局外人。大家的脸上表情都很严肃，似乎都在等待一个重大事件的发生。我一见到这种场面，自然感到不同寻常，知道要成立秘密核心组织，我陷入了沉思。蒋经国特意通知我参加这样的会议，自然是表示他对我的特殊信任，在别人也许会感恩戴德。但我想起平日蒋经国经常与我谈到国民党内形形色色的小组织太多，派系林立，相互倾轧，勾心斗角，造成分裂的现象，他对这种小组织极为反感。我也与他有同感，认为国民党之所以纪律涣散、四分五裂，同这些小组织的存在和相互倾轧有重要关系。我看到一些失势了的小组织成员惶惶然如丧家之犬，有的到处奔走投靠新主子，有的沦落为无人理睬的“政治寡妇”，可恨可叹而又可怜。蒋经国今天为什么要重蹈覆辙呢？难道教训还不够深刻吗？

正当我在沉思之时，突然听到有人喊道：“教育长到。”（蒋经国曾任中央干校教育长，中央干校学生一直这样称呼他）所有与会者都起立热烈鼓掌欢迎。蒋当时住在励志社二楼二号，励志社与励志中学，各有大门，内部却是相通的。他从住处到会场只需要一二分钟。蒋经国和平时一样，穿着一套半新的中山装，但很精神。一进会场，他显得分外高兴，客气地招呼大家坐下，旋即登上讲台，对大家发表了基调阴郁但又饱含激情的讲话：

“亲爱的同志们：你们都是我一直最信任、最肯干、最忠诚于领袖和三民主义伟大事业的骨干。值此革命大业面临存亡绝续的关头、生死搏斗的时刻，这正是考验每个人的灵魂和良知的时候。我希望大家成为疾风劲草和中流砥柱，要永远忠于三民主义，忠于领袖；要做孤臣孽子，坚决执行校长的政策和指示，不成功便成仁，至死不渝……当前国民党内部腐化，共产党恶化，都不能成功，我们主张‘一次革命，两面作战’，既反对共产党的恶化，也反对国民党的腐化，两大革命毕其功于一役……”

接着他又说：“为了完成这个伟大使命，就必须发展第三种势力，今天成立‘铁血救国会’，就是以此作为领导反共的核心组织。你们各位都是这个组织的成员，所负的任务既光荣而又艰巨，大家务必努力奋斗！”

他讲完话之后，征询大家的意见，特别点名要我和胡轨发言。胡轨是黄埔四期毕业生，蒋介石的忠实门徒，当时是“戡建总队”中将总队长，与我一起被称之为蒋经国的左右手。在蒋点到我名之后，我沉思了一会就说：“如果照我的想法，我不赞成成立这个组织。试看今天国民党内许多小组织，有几个是好的？它们之间你争我夺，勾心斗角，名声不佳。今天我们也成立这样的小组织，弄得不好，成事不足，败事有余，使一些纯洁的青年成为‘政治寡妇’！”蒋经国听了我的这番话，脸上顿时通红，虽未加反驳，但看得出来他对我的发言相当不满。接着他要胡轨发言。胡则持折中主义态度，他说：“经国兄讲得很有道理，我赞同；亦斌兄所说也值得我们思考，其他我也讲不出什么了。”其他人则纷纷对蒋的讲话表示坚决拥护，对我的发言均回避一字不提，算是“一致”通过了蒋经国成立“铁血救国会”的建议。接着，举行了宣誓。蒋经国自己担任领誓人，他举起右手，要大家起立跟着他一起宣誓：

“余以至诚，忠于三民主义革命事业，坚决拥护校长的反共救国政策，服从组织，服从命令，保守机密，如有泄露违反，甘受最严厉之制裁……永矢不渝，此誓！”

在宣誓时，我虽不得不与大家一起起立，但内心更加反感，觉得这完全是在走“复兴社”等反共秘密小集团的老路，逆历史潮流而动，绝不能吸引广大青年，断然没有前途。所以听着听着，我即把誓词捏成一团，塞在裤袋里，散会后走出会场，我就把它撕成碎片扔了。从此以后，他们再也没有来找过我，而我也根本不屑于过问这个秘密组织的事。

三十多年后，我才从方庆延（安徽人，“铁血救国会”负责人之一）处得知，那次成立大会散会之后还发生了一个小插曲。会后，王升、江国栋等人在清点“申请书”和“誓词”时，发现“誓词”少了一张，意味着其中必有人违反纪律将其带走了，在这一秘密组织成立时就出现这种情况，是绝对不能允许的。他们分析有嫌疑的人，但由于誓词并未填写姓名，所以很难肯定是谁拿走的。王升断定是我，要去追赶搜查，江国栋和方庆延等都不赞成，认为这样做后果不好，想来想去只得作罢。但这件事却使蒋经国对我产生了疑虑，从此他对我一直采取明亲暗疏的办法，指示所有“铁血救国会”的活动都有意避开我，还要王升和江国栋等开始对我进行暗中监视。这些情况我当时都一无所知。

上海“打老虎”，最后决裂

1948年，国民党政府的财政经济状况如同军事一样，也已处于崩溃的境地。是年夏，国民党政府经过一番酝酿，决定实行包括发行金圆券、限制物价和收兑人民所持金银、外币等内容在内的所谓“经济改革”，企图依靠行政力量对国统区经济实行管制，以此来摆脱政治、经济危机，维持其摇摇欲坠的统治。7月下旬，蒋介石召集高级幕僚会议，提出了币制改革的初步方案。8月中旬，蒋介石在庐山与美国驻华大使司徒雷登会谈，就经济改革一事取得了美国的认可。8月19日，国民党政府颁布了《财政经济紧急处分令》和《金圆券发行办法》等法令，正式宣布实行币制改革。蒋介石与行政院院长翁文灏联合招待所谓民意代表及宁沪金融界人士，要求经济界人士支持政府的经济改革措施。同时宣布在行政院下设经济管制委员会，负责实施经济管制和推行币制改革。紧接着南京政府发表俞鸿钧（当时任中央银行总裁）和蒋经国为上海经济管制正、副督导员并即时赴任。上海是当时全国的经济、金融中心，蒋介石派蒋经国担负此重任，这一不同寻常的任命表明：蒋介石在“经济改革”上下了很大的赌注，抱有“只准成功，不准失败”的决心。

然而，当时的舆论对用行政手段管制经济，强制推行币制改革的前景却忧虑重重，并不乐观。《中央日报》在社论中表示：“我们切盼政府以坚毅的努力，制止少数人以借国库发行，以为囤积来博取暴利的手段，向金圆券头上去打算。要知道改革币制譬如割去发炎的盲肠，割得好则身体从此康强，割得不好则同归于尽。”

这个割盲肠的任务，实际上落到了蒋经国的身上，俞鸿钧名义上是正职，但只是挂个名而已。蒋经国有蒋介石给他的尚方宝剑，声势煊赫，来头不小，但他深知在当前的情况下推行经济改革困难重重，而此次币制改革的成败又关系着国民党政府的命运和他个人的前途，势成骑虎，只有干到底。他在8月26日的日记中写道：“……目前工作是相当吃力的。但已经骑在虎背上了，则不可不干到底了。”蒋经国不是个轻易退让的人，他对自己的那一套颇为自信，相信充分运用所谓的“革命手段”，就可以达到目的。他宣称：“此次经济管制，是一次社会改革运动，具有革命意义，不仅是经济的。”“如果用革命手段来贯彻这一政策的话，那么，我相信一定能达到成功。”

在正式宣布蒋经国出任上海经济管制督导员的前一天，我到南京励志社去找他，请他出席苏州青年军夏令营结业典礼。出乎我的意料，他对我说：“我另有重要任务不能出席，你代表我去吧！”我惊奇地反问：“这不是早就说好了的吗！又有什么更为重要的任务呢？”他有些激动地说：“这次领袖委派我去上海负责执行经济管制和推行币制改革、发行金圆券的工作，任务是艰巨的。但我一定要排除任何阻挠，只要是违犯国法者，不论其官职有多高，财力有多厚，我都将坚决依法惩办，不徇私情，相信成功可期……”我未等他把话说完，就急忙问他：“发行金圆券的基金从何而来？”他回答说：“只需四五千万美元就够了，数目不多，好解决。”我见他说得如此自信，还是有点半信半疑，但认为如果能由此使贪官污吏和奸商得到惩处，物价能得到平抑，这对饱受物价暴涨之苦的人民还是有好处的，所以也感到高兴，当即对他提出了八个字的希望和祝愿：“秉公执法，早日成功！”然后握手告别。

蒋经国一到上海，就在九江路中央银行大楼三层设立了经济督导员办公室，亲自坐镇指挥上海的经济管制，立刻雷厉风行、大张旗鼓地行动起来。

首先，公布了有关的经济管制法令和物价管制办法，规定：一、从

8月19日起，发行金圆券，以取代法币，限于10月22日前收兑已发行的法币；二、限于9月30日前，收兑人民持有的黄金、白银、银元和外汇，逾期任何人不得持有，违者严办；三、限期登记管理本国人存放外国银行的外汇资产，违者制裁；四、一切商品不得超过8月19日的物价水平（俗称“八·一九”限价），以稳定物价，平衡国家总预算和国际开支。

同时，蒋经国以《上海向何处去？》的醒目标题发表告上海人民书，以上海人民保护者的口吻宣称：“投机家不打倒，冒险家不赶走，暴发户不消灭，上海人民是永远不得安宁的。”“天下再没有力量比人民力量更大，再没有话比人民的话更正确”，“人民的事情，只有用人民自己的手可以解决，靠人家是靠不住的，要想将社会翻过身来，非用最大的代价，不能成功！”他再一次向上海人民表示自己的决心：“本人此次执行政府法令，决心不折不扣，决不以私人关系而有所动摇变更。”他借用北宋政治家范仲淹的名言“宁使一家哭，不使一路哭”，表明自己对豪门巨室决不留情，扬言要用高压手段来实行限价：“不惜以人头来平物价！”还提出了“打祸国的败类，救最苦的同胞”“打倒豪门资本”“铲除腐化势力和地痞流氓”“打倒奸商和投机倒把”等一系列的口号。这些动听的言辞，一时确实打动了许多人的心，认为蒋经国与其他国民党官员大为不同，由他来实行经济管制或许有成功的希望，更多的人则等待着观察他下一步采取什么实际行动。

为了执行经济管制法令，蒋经国立即在上海组织自己的“执法”队伍。他将赣南系、青干校和青年军的干部从全国各地纷纷调往上海，一时上海成了“太子系”紧张活动的中心，王升、李焕、江海东、江国栋等蒋经国系重要分子麇集上海。蒋把“戡乱建国总队”第六大队调往上海，由王升担任大队长；后又在此基础上成立了“大上海青年服务总队”。蒋经国对亲信说：“‘大上海青年服务总队’，正像上海国际饭店的招牌一样，虽然不大，但名气很响，全国和全世界都知道。”9月22日，“大上海青年服务总队”在上海复兴公园举行成立大会，共有队员一万人，编成二十个大队，分布在上海各个区，由王升任总队长。蒋经国邀请我出席了成立大会，但我们都未发表讲话。为了加强对经济问题的研究，蒋还抽调一部分大学生，成立了一个经济研究小组，由江国栋负责。为了开展工作，蒋经国还将中央干校校友会和青年军联谊会的基金调到上海，以便集中使用。

接着，蒋经国法出令行，果真轰轰烈烈地打起“老虎”来。他接连召见上海经济界的头面人物刘鸿生、荣尔仁、钱新之、李馥荪、周作民、杜月笙等人，软硬兼施，要他们拥护政府措施，交出全部黄金、外汇，否则即勒令停业。甚至声色俱厉，拍桌大骂，扬言：“你们不要敬酒不吃吃罚酒，谁手里有多少黄金美钞，我们都清楚。谁不交，就按军法办理！”上海青年服务总队也四处出动，设立岗哨，检查行人。并与警察局、警备司令部人员混合编队，组成许多三人或五人小组，检查商店、工厂和仓库，登记囤积物资。对违反规定者，蒋经国采取了严厉的措施。米商万墨林、纸商詹沛霖、申新纱厂大老板荣鸿元、中国水泥公司常务董事胡国梁、美丰证券公司总经理韦伯祥等六十余人，均因私套外汇，私藏黄金，或囤积居奇，投机倒把，被捕入狱。荣、胡、韦三人后经托人疏通，分别罚款一百万、三十万和三十五万美元，才得以交保获释。连上海大亨杜月笙的儿子杜维屏也因“囤货炒股”的罪名被捕入狱，判了八个月的徒刑。财政部秘书陶启明因泄露经济机密也被判刑。蒋经国还大开杀戒，以贯彻他“用人头平物价”的主张，借此威慑人心。林雪公司经理王春哲因私套外汇被处死，报上还刊登了王被处死时的大幅照片。上海警备司令部科长张亚民、大队长戚再玉因勒索罪被枪决，后来还杀了破坏经济管制的宪兵大队队长姜公关。蒋经国还杀气腾腾地宣称：“在上海应当不管你有多少财富，有多大的势力，一旦犯了国法，就要毫不留情地送你进监狱，上刑场。”

蒋经国的“铁腕”暂时发挥了作用，上海的物价在一个时期内保持了稳定，岌岌可危的财政金融危机也似乎有所缓和，一时舆论出现了一片赞扬之声。有的报纸称蒋经国是国民党的救命王牌。有的甚至称颂蒋经国为“蒋青天”“活包公”。有的外国记者则称之为“中国的经济沙皇”。

蒋经国为暂时的胜利所陶醉，想趁热打铁，借机在上海扎根，因而考虑先取代宣铁吾出任上海警备司令，等条件成熟再取代吴国桢，出任上海市市长。这时，蒋经国想到了我这个对他反贪官污吏仍存怀疑的人。他几次打电话到南京找我，要我立即到上海，一方面要我看看他的“打虎”杰作，体验一下他反对贪官污吏和豪门奸商的决心，同时也想探询一下如他正式任命为上海警备司令时，我是否愿意充当他的副手出任副司令之职。还有一件事，就是要我为他筹备双十节“十万青年大检阅”。

我于9月中旬到达上海，先在扬子饭店住下，旋即去外滩附近的中央银行看望他。但在那里，他忙于接待许多客人，无暇与我交谈，于是他对我说：“这里不好谈话，还是今天晚上八时到我家（林森中路逸村二号）来谈为好。”

当时，我对他在上海大刀阔斧、雷厉风行“打老虎”，博得舆论广泛赞扬，也感到高兴，但觉得那只是个开头，困难还在后头，成败尚难定论，特别担心他虎头蛇尾。当晚我按时到了逸村，蒋显得十分高兴，两人握手就座之后，他得意地问我：“你看怎么样？”想听听我对他在上海政绩的评价，并且满以为我也会像别人那样称颂他。而我却毫不隐晦地回答：“开头还不错，但我怕你后劲不足！”这不啻给他泼了一瓢冷水，他微露不悦之色，但也似乎有所触动。我接着问他：“CC方面怎么样？”他的脸色由不悦转为愠怒，骂道：“他妈的，他们在上海控制着大小十五家银行，我要同他们干到底！”我相信他的话，因为蒋经国同CC派之间早存芥蒂，他们的明争暗斗路人皆知。但我最担心的还不是CC派，而是宋美龄，因此我又问：“夫人（指宋美龄）呢？”此问一出，他顿时呈现难言之状，站了起来，口含烟斗，紧锁眉头，踱来踱去，近半个小时，一言不发。我坐在沙发上，感到局促不安，最后我说：“今天不谈了，以后再说吧。”他说：“好，我派车送你回旅馆。”谈话就此不欢而散，我感到他一定遇到了棘手的问题，有一种不祥的预感。

事后我听说，蒋经国在这段时间里确实碰到了难以克服的障碍。9月下旬，蒋经国在浦东大楼召集许多工商巨头开会。会议开始，蒋经国照例客气地表示感谢诸位对币制改革的支持，接着话锋一转，带着威胁的口吻说："有少数不明大义的人，仍在冒天下之大不韪，投机倒把，囤积居奇，操纵物价，兴风作浪，危害国计民生。本人此次秉公执法，谁若囤积物资逾期不报，一经查出，全部没收，并予法办！"他的话音刚落，老奸巨猾的杜月笙却不紧不慢地说道："犬子维屏违法乱纪，是我管教不严，无论蒋先生怎样惩办他，是他咎由自取。不过——我有个请求，也是今天到会各位的一致要求，就是请蒋先生派人到扬子公司查一查。扬子公司囤积的东西，在上海首屈一指，远远超过其他各家。希望蒋先生一视同仁，把扬子公司囤积的物资同样予以查封，这样才能使大家口服心服。"此时满座的目光都对着蒋经国，看他如何反应。杜的这番话反守为攻，指名道姓，完全出乎蒋的预料，他不由得一愣，但随即表示："扬子公司如有违法行为，我也一定绳之以法！"

蒋经国话虽然这么说，但回到办公室之后却感到事情棘手万分。因为扬子公司的董事长和总经理是孔令侃，他是当时的行政院院长和中国的大财阀孔祥熙之子，其姨母则正是"第一夫人"宋美龄。宋美龄没有生儿育女，故对孔令侃视如己出，倍加宠爱，精心培植，孔、宋两家早已联为一体，密不可分，大有"一荣俱荣，一损俱损"之势。而且扬子公司还在纽约、伦敦等地设有分公司，与美、英、法等国各大财团及国民党政府许多机构都有密切关系。因此，孔令侃自认为靠山硬，谁也奈何他不得。蒋经国固然来头大，但又能把他怎么样？所以他没有把"太子"放在眼里。明明有令规定：午夜十二时以后实行宵禁，不准行人通行。孔令侃偏在这时开车闯关，扬长而去。明明规定禁止囤积居奇，扬子公司偏偏乘机大搞囤积物资。大上海青年服务总队队长王升和其手下人为此向蒋告状，蒋经国为之勃然大怒，但也不敢轻易在"太岁"头上动土。但如今杜月笙在会上这么一逼，他无法回避，不得不予以表态。扬子公司违法乱纪的事实路人皆知，整个上海都在拭目以待，看他如何动作。事情到这一地步，蒋经国只好横下一条心，向孔令侃开刀，于是命令经济警察大队队长程义宽搜查并查封了扬子公司，但迟迟不对孔令侃本人采取进一步的行动，表明他手下留情，仍留有余地和后路。

查封扬子公司成为一时的重大新闻，引起舆论的普遍关注。10月3日，上海、南京、北平等地各家报刊争相报道“扬子公司案”消息，有的表示欢欣鼓舞，呼吁“清算豪门”；有的则因处理此案拖泥带水，缺乏前一阶段的雷厉风行作风，表示不满，指责是“只拍苍蝇，不打老虎”。各种议论都有。

我看到这种情况，预感到自己所言蒋经国“后劲不足”可能不幸而言中，因而很着急。于是在一次会见时，我问他：“孔令侃案办不办？”他像没有听见一样，不予置答。此时蒋经国用行政手段勉强维持的上海经济秩序已出现崩溃之兆。物价开始飞涨，物资缺乏，生产停顿，到处出现抢购风，老百姓怨声载道。我陪同他到申新九厂了解生产和原料供应情况及工人的情绪，看到沿途市面上出现了一片抢购风潮，我与他的心情都很沉重。我又追问他：“孔令侃案你准备办不办？”他却顾左右而言他，说：“塔斯社发表了一篇文章，评论上海‘打老虎’，说用政治手段去解决经济问题是危险的。”接下去就不再说什么。

回到旅馆之后，我反复琢磨他这句话的含义。觉得他是借此向我暗示：他要后退了。对此我想了很多很多。本来我对实行经济管制能否奏效，并不抱有多大的希望，但认为在当时打击豪门、严惩贪官污吏和奸商，平抑暴涨的物价，对老百姓也不失为有利的一着。特别是当遇上真正囤积居奇、横行不法的“豪门资本”，全国人民拭目以待之时，我认为绝不能退缩，应当大义灭亲，依法严惩。否则，无以向人民和历史交代。如果口号喊得震天价响，一遇见真正的“老虎”就偃旗息鼓，那上海“打老虎”不成了一场具有讽刺意义的骗局了吗？对于国民党，我早就失去了希望，但对于蒋经国我还抱有一线希望，认为他是一个有抱负、有能力的领导人，几年来他对我恩遇甚深，无论以公以私，无论作为部下和朋友，在此关键时刻，我都有责任、有义务向他进言，提醒、劝告他：坚持原则，不要犹豫不决，消极退缩。

为此，我主动到逸村二号去见他，开门见山地向他提出：“你对孔令侃一案究竟办不办？如果不办，那岂不真像报纸上所说‘只拍苍蝇，不打老虎'了吗？”他本来情绪就不好，见我又提起这个他最不愿意谈的话题，顿时发火了，他本来就沙哑的喉咙放得特别大，以训斥的语气嚷道：“孔令侃又没有犯法，你叫我怎么办？”我见他不仅不承认自己软弱、不敢碰孔令侃的事实，反而竟然以孔令侃无罪的口实为孔洗刷，为自己辩护，一种从未有过的失望和愤怒驱使我拍案而起，一掌击在桌上，大声说：“孔令侃没有犯法，谁犯法？……你这个话不仅骗不了上海人民，首先就骗不了我！”这就是江南所著《蒋经国传》中说到的“为了‘扬子案’，经国的爱将贾亦斌曾和他拍过桌子”的一幕。而后，他终于平静下来，叹了一口气，又无可奈何地说：“亦斌兄，你是有所不知，我是尽孝不能尽忠，忠孝不能两全啊！”他以个人须尽孝来为不能为国尽忠辩护，明显是把个人和家族的利益放在国家利益之上，我根本不能接受，于是便进一步对他说：“你有对你父亲尽孝的问题，而我只有对国家民族尽忠的问题。如不处理孔令侃一案，何以服国人，又何能救国家？”说罢我便拂袖而去。回到扬子饭店，我连夜给他写了一封长达十四页的长信，再一次予以敦劝，结果自然仍是失望。

事后我才得知了扬子公司一案的内幕。原来开始时，蒋经国也想对孔令侃案进行处理，但受到了宋美龄的干预。扬子公司被查封后，孔令侃发现来势太大，便到南京向姨妈求救。宋美龄专程到沪，乘中秋节日把蒋经国、孔令侃约到永嘉路孔宅面谈，企图缓和两人的关系。宋美龄劝说道：“你们是表兄弟，我们一家人有话好说。”蒋经国对孔令侃说：“希望你顾全大局！”孔大吼一声说：“什么？你把我的公司都查封了，还要我顾全大局？”最后两人大吵起来，蒋临走时说：“我蒋某一定依法办事！”孔令侃回答说：“你不要逼人太甚，狗急了也要跳墙！假如你要搞我的扬子公司，我就把一切都掀出来，向新闻界公布我们两家包括宋家在美国的财产，大家同归于尽！”宋美龄一听，顿时脸色发白，手脚发抖，见他们不听劝告，各走极端，只好连忙打急电给在北平的蒋介石，说上海出了大问题，要他火速乘飞机南下。当时，北平形势紧张，蒋介石正在北平主持军事会议和亲自督战，闻讯后立刻要傅作义代为主持，自己即乘飞机赴上海。傅作义对此极为不满，对人说：“蒋先生不爱江山爱美人！”

蒋介石一到上海飞机场，宋美龄即带孔令侃首先登机，抢先向他告了蒋经国的状。然后由警备司令宣铁吾、市长吴国桢及蒋经国等陪同蒋氏夫妇到达天平路蒋宅，大家正准备坐下向蒋汇报情况并聆听指示，宋美龄却宣布：“总统长途南下，很疲乏了，一切事情明天再说。”蒋经国及文武官员只得悻悻告退。经宋美龄向蒋介石多方说明原委，谓两家属于姻亲，有共同利害，家丑不可外扬等等，得到蒋的首肯。第二天蒋介石召蒋经国进见，痛骂一顿，训斥道：“你在上海怎么搞的？都搞到自己家里来了！”要他立刻打消查抄扬子公司一事。父子交谈不到半小时，蒋经国出来时一副垂头丧气之色。接着，蒋介石又召见上海文武官员，亲自为扬子案开脱说：“人人都有亲戚，总不能叫亲戚丢脸，谁又能真正铁面无私呢？我看这个案子打消了吧！”大家一听此言，只得唯唯诺诺而退。

在这一幕之后，上海警察局发言人也出面为孔令侃开脱，对外宣布：“扬子公司所查封的物资均已向社会局登记。”使其披上了合法的外衣。而曾经积极报道“扬子案”的上海《大众夜报》《正言报》却很快被勒令停刊了。扬子公司一案风波就此平息，不了了之。

上海经济管制虽然已是强弩之末，但蒋经国为了给自己壮大声势和炫耀力量，又准备于10月10日在上海举行双十节十万青年大检阅，他要我负责筹备。我将当时驻守苏州的青年军第二〇三师和驻守上海郊区的青年军第二〇九师调来上海，加上杭州、嘉兴两所青年中学的学生和“戡建队”、大上海青年服务总队以及各大专院校青年军复员学生，约七八万人，对外号称十万。检阅仪式在上海虹口体育场举行，由陆军副总司令关麟徵陪同蒋介石进行检阅。10月10日清晨，蒋经国要我驱车前往东平路蒋宅迎接蒋介石。等我赶到东平路，才得知蒋介石已乘飞机前往虹口。我万万没有料到：近在咫尺的虹口体育场，蒋介石还要坐飞机去！事后听说这是军务局局长俞济时临时出的一着妙计：先从东平路驱车到虹桥机场，坐飞机到大场机场，再坐汽车到虹口体育场，这样可以绕过上海闹市区，以避免遭愤怒的群众拦阻包围。如此草木皆兵，我听了只觉得啼笑皆非。

当天的大会主席是蒋经国，尽管内心空虚，他还是装出充满信心的样子，态度慷慨激昂。队伍经蒋介石检阅后，举行了游行示威，由骑兵做先导，接着是摩托部队、炮兵和荷枪实弹的步兵，后面是大上海青年服务总队和各界人士。游行队伍出虹口公园后，沿四川路、外白渡桥、外滩、南京路行进，一路有气无力地呼喊口号，最后到跑马厅（现人民广场）宣布解散。明眼人都能看出：这次检阅纯粹是虚张声势，它预示上海的这场闹剧就要落幕了。

曾经轰动一时的上海经济管制只维持了七十天。被人为控制的物价又开始以更惊人的速度扶摇直上，金圆券价值一落千丈，很快变成了废纸，到处是疯狂的人群和抢购狂潮，许多人被挤死、踩死，情况混乱到了极点，一幅“世界末日”的景象。10月31日，南京政府行政院被迫宣布将限价改为抑价，行政院院长翁文灏、财政部部长王云五相继辞职，国民党的经济管制政策宣告彻底破产。

随着经济管制政策的失败，蒋经国在上海的使命也宣告结束。结束那天，我陪同他乘车前往上海广播电台发表广播讲话，他以沙哑、悲哀的声音宣读了《告别上海市父老兄弟姐妹书》，向上海市民致以深切的歉意，并向大家告别。宣读完毕，蒋经国黯然泪下。在返回的途中，他沉默良久，最后对我说：“上海经管失败比济南失守的后果更为严重。”蒋经国离沪前召集亲信开会，情绪低沉地说：“现在我们失败了，今后我们究竟到哪里去工作、做什么工作，现在都不知道，以后再说。你们自己要守纪律，多保重。”并指示王升将大上海青年服务总队“组织保存，活动停止”。11月6日，蒋经国悄然离沪，返回杭州寓所，旋又转赴南京。上海“打老虎”的闹剧至此结束。

上海经济管制的失败对蒋经国的打击相当大，他对国民党政权和自己的前途感到一片茫然，悲观消极，情绪极度低落。回南京后，每日借酒浇愁，常常喝得酩酊大醉。我曾到励志社去看他，他一边喝酒，一边烧文件档案，甚至连印好的请柬也付之一炬。我问他：“你烧请柬干什么？”他回答说：“亡国了，还请什么客？”绝望情绪溢于言表。我感到他的无力和可怜，心中有说不出的滋味。

上海“打老虎”给我以深刻的教训，我对蒋、宋、孔、陈四大家族的腐朽黑暗内幕有了进一步的了解，国民党政权由他们掌握，只有走向灭亡。我曾寄希望于蒋经国，希望他能有所作为，但事实证明：他也不能摆脱其父亲和家庭的决定性影响，最后终于同他父亲合流，我对蒋经国所抱的幻想最终破灭了。在我的面前摆着两条道路：或者随波逐流，跟着蒋经国，做蒋家王朝的殉葬品；或者毅然决然，弃暗投明。我陷入了痛苦的抉择。我从小读孔孟之书，儒家忠孝节义的思想对我影响甚深。想到蒋经国对我的知遇之恩，一旦要弃他而去，心中确实不忍，又担心被人指责为“忘恩负义”，为此一再踌躇不决。经过反复的思想斗争，我终于认识到：忠于个人是小忠，忠于国家民族乃是大忠，如因小忠而弃大忠，就是无原则的“愚忠”，两者不能俱全之际，只能牺牲前者，而选择后者。国民党执政二十多年，腐败无能，弄到天怒人怨，为民所弃，已是不争的事实。民心所向即是个人选择的最好指南。我不愿意执迷不悟，为这个腐朽的政权去殉葬，决心同蒋家王朝决裂，同蒋经国分道扬镳，去寻找新的道路。

忆蒋经国在华北的“反贪污运动”

刘瑶章

蒋经国在抗日战争期间，他已经在蒋介石的扶植下，做了不少准备工作。日本投降以后，他的具体的组织工作更是步步加紧。所谓“反贪污运动”，就是他的组织工作的一部分。

我从1947年就参加了蒋经国的所谓“反贪污运动”。可惜，当时经过的详细情形，今天已经有许多记不清了。我只能通过回忆，把这个反动组织的缘起、性质、参加的人和做过的事写出来，备供参考。

我参加“反贪污运动”是经过郑彦棻的介绍。郑在当时是国民党的中央常务委员兼国民党中央党部的副秘书长。

大约在1947年前半年，我已经担任河北省临时参议会议长的时候，郑彦棻随蒋介石来到北平，他向我第一次提起“反贪污运动”。他说：“蒋经国发起的这个运动，政治意义非常重大，在平、津、河北方面，希望陈雪屏（那时是北京大学教育系主任）、石志仁（那时是平津区铁路局局长）和你负责推动。”实际上这三个人是以陈为主，因为陈同郑以至蒋的关系远比石和我与蒋、郑的关系深得多。接着，郑给了我们一个文件。文件很简单，约莫十来条，文字已经记不清了，要点大概如下：

一、这个组织对外绝对保守秘密，横的方面不发生任何关系。

二、吸收什么人参加这个组织要特别慎重，当前发展的对象主要是党、政、教各方面比较负责的人，为了便于扩大影响。

三、要经常同蒋经国（通过郑彦棻）通信联系，反映情况，提出建议。

通信的代名规定为“燕廉”。

我听了郑的谈话，看了文件，非常高兴，立刻表示愿意参加这个组织。我当时想：

一、贪污腐化是蒋政权的一个致命伤。为了维持蒋政权，首先要根绝贪污。反贪污确是一个响亮口号。

二、这个运动既然是蒋经国发起的，参加当然不会有问题，而且正好利用这个机会，和蒋经国发生关系，以后向上爬就方便得多了。

三、通过这个运动，还可联络一帮在政治上有地位有力量的人物，相互标榜，大有利于个人的政治活动。在我争夺河北省临时参议会议长的过程中，张厉生、段锡朋都很帮忙，可是陈立夫从中作梗。参加了这个运动以后，我觉得议长的地位就稳固得多了。

这个运动，始终没有大搞起来，实际上也不可能大搞起来。只是在1947年后半年到1948年前半年这一阶段有点活动。

关于发展组织方面，陈雪屏、石志仁和我先后介绍二十多个人参加，其中有郑天挺（北大历史系教授兼教务长）、张怀（辅仁大学教育系教授兼国民党北平市党部委员）、张重一（辅大教授兼教务长）、董洗凡（辅大教授，以后在唐山华新纺织公司任职）、王翼臣（国民党政府经济部平津区接收特派员）、赵昂青（平津区铁路局秘书主任）、杨格（平津区铁路局秘书主任）、杨以周（天津中纺公司经理，以后兼天津市参议会议长）、陆涤寰（天津市卫生局局长）、孙振邦（河北省民政厅厅长）、贺翊新（河北省教育厅厅长）、屈凌汉（河北省社会处处长）、王捷三（北平行辕政务处处长）、耿幼麟（华北补给区司令）、朱芳春（河北省北平高中校长）等。

这些人一般比较忙，不但没有定期的集会，不定期的会谈次数也并不多。会谈时，多半采取聚餐的方式。会谈的内容很广泛，不过主要是交换关于平津河北地区的军事、政治、经济、教育各方面的意见。会谈比较有结果的，摘要函报郑彦棻转蒋经国。有关贪污的问题，也曾经谈过一些，可是总苦于一时找不到真凭实据。要进行调查，又感到困难重重，而且谁也不愿意出头得罪人，顾虑很多。例如，像李宗仁、孙连仲一类大贪污案件，研究来，研究去，都没有下文。因此，大家越来越泄气。以后经过商量，给蒋经国写了一封信，提出三个问题：

一、既然要“反贪污”，为什么不从上而下地反起？为什么不先把南京的特大贪污案件办几个？不然的话，自然免不了“上梁不正下梁歪”。

二、一般公教人员的薪金收入远远赶不上物价的飞涨，以致无法维持最低的生活。那么，公私不分、假公济私一类小贪污案件就跟着发生了。为什么不先从根本上把一般公教人员的生活稳定在一定的水平，再来“反贪污”？

三、“反贪污”还是个消极的口号，为什么不提出一个积极的口号来，更便于号召呢？这封信发出后，如石沉大海，始终没有得到一个答复。

蒋经国到北平来，多半住在东黄城根九号（解放前是蒋军空军司令部的房子，解放后是民革总部）。他每次来时，我多半找他谈一谈。可是一谈到比较具体的问题，他便默不作答，或者答复不得要领。郑彦棻来时，大家多半是边聚餐，边会谈。郑对于问题的答复，也是很抽象，最后总是说带回去和蒋经国去研究。有一次，郑让我们把对于华北有关问题的意见提出来。我们商量以后，大约提出以下几点意见：

一、华北地区共产党的力量，眼看着一天比一天膨胀，南京应特别重视。首先需要解决的是加强统一的领导和指挥。希望蒋介石能到北平来“坐镇”，或者常到北平来“巡视”。

二、当前“剿共”的力量还很不够，希望大量增加队伍，并大力组织“民众自卫”武装。

三、华北经济已是民穷财尽，要求加强“南粮北运”，加强工商贷款，特别是多调拨些“美援”物资。这些问题，在我为了所谓“自卫捐”问题去南京“请愿”时，还同蒋经国、郑彦棻面谈过。

我曾经以河北省临时参议会议长的身份，参加过“华北军纪吏治督察团”（监察使李嗣璁任团长，北平行辕副主任关奇伟和第十一战区副司令长官马法五任副团长，另外有北平市临时参议会议长谷钟秀和天津市临时参议会议长时子周及我参加）。大家原希望我在这里面出出风头，我也这样想过。但是，碰到具体问题，不是不敢办，就是办不动。这也是由反动统治阶级的本质来决定的。例如，国民党政府行政院决定把京西中英煤矿发还汉奸周奉璋一案和北平行辕把赃物发还刘乃沂的家属一案，虽然吵嚷了一阵，并写信给蒋经国，还到行政院力争，都毫无结果。

大约在1947年末或1948年初，蒋经国电召陈雪屏去南京，做了国民党青年部部长。以后，他两次回到北平：一次是代表蒋介石试探胡适愿不愿做副总统；一次是带着“清查匪共间谍”的密令来迫害一些进步的教授和学生，起了蒋家忠实走狗的作用。在1948年后半年，我由于傅作义的推荐和蒋经国、郑彦棻的促成，做了北平市市长，把“戡乱”作为当前的中心工作。北平解放的前夕，我还写信给正在台湾的蒋经国，托他照顾我那逃往台湾的妻女。贺翊新离开了河北省教育厅以后，凭借了蒋经国、张厉生各方面的力量，继我为河北省临时参议会议长。所谓“反贪污运动”的具体表现，如此而已！

蒋经国为什么要搞这样一个“反贪污运动”呢？我当时为什么高兴地参加呢？问题很清楚，共同的目的是：妄想借一个虚伪的口号来欺骗人民，来延缓反动政权的崩溃。蒋经国不是为了真正的“反贪污”，我和其他参加这个运动的人也不是为了真正的“反贪污”。从反动阶级的本质来说，真正的“反贪污”是绝对不可能的。至于“反贪污运动”究竟是蒋经国御用的核心组织，还是外围组织，是全国性的组织，还是地区性的组织，我当时就没有弄清，今天当然也作不出肯定的答案。

我所知道的“戡乱建国总队”

周征环*

1947年，中共代表团由南京撤离返回延安后，国民党反动派在美帝国主义的支持下，全面发动了蓄谋已久的内战，向解放区大举进攻。蒋介石把内战说成是共产党搞内乱，而把向解放区大举进攻的行动美名曰“戡乱”。蒋介石为了加强剿共力量和为蒋经国培植势力，于1948年初继国民党中央训练团“戡乱建国训练班”之后，成立了“戡乱建国总队”。

那时，我是三青团江西支团南昌分团干事兼股长。国民党和三青团合并后，有大部分三青团的骨干没有安置，我也是其中的一个。1947年冬，国民党江西省党部将我们这些没有安置的骨干送入南京中训团的戡乱建国训练班训练了四十天，结业后我被分配到戡乱建国总队任上尉队员。现将我所知道的戡乱建国总队的情况简述于后。

* 作者时为三青团江西支团南昌分团干事兼股长，“戡乱建国总队”上尉队员。

南京戡乱建国训练班

戡乱建国训练班是1947年冬，党团合并后，由剩下没有安置的分团骨干分子所组成。江西参加训练的人员是由原三青团江西支团干事会书记、合并后的国民党江西省党部副书记李德廉负责，将全省没有安置的人员造册报送蒋经国批准后集合往南京，1948年1月14日，我们从九江码头登上长江大客轮直下南京，1月16日在南京码头上岸，当日到达孝陵卫中训团。

到中训团的当天，负责人胡轨接见了我们，发了队员履历表，要我们填写，并要写一份详细自传，然后进行常识考试。考试的主要内容是谈对共军和当时军事形势的看法。我在考试的时候，江西带队人李德廉悄悄地对我说："你要写得对共军越愤恨越好，描述得越刻骨越说明你有才干。"考试合格者，立即办理入训手续。他们根据我的履历表和考试情况，让我第二天就进入了中训团，换上了中训团军服。有的人在考卷上对党国尽忠没有写得恰到好处，后几天才办理入训手续。

训练时间安排很紧，我们到达南京训练团驻地的第二天（1月17日）上午，全体队员都集中在孝陵卫操场上进行编队编组。蒋经国亲临现场，并作了简短的讲话。他说，目前局势很紧，共军势力很强，我们南京"戡乱建国学会"根据戡乱建国的需要，必须在短期内加紧军事训练，培养一批戡乱建国骨干来对付共军。经报请领袖（蒋介石）批准，在中训团设立戡乱建国训练班来培训戡乱建国人才……

这里我附带说一说"戡乱建国学会"的由来。

蒋介石在南京设立了一个国立中央政治大学，为了把教育大权掌握在手中，准备派蒋经国出任教育长，由于保密不慎，被把持党务的CC系得到消息，从中作梗，使计划未能实现。于是蒋介石便指示蒋经国在南京召集骨干和复员的青年军创办一个"戡乱建国学会"，与中央政治大学平分秋色。同时，蒋介石还指派胡轨任三青团中央组织处副处长兼青干校训导处处长，为蒋经国排挤康泽派遣助手，这就是"戡乱建国学会"的由来。

胡轨是黄埔复兴社的骨干，是蒋氏父子的心腹，所以蒋经国又委任他担任戡乱建国训练班的班主任。蒋经国在对全体学员讲话时，把胡轨的简历向大家作了介绍，要求全体学员听从他的指挥。

蒋经国讲话之后，胡轨也简单地介绍了戡乱建国训练班的基本情况。

1月18日，戡乱建国训练班举行开学典礼。蒋介石亲临会场，并在会上发表了演讲。他扬言三个月可以打败共军，半年可以全部消灭共军。他还说在戡乱军事胜利的同时，政治也要跟上去，我们成立戡乱建国训练班的目的，就是要培训一批忠于党、忠于三民主义的政治工作干部，分赴到各地去进行政治革新；要实行“新县制”，改革各种制度，巩固社会治安，建立良好的社会秩序。

戡乱建国训练班的训练方法实际上是以“中训团”的一套方式进行的。参加训练的约一千三百名学员，以政治、业务、军事三个方面为学习内容。其中以政治、业务为主，采用课堂讲、自己学、分组讨论三种方式。每天以三分之二的时间用于政治思想学习，三分之一的时间用于军事学习。一般是上午讲课，一千多人拥挤在大礼堂听讲，下午和晚上分组讨论和自习。整天时间安排很紧。

课堂讲学，又分政治课程和业务课程。业务课仅次于政治课，专讲“新县制”。“新县制”的主要内容分管、教、养、卫四个方面。

“管”是加强乡镇保甲制度。乡镇保甲长是由经过训练的青壮年人来担任，主要工作是维持社会治安和整理户籍，做到户有“户口牌”，人有“国民身份证”。“户口牌”钉在每户大门窗上，“国民身份证”携带在各人身上，以便查询。

“教”是以三民主义精神和政府的政策法令，结合戡乱形势为内容，采取一切可以利用的机会和方式，如书写标语、墙报、黑板报等，及时对人民进行口头和文字宣传教育。

“养”是开展征收各种税务和田粮来充实地方财政收入，因地制宜开办小型厂矿企业，举办公益福利事业。讲这一内容时，都把蒋经国建设新赣南的一套所谓严惩投机倒把、囤积居奇，反对贪污浪费、捉赌禁娼、提倡厉行节约等方针政策渗透进去。总之，“养”的内容烦琐，比“管”“教”“卫”要多占篇幅。但是对农民的土地要求、减轻苛捐杂税却只字未提。

“卫”是加强防御力量。县有自卫队，乡镇有公丁，组织“守望队”，并设立“递步哨”。一旦发现共军，日间打锣，夜间举火报警。“递步哨”传递消息，一站报一站，直报到县为止。利用农闲季节训练青壮年来担当自卫队员。

第三部分是军事课程，军事课不占重要位置，只要求学员过军事生活，实行军事管理。

夜间教育是在腊月下旬的一个深夜举行。约凌晨二时，大家正在酣睡之中，一阵紧急集合哨声惊飞梦呓。学员们摸黑披衣整装，迅速集合跑步出发，一口气跑了十多华里，摸进一个大宅院内，列队站好。院的围墙很高，没有灯光，也无月亮，漆黑一片，连左右的面孔也看不清。忽然听见一个声音：“请蒋先生讲话。”我们才知道又要听蒋经国训话了。只听蒋经国说：“这里是二忠祠，是领袖为了纪念陈、戴两位同志的地方。在这里集合夜训也就是要你们像他们两位一样，忠于党国，忠于三民主义，忠于领袖……”

蒋经国指的这两人，一是陈布雷，蒋介石侍从室第二处主任，蒋介石的文稿大都出自他的手笔；另一个是戴笠，军统特务头子，诛杀异己是他的职业。当时二忠祠正在兴建，不知何故未建成。蒋经国讲完话以后，全体学员又跑回中训团，到家时刚好天亮。

训练进入到后期，蒋经国又到戡乱建国训练班讲过话，号召大家认清当前的形势。他说：“经济动荡、物价飞涨、市场紊乱等等的根本原因，是共产党的内乱和投机奸商的兴风作浪。共产党和投机奸商是党国的两大敌人，只有肃清奸商，稳定物价，才能消灭共产党。”

戡乱建国总队的成立

戡乱建国训练班于1948年2月28日结束，历时四十天。28日上午，蒋介石亲自主持戡乱建国训练班的结业典礼。在会上，他指着讲台上面悬挂的大幅横额“忠孝仁爱，信义和平”，发表了一通忠于党、忠于三民主义、忠于领袖和杀身成仁的大道理，最后说：戡乱是必胜的，但要以军事做后盾，要以主力战的大会战，打垮共军的主力，大约只要一年的时间就可以全部歼灭共军。他还要求我们要共同努力，为党国尽忠，并说在结业以后，每人发给一支加拿大手枪。这支手枪不仅仅是用来冲锋陷阵指挥作战的，也不仅是用来防身自卫的，主要还是到关键时刻不做俘虏，用来杀身成仁的，望大家不成功便成仁。

当天下午，蒋介石亲自陪同戡乱建国总队的全体队员看了一场由马连良主演的京剧《四进士》，后由班主任胡轨宣布戡乱建国训练班到此结束，国防部戡乱建国总队正式成立，番号是“3731B”，表示戡乱建国总队于中华民国三十七年（1948）3月1日正式成立。

戡乱建国总队成立后，全体学员都换上了国防部发下的军装，而且将“戡乱建国总队”编成了六个大队，每个大队四个中队，每个中队四个组，每个组十二人左右，并任命了各级官员。总队长为中将，大队长为少将，中队长为上校，组长为少校，大多数骨干分子都是新太子系的人，也有极个别的干部是由三青团分团干部担任，而这些人都曾在青干班或青干校受过专门训练。

编队分组确定后，每个人发一个桃子形状的臂章，上面印有“3731B”字样，统一挂在左膀上节。符号为白底，分红、黄、蓝边三种。红边的代表大队长，黄边的代表校官组长或中队长，蓝边的代表尉官队员。符号上标有总队、大队、中队番号和本人姓名。

1948年3月1日下午，蒋经国由戡乱建国总队队长胡轨陪同来到队员驻地，用怎样忠于党国事业的老调来鞭策鼓励全体队员，并且宣布了一条重要消息：把全体队员分派下去搞组训工作。组训具体内容、工作方法，我们不甚了解。其间我们又得到消息，蒋经国安插丁俞谐等六人出任县长和戡乱建国总队的工作受到了阻力。一星期以后我们了解到，产生阻力的原因，是由于蒋介石在南京召开第二次国民代表大会期间，曾和李宗仁演了一场竞选副总统的闹剧。尽管蒋介石对李宗仁施加压力，但李宗仁还是当选上了副总统，从而引起了蒋、桂之间的新冲突。那时，我们第二大队驻扎在安徽省的屯溪，名是搞组训工作，实则是待命。由于蒋、桂之间明争暗斗，安徽省主席李品仙（桂系）对我们去搞组训工作极力反对，故意给我们军需上造成很大的困难，甚至停发队员的薪俸，使我们的一切开支不得不用蒋介石的特别办公费垫付，队员们的劲头才又高了一些。同时，我们又听说了蒋经国亲自指挥的第六大队已由王升任大队长了，并在上海开展了声势浩大的“暴力限价”工作。队员们感到待命期快满了。果然没过几天，真的来了命令，凡在上海以外的“戡乱”大队——即一、二、三、四、五大队调往京沪铁路的各个城市，配合上海开展“暴力限价”工作：当时，各家报刊捧蒋经国在上海“打虎”。这就是“戡乱建国总队”被称为“上海打虎队”的由来。

关于上海“打虎”

上海开展的“暴力限价”工作是蒋经国亲自指挥的：它的基本任务是加强经济管制，整理财政开支，发行金圆券为主要货币，限期兑换人民持有的金、银、银元、外汇等货币，极力稳定市场物价。各行各业，不论店面和库存的物品或货物原料，必须进行造册登记，先自报公议，然后，再发动群众揭发检举；同时开展反贪污浪费、反投机倒把运动。对一些不老实的投机奸商采取关押、判刑、枪决等手段来进行强行限价。当时泄漏经济机密的财政部秘书陶启明被判了徒刑；上海警备司令部科长张尼亚、大队长戚再玉被枪决了；囤积居奇的商人王春哲处以死刑；关进监狱的有六十人之多。正当这次运动在上海猛烈地冲击着各个领域时，却遭到四大家族的代表扬子公司的反击，有几批查处的货物及人员由孔祥熙甚至宋美龄出面阻拦，使“暴力限价”工作进展不下去，半途而废。于是，上海舆论大哗，“大虎打不了，苍蝇蚊子抓一把”，引起了一时的轰动。到后阶段，由于京沪沿线各地的物价高于上海，无货运进上海，一时货源枯竭，上海市场一片萧条景象。在这种内外交困的情况下，蒋经国不得不发表一篇《告上海市民书》，宣告“暴力限价”工作结束。这就是当时所谓的“上海打虎”。

“暴力限价”工作结束后，蒋经国也不知躲到何处去了。戡乱建国总队原地停歇，无事可做，官兵怨声载道，市面物价犹如脱缰之马猛烈上升，城市一片混乱。戡建队员情绪低落，生活散漫。1948年冬，由于解放军势如破竹地大举进攻，在徐州外围歼灭了蒋军几十万，使蒋军官兵成了惊弓之鸟，胜败之局已定。国民党政府面临着“呼啦啦大厦将倾，昏惨惨灯油将尽”的惨景。1949年元旦，“戡乱建国总队”开往华南途中，到江西省宁都休整，准备开赴广州时，我借祖母病危故请假回家，从此，便脱离了“戡乱建国总队”。

（刘熙仁　整理）

“戡乱建国总队”及“青年救国团”

汪坚心

1946年，国民党决定党团合并，三民主义青年团并入国民党，以紧缩编制预算。三青团的负责人一律改任党部副职，如省支团主任改任省党部副主任委员，县分团书记改任县党部副书记长，这么一改变，党部、团部职员就有不少失了业。为了解决这个问题，国民党中央在中央训练团设立戡乱建国训练班。蒋介石在三年内战时提出“戡乱建国”，训练班便以此而命名。各省县失业的党部团部职员，分批分期集中到训练班受训。国防部设立戡乱建国总队，将受训完毕的人编入戡建总队工作。戡建训练班班主任及戡建总队总队长，由胡轨一人担任。政治背景实为蒋经国。戡建总队有六个大队，大队下设中队、分队。每大队人员八九百名，各人都佩带短枪。他们与军统、中统沆瀣一气，而且用公开名义活动，其罪恶之严重更有甚于军统、中统。总队部设主任秘书一人，由蒋经国的赣南派干部徐恒瀛担任。他系蒋经国之心腹。胡轨用徐为主任秘书，以示与蒋的亲密无间。

戡建总队的六个大队，随时调驻江苏、山东的各大城市。这里值得特别提出的是第六大队。蒋经国担任上海经济特派员时，胡轨指派第六大队到上海，跟随蒋经国搞检查、宣传、组织民众等项工作，大上海青年服务总队就是第六大队发动组织起来的。大队长王升，系胡轨的江西同乡，经过在上海工作，深得蒋经国的信任，后在台湾当总政战部主任。蒋经国离开上海时，把第六大队调到江西，王升兼任江西省党部书记长。

1948年，国防部设立青年救国团，中央党部青年部被撤销，由救国团接管。救国团下设四个总队，第一总队即戡建总队，第二总队是军统局的华北绥靖总队，第三四总队是新闻局的第一、二人民服务总队。团长人选方案，预定蒋经国、邓文仪、胡轨三人，经蒋介石指定由胡轨担任，仍兼第一总队戡建总队总队长。

救国团团部编制，设团长副团长各一人，参谋长一人，下设军事处、秘书处、总务处、社会服务处、宣传处、经理处、军法处、军医处等八个处室。另设高级参谋、专门委员若干人。处以下设科室。副团长由第二总队华北绥靖总队总队长兼任。

青年救国团的外围组织有南京义勇总队、大上海青年服务总队、浙西义勇总队、浙东义勇总队等等。原属中央青年部的全国失学失业青年救济委员会，拥有巨额救济金，胡轨兼任该会主任。为便于集中救济这批青年，特在救国团下成立学兵总队。

1949年，蒋经国的预干局在浙江嘉兴举办青年营，负责人贾亦斌，原青年军复员军人多有参加。贾亦斌思想进步，靠拢中国共产党，率领全营青年起义。这时蒋介石已下野回溪口老家，蒋经国也住溪口，获悉此事消息，电召胡轨赶往溪口。胡轨先见蒋经国，继见蒋介石。他们命胡轨以青年救国团名义编印劝告传单，派飞机在莫干山上空投发，要青年营全体迅速下山。结果，贾亦斌派员一人下山到救国团团部见胡轨。胡的左右事先布置，把来员监视搜查，经过同胡谈话后，被带走下落不明。

南京解放前夕，国防部召开缩编紧急会议，青年救国团被裁撤，团部人员遣散。戡乱建国总队人员大队已在江西，后经广州逃往台湾。华北绥靖总队已调驻浙江宁波，经定海逃往台湾。新闻局第一、二人民服务总队在汉口随白崇禧军队工作，以后溃散。

蒋经国的秘密核心领导组织——中正学社

方庆延

蒋介石靠黄埔军校起家，知道的人很多。但蒋经国靠什么呢？他为什么能够取得国民党的中央领导权接乃父之班，爬上总统宝座？当然，老头子蒋介石的意志是一个重要因素，但是，更全面的答案，我觉得应该加上："以中央干部学校为核心的有严密组织的干部体系，是他个人'成功'的要素。"王升、李焕、楚崧秋等党、政、军实权人物，就是蒋经国干部体系中的嫡系。

蒋经国嫡系的形成

蒋经国回国后第一任官职是江西省保安处少将副处长，兼"江西省青年服务团"总队长，以后熊式辉又让他兼新兵督练处处长。1939年6月，熊又提升他为赣州行政督察员兼保安司令。从此，他在赣南搞了一番"赣南新政"，熊极力为之吹捧，一时"蒋青天"和"青年政治家"传遍中外。

正当抗日战争进入艰苦阶段时，蒋经国不甘心偏居于赣南一隅，乃父蒋介石又暗有打算，因此，就命他来到陪都重庆。蒋介石是精通权变的，他给儿子安排了一个既不为人瞩目，又能使之逐步势力雄厚，以便为将来夺权创造条件的位置——三民主义青年团中央干部学校教育长。为了显示这所学校在国民党政治生活里的特殊地位，蒋介石亲自兼任了校长的职务。

自此，在国民党中央政治学校之外，又出现了一个以蒋经国为首的姊妹学校，暗中向CC派展开了挑战。这种挑战虽是无声的，却是有力的。它预示着，国民党内“新太子派”终于产生并逐渐壮大起来。直到1946年，蒋介石感到儿子羽毛已丰，为了缓和国民党内派系之间的矛盾，遂将两校合并成为“国立政治大学”。

1944年日军侵占独山，重庆朝野震惊。国民党乘机发动“知识青年从军运动”，名义是抗击敌寇，拯救民族危亡，实际上是想乘机扩张力量，以便将来对付共产党。此乃一箭双雕的策略。蒋氏父子当然不肯错失这一发展自己势力的良机。蒋介石旋命蒋经国担任青年军总政治部主任，兼青年军政工人员训练班班主任，在重庆浮图关（后改名复兴关）训练青年军政工骨干。从此，蒋经国长期掌握青年军领导权，以此扩充自己的势力。于是，一个以“中央干部学校研究部”为核心，包括原赣南旧部，青年军政工人员训练班和原三民主义青年团中央团部干部训练班（简称青干班）的蒋经国嫡系的干部体系便形成了，其基层是九个师的现役青年军和近十万人的复员青年军。

蒋经国为了更有效地控制其嫡系力量，还成立了“中央干部学校校友会”和“复员青年军联谊会”两个常设机构，总会设于南京，各省、市均设支、分会。其负责人皆由“中央干部学校研究部”第一期毕业生担任。总会备有基金，以确保其计划的执行。

强化组织，竭力支撑摇摇欲坠之国民党政府

1948年，蒋介石所发动的反共、反人民的内战，陷入了土崩瓦解的境地。国民党军在东北、华北战场完全处于劣势，江淮之间战势风云莫测，

更严重的是蒋之部属开始众叛亲离。在这种形势下，蒋介石焦虑不安，经常发怒骂人。他既担心湖南的程潜，云南的龙云，川康的刘文辉、邓锡侯、潘文华，又忧虑其嫡系部队军心不稳，起义投诚。想来想去，感到只有儿子蒋经国是最可靠的。蒋经国也深感其父临危受命之重，加之他也久怀“大志”，于是决以孤臣孽子之独木，来支撑摇摇欲坠之大厦。

蒋经国当时虽然只是“国防部预备干部局”中将副局长，表面只是替“老头子”当当副官，但他并未放松把自己的嫡系发动起来，乘机控制国民党的要害部门，发展个人派系势力。但是，要把组织松弛的力量，变为有力的行动集体并听命于他一个人，就必须有一个坚强的领导核心，来从事组织、训练、控制和指挥。为此，他勾画了一个严密的组织蓝图。4月中旬，他在南京黄埔路励志社二楼二号自己的住所（励志社是官方高级招待所，蒋经国在南京时经常住在这里），几次召集“中央干部学校研究部”第一期毕业生江国栋、王升、肖涛英，策划成立秘密组织“铁血救国会”（代号社会问题座谈会）及其秘密核心领导，组织“中正学社”（代号为青年问题座谈会），作为组织领导机构。

铁血救国会的成立

1948年4月中旬的一天下午，江国栋（当时任国民党国防部预备干部局第二处上校副处长）到所属第四科办公室找我，悄悄地说：“教育长（指蒋经国）约你晚上七点钟到励志中学高二教室开会，他有话讲。”特别叮咛：“准时到，绝对保密！”我按时到了黄埔励志中学。那是个星期六，又是黄昏时刻，校园特别冷寂，不见一个人。不一会，校园里有人影移动，走近了才看出是肖涛英，原来他是专门负责接待的。他低声对我说：“就在后面高二教室，到的人不少了。”我心里很纳闷，为什么今天这么神秘？再向前走，每个路口都有人指路。我走进高二教室时，电灯早亮了，多数座位都坐满了人，大家都静悄悄的，仿佛是小学生正等候老师，江国栋拿着一叠文件站在门口，见到我轻声说："坐下吧，教育长就到了。"

我坐定之后举目观望，只见胡轨（原中央干部学校副教育长，当时任国防部戡乱建国总队中将总队长）离我不远，我们彼此善意地点了点头。接着，贾亦斌走了进来。他当时任国防部预备干部局副局长，是蒋经国在国防部的副手。这时我暗自诧异，贾不是嫡系，怎么也来了呢？不久传来了一个熟悉的口音，"教育长马上就到"。原来，励志中学和励志社各有大门，内部却是相通的。蒋经国从住所励志社二楼二号下楼，走便门不用两分钟就来到会场。蒋进来时，所有与会的人都站起来鼓掌欢迎，他脸上现出兴奋而满意的表情。他走上讲台以后，脸上突然阴沉下来，用沙哑而低沉的腔调说："亲爱的同志们，你们都是我一直最信任、最有才干、最忠诚于校长的伟大事业的骨干。值此革命大业面临存亡绝续的关头、生死搏斗的时刻，这正是考验每个人的灵魂与良知的时候。我希望大家都成为疾风劲草，中流砥柱，要永远忠于三民主义，忠于校长。要做孤臣孽子，坚决执行校长的反共政策，不成功便成仁，至死不渝此心。当前，国民党内部腐化，而共产党恶化，都不能成功，我们主张'一次革命，两面作战'，既反对共产党的恶化，也反对国民党的腐化，两大革命毕其功于一役……"接着，他提出，要完成这个伟大革命使命，就必须发展"第三种势力"。随即提出成立一个秘密核心领导组织"铁血救国会"，代号"社会问题座谈会"，作为反共的领导组织。

在所谓征询意见之后，马上举行入会宣誓。监誓人是蒋经国。我们各人领了一张油印的"誓词"，蒋便举起右手，带领我们念"誓词"。内容是：

余以至诚，忠于三民主义革命事业，坚决拥护校长的反共救国政策，服从组织，服从命令，保守机密，如有泄露违反，甘受最严厉之惩处……永矢不渝，此誓。

宣誓后，蒋经国离开会场。我们当场填写“入会登记表”，交回誓词，才纷纷离开。我同江国栋、王升、肖涛英、许功锐等人是最后走的。

那天还发生了一个有意思的插曲：我们几个人在清点“铁血救国会入会申请书”和“誓词”时，发现“誓词”少了一张。这就是说，其中必有人违犯纪律将“誓词”带走了。在这个秘密组织初成立时就出现这种情况，是绝对不能容忍的。我们都瞪大眼睛，把空荡荡的教室找遍了也未发现。最后大家分析有嫌疑的人，但由于“誓词”只是借给宣誓人念一遍，并未填写姓名，所以很难断定是谁拿走的，只能提出怀疑。王升断定是贾亦斌，要去追赶搜查，江国栋和我们都不赞成，认为这样做后果不好，想来想去只得作罢。

然而，这个小插曲却像一块铅一样地压在蒋经国的心头，而且越来越重。从此他对贾亦斌一直采取明亲暗疏的办法，所有“铁血救国会”的活动，都有意避开他。同时，王升和江国栋等还开始对贾进行暗中监视。事隔三十多年以后，不知贾亦斌是否有所察觉。

秘密核心领导组织“中正学社”成立

秘密核心领导组织“中正学社”，代号“青年问题座谈会”，是蒋经国嫡系中的秘密领导核心，是他的智囊团。此后，一直担负蒋经国“新太子系”的最高参谋、决策和指挥任务。就在铁血救国会成立后的第三天（星期一）上午十时，蒋经国在住所励志社二楼二号匆忙地成立了中正学社。用王升的话说，就叫“希特勒的智囊团”，这是蒋经国听来感到很悦耳的名字。“中正学社章程”，是以“铁血救国会章程”为蓝本，略加增减而成。“誓词”“入社申请表”变动都不大，只是在决定人选方面，动了不少脑筋，而且有所争论，最后只得由蒋经国本人定夺。争论的问题，一是名额，二是分配，三是哪些人参加。

关于名额问题，蒋经国的意见是：中正学社的性质既是秘密核心领导组织，就必须精悍有力，人数也不宜多；但考虑到各个方面的代表性，决定名额为二十一人，名额分配要全面与重点相结合。蒋所控制的各个部分都有人参加，但重点在中央干部学校研究部第一期毕业生。最后决定：研究部第一期（以下简称“研一期”）十一名，研究部第二期（以下简称“研二期”）两名，青年军政工人员训练班两名，赣南旧部两名（以下简称“赣南派”），其他蒋经国的同学、亲戚等亲信两名，加上蒋经国本人共二十一名。中央干部学校专科（有毕业生五六百人，以下简称“专修科”）和中央干部学校东北人员训练班（以下简称“东北班”，毕业生有两百人）均没有人参加。

根据“中正学社章程”规定：中正学社内成立五人领导小组，作为常设机构以总揽一切事务，指挥“社员”行动。五人领导小组对社长蒋经国负责。其组成人员由蒋经国任命，名单如下：

书记：俞季虞，蒋经国少将主任秘书，苏联莫斯科中山大学同学。

副书记：方庆延，蒋经国中央干部学校研究部第二期学生，国防部预备干部局中校代科长。

组织干事：江国栋，蒋经国中央干部学校研究部第一期学生，国防部预备干部局上校副处长。

训练干事：王升，中央干部学校研究部第一期学生，戡乱建国总队第六大队少将大队长。

宣传干事：戴明震，蒋经国赣南旧部，国防部预备干部局上校科长。

依照中正学社章程，五人领导小组并无副书记，只设助理干事一人。蒋经国于组成之初决定取消助理干事，改设副书记。当时我年纪最轻，王升暗中很不服气，但也无法改变蒋的决定。

五人小组自成立之后，每周二、五晚间在南京中山路陆家里德润庐中央干部学校校友总会（即蒋经国的办公室）开碰头会。每次都由俞季虞任主席，我做记录。会后，由我向蒋汇报并对成员下达指示。中正学社图记和蒋的代号“白云”，私章由我保管使用。

五人领导小组讨论的问题非常广泛，外至国家大事、各地情况，内至蒋经国嫡系一切事宜。记得当时讨论过蒋提出的“一次革命、两面作战理论问题”，蒋的去处问题（是任江西省主席还是任上海市市长）等。同时对蒋经国嫡系中央干部学校校友会和复员青年军联谊会所属成员，进行政治忠诚审查，履行复员青年联谊会各省支会各大学分会的会员入学宣誓。

等到1949年8月19日，国民党在上海策划“限价”，蒋经国时任京沪区金融检查副督导员，这个五人领导小组又移到上海福熙路富成路五十二号（即我和江国栋、王升的住处），帮助蒋策划上海限价。淮海战役后，中国人民解放军业已取得全国决定性胜利，蒋介石被迫逃台，蒋经国以“侍奉父亲”为名，也仓皇亡命海岛。中正学社社员由于形势突变，只得在各地各自为战，但还没有放弃它在蒋嫡系内的领导和组织作用。五人小组虽不能聚于一所，但仍各自与蒋经国联系，千方百计维护分崩离析的国民党政权。

那时，我由于追求名利，在歧途上曾做过一些危害人民的事情。铁的事实迫使我逐渐认识到人民革命力量不可抗拒。不久，张治中先生起义于北京，对我进行了许多启发教育，我默察大局，始有悔悟，断然拒绝了蒋经国给我的“随机赴台”（蒋1949年11月重庆黄山亲笔信）的命令。

附　记

一、“铁血救国会”，成立时入会有四五十人，均先由蒋经国内定，然后临时通知入会宣誓。这些人第一他熟悉，第二是他的亲信，都担任着比较重要的工作，活动能量较大。以后又发展二批、三批，重点是各大学复员青年军学生（共约二百人）。国民党利用这个力量在大学中打击进步学生的“反饥饿、反内战”组织。

铁血救国会的组织，总会设书记一人，蒋任命李焕担任，组织干事肖涛英，训练干事李书田，宣传干事许功锐。

依照会章，会员要编代号。新会员入会由会员两人以上介绍，总会同意，报中正学社批准后始能通知本人，履行入会手续。

二、中正学社成员共二十一人。

社　　长：蒋经国

书　　记：俞季虞

副 书 记：方庆延

组织干事：江国栋

训练干事：王　升

宣传干事：戴明镇　蒋赣南旧部，预干局上校科长

社　　员：肖昌乐　蒋之赣南旧部，预干局上校科长

周振武　蒋之亲戚，预干局上校科长

肖涛英　研一期毕业，校友总会组长

向长鸿　研一期毕业，孙立人军少将军政工处长

陈志兟　研一期毕业，青年军联谊会上海支会负责人，上海市参议员

陈富源　研一期毕业，青年军联谊会广州支会负责人

龙得志　研一期毕业，青年军联谊会南昌支会负责人

李焕研　一期毕业，中央青年部副处长

龚××　研一期毕业，青年军联谊会新疆支会负责人

徐贵庠　研一期毕业，校友总会成员

许功锐　研一期毕业，预干局科长

王志尊　研一期毕业，“戡乱建国总队”第六大队上校副大队长

刘星权　研二期毕业，预干局秘书科少校主任科员

许正儒　青年军政工班毕业，青年军联谊总会中校干事

雍万里　青年军政工组毕业，青年军联谊总会中校干事

“反共救国大同盟”兴亡亲历记

方庆延*

胡轨，江西萍乡人，黄埔军校毕业，1932“孙文主义学会”成员，蒋介石忠实信徒“十三太保”之一。1932年复兴社成立之初，他即被蒋介石批准加入。同年，和酆悌、柳克述、骆德荣、张元良等五人由蒋派赴德、意作为期一年的考察，归国后极力为蒋效命，深得蒋的嘉许。他木讷、不善谈吐，外表有些道貌岸然，平时颇有“言必信、行必果”的味道，当国民党政府覆灭时期，大有孤臣孽子的形象。

1944年春，三民主义青年团中央团部筹办中央干部学校，蒋经国为教育长，胡轨为副教育长。从此，胡轨以太子师的身份出现于国民党政坛。蒋介石自己为该校校长，借此提高这所学校在国民党政坛中的地位。胡轨不仅在他的职责范围内对蒋经国鞠躬尽瘁；同时还从其他方面传布影响，给蒋经国以很大支持。所以要了解蒋经国嫡系种种，胡轨就是一条不可忽视的纽带。

1946年秋，三民主义青年团中央干部学校和国民党中央政治学校合并，成立国立政治大学，校长蒋介石，教育长蒋经国。CC系不甘心退出这所学府，怂恿学生于蒋经国首次到校视事时，贴了一张标语：“欢迎蒋经

---

* 作者时任“中国人民反共救国大同盟”总务组组长。

国来做总务科长！”使蒋经国受到奇耻大辱，从此与CC系鸿沟愈深。蒋经国决心培养嫡系，战败CC，摆脱“政大”。蒋经国致力于青年军工作，在国防部担任预备干部局中将局长。这时胡轨担任国防部人民服务总队中将总队长，同时在中央训练团办人民服务总队训练班，积极培训骨干，并参与绥靖区县政人员训练班，进行反共反人民的特工活动。

1948年初，蒋经国在南京励志社召集亲信四十余人，成立秘密组织铁血救国会和其秘密核心领导组织中正学社（连蒋经国共二十人）。胡轨参加了铁血救国会，旋任国防部戡乱建国总队中将总队长。所部六个大队约一千余人，先后分布于沿海几个大城市，执行限制和清查逮捕杀害共产党及进步人士。次年1月，胡轨担任国防部青年救国团中将团长，团部由南京迁至杭州，设于云栖寺。王升、江国栋、徐贵痒、许功锐等中正学社分子也前往参加，分别担任团部的处长职务。这个团的任务有所增加，即对由河南、山东等省被骗南下的青年学生（所谓国立临时中学）施加特工教育。

当时，蒋介石“退位息影家园”，李宗仁暂代“总统”，蒋经国也“无意政事，汗芷守拙，专事温衾扇席”，其所任国防部预备干部局局长一职由副局长贾亦斌代理。胡轨所统率的国防部青年救国团实质上就是蒋经国嫡系的汇集所，继续执行着蒋的反共意图。

早在1947年，胡轨任国防部人民服务总队中将总队长时，就计划组织一个全国性的反共特工组织“中国人民反共救国大同盟”，以图与共产党作长期周旋。这个计划得到蒋经国赞同，并明确说明：铁血救国会的外围组织主要是“中国人民反共国救国大同盟”。胡轨真正着手组织“中国人民反共救国大同盟”，是1949年1月在杭州担任国防部青年救国团团长时。王升、江国栋、李书田、许功锐等中央干部学校研究部一、二期毕业生都担任其中重要职位。我随国防部预备干部局迁往广州，没有参加。据了解，由于战局恶化，胡轨所统率的国防部青年救国团被迫南迁，实际上是溃散了。

1949年8月，我随“国防部”由广州再迁重庆，没两天胡轨到了。他带妻室住于化龙桥附近原中央大学抗战时遗留的房屋里。那时，逃到重庆的国民党人陷于绝望前的惶恐的精神状态中，面临着抉择自己命运，是悬崖勒马走阳关大道，还是执迷不悟直至粉身碎骨。

11月初某日上午。胡轨以中央干部学校副教育长（蒋经国是教育长）名义召集到渝校友约八十人，于两路口遗爱祠小学开校友会。那天，胡轨派了两个干将把守大门，进门签到后就不许出去，并说中午备有便饭，是胡轨掏腰包。十时大会开始，胡轨一个人从会议开始一直讲到散会。这是一场独角戏。他拉着低沉的腔调，从国民党所面临的土崩瓦解讲到西南战局危难后，话儿转上正题来。他将精神一振，提高了嗓门说："你们是蒋经国的学生，共产党说你们是基本国特。我和共产党打了二十多年交道，深知其情。你们当前只有一条不成功便成仁的路，绝不能对共产党存在幻想。"最后，胡轨说，为了与共产党斗争到底，绝处求生，经教育长的同意，决定成立中国人民反共救国大同盟的战斗组织以应变……采取游击战略，广收各地武装活动于大西南。胜能牵制敌后，败可挈眷而转战黔缅外逃。希望一致参加，共举反共复国大业。

胡轨宣读已印好的《中国人民反共救国大同盟成立宣言》。这个反共应变组织就算草草成立。胡轨提出成立"反共救国大同盟筹备处"，同时提出七名筹备委员人选。其组织与人选是：

主　　委：胡　轨

秘　　书：高秉衡

总务组长：方庆延

军事组长：焦海江　龙　鳞

情报组长：冯寒冰　陈　硕

其中，高秉衡是胡轨的秘书，我是蒋经国的学生和其秘密核心领导组织中正学社的副书记，焦海江原是中央干校的军事教官，龙鳞是原中央干校校警队上校队长，冯寒冰任过青年军政工人员，陈硕是中央干校专修科毕业生。他们代表蒋嫡系内各个小派别。

筹备处设于两路口重庆市立医院旁中央干校研究部一期校友华树榆家，那是一座幽静保密的山间别墅。

就在大会后第二天，筹备委员会开始工作。面对重庆危在旦夕，胡轨拼着老命进行筹备工作。其主要内容有：

一、请“国防部”任命胡轨为“反共救国大同盟”军团司令，蒋经国为名誉司令。

二、请“国防部”即将罗广文部拨归指挥。罗军多系川人，便于吸收地方武装，且利于游击战争。

三、以龙鳞所率领的原中央干部学校警卫队为骨干即日扯起反共游击战旗。

四、即日派员分赴各地，收编地方武装和散兵游勇，从优封官。

当时蒋经国陪同乃父由台飞渝督师，住于黄山。他特地写了一封亲笔信派侍卫官送给我，要我协助胡轨并转语同仁，大家要唯胡轨之命是听。他自己侍奉父亲无法顾及等，望深谅之。

解放军进军神速，重庆无法固守，胡轨的游击兵团无法拼凑。11月下旬，重庆显得一片慌乱，特务机关进行撤退前的大屠杀。“国防部”日夜急忙办理资遣和逃台，忙着焚烧运不走的档案。纸灰在寒风中飞舞，军官们人心惶惶，一片凄凉。那时，胡轨是整天板着脸，一副以身殉“党国”的“忠臣”像。他铁板的面孔加上“我决心与重庆共存亡”的表态，一时也蒙骗了一些人。

在重庆解放的前几天，国民党的各机关和被击溃的军队各自狼狈地扶妻携子四散而去。当时我爱人的伯父陈离在成都活动四川和平解放，我决心前去参加。11月30日晨，我和爱人雇好汽车离开浮图关。当车行经两路口时，一辆卡车停在路旁上面，胡轨从驾驶室里伸出头来向我打招呼，问我上不上他的车。我摆摆手，意思是不必了。我暗自嘟哝着：“他也跑了！”

我们两部卡车先后通过市区疾驶西去，不久夹杂进西撤的车队中了。这条蜿蜒十几公里长的车队，一辆紧接一辆，在飞扬的尘土中缓缓西移。走到璧山，王升率领的“国防部政工局政工总队”从后赶上，王升只抢到一部商车和女队员乘坐，男队员百余人只得背行李荷枪慢跑尾随于后。我们在撤退前，由于形势突变，无法联系，胡轨、王升和我都互不知道。公路狭窄，车太拥挤。一车发生故障后，其余车辆全部被迫停驶，交通极其混乱，争吵辱骂之声不绝于耳。有几次，我亲见发生故障的汽车被人群推下悬崖。

成渝公路全长四百四十五公里，内江市是中点。内江市以东数里是木镇渡口。我们行车三天才到渡口。那时，不断传来稀疏的枪声，据说是解放军尾追而来，我们在渡口等候了三天，车才渡过江去。

我在渡口见到了“反共救国大同盟”军事组组长焦海江和龙鳞、情报组长陈硕等。他们搞了个“川康边区游击纵队”，有二百多武装。焦是纵队少将司令，龙是副司令，陈是上校大队长。他们有“国防部”正式任命状，准备到川西打游击。他们一再要我担任政工处处长，被我拒绝。

穿过内江市，一天即到成都。汽车翻越龙泉驿时，重要的山头都布满了岗哨，构筑了工事，一派战时气氛。守成都必守龙泉驿，它是成都外围重地，山峦起伏，据险而守，自古为兵家必争之地。车到成都近郊，三五成群的荷枪实弹的士兵四处可见，偶尔听到断续枪声。成都上空已是战云密布了。

胡轨到成都，住在西顺城街一家简陋的茶馆兼营住宿的小客栈里，同住的有其弟弟和胡轨的老婆孩子。

第二天我去看他。他的读长江学院外文系的女儿告诉我，胡轨一早出去找谷司令去了。他们全家忙于收拾行李。不一会儿，急促沉重的脚步声传来，“收拾好了吗？马上到飞机场！”声音刚落，胡轨已跨进房内。虽说时已寒风凛冽，但他的额上已渗出几滴汗珠。胡轨看见我，表情突变得有些尴尬。他急忙解释：“是谷司令给我飞机票，校长（蒋介石）要我走的，我不得不走！”他又说，“飞机票难搞，我弟弟都走不了。庆延，你还是走吧，北校场找教育长要飞机票去！”他们的意思是叫我找蒋经国要飞机票去台湾。我回答：“我早决定不走了。”

胡轨的秘书高秉衡接着从陆路逃往昆明。成都解放，以焦海江为首的“川康边区反共游击纵队”在成都西游荡了几天，以势孤力弱最后也只有缴械归降。焦海江调成都投诚将官学习班接受学习改造。胡轨拼凑的“反共救国大同盟”如夕阳残雪一般化得无影无踪。王升率领的“国防部政工局政工总队”，初到成都驻于成都师范，王升住三槐树街口一座公馆里。我到成都住在三槐树街亲戚处，两人住处相距咫尺，所以常见面。初时他们还继续特务工作。成都局势日益紧张，王升将职务交给副手王志尊，自己找蒋经国写个便条，向宪兵谷司令求了一张飞机票只身逃台。行前一天，他劝我也去找小蒋写条逃台湾。我已下决心不走，所以没有去找蒋经国。

成都临解放的前一天，王志尊率其“政工总队”向南撤逃，企图经昆明逃缅甸。因解放军神速，他们被阻于夹江，又狼狈退回成都，后来被迫投降。其中王志尊、龙得志等蒋经国的中央干校研究部学生化装落荒潜逃。

蒋经国多年经营的嫡系赣南派、干校派和青年军，特工组织从“人民服务总队”到“戡乱建国总队”，从“青年救国团”到“国防部政工局政工总队”以及杭州时的“反共救国大同盟”，重庆时的“反共救国大同盟”，其人员除逃台湾外，均为人民解放军所消灭。

我与表亲蒋经国的接触经过

卢鹏达

我的故乡是浙江奉化，与蒋经国是远房表亲。我的姨丈王震南是蒋介石的表弟，原国民党军委会中将军法处处长、军政部中将军法司司长。

1930年，我到溪口蒋介石创办的武岭学校读书，时十三岁，由姨母单凤香介绍认识蒋经国的生母毛福梅和蒋介石的胞妹蒋瑞莲。单氏与毛氏、蒋氏是至亲，又是信佛念经的亲密伙伴。毛氏在村后竹园内建筑摩诃庵，蒋氏在后竺村北山下建筑法昌寺。我几次陪姨母单氏到摩诃庵、法昌寺去玩，毛氏和蒋氏对我非常亲热，我叫毛氏阿姆（伯母），叫蒋氏姑妈。每星期日或课余，我常到丰镐房（蒋介石老屋）去看望毛氏。她每次留我吃点心、吃饭，有时还给我钱用。她谈起她的儿子经国，含着热泪，感到有说不出的难过，流露出她内心想念儿子的深切和惨痛。我常以好言劝慰。她拜佛求神，唯一希望寄托亲生儿子经国早日回来团聚。她每年在地方上做些救济慈善事业，各寺院庙庵也常向她募捐。

1937年，宋美龄通过外交途径，要求苏联政府准许蒋经国回国。他回到中国时，蒋介石适在杭州，蒋经国到杭州见到父亲和继母宋美龄。之前，毛氏打电话给经国，一再叮嘱他叫宋为母亲。他到杭州，叫宋为“妈妈”。宋没有儿女，听了感到特别高兴，给蒋经国银元一万元，小汽车一辆，侍卫官两名，是为见面礼。翌日，蒋回到离别十余年的故乡溪口，见到生母毛氏。母子团聚，热泪盈眶。那天我去欢迎他，陪他到家中，毛氏对他介绍说："你在国外，福林（我的原名）时常来看我，对我很亲热，像自己亲娘样，我很欢喜他。"从此，我就认识了蒋经国，叫他经国哥，称他苏联籍的妻子蒋方良为方嫂。

蒋经国在奉化溪口家中住了好几个月后，调到江西工作。那时，抗日军兴，我随姨丈王震南由南京撤退至武汉。继至衡阳时，闻蒋经国任江西省保安处副处长，我致贺电给蒋经国。1939年初冬，日机空袭溪口，毛氏在这次轰炸中不幸遇难。蒋经国闻噩耗后，赶到溪口，抚尸痛哭，当时在场看到的人无不流泪。

同年，我回乡任甬江女中教员，到溪口与他见面。以后他在江西，我在浙江工作，只通过几次信。

1945年抗日胜利后，蒋经国在南京工作，家眷住在杭州里西湖一号。1946年他回溪口为母亲安葬，办理丧事。我到溪口参加送丧，帮他在家中招待亲友。他家住在杭州时，我也住在杭州，经常到他家与方嫂打麻将消遣。每年他从南京回杭州家三四次，我都陪他吃饭、跳舞、游览，但公共场所的茶馆、舞场不去。我曾介绍杭州姑娘胡宰平、王荀慧与他做伴舞女友。1946年秋，他来杭州，我和他们夫妇和其他亲友（女的）同去玉皇山玩，我与他两人缓步拾级而上，他问我对当时国内时局的看法，那时内战已爆发，各大城市反内战、反饥饿的浪潮不断兴起，他的心情有些焦急，当时我对时局不太关心。没有谈出所以然来。还有一次，他对我谈道：做政治工作的人，多动脑筋，如玩魔术一样，虚虚实实，变化无穷。

他在南京时，住在励志社，我到南京的时候去看过他几次。1948年春他到上海任行政院经济特派员时，住在霞飞路逸村一号。有一天上午，我去看他，蒋经国不在家，方嫂邀我同坐汽车去看他的表嫂（贵州省主席杨森的三女儿）。他的表兄竺培风是民航局第一大队队长，英国皇家航空学校毕业。蒋介石喜欢这个外甥。培风在西北上空因飞机油箱起火失事，同机焚毁身亡。其妻悲痛欲绝，宋美龄要她去美国休养，她不肯去。我与方嫂百般劝慰后回来。以后，蒋经国家搬到国泰戏院附近十三层高的楼房，他住在五楼。我去看他，他陪我到右边房间，问我听到什么消息。我说："近日来，各地大专学生纷纷赴京请愿，听说你不带警卫人员，单独东溜西逛，上海情况复杂，不比其他地方，尤其你逮捕了许多人，你要注意安全，千万不要麻痹大意。"他表示谢意后又说："我喜欢与青年人交往，年轻人有他们的特点，思想单纯，做事勇敢忠诚，帮助我多做些事情有什么不好呢？"

1948年秋，我到霞飞路姨丈王震南家。王震南时任上海高等特种刑庭庭长。我走到他家大门口，遇着蒋经国，看他气冲冲走得很快，我叫他回去再坐一会儿，他答："另有要事，不去了。"我问姨母，经国哥为什么事不高兴的样子？她告诉我："他要求你姨丈把姓王（名记不清）的资本家判处死刑，立即执行。你姨丈说没有法律根据，不可以随意处决，没有满足他的要求。"过了几天，姨母对我说，那天，经国要求枪决姓王的大商人，没有达到目的，他在当天乘夜车赶到南京报告他父亲。第二天，司法部谢冠生部长从南京打电话给你姨丈，奉总统命令将该商人判处死刑，立即执行。这件事轰动了全上海。

蒋经国办事有魄力，说干就干，而且要干就干点结果出来。他的作风、手法与他父亲蒋介石有所不同。蒋介石个性很强，学了军事独裁统治方法，要求绝对服从他的命令，不接受别人意见，用压、杀、强迫等硬的手段办事。蒋经国办事肯动脑筋，机动、圆滑，手法比较巧妙，有时肯听取别人的意见，有一套笼络人心的政治伎俩，口口声声为国为民，一切以老百姓利益着想，摆出一副平易近人的姿态。他在上海任经济特派员时，号召全市青年积极参加突击队、打虎队投入战斗，严厉打击不法资本家，竭力推行限价政策，提出了"建设具有现代化的繁荣的新上海"等娓娓动听的口号。他的手法巧妙，我来举两个例子：

一、抗战胜利后，杨万昌到杭州来我家玩。他对我说，蒋经国在赣南时，杨万昌对别人说过："我们老板（指蒋经国）办事手段很厉害，真是笑面老虎。"有人把此话传到蒋经国的耳里，蒋便对杨心怀不满。一天，杨的妻子在家中打麻将，被他知道，他以违反赌博禁令，即派人将杨妻抓到赣州中山公园在烈日下罚跪两小时。杨终于被迫与爱人离婚，不久他也不得已离职。

二、他在上海任经济特派员时，一天下午，步行经过一家点心店门口，看到一个警察吃完一碗肉丝面不付钱就走了，店主人还笑面相送。他便走进这家店内，同样吃了一碗肉丝面不付钱也要走，该店老板和伙计却要他付面钱。他说："警察可以白吃吗？"引起争吵，在对面站岗的白吃面的警察听见跑过来，气势汹汹破口大骂，而且还要动手抓打的样子。蒋经国跑进隔壁绸布庄，打电话给上海市警察总局局长俞叔平。俞立即率武装人员乘车紧急赶到，将该警察逮捕，以后据说被判两年徒刑。他还对这位上海市警察局局长严词训斥。这时看热闹的人越来越多，才知道他就是蒋经国，拍手称快，赞扬蒋特派员为民服务办事公正；旧社会，警察白吃一碗肉丝面微不足道，可是他小题大做。所以他在赣南也好，上海也好，确有部分人和国民党的报刊大肆吹捧他是"铁面无私的清官蒋青天"。